中信改革发展研究基金会 · 文化交锋丛书

美国国家安全局

[法] 克劳德·德莱斯_著　陈海钊_译

NSA
National Security Agency

Claude Delesse

中信出版集团 | 北京

图书在版编目（CIP）数据

美国国家安全局 /（法）克劳德 · 德莱斯著 ; 陈海钊译 . -- 北京 : 中信出版社 , 2019.3（2025.1重印）
（文化交锋丛书）
书名原文 : NSA. National Security Agency
ISBN 978-7-5086-9830-4

Ⅰ . ①美… Ⅱ . ①克… ②陈… Ⅲ . ①国家安全机关－介绍－美国 Ⅳ . ① D771.236

中国版本图书馆 CIP 数据核字（2018）第 269848 号

美国国家安全局

著　　者：[法] 克劳德 · 德莱斯
译　　者：陈海钊
出版发行：中信出版集团股份有限公司
（北京市朝阳区东三环北路27号嘉铭中心　邮编　100020）
承 印 者：北京盛通印刷股份有限公司

开　　本：880mm × 1230mm　1/32　　印　　张：14.5　　字　　数：361 千字
版　　次：2019 年 3 月第 1 版　　印　　次：2025 年 1 月第 4 次印刷
京权图字：01-2018-8776
书　　号：ISBN 978-7-5086-9830-4
定　　价：68.00 元

序　言

2012年12月20日，政闻记者、博主格伦·格林沃尔德（Glenn Greenwald）收到一封电邮。电邮来自一位自称辛辛纳特斯的人，信中写道："我非常重视个体间往来信息的安全性，请您安装加密程序PGP（Pretty Good Privacy，完美隐私软件），以便我能给您发送些肯定令您感兴趣的信息。"[1] 格林沃尔德含糊答复并遗忘了这件事。辛辛纳特斯失去耐心，转而通过可靠手段将高度机密的文件发送给纪录片导演、记者劳拉·波伊特拉斯（Laura Poitras），并告知其欲将文件公开的意愿。当波伊特拉斯打开附件时，这位年轻的女士立即意识到自己手里握着一条爆炸性新闻——电脑屏幕上闪过的正是从强势而隐秘的美国国家安全局（NSA）窃取而来的文件。同时，她也预感到这位化名辛辛纳特斯的人一旦透露这些绝密信息将可能失去自由，她最终说服了格林沃尔德认真对待此事。格林沃尔德随之联系了《卫报》总编珍妮·吉布森（Janine Gibson）。作为《卫报》专栏作家，格林沃尔德拥有高度编辑独立性，这一事件的轰动性也完美契合了

《卫报》编辑部所支持的进攻性新闻调查类别。依辛辛纳特斯所求，格林沃尔德和波伊特拉斯两位记者需要赴香港与其会面。辛辛纳特斯信任他们，他们两位在以往所展示出的斗争精神与积极作为使他们拥有顶住美国当局压力的能力。格林沃尔德在担任律师期间，曾猛烈抨击激进且极端的权力滥用行为。2005 年，为呼应《纽约时报》披露的一则新闻，他谴责美国国家安全局的非法窃听，抨击美国政府在“9·11”事件以后的罪行与过分的“爱国主义”。而波伊特拉斯曾导演过两部揭露反恐战争阴暗面的纪录片，并已在筹拍第三部，内容涉及美国国家安全局与告密者。

抵港翌日，二人依约前往五星级酒店香港美丽华酒店与辛辛纳特斯会面。辛辛纳特斯竟这般年轻，令他们惊讶，同时他们发现他非常聪明理性，已认识到目前情况已走到了决口边缘。[2] 三人于是结成了搭档，把房间改造为工作室，投入到了对回收文件的分析与准备秘密发文的繁重工作中，讨论异常激烈。就职《卫报》二十余年的资深记者尤恩·麦卡斯基尔（Ewen MacAskill）后期也加入团队，贡献出了稳妥的建议。问题涉及国家安全，关系重大，异常敏感。

事件曝光前的日子是难熬的。《卫报》的律师、总编珍妮·吉布森及其上级艾伦·罗斯布里奇（Alan Rusbridger）迟迟未为此事开绿灯。决定权落在了珍妮·吉布森身上，她正等待着国家安全局和白宫的答复。确实，发布机密信息属于刑事犯罪。[3] 因某些文章可能危及美国国家安全，政府建议媒体应遵守不成文规定，给予政府负责人提前审阅的权力及介入的机会。[4] 等待中的格林沃尔德越来越焦躁，他认为《华盛顿邮报》与行政当局关系密切，担心它夺得先机，率先披露数据收集项目“棱镜”计划（PRISM）[5] 的相关信息。这一担忧不无道理——一名知悉《卫报》发文计划的美国高级官员将相关消息告知了《华盛顿邮报》，事件愈发急迫。

2013 年 6 月 6 日，《卫报》读者读到披露有关美国国家安全局监听行为的文章，惊愕不已。他们发现，按照美国联邦调查局（FBI）的要求和每 3 个月一更新的秘密法庭命令，电话运营商 Verizon（威瑞森）公司每天将通过其网络在美国国内以及美国与外国之间电话通信的数据提供给国家安全局。[6]《华盛顿邮报》发报 10 分钟后，《卫报》发表了关于“棱镜”计划的文章，并独家报道了相关高科技机构对于此事的态度——它们辟谣称从未听说过该计划。[7]

3 天内国际新闻界揭开了美国国家安全局这一“高度”机密，引起外界好奇的同时也激起了愤慨。全世界都想知道这些爆料的源头。2013 年 6 月 9 日，社交网络一片沸腾，泄密者身份最终被揭开——爱德华·斯诺登（Edward Snowden），美国国家安全局的一名年轻的分析师。[8]

爱德华·斯诺登，1983 年 6 月 21 日出生于北卡罗来纳州伊丽莎白市，[9] 其父亲为海岸警卫队官员，母亲为巴尔的摩地方联邦法院负责技术工作的办公室主任助理。斯诺登与其姐姐在家风甚严的家庭中长大，少年斯诺登在巴尔的摩郊区的克罗夫顿公立学校上学。校园距离国家安全局仅数公里，该局许多官员的孩子常来此地。害羞、内向而傲慢的斯诺登拙于融入高中集体，入学第二年就辍学了。他认为自己与体制格格不入，对这一挫折耿耿于怀。孤单的斯诺登后来终于在知名科技博客媒体网站（Ars Technica）上找到了发泄途径。他以“The True HOOHA”（“真实的呼哈”）为网名，在该网站上表达了自己对日本文化、功夫、电子游戏和武器[10]的喜爱。他用辛辣的语言表达自己的观点，揭露美国政府、情报部门及某些机构如思科公司和雷曼兄弟的行径。[11]他还创建了名为“Wolfking Awesomefox”的游戏角色，在网游中消磨时间。斯诺登热爱计算机技术，他毫不犹豫地破解那些他认为设计拙劣的软件，以此作为对无能厂商的惩罚。这个离经叛道、爱好自由的“极客”极为偏执，为隐藏自己的身份，他不敢投身网络恐怖主义。然而，敌视任何形式权威的他却抱着矛盾的心情参军入伍，接受军事训练。他的抱负是整合派驻伊拉克的美国特种部队。然而，军队的准则与他个人价值观大相径庭。于是，军事训练尚未完结，他又回归平民生活，这对他来说又是一个挫折。随后，他在国防部附属的马里兰大学高级语言研究中心找到一份安保工作。

2005 年，22 岁的斯诺登被中央情报局（CIA，简称“中情局”）雇用，负责该机构的网络安全工作。此时的他薪酬颇高，相较于贷款求学的高校毕业生们，他终于扳回了一局。2007 年，他以外交人员的身份为掩护，被派往美国驻日内瓦领事馆，负责该馆计算机系统安全工作。在与中央情报局和国家安全局混编团队来往中，他得以接触到高度机密的文件。斯诺登发现间谍职业不仅仅涉及电子监听，他很快失去幻想，渐渐地陷入了良知危机中。他越来越感到自己与环境格格不入，继而改变了自己的行为与工作习惯。2009 年，斯诺登上司向上级机构汇报了他的这种可疑转变。但这个汇报被无视了，斯诺登后来的雇主不知何故对此一无所知。斯诺登这位计算机专家最终离开了该机构，并在日本受雇于美国国家安全局的专有服务供应商——戴尔公司。所有人都懒得去了解他以往的从业历史，斯诺登因而始终保有机密工作许可。[12]这期间他遇见了后来的女友琳赛·米尔斯（Lindsay Mills），一个漂亮而外向的舞蹈演员。在此他还接受了网络战攻击技术培训，强化了渗入系统和不留痕迹截取文件的能力。斯诺登最终从普通的计算机管理员成为"网络战略家"和网络安全专家。他越来越执迷于破解国家安全局最严加保守的机密，最终成功加入博思艾伦咨询公司（Booz Allen Hamilton）——美国著名的安全技术管理咨询公司，亦是参与执行美国军事战略的国防承包商，[13]并进入国家安全局位于瓦胡岛的区域中心工作。这个具有地缘战略意义的间谍高地所获投资高达 3.58 亿美元，2010 年扩编到 2 700 名工作人员，[14]其中一部分为网络战专家，另一部分则负责拦截亚洲大陆的信息。斯诺登的岗位描述很清楚——对抗中国的电子间谍活动。

从 2012 年春季开始，斯诺登与女友琳赛在这个天堂般的岛上安家。作为博思艾伦咨询公司基础设施分析师，他年收入在 12 万到 20 万欧元之间，大可尽情消费，享受生活，但这个女友口中的“神秘人”却有着其他抱负。他虽不善交际，却组织了一场“加密派对”——一个向所有想要学习密码技术的人开放的工作坊。作为国家安全局分包商雇员，他了解参加这一激进团体将承担的风险。这是他以捍卫个人自由名义发起的第一场战斗。[15]同时，在多个虚假身份的掩饰下，他挖空心思突破警报，渗透到国家安全局系统深处，窃取详细记录电子情报操作、标注为“绝密”的内部文件。日复一日，斯诺登目睹了这一国家监视机器在暗中不断扩张，它庞大无形，无处不在，几近失控。他萌生了一个念头：揭露这种阴暗管理，曝光这些针对美国乃至全世界公民的过度而不合理的绝密间谍计划。斯诺登知道自己将会因此而失去什么，但他仍逐渐坚定了一个勇敢而影响深远的决定：将这一以公众之名、行不利公众之实的行径公之于世。[16]

首批爆料之后，《卫报》继续向读者通报相关信息。世界各地媒体也纷纷对美国国家安全局及其外国合作者如英国政府通信总部（GCHQ）的监视行为进行详细揭秘。

爱德华·斯诺登可以无憾了。但他知道，这场捍卫每位公民知情权和隐私权等基本权利的斗争，意味着面临终身监禁的风险。“我并不打算摧毁这些制度，而是想让公众自己决定是否应该继续这样下去”，他强调道。斯诺登主要忧心的是，自己这代人将成为能自由利用互联网探索世界和提高智力的最后一代人。[17]

2013 年 6 月 22 日，斯诺登因从事间谍活动，盗窃和非法使用政府财产被起诉。他担心在香港会被引渡回国。此时维基解密创始人朱利安·阿桑奇（Julian Assange）派其密友——记者萨拉·哈里森（Sarah Harrison）赴香港协助斯诺登。在哈里森女士的陪同下，斯诺登飞往俄罗斯。在他过境莫斯科机场时，美国联邦调查局（FBI）正与中央情报局、英国政府通信总部以及其他外国情报机构通力合作，调查斯诺登的计划及其与外界的联系。[18]此时受到巨大刺激的美国国家安全局正致力于应付这场自成立以来最为严重的危机。

引　言

美国国家安全局（NSA）成立于1952年，隶属于国防部，是美国情报界的中枢，其职能为拦截、收集（包括使用一切秘密手段）并破译外国电磁信号，任务之一即为获取信号情报（通常称为SigInt）。同时，该机构还负责信息保障，即保护对美国国家安全至关重要的通信系统。1972年，中央安全局（CSS）归入国家安全局，增强了其军事加密与破译部门的实力。美国国家安全局由此正式成为国家安全局－中央安全局（NSA-CSS）。发展至今，该机构还负责为网络作战行动提供技术支持。[1]

长期以来，国家安全局始终是一个强大而神秘的政府机构，帮助美国度过了许多重大危机。今天，无论在境内外抑或在网络空间中，这个情报帝国都面临着多重的威胁，而其机密信息因遭媒体出其不意的曝光更是重创了该机构，局面或将因此更为复杂，任务变得愈加艰巨。

2013 年，爱德华·斯诺登的泄密行为打破了一项由来已久的约定。冷战伊始，英国首相温斯顿·丘吉尔和美国总统富兰克林·罗斯福协力促成一项“永久”保密约定，旨在掩护英美情报部门的密码分析活动。[2] 两位领导人吸取了珍珠港惨剧的教训，并意识到信号情报在第二次世界大战中的重要作用。他们认为，为了让这件武器更为高效，必须实现绝对保密。美国国家安全局第十三任局长迈克·麦康奈尔（Mike McConnell）的说法难以反驳：“据历史学家称，二战期间由于纳粹情报密码被破解，战争从两年缩短为 18 个月，挽救了生命，节约了资源。当时的美国人民有没有权利知道谍报行为？这难道不会导致德国人知晓情况，最终更改密码吗？”[3]

事实上，早在 20 世纪 50 年代末，由于威廉·马丁（William Martin）和伯尔尼·米切尔（Bernon Mitchell）两位分析师叛逃，[4] 美国国家安全局的存在被首次曝光，但其核心活动始终不为人知，情报界人士戏称它的简称 NSA 为“查无此局”（No Such Agency）。不同于美国中央情报局，美国国家安全局在整个冷战时期不为公众所知，但其雇员更多，预算有时甚至更高，而斩获的情报也更多。后来，它从神秘之境中走出，有人因而称其“再无神圣可言”（Nothing Sacred Anymore）。20 世纪 90 年代后期，欧洲人发现了该机构的全球间谍系统——“梯队系统”（ECHELON）[5]，但不久注意力就被 2001 年 9 月 11 日的恐怖袭击事件转移。“9·11”事件也震惊了美国人民，他们批评美国情报机构的惨败，国家安全局由此在最不透明的情况下进行了工作调整。它以“全球反恐战争”[6]为名，滥用入侵性技术手段，至此迈入“通信拦截的黄金时代”。但是，它既没有做好应对各国领导人和全世界公民激愤之情的准备，也未打算正视立法机构管理其活动的安排。

不同于中央情报局，目前与国家安全局相关的法文著作相对较少，而从历史的角度看，这个机构又必会引起人们的兴趣。在信息时代，人们总是不禁对一些问题产生好奇。关于美国国家安全局这一被视为全球最大的电子情报机构，人们有哪些确切认识？20 世纪 90 年代，它是如何经历一个扩张阶段，走出生存危机的？这一时期的十多年中，它的力量如何部署？探索其过去能否为它的创立与行动找到理由？如何以更客观的视角来解读斯诺登及其同伴的曝光？美国国家安全局是否存在手段滥用？这个享有高额财政预算的机构有何实力？有何使命？有何目标？有何成果？为谁效命？如何运转？有哪些合作伙伴？有哪些盟友？有过哪些领导？他们的职位与权力是什么？面对机密项目被泄露、盟友抗议、议会机制、国民不满、互联网巨头的姿态，该机构有哪些反应？这些曝光会不会弱化其实力，影响美国外交，激起境内外反政府力量，引发互联网及其治理的革新？其迫在眉睫的威胁有哪些？回答这些问题，需要深入了解情报活动以及政府力量和反政府力量间的关系，时间跨度则从冷战前很长一段时间开始，直到数字时代。

直至今日，关于美国国家安全局历史的出版物在法国仍属空白。笔者长期研究美国及其国家安全局的领先技术与信息战略优势，并于2012年推出《“梯队系统”与美国电子情报》，在此之后，希望进一步探索该领域。抛开所有争议，但不忽略当前的争论，笔者认为重要的是去认识这个可怕而如今又令人担忧的情报机构，它窥探着各种敌对迹象与意图，或多或少地监视着每一个人。

若要描绘美国国家安全局的面貌，应追溯到其创立之初。从第二次世界大战到打击“基地”组织和“伊斯兰国”组织，历经朝鲜、越南、阿富汗、伊拉克等多场战争，国家安全局或多或少直接支持着美国政治或军事决策的制定，其间自身也度过了多次危机。它因一个政治意图而诞生，唯有依托极度信任“超级机器”的人方能得以施展。进入新时代，它享受着信息社会的优势，又承受着信息社会的变迁。多年来领导该机构的军人塑造或延续着其高科技与高密级的部门文化。自2014年2月起，迈克尔·罗杰斯海军中将获得三重权力：国家安全局局长和中央安全局局长，兼任网络问题核心部门——网络司令部的司令。当我们去探索美国国家安全局的内部世界，了解其某些项目，描述其运行方式，了解该机构以打击恐怖主义与有组织犯罪为名进行信息收集的骇人规模时，该是多么让人着迷而又令人不安。

美国国家安全局是一个效力于美国政府而又掌握权力的部门，它对内部显而易见的手段滥用行为如此放任，以致引起了内部雇员与新闻记者的愤慨，进而揭开他们所掌握的流弊。如今，国家安全局的神秘性再次被搅乱，面对公众的口诛笔伐，它被迫与国会的调查及媒体的爆料进行周旋妥协。然而，其他的斗争也正显山露水。国与国从未停止互相窥伺，美国国家安全局致力于应对他国的反间谍活动，而这些国家也正磨砺着自身的信息情报破解能力。在现实生活中识别美国社会的敌人（恐怖分子、贩毒分子等）已非易事，而对于在网络空间中如鱼得水且又深谙信息战争原则的秘密黑客，揪出他们同样复杂难为。[7] 作为互联网军事化的参与者与受害者，美国国家安全局的兴趣在于了解这些敌对国家的作战理论与模式，并确保自身技术行动的自由。然而，面对当前“形象之战”的影响以及高科技私营机构日益强大的实力，它的雄心或将受挫。

本书将首先追溯美国国家安全局自成立以来的历史，接着了解它的运行方式与部门构成，然后探讨其失控与偏执的行为，最后尝试分析它有哪些盟友、敌人及其优先目标。美国国家安全局尽管丑闻迭出，手段滥用逐渐收敛，但它仍然强大，因为它有一群逐渐深入“无声战争”[8] 战场的网络战士。

本书将回顾美国国家安全局从诞生之日至今的历史。信息来源仅依靠开放性资源，而战略性文件目前大部分仍处于涉密状态或已被淡化处理，因此本书提供的问题答案显然存在局限性。是的，尽管存在各种曝光和众多描述，但美国国家安全局仍然并将继续保持其根深蒂固的神秘性。难道这不就是一个情报机构该有的特点吗？

目　录

第一部分
六十年的历史：查无此局

"今天的朋友，明天将成敌人。趁在他们身边时，请尽可能地获取信息，当他们成为敌人时，就办不成了。"

——卡特·克拉克（Carter Clarke）

前信号情报处（SIS）主任[1]

"摧毁苏联的密码系统是极为有利的。"

——德怀特·戴维·艾森豪威尔

美国第34任总统[2]

"我们用来交流和处理信息的整个网络——米德堡的所有信息工作都瘫痪了……国家安全局已经脑死亡……我们眼前一片漆黑。"

——迈克尔·海登

美国国家安全局前局长（1999—2005年）[3]

1
美国国家安全局的前身
（1919 年至 20 世纪 30 年代）

和平是脆弱的。不到 30 年的时间里参与了两次世界大战，美国对此已有深刻认识，同时它不会忘记密码局在盟军胜利中所做出的贡献。面对二战后的世界局势与摇摆不定的盟友，华盛顿决心规避所有不测，将初创于 1919 年的密码分析部门[1] 转为常设机构。由此，美国国家安全局在绝密条件下成立了。

密码局——黑室

1917 年美国加入一战，陆军和国务院在此期间创建了密码部门军事情报处第八科（简称 MI-8）[2]，负责人为热衷于密码学的赫伯特·亚德利（Herbert Yardley）。[3] 1916 年，他作为国务院一名普通的译报员，在两个小时内破解了驻欧总统代表爱德华·豪斯（Edward House）上校寄给威尔逊总统的500字信息。解密工作过于简单快捷，可见信息不够安全。亚德利对此感到担忧，他向上级汇报，提醒经由英国电缆传输的美国通信存在重大漏洞。根据他的建议[4]，信息加密得到强化，同时，相关审查部门通过法律强制要求西部联合电报公司（Western Union）等企业将通信系统移交军方。军事情报处第八科工作高效，在其有力协助下，政府顺利拘捕了几名在美的德国间谍。18个月内，该科室破译了来自570个系统的11 000条信息。一战结束后，军方撤掉了多项信息拦截计划，保护私人电报信息安全的1912年颁布的《无线电通信法》再次生效，[5]但鉴于军事情报处第八科的大获成功，政府决定将其作为类似的常设机构保留，使其即使在和平时期也将照常运行。于是，被称为"黑室"的密码局于1919年5月应运而生，地处纽约——几家跨国有线运营商的总部，亚德利任局长。密码局以一家空壳公司为掩护，对外声称其为银行与其他公司设计加密代码。亚德利在原军事情报处第八科20余名雇员的协助下，开始了密码破译工作。他们真正的使命是窃取和破解来往于国内外的外交电报。1921年11月至1922年2月，密码局最关注的是华盛顿会议，因为美国、日本、法国、英国和意大利将在这次会议上就限制海军装备达成协议。通过每天对日本代表往来信息的破译，美国获悉了日本的意图，从而主导了协议的谈判。然而，尽管取得如此战果，密码局仍然成为国务院财政压缩的受害者。1924年，密码局人员编制被缩减到含局长在内不足 10 人。

1929 年，共和党人赫伯特·胡佛当选为美国总统，并任命原罗斯福政府战争部长——亨利·L. 史汀生（Henry L. Stimson）为国务卿。上任几周后，史汀生在批阅被破译的日本外交信函时，得知了密码局的存在。他对这种间谍行为感到愤怒，认为这违背了外交原则，是不道德的。在胡佛总统的支持下，他宣布“黑室”为非法机构，并以削减预算为借口，于 1929 年将其关闭。史汀生对此发表过一句名言：“绅士不阅读他人的信函，即使他是潜在的外国对手。”他认为，和平时期维持一些战时的做法是不可接受的。

黑室关闭后，亚德利发现自己瞬间陷入失业与缺钱的窘境。于是，他开始撰写第一本著作[6]——《美国黑室》（*American Black Chamber*）。这本国际畅销书回顾了他在密码学方面的成就，并将黑室的运行方式公之于世。日本人读后急忙更改密码。有些人认为亚德利是背叛者，有些人则对亚德利顶礼膜拜，将其视为美国密码之父。[7] 但是许多人认为，和平时期的情报工作不符合美国的价值观与民主制度。政界与舆论界对谍报行为持保留态度，这在某种程度上解释了为什么建立一个永久性且名副其实的情报机构需要长时间的酝酿。

美国陆军信号情报处

1930 年 4 月 24 日，密码专家与相关设备再次集结，信号情报处成立。该处主要为美国陆军传输情报，隶属于通信兵团（Signal Corps）。1939 年至 1940 年，这支秘密部队的“魔术行动”（Operation Magic）小组成功突破了紫色密码机（PURPLE）——日本用于加密外交电报的密码系统。

信号情报处成立后，威廉·弗里德曼（William Friedman）[8]任处长。弗里德曼原籍为现摩尔多瓦，彼时 38 岁，20 世纪 20 年代曾担任美国战争部密码部门负责人。[9]其上任之初，仅有秘书协助工作，不久后，他获批招募 4 名语言密码分析师。于是，他挑选了德语专家弗兰克·罗列特（Frank Rowlett）[10]、精通法语的苏联裔美国人阿夫拉姆·辛克弗（Abraham Sinkov），西班牙语专家所罗门·库尔巴克（Solomon Kullbach）以及精通日语的约翰·B. 赫特（John B. Hurt）。最后，聘用哈里·劳伦斯·克拉克（Harry Lawrence Clark）为助理，团队最终由 7 名成员构成。[11]同时，弗里德曼认识到建立密码学专家库的必要性，于是在 1931 年创办了信号情报学校（Signal Intelligence School）。

在此之前，美国海军已先于陆军一步，在 1922 年成立了一个电子战部队——海军作战部第 20 处（通信处）G 科（通信保密科），即 OP-20-G 科[12]，其后与后来成立的陆军信号情报处合作十分紧密。[13]另外，虽然国会希望统一全军密码分析活动，武装部队安全局（AFSA）也于 1949 年成立了，但空军持反对态度，继续保持独立行动。

2
美国国家安全局的诞生
（1941—1952 年）

“珍珠港事件”后，美国政府与军方意识到情报的重要性，明白了破译情报有助于打败德国及其盟友，但美国政府领导层担心，一旦世界回归和平，欧洲盟友特别是与美国彼此猜忌的苏联会利用情报手段挟制甚至操纵美国。此时的世界，各种迹象预示着冷战的到来，这场没有硝烟的战争即将瓦解昔日的盟友，形成互相对立的苏联集团与西方集团，后者以美国为首，集结于北约框架内。英美[1]怀疑苏联在长远谋划上存在敌对的战略意图，因此决定联手监视这个当前的盟友——潜在的明日之敌。

第二次世界大战期间的通信情报

日本空袭珍珠港之后，美国政府展开多项调查，最终明确了通信情报部门在该事件中失职的原因。调查结果可谓沉重：信息截取与传输明显存在缺陷，程序烦琐而不合时宜，翻译与分析部门能力不足，此外，陆军与海军之间缺乏合作。鉴于这一结果，美军于1942年5月在陆军情报部门（G2）内部设立了一个秘密部门——特别支队（Special Branch）。该支队负责汇总信号情报处拦截的原始数据，生成简明报告以及“魔术摘要”（Magic Summary）[2]，即德国、苏联和意大利外交信息的日常摘要。信号情报处负责确定拦截对象并为少数有权限阅读报告的人员设定报告的优先级。因此，特别支队不进行任何行动层面的把控，依附于信号情报处，而后者本身归陆军通信兵团监管。这一指挥模式常常导致特别支队工作不畅，业务混乱。直至1944年6月，在当时的信号情报处处长卡特·克拉克上校施压下该支队被改组，问题方得到解决。

在此期间，信号情报处因扩编迁至弗吉尼亚州阿灵顿，几经易名[3]，后于1943年7月成为信号安全局（SSA），受普勒斯顿·考德曼（Preston Corderman）准将指挥。二战结束时，该部门最终被命名为陆军安全局（Army Security Agency）。[4]

1942年6月，美国在中途岛海战中获胜。这场决定性胜利在很大程度上归功于美军密码破译部门。此部门对3个轴心国（德国、意大利与日本）和40多个相关国家进行窃听，同时加强了与英国布莱奇利庄园（Bletchley Park）的合作。布莱奇利庄园是英国密码破译中心，其密码专家成功破解了纳粹德国恩尼格玛密码机（Enigma）的加密系统。此时期美国信号情报处官员卡特·克拉克对电子情报系统发达的苏联有所猜忌。因此，在1943年1月美国与苏联结盟之时，他毫不犹豫地将几个杰出的下属分配到一项高度机密的任务中：破解苏联密码。

1943年10月，美军情报机构阿灵顿会堂（Arlington Hall）打开了苏联密码系统的第一道豁口，功臣是通信兵团预备役军官理查德·哈洛克（Richard Hallock）。哈洛克是考古学家兼语言学家，当时正在英国致力于攻克强大的恩尼格玛密码机。此次成功很大程度上有赖于他的密码学天赋，同时也是利用了苏联方面的慌乱。[5] 当时的苏联针对不同事件均构建了一套密钥与密码系统，系统中每个密码都在使用一次后被立即消除，安全性可谓牢不可破。但是，苏联的情报站和外交、商务机构遍布全球，密码编制和加密设备的需求巨大，密码专家们疲于应付，面对紧急情况时自然无力招架。1941年冬，德国入侵苏联，莫斯科的情报与安全部门——内务人民委员部（NKVD）随之陷入混乱。战争的爆发，使得加密信息的工作量猛增，密码专家不得已违规复制数千页的一次性密钥（One-time Pad）并发送给“客户”，此举折损了加密消息的安全性。这对善于利用漏洞的理查德·哈洛克无疑是天赐良机。[6]

1945年，在希特勒去世前不久，美英将绝密的密码破译机构——目标情报委员会（TICOM）派往德国，抢在苏联之前截获了瓦解的德国密码专家团队与密码设备。该任务的相关文件直到2011年才解密。此次任务具有战略意义，它有四个目标：掌握德国的联合通信保密系统，识别系统中最薄弱的环节，了解德国在攻击苏联密码系统上的技术发展，挖掘对日作战的有用信号情报。目标情报委员会成员、美国海军上尉霍华德·坎佩恩（Howard Campaigne，未来的国家安全局研究部主任）博士成功完成了该使命。[7] 审讯德国密码学家的工作进展顺利。此外，多台“鱼”（FISH）密码机和相关文件被送到布莱奇利庄园。“鱼”密码机比恩尼格玛密码机更为强大，除加密外还具备破译功能，德国凭此得以抗衡劲敌苏联的密码设备。此次行动截获了德国密码技术，在战术与战略层面具有难以估量的价值，为英美情报部门开辟了新天地。

1945 年 9 月 2 日，日本投降，美国最终取得了二战的胜利。战后，美国海陆军的信号情报部门获得了一定声望，旗下共有 3.7 万名军人与文职人员，在原有 37 个监听站的基础上又增加了数十个无线电战术情报单位。

然而，杜鲁门总统决定裁撤大批军事情报人员。在 120 天内，陆海军的信号情报部门缩减了近 80% 的人员编制。1945 年 12 月，陆海军情报部门减至 7 500 人。一支曾经实力雄厚的队伍在此后的几年中人才离散，其状况显而易见。由于缺少情报拦截，密码分析人员的战果乏善可陈。他们主要关注几个新目标：苏联、中国、法国、希腊；对其他目标关注不多，如南美、巴尔干、中国台湾；始终监视着近东和中东，但主要依托英国的协助。1945 年底，美国无线电信号拦截几乎全部停止，甚至包括代号为“波旁”（Bourbon）的行动。该行动属英美合作项目，旨在截获和破译苏联的通信。[8]

美军情报部门因此而弊病丛生。军政部门在分析存在的问题后，决定集中军队资源，建设美军密码系统，同时减少在这一领域上对英国的依赖。重建情报部门的理由已然充分，这些新生部门在此后的日子里将因其机密性而变得神圣。[9]

1947 年 7 月，美国颁布了框架性法律——《国家安全法案》（National Security Act）。同年，军队体系依据该法案进行了重组。陆军和海军合并而成的国防部（常被称为五角大楼）积极推进跨军种合作，其目标甚为明确：协调美国国内政策与对外政策；根据战时经验，鼓励企业、研究机构与军事机构开展合作。此后，军工联合体方兴未艾，如：国防高级研究计划局（DARPA），于 1958 年成立；国家安全委员会（NSC），永久成员包括总统、副总统、国务卿、国防部长等；美国中央情报局（CIA）[10]，在战略服务办公室（OSS）基础上组建而成，设有中央情报总监[11]。但是，这些军工联合体仍未能解决所有问题。

冷战前夕，美国情报部门已几近停摆多年。1948 年 10 月 29 日，是一个刻在美国国家安全局历史上的黑色星期五。这一天，苏联突然更换了所有的军警密码系统。[12]此外，苏联在几个月内修改了呼号和无线电频率，强化了安全程序和信息传输技术。更糟糕的是，密码机也更换了。这些措施对美国情报系统而言无疑是一场灾难，在战争年代费尽心思破译苏联密码的努力沦为徒劳。苏联的新密码系统成为难啃的骨头，直到 20 世纪 70 年代末才被美国破译，在此之前，苏联始终是个谜。一方面，美国对此十分担忧，同时也疑惑着：在铁幕背后以及在中国究竟发生了什么？另一方面，各类危机此起彼伏：1948 年 6 月，柏林危机；1949 年，苏联第一颗原子弹成功爆炸；1950 年 6 月，朝鲜战争爆发。受到这些危机的冲击，美国对中苏威胁与核战争的担忧与日俱增。

从武装部队安全局到国家安全局

1949 年 5 月 20 日，尽管陆军和海军持保留意见，但国防部长路易斯·A. 约翰逊（Louis A. Johnson）坚持签署了一道绝密指令，宣布成立武装部队安全局[13]，并将其置于参谋长联席会议[14]的管辖之下。根据该指令，通信情报和通信保密的行动划归武装部队安全局统一指挥，但陆海空三军仍有权保留独立的情报部门。深受上司赏识与下属敬重的海军通信主任厄尔·斯通（Earl Stone）少将出任武装部队安全局局长一职。该局的成立属高度机密，这位高级军官却不能在组织结构图中凭空消失。于是在官方通报中，斯通少将被调至参谋长联席会议任职。直至 1949 年 7 月，他才到武装部队安全局正式履职。

然而，尽管斯通少将持有美国海军学院的文凭，在一战期间积累了海军作战经验，同时曾是军舰通信工程师，但他职权受限，对内未能摆平军人与文职人员之间的矛盾，对外无法抵挡压力。[15]最重要的是，他没有进行机构重组。因此，斯通局长在整合通信情报上的努力相对来说是失败的。

1951 年，具备丰富信号情报经验的卡特·克拉克准将认为武装部队安全局问题重重，拒绝接任局长一职，陆军和空军的其他军官也不接受这一职位。此时，56 岁的拉尔夫·卡奈因（Ralph Canine）虽心存疑虑，且无丝毫情报工作经验，但最终在劝说下接受了任命。[16]他被晋升为中将，并出任了这个新生部门的第二任局长。[17]卡奈因为人执着、不畏冲突，很快就展露出过人的工作效率与组织才能。他成功将武装部队安全局打造成一支被情报界认可的力量。但是，该局在情报数量与质量上仍未能满足军方及其他客户的要求。首先，内部矛盾消耗了部门实力，导致该局无法在一触即发的国际局势中充分发挥作用，特别是在应对朝鲜战争与咄咄逼人的苏联时更是如此。其次，美国陆海空三军之间长期存在分歧，决策系统举步维艰。此外，与中央情报局、联邦调查局和国务院间的互不谅解也降低了信号情报部门的效率。卡奈因需要与挑剔的“客户”和持反对政见的军方力量做斗争。1952 年，在杜鲁门总统的要求与中央情报局局长沃尔特·史密斯（Walter Smith）的推动下，一份调研报告形成。该报告介绍了美国信号情报系统的现状，陈述了武装部队安全局的弊病，着重建议设立一个特殊部门，并授权该部门建立全球信号情报监视系统。[18]此时，武装部队安全局的改组势在必行。1952 年 10 月 24 日，杜鲁门签署了一份题为“通信情报活动”（Communications Intelligence Activities）的绝密文件，指定国防部长负责信号情报活动。1952 年 11 月 4 日，杜鲁门裁撤了武装部队安全局，组建国家安全局。新成立的国家安全局属机密单位，大权在握，享有超乎其他情报机构的地位，其使命与职责详述于

1952 年 10 月 24 日颁布的“第 9 号国家安全委员会情报指令”。[19] 原武装部队安全局局长拉尔夫·卡奈因出任第一任局长，被许多人视为“国家安全局之父”。

由于获得总统与国防部长罗伯特·A. 洛维特（Robert A. Lowett）的支持，卡奈因顺利争取到额外预算，解决了计算机设备采购和研发的经费问题。在处理内外矛盾上，卡奈因也变得游刃有余。对外，他虽然为人“专横”，导致与中央情报局的竞争加剧，但懂得如何与情报界人士周旋，成功消除了外部障碍。对内，他积极引进人才，强调团队合作，为文职人员提供更好的晋升与培训机会，受到下属的推崇。此外，他四处奔走，使国家安全局得以落户米德堡，而非原定的诺克斯堡。最终，卡奈因成为“伟大的统一者”，成功将美国情报界各部门紧密团结了起来。卡奈因的高瞻远瞩与高效工作为冷战期间的美国提供了不可或缺的情报支持。

美国国家安全局属高度机密部门，不受国会监督。在其大展拳脚、自由部署情报网络的同时，美国白宫迎来了第 34 任总统德怀特·戴维·艾森豪威尔。二战期间，他曾任盟军在欧洲最高统帅；1951 年 4 月至 1952 年 5 月，他曾任北约欧洲盟军最高司令。

3

《英美协议》（1946 年）

第二次世界大战结束后，英美及另外三个英联邦国家（加拿大、澳大利亚、新西兰）的情报机构结成统一战线，共同对抗以苏联为首的共产主义世界。1946 年，这些被称为盎格鲁－撒克逊五国的国家建立合作关系，签订了《英美协议》（UK-USA Agreement），形成了“五眼联盟”（Five Eyes），该联盟在很多年中始终不为外界所知。五国中虽然英国在情报领域拥有最为丰富的经验，但主导这一协议的是美国。

合作的开端

19 世纪诞生了一系列科技发明与发现：电报，摩尔斯电码/无线电波，蓬勃发展的电子通信，当然还有信息拦截技术。早在冷战之前，电子情报在军事上的重要性已成共识。1914 年，军事通信监听和破译成功与否在一定程度上决定了战壕里士兵们的生死。1919 年，英国政府创建了政府代码及加密学校，归属于布莱奇利庄园外事办公室。该学校在 20 世纪 30 年代末截获并破译了英国共产党和苏联共产国际之间的无线电通信项目“面具行动”（Mask Operation）。在大西洋彼岸，美国信号情报处[1] 正记录着本国与苏联之间的外交通信。破译苏联情报（如 Bride 计划、维诺那计划[2]）的尝试开始于 1943 年。电磁通信拦截活动在二战期间尤为活跃，且在战后依然存在。斯诺登曝光的文件证实了“梯队”项目与“候鸟”（Transient）项目的存在。前者旨在拦截和处理国际通信卫星系统发射的通信数据；后者目标为苏联无线电通信系统。两者同为“霜冻”（Frosting）大规模监听项目的子项目。“霜冻”项目启动于 1966 年，目标是拦截所有通过通信卫星传输的信息。[3] 广义上，“梯队系统”指的是英美情报部门合作建立的全球通信拦截系统。事实上，情报界跨国合作的传统由来已久。二战期间，多国情报部门联手破译纳粹密码就是一例。当时的德国凭借强大的恩尼格玛转轮密码机，相信其密码系统是牢不可破的。这一密码系统实现了前线部队与军用机场之间快速高效地通信，成为希特勒闪电战战略的重要武器。

1939 年，法国总参二局获得恩尼格玛密码机使用说明及其加密代码，情报来源是汉斯 - 提罗 · 施密特（Hans-Thilo Schimdt）[4]。汉斯 - 提罗是德国战争部密码处一名雇员，1931 年至 1939 年一直在利用德国情报换取金钱。法国将这些谍报与波兰军方情报部门共享。波兰数学家、密码学家马里安·雷耶夫斯基（Marian Rejewski）与另外几名同事据此解开了恩尼格玛这一恶魔密码机的部分秘密。1939 年 9 月，德国入侵波兰。此前不久，波兰将破译工作移交法国和英国，并提供了两台恩尼格玛的复制品。[5] 其中一台藏于剧作家萨夏·吉特里（Sacha Guitry）及其夫人、演员伊冯娜·普林坦普斯（Yvonne Printemps）的行李中，被秘密运至英国。以著名的阿兰·图灵（Alan Turing）为代表的布莱奇利庄园密码专家团队最终破译了敌人的信息［“厄尔特拉”（ULTRA）行动，意为“超级机密”］，陆地、空中和海上的战争因此得以提前数月结束。至此，英国认识到电子情报的重要性，决心加强与美国在该领域的合作。

《英美协议》

早在 1940 年 6 月，英国首相温斯顿·丘吉尔就与美国总统富兰克林·罗斯福进行了磋商，讨论建立优先互惠的情报合作关系。1943 年 5 月，双方秘密签署《布鲁沙协定》（BRUSA Agreement）[6]。1941 年 12 月，“珍珠港事件”爆发，不久，美国宣布参战。与其英国盟友一样，美国对日本在太平洋地区的扩张感到不安。因此，英美决定扩大现有的双边协议。1946 年，英国与加拿大、澳大利亚和新西兰进行了多次秘密会谈，旨在协调彼此军事情报，各地区共担责任，支援经济中断的英国，以达到保卫英联邦的目的。1946 年 6 月，继加拿大、澳大利亚之后，新西兰在伦敦的一次会议上也加入英国政府通信总部主导的“英联邦信号情报组织”[7]。因此，1946 年的《英美协议》虽只有英美两大国签署，但事实上是一份涉及五国的协议。在接下来的十年里，该协议又衍生出多份附件[8]。美国为“第一成员国”（First Party Nations）；另外四个分布在全球不同区域的盎格鲁 - 撒克逊国家（英国、加拿大、澳大利亚、新西兰）则从一开始已结盟，被视为“第二成员国”（Second Party Nations）。在此框架下，美国国家安全局负责监听中南美洲、苏联东部（即乌拉尔山以东的亚洲部分）、中国及亚洲其他地区；英国政府通信总部负责非洲、苏联西部（即乌拉尔以西的欧洲部分）及欧洲其他地区；新西兰政府通信安全局（GCSB）负责西太平洋地区；澳大利亚国防信号局（DSD）负责东南亚及中国南部地区；加拿大通信安全局（CSE）负责苏联北部、高纬度地区和极地地区。

加拿大、澳大利亚、新西兰与英美在情报领域上有何渊源？

加拿大与英国建立情报合作后，也开始和美国接触。1948 年至 1949 年，加拿大与美国达成了多项双边协议（如《美加协定》），建立了美加通信情报合作。双方联手收集、处理和传输除美国、英国和英联邦外其他国家的通信情报。1950 年，美加两国海军签署了一项情报合作协议。至此，加拿大正式成为“英美情报共同体”（UKUSA Community）成员。

1947 年，澳大利亚在墨尔本成立信号情报中心——国防信号办（Defense Signals Bureau），后更名为国防信号局（Defence Signals Directorate），现名为澳大利亚信号局（Australian Signals

Directorate）。该局以珀斯（Perth）和卡巴拉（Cabarlah）两个监听站为据点，统筹在澳大利亚、新西兰、马来西亚、锡兰（现斯里兰卡）和中国香港的情报行动。1949 年至 1950 年，英国政府通信总部与澳大利亚国防信号办展开联合行动，以新加坡为起点，监视东南亚国家。1974 年，距离达尔文几公里远的肖尔湾接收站（Shoal Bay）[9] 接手该行动，主要目标锁定在印度尼西亚。[10]美国国家安全局和英国政府通信总部一步步扩大它们的影响力。

1948 年，新西兰海军部以“海军接收站 1”（NR 1）为名，重新启用怀乌鲁监听站。[11]在十多年里，怀乌鲁监听站一直接收来自墨尔本的指示，并在英国政府通信总部的操控下，成为覆盖太平洋与东南亚地区的监视中心。事实上，它所收集的信息大部分与新西兰无关，主要是为满足英美两国的需求。设备的定期更新也由英美负责，以跟上苏联信息传输技术的发展。该监听站的工作人员最初大多数为军人，20 世纪 50 年代中期改为文职人员，由英国负责培训。

在长达 30 余年的时间里，新西兰实际上都是在澳大利亚的领导下行动的。1949 年，新西兰在惠灵顿成立联合情报局（Joint Intelligence Bureau）。该局参照澳大利亚国防信号办的结构框架，设置了情报分析员、行政和通信官员等职位，由军人担任。1955 年 2 月 15 日，新西兰联合信号组织（New Zealand Combined Signals Organisation）成立，受国防参谋长管辖，统管新西兰所有电子情报工作，并由一名任期三年的官员监督。该组织还负责怀乌鲁监听站的运行（在越南战争期间，怀乌鲁监听站的情报、技术和行政团队都得到进一步发展）；同时，为驻外（包括墨尔本）的陆海空三军和驻舰部队输送情报人才。至此，新西兰的情报活动正式被纳入“英美情报共同体”。1977 年，新西兰政府通信安全局成立。不同于军人占主导的澳大利亚国防信号局，该局主要参照英国政府通信总部的模式，很多职位由文职人员担任，且与美国的关系更为紧密。

1982 年，怀乌鲁监听站的工作移交给新建的唐伊莫阿纳站。两年后，《英美协议》成员在新西兰政府通信安全局召开会议，讨论信息通信系统的升级。会议还有另一议题：将新西兰政府通信安全局的行动纳入美国国家安全局主导的全球情报网络。当时的美国国家安全局希望在南太平洋地区设立新的卫星通信监听站。新西兰政府通信安全局与澳大利亚国防信号局的负责人各自努力游说本国政府满足美国这一需要。几年后也就是 1989 年，新西兰怀霍派基地 NZC-333（Waihopai NZC-333）建立。该基地拦截的信息经筛选后传送给由总理直接管辖的新西兰政府通信安全局。

除加拿大、澳大利亚、新西兰外，其他结盟国家的情报机构也小范围地参与了英美情报网络，这些国家包括德国、丹麦、希腊、意大利、日本、挪威、韩国、泰国、土耳其等，某些国家甚至成为《英美协议》的“第三成员国”（Third Party Nations）。

一个成员地位不对等的联盟

由于高度的机密性，“五眼联盟”的合作关系长期以来都不甚明朗。各国当初签署协定结成联盟，其公开目的是在冷战背景下交换信号情报。根据协定，成员国之间互派联络员，常驻于彼此情报部门。例如，美国在英国伦敦及政府通信总部所在地切尔滕纳姆各设了一个特别联络处，英国则在美国国家安全局总部米德堡派驻了一名联络官。但不久之后，美国迅速成为该联盟的主导成员。它无所顾忌地施行和滥用歧视性规则与做法，其他成员国则被迫调整其情报程序，并使用由美国国家安全局提供的情报设备，美国因此能不露痕迹地侵入其他成员国的设备，轻而易举地获取它们收集的情报。比如，美国在英国奇克桑德兹的设备始终监视着盟友的通信；美国驻伦敦大使馆则收集着白厅街的数据，而白厅街是英国众多军政部门的所在地。可见，最亲密的盟友也没能躲过绰号“大耳朵”的“梯队系统”。

各成员国信号情报机构通用的运行规则、程序、目标、设备和方法详述于以下文本中：《信号情报国际规范》、《通信情报安全规范》以及明确任务分配的《信号情报联合行动名册》。实际上，各成员国在该联盟协定中的地位并非对等，比如地面监听站截获的信息在交换时不得不受制于其中一方的优先权规则。一方面，美国在联盟中居主导地位，其他成员国投入人力、物力，向美国输送来之不易的情报。另一方面，美国将通过其空间技术拦截而来的情报视为国家财产严加保护，除非向美国国家安全局提出申请，否则其他成员国难以获取所需要的信息，但其中英国的地位较其他三国高一些。

新西兰是联盟中的次要成员，其例子可表明联盟的不平等性。1938 年至 1948 年，新西兰虽属联盟次要成员国，但在英美情报体系中发挥着重要作用。新西兰通过国内外的情报活动，为英美联盟服务，受到英美官方的赞许，但并没获得实际好处。新西兰政府通信安全局将收集的信息输送给多个部门和官员，主要包括：美国、英国、澳大利亚和加拿大的情报机构和相关军事部门；驻西太平洋和夏威夷部队的指挥部；澳大利亚驻美国国家安全局的联络官；新西兰驻美国国家安全局、澳大利亚国防信号局的联络官；澳大利亚－新西兰军事情报参谋（ANZMIS）等。美国国家安全局将这些情报进行分析，形成报告，然后提供给美国情报系统与相关军事部门。但是在整个冷战期间，美国国家安全局除了共享几段涉及新西兰的苏联会谈材料外，并未向新西兰提供多少有用的报告。这些报告主要涉及苏联太平洋舰队、驻符拉迪沃斯托克和越南金兰湾的军事单位信息，以及苏联和南太平洋国家之间的往来信息。报告中还有其他信息，如：美国卫星情报系统“一流奇才”（Classic Wizard）收集的信息，用于通过雷达数据，定位舰艇；跟踪苏联情报卫星——电子型海洋监视卫星（Eorsat）[12]和太空卫星获得的信息。此外，新西兰政府通信安全局和新西兰安全情报局（NZSIS）每天都能收到关于伊拉克战争和苏联在阿富汗驻军情况的报告，以及一些与新西兰边缘利益相关的信息，例如在英国的黎巴嫩学生名单。然而，当法国对外安全总局（DGSE）对绿色和平组织船队的旗舰“彩虹勇士号”（Rainbow Warrior）[13]采取行动时，新西兰却未能提前获得警告。

1951 年 9 月 1 日，新西兰、澳大利亚和美国为共同应对日本威胁，缔结了《澳新美安全条约》（ANZUS）。1985 年，新西兰政府和民众反核呼声高涨，新西兰政府禁止核动力或携带核武器的舰艇进入其领水，由此与其他盟友产生了隔阂。美军“布坎南号”（USS Buchanan）不得已驶离新西兰。《澳新美安全条约》事实上已经终止。虽然美新军事层面上的合作停止了，但新西兰情报部门仍是“梯队系统”的成员，主要满足美国国家安全局的情报要求，尽管这或多或少损害了本国政府的外交路线和反核政策。美国国家安全局暗地里始终得以维持与新西兰情报部门的顺畅往来。这一时期，美英截留信息、操纵情报的活动可谓空前活跃。英国联合情报委员会每周向新西兰发送一份摘要，内容是委员会自认为重要的消息，但却系统性地避开了与新西兰相关的信息。然而，偶尔也有一些标注为“仅供新西兰查看”的报告，因为内容涉及对美国的批判。[14]一方面，新西兰情报部门与美国国家安全局的秘密合作说明了联盟对小成员国主权的侵犯。另一方面，公众则在错误信息的误导下，相信国家已经脱离《澳新美安全条约》框架下的联盟。[15]此外，“梯队系统”的监视目标并未完全透露给盟友，关键字搜索的列表通常都被视为秘密文件。通过这一手段，美国可以在新西兰领导人毫不知情的情况下，使用该国的监听设备和设施。绿色和平组织在穆鲁罗瓦环礁抗议法国核试验时受到监视，就是其中一例。

显而易见，即使是英美情报联盟的成员，也不能逃过美国情报网络的渗透。此外，“梯队系统”在监视英国的同时，还趁机利用在英国和其他盟友境内的情报力量，监视法国。那时，法国戴高乐主义正盛行，其核计划和独立的外交政策激怒了美国政府。事实上，非英语、非白种人、非新教的国家，即非“白人盎格鲁－撒克逊新教徒”（WASP）[16]的族群，或多或少都是情报收集的对象，并根据事件需要受到监听。所有北约盟国、日本、越南、泰国及其他东南亚条约组织的部分成员国都在此列。

《英美协议》框架下的“五眼联盟”与“梯队系统”一直以来都是复杂微妙的，在21世纪更是如此。这一体系的首要任务是为美国的政治、外交和军事利益服务，常常助其度过危机时刻。

4
危机时期与反共斗争
（1943—1989 年）

1941 年，面对纳粹的极权主义、日本的军国主义和苏联的勃勃野心，美国采取了帝国主义政策，以协调本国与市场化民主国家的利益。它的硬实力在扎根欧洲后，又成功介入日本、韩国以及大西洋、太平洋和地中海地区，建起广泛的联盟网络。另外，美国情报与反情报部门发动心理战，意在“削弱、颠覆甚至消灭被视为具有危险性的领导人或政府”。[1] 美国对苏联的生产建设、技术发展和军工计划等战略性情报很感兴趣，同时也关注着苏联秘密的迂回行动。但是，美国密码分析专家遇到了对手——异常强大的苏联密码系统。这一时期，苏联间谍成功渗入美国的情报机构和研究实验室。为了排查苏联间谍，美国信号情报处于 1943 年 2 月开始实施“维诺那计划”。这是一项高度机密的长期行动，参与者包括美国情报机构、英国军情五处和英国政府通信总部，到 1980 年，共排查出 200 多名双面间谍。

纳粹政府最终垮台，美国与盟国分享着胜利的喜悦。但是，来之不易的和平却是那么脆弱。美国虽自此进入繁荣期，欧洲也开始致力于战后重建，然而，即使在 1945 年日本投降后，各盟国在朝鲜半岛、中东、亚洲其他地区、欧洲其他地区等地却始终未能获得喘息的机会。苏联和美国进入冷战对峙，亚洲问题也困扰着美国武装部队安全局。1949 年 10 月 1 日，毛泽东宣布中华人民共和国成立。

朝鲜战争（1950—1953 年）

1950 年 6 月 25 日，朝鲜战争爆发。对此，美国决定实行“遏制”战略，用武力对抗共产主义的扩张。它一方面不希望失去在朝鲜半岛的影响力，另一方面受霸权野心的怂恿，认为自己有责任平定这场战争，巩固和维护“民主”，并认为能将美国价值观强加于全球。

朝鲜战争之前，美国武装部队安全局的注意力并不在朝鲜半岛，而是密切监视着中国军队动态。因此，当发现中国部队从中国中部向沿海和东北地区转移时，美国情报分析人员得以分析出中朝边界驻军的相关情报。在釜山战役[2] 期间，美军通过拦截无线电通信情报，获悉了对方的作战计划和能力。第八集团军司令官沃尔顿·沃克（Walton Walker）中将据此得以应对战役中危急甚至令人绝望的局面。思加巴（Sigaba）转轮密码机[3]和诸如M-204战术机器等工具的使用，保障了战场通信的安全性，[4]一定程度上促成了美国在釜山战役中占据优势。事实上，直至20世纪50年代后期，思加巴密码机都在拦截他国通信上发挥着重要作用。朝鲜战争于1953年结束，造成了100多万人丧生，但朝鲜半岛问题依旧，仍然处于分裂状态。

朝鲜战争对美国武装部队安全局产生了决定性影响。在战争中，该局与其他情报机构和军事部门一样，面临着人才不足的问题。1950年7月，美国国家安全委员会批准美国武装部队安全局大幅扩大招聘规模。两年后的美国国家安全局利用这一政策招兵买马，却难以找到职业且专业的雇员，特别是文职人员性质的密码专家。1959年，在艾森豪威尔的坚持和支持下，国会通过了第86－36号公法，即《国家安全局法案》。根据该法案，国家安全局最终获得了人事权，可自由聘用或解雇人员。由于据点分散，在管理上存在问题，于是美国国家安全局对各部门进行了整编：安全局总部与密码部门设于哥伦比亚特区的海军安全基地，通信情报部门设于阿灵顿会堂，军事密码部门设于弗吉尼亚州北部。但是，随着各部门的发展，美国国家安全局的总部需要寻找另一落脚点。1957年，马里兰州的米德堡成为新总部所在地。此后，美国国家安全局的发展进入快车道。

艾森豪威尔时期（1953—1961 年）

1953 年 1 月 20 日，二战期间的欧洲盟军最高统帅艾森豪威尔当选为总统。他非常清楚情报工作的重要性，因此非常倚重破译的信息。然而，当 1953 年 3 月 5 日斯大林去世时，艾森豪威尔却不是透过情报部门获知这一消息的，而是从新闻快讯中读到的。没有任何一个特工机构通报过斯大林生病的消息。相反地，在此前的一个月，国家安全局还在向白宫传递破译信息，但内容是阿根廷和印度驻莫斯科大使与这位苏联独裁者的私下会面。情报分析员没有提及任何特别的事情，在接下来几天里提供的信息也没多少价值。[5] 同年 6 月的一天，东柏林工人暴动。[6] 该事件爆发后迅速扩大，次日蔓延至德意志民主共和国（即东德）的其他城市。美国情报部门在该事件中同样展现出堪忧的判断力。1958 年 11 月，克里姆林宫的新强权人物尼基塔·赫鲁晓夫向西方提出关于柏林地位的最后通牒。但是，西方与苏联的谈判最终破裂，苏联在 1961 年筑起柏林墙。为了应对这场国际危机，美国国家安全局动用了许多密码专家和设备，然而却无法破译苏联情报，再一次证明自身的无能。与此同时，其他事件也正将国家安全局拉进严峻的考验中。

1956 年 7 月，在以色列与美国关系日趋紧张的国际形势下，埃及总统加麦尔·阿卜杜勒·纳赛尔宣布将受英法资本掌控的苏伊士运河国有化。此外，埃及政府禁止以色列船只进入苏伊士运河，却接受苏联提供的军事装备，逐渐向苏联靠拢。英法为了维护既得利益，[7] 与以色列签署了一项协议，企图推翻纳赛尔政府，收回苏伊士运河。1956 年 10 月 27 日，美国中央情报局收到情报，确认以色列即将袭击埃及，而英国则扩充了在塞浦路斯的驻军。同一天，美国国家安全局向白宫报告，以色列特拉维夫与法国巴黎之间的外交通信大幅增加。中央情报局的分析员判断，以色列与法国可能已达成军事协议。两天后，以色列攻打埃及。愤怒的艾森豪威尔总统致电英国首相安东尼·伊登，明确表示，美国在此事上不会追随盟友，不希望与埋伏以待的苏联在中东地区产生冲突。[8] 最后，英法联盟虽然在军事上取得了胜利，但在美国和苏联施压下，在政治上失败了。

在苏伊士运河争夺危机期间，美国国家安全局还向总统汇报了另一信息：布达佩斯的民众正在奋起反抗莫斯科强加的政策。当苏联军队向匈牙利首都挺进时，艾森豪威尔在衡量利弊后，决定不干预此事。

20 世纪 50 年代中期，艾森豪威尔政府高层已意识到国家安全局的发展潜力，对其能力的减退深感惋惜。艾森豪威尔总统本人经历过二战，也确信情报工作不可掉以轻心。因此，他委托麻省理工学院进行调研。调研报告显示，国家安全局是最适合通过情报工作识别威胁的组织，建议强化其能力。白宫的一个委员会也建议加大财政投入，促进高质量信号情报的产出。于是，国家安全局的财政预算暴涨至近 5 亿美元，占国家情报工作总预算的一半以上。对于国家安全局这一夸张的预算，财政部长乔治·汉弗莱无可奈何，艾森豪威尔主意已定，他认为这是攻破苏联密码系统必不可少的投资。[9]

前美国总统赫伯特·胡佛领导的一个委员会提出建议：减少能接触到通信情报的人员，强化安全程序。1957年，另一个委员会建议大幅下调通信情报相关的开支，该委员会还建议将部分监听站合并，并将所有密码行动的预算纳入一项新计划中，即统一密码计划（Consolidated Cryptologic Program）。[10]该计划目前依然有效。

艾森豪威尔还非常重视机载信号情报行动，对监测苏联雷达防御系统的绝密飞行任务“雪貂行动”（Ferret）予以支持。“雪貂行动”中最冒险的一次当属“全垒打计划”（Project HOMER-UN），此次行动侵入了苏联的领空。1956年3月至5月，美国空军的电子侦察轰炸机在苏属北极地区进行了156次行动，在无任何折损的情况下，发现了苏联在该地区无雷达覆盖。记录这一侦察结果的磁带被寄到了美国国家安全局。美国试图通过此类侦察行动来弥补人工情报收集的不足。克里姆林宫发现领空受到侵犯后，向美国驻莫斯科大使馆提出了抗议，但却谨慎地控制该事件的传播范围。[11] 1960年5月1日，飞行员弗朗西斯·鲍尔斯（Francis Powers）接到命令，迫不及待地驾驶着先进的U2侦察机从巴基斯坦白沙瓦基地起飞。此次飞行是“绿色大黄蜂”（Green Hornet）任务框架下的行动，目的是收集遥感数据。但鲍尔斯没有想到，这第24次飞越苏联领空竟成最后一飞。U2侦察机被苏联雷达发现，最终被苏联对空导弹击落。华盛顿以为机毁人亡，但事实上，鲍尔斯被俘，U2 侦察机落入苏联手中，机载的间谍设备也被发现了。赫鲁晓夫要求艾森豪威尔公开道歉，艾森豪威尔拒绝了这一要求，但承诺终止这一行动。艾森豪威尔还担心美国国会和民众知道这一行动是他亲自授权和督办的。该事件几乎引发第三次世界大战。

古巴导弹危机（1962 年 10 月 14 日至 28 日）

三年后，冷战期间最严重的危机在古巴发生了。1959 年 1 月 1 日，菲德尔·卡斯特罗及其追随者在美国的支持下，推翻了巴蒂斯塔独裁政权。随后，这位革命领导人迅速将在境内的美国公司国有化。于是，美国在艾森豪威尔任期将满之时，中断了与古巴的外交关系。美国驻古巴哈瓦那大使馆和圣地亚哥领事馆随之关闭，美国中央情报局除卧底特工外，其他雇员不得不离开古巴。1960 年 7 月，赫鲁晓夫开始向古巴提供援助。此时，华盛顿的首要任务是扫除共产主义，终结古巴革命。美国国家安全局利用情报人员[12]提供的无线电频率，监视着卡斯特罗政府的通信。结果显示，古巴与商人利奥尼德·亚斯特列夫（Leonid Yastrebov）之间存在联系。这位商人曾向印度尼西亚、埃及和叙利亚等国提供苏联武器，他还申请了赴哈瓦那的签证。

于是，国家安全局将注意力转向苏联船队。1960 年 9 月，“伊利亚·梅希尼科夫号”（Ilya Mechnikov）和“索尔涅奇诺戈尔斯克号”（Solnechnogorsk）两艘军舰装载着军事装备起航，

“尼古拉·布尔登科号”（Nikolaj Burdenko）货船则驶向加勒比海。该货船从黑海尼古拉耶夫港出发，装载了2 000多吨未知性质的货物，其后还跟着另一艘商船“阿特拉尔克号”，也运载着同等重量的货物。显然，苏联不仅仅是在提供武器。1961年1月，美国从截获的一系列信息中预测到东方阵营国家与古巴武装力量之间存在合作。此时，一条西班牙语的信息引起了美国的注意，这条信息是通过捷克斯洛伐克（今已独立为两个国家）的甚高频通信频道发出的。从种种迹象来看，它很可能是捷克斯洛伐克特伦钦空军基地的飞行员在训练时发出的。

美国外交力量撤出古巴严重影响了中央情报局的正常工作。该局与白宫乃至整个美国情报界一样，一直以来严重依赖于国家安全局的截听活动。例如，在美古断交后，中央情报局迈阿密办事处收到一份关于古巴的信号情报副本，但此时国家安全局联络员已撤出古巴，情报无法得到验证。在这种情况下，中央情报局雇员不得不依靠自己的判断力，但是急于行动的焦躁心态又常常导致误判。1961年4月17日，美国雇佣军入侵古巴。[13]此次行动是中情局在艾森豪威尔任职期间秘密策划的，发生于约翰·菲茨杰拉德·肯尼迪上任3个月后。就在美国入侵古巴两天前，即1961年4月15日，古巴哈瓦那和圣地亚哥空军基地遭到涂有古巴标识的美国B－26轰炸机的袭击。这是一次违反国际公约的行动，古巴空军基本被摧毁，只有9架正执行飞行任务的飞机幸免于难。两天后，美国招募和训练的1 400名古巴流亡者登陆古巴西南海岸猪湾。但结果事与愿违，在不到70个小时的时间里，美国所有雇佣兵或阵亡或被俘。卡斯特罗的土地改革让古巴人民获得实惠，革命得到民众支持。由于此次行动由中央情报局策划，美国海军不了解细节，无法及时介入，而卡斯特罗的部队在幸存飞机的支持下，成功击退了入侵者。这就是著名的“猪湾事件”，以美国惨败收尾。随后，美国国家安全局加强了对古巴的窃听，确认了以下情况：武器供应仍在继续，军事训练在加强，古巴部署了苏联雷达装备。

尽管对古巴的行动失败，但肯尼迪始终认为必须说服古巴人民推翻卡斯特罗政权，于是向时任司法部长的胞弟罗伯特寻求支持。罗伯特会同军方和情报部门召开特别会议，讨论后决定展开“猫鼬行动”（Mongoose），目的是毁坏甘蔗作物，破坏古巴人民的生活，引发连锁反应，最终颠覆卡斯特罗政权。然而，古巴凭借苏联新援助的巡逻艇，加强了巡视，再加上恶劣的天气条件，美国特工始终无从入手。该计划最终流产。

在遥远的另一端，1962 年 4 月，赫鲁晓夫正与国防部长马利诺夫斯基漫步于黑海的欧米加海滩。他们对土耳其和意大利境内部署的美国“朱庇特”（Jupiter）中程弹道导弹感到担忧，其射程已覆盖到了苏联，于是他们计划在古巴建立秘密导弹基地，目标指向美国重要的城市。[14]因此，“阿纳德尔”（Anadyr）行动展开，此代号源自历史上一次入侵阿拉斯加的计划。

与此同时，美国国防部长罗伯特·麦克纳马拉要求海军加强对苏联的信号情报收集。该工作此前由“牛津号”技术研究船保障，指示下达后，一艘新舰艇被征调，用于加强国家安全局的情报收集能力，之后的情报工作取得了一些成果。美国从截获的信息中证实古巴背后确有苏联的支持，因为这些信息采用的通常是蹩脚的西班牙语或干脆就是俄语，此外，美国还掌握了包括波罗的海和黑海在内的苏联商船的行踪。但国家安全局分析员无法据此洞悉苏联商船的真实目的，不排除其用于运输军事装备的可能性。1962 年 8 月，美国发现古巴境内存在苏联“雪茄”防空火控雷达的特有信号。这批货物在港口交付时戒备森严，非工作人员不可围观。中央情报局新任局长约翰·麦科恩怀疑是飞机机身和导弹部件。它们很可能是用于部署地空导弹，以及建立通信情报和电子情报设施网络，以监测卡纳维拉尔角和其他重要的美国据点。不久，法国在华盛顿和哈瓦那的反间谍活动人员拍到了相关照片，证实了古巴确实存在地空导弹，美国于是加强了监视。情报分析人员还为空军和海军提供信息指南，可根据运输所用箱子的类型和大小来辨别军事装备的种类。1962 年 9 月 29 日，美国从 U2 侦察机拍摄的高空照片中发现了对空导弹、雷达制导导弹、科马级导弹巡逻艇和许多其他军事装备。苏联成功了，“阿纳德尔”行动被发现时为时已晚。四艘携带核弹头鱼雷的苏联潜艇已起航奔赴古巴，而肯尼迪总统直到 10 月 22 日才下令美国舰队对古巴岛进行海上封锁。6 天之内，华盛顿和莫斯科之间的紧张关系达到顶点，核战争一触即发。最终，苏联召回舰艇。莫斯科与华盛顿在 1962 年 10 月 28 日达成了协议，美国承诺放弃侵略古巴，并撤回在土耳其和西西里岛的中程导弹，苏联方面则不公开美国的妥协。苏联为胜利而欢呼，但事实上，美国在装载有“北极星”导弹的核潜艇舰队成立后，“朱庇特”导弹已非必要，华盛顿早已计划向莫斯科让步。

美国国家安全局的信号情报团队虽未能挽回“猪湾事件”的惨败，但他们在海上封锁古巴期间成功监测到了苏联舰队的行动和意图。该团队通过与海军的合作提升了实时收集信息的能力。在整个危机期间，国家安全局驻白宫代表表现出色，该局的管理也因此得到切实的优化。同样幸运的是，在古巴导弹危机发生不久前成为局长的戈登·布莱克中将恢复了国家安全局与五角大楼、中央情报局和国家侦察局的良好关系。布莱克还有一群可靠的属下，其中就有该地区的信号情报负责人朱厄妮塔·穆迪（Juanita Moody）。危机期间，穆迪时时刻刻都在向政府和军方的负责人提供信息，每天就在办公室睡几个小时。这位出色的女性未曾进入大学深造，而是选择入伍成为一名志愿兵，1943 年加入了阿灵顿会堂的军队密码部门，从此对密码分析产生了浓厚兴趣。[15]后来，穆迪加入了国家安全局，并成为白宫信号情报传输改革的代表人物。

越南战争（1955—1975 年）

古巴在 20 世纪 60 年代初吸引了全球目光，而越南问题也同样令人担忧。自 1954 年法国奠边府战役失败以来，美国开始关注越南这块旧法属殖民地。1963 年肯尼迪总统被暗杀时，美国已部署了 15 000 名军事顾问在越南，以支援越南共和国（南越）

总统吴庭艳的武装部队。早在 1961 年，国家安全局局长劳伦斯·休·弗罗斯特就曾要求制订该地区的形势报告和应急计划。这一年，国家安全局应军方所请，提出开展无线电测向活动，并为南越提供这方面的培训。陆军安全局[16]负责提供信号情报支持。同年，第一支信号情报团队入驻新山空军基地。1962 年 4 月，国家安全局以临时派遣技术人员为名，在西贡设立了常驻代表处。代表处与指挥机构保持紧密联系，协调各信号情报部门的活动。代表处设信号情报支持小组，其任务是将情报和其他相关信息进行整合，并结合当地需求，为军方提供有针对性的情报。但美国政府并没有制订与未来作战相关的可靠计划。

连续多个月，美舰“马多克斯号”（Maddox）和“特纳·乔伊号”（Turner Joy）一直在侦听越盟和越共部队的电子通信。[17] 1964 年 8 月 2 日，林登·约翰逊总统宣称北越的鱼雷艇两次袭击了在东京湾的美国驱逐舰。当日，“马多克斯号”发现三艘北越鱼雷艇向其逼近，于是向“特纳·乔伊号”和战斗机请求支援，敌方舰艇在冲突中受到重创。两天后即 8 月 4 日，这两艘仍在警戒中的美国驱逐舰由于错译雷达信号，向雷达阴影区开火。更糟糕的是，国家安全局截获了一条信息，由于翻译不准确、标注日期错误，导致约翰逊总统发动了大规模空袭，进行报复性打击。难道真的是国家安全局干了蠢事，然后试图通过虚构时间表来掩饰错误，抑或是故意放出虚假信息以美化对越南的袭击？无论如何，事件最终促成美国国会通过《东京湾决议案》，授权总统可不必征得国会同意对外宣战。

20 世纪 60 年代中期，大规模监听网络为美国越战部队提供了技术支持，但情报人员低估了他们的敌人，北越的密码专家同样在拦截和破译着美国防范不周的敏感通信。他们根据情报，成功向上级预警了美国空军和南越空军于 1965 年 3 月 2 日至 1968 年 11 月 1 日期间的空袭计划。这一计划即为“滚雷行动”（Operation Rolling Thunder），耗资巨大，然而在战略和作战层面最终都归于失败。参谋长联席会议希望从策划到执行全面总结此次作战行动失败的原因。于是，1966 年至 1967 年，“紫龙”（Purple Dragon）跨部门调查小组对该行动中通信系统的漏洞进行调查，最终提出了加强安全性的解决方案。以此为起点，作战安全理论开始形成，通常简称为 OPSEC[18]，该理论后来被广泛采用。[19]

面对在南越的游击队，美军显得疲于应付，最终陷入了越南战争的泥潭中。1968 年 1 月底，越南南方民族解放阵线（即越共）和越南人民军联手对南方所有城市发动奇袭。此前，国家安全局确实侦察到了越南北部通信活动变多，但美驻越官员却认为这只是一个幌子。1998 年，美国中央情报局在分析越南战争和春节攻势（Tet Offensive）时说：“在以发出告警为使命的情报界中，国家安全局是唯一一个能够履行使命的部门……与官员的汇报、囚犯的供词、收集的材料以及据此分析而来的报告相比，通过通信情报往往更有利于了解敌人的实力与意图。然而，在华盛顿，信号情报告警似乎未能引起情报部门和决策者的足够重视。”究竟是参谋部还是国家安全局无能？美国为什么需要花如此多的时间才能发现越南密码专家掌握的信息？[20] 为什么没能预判到 1968 年的春节攻势，让越共能够同时攻击全国 100 个城市？

1965 年至 1969 年担任国家安全局局长的马歇尔·卡特中将是否应对此负责？卡特曾于国务院和国防部任职，并曾出使中国和欧洲，精于外交，但他与负责情报工作的国防部副部长尤金·富比尼（Eugene Fubini）不和，两人存在意见分歧。卡特也从不肯向中间派的官僚集团妥协，但在长达 3 年的时间里，他稳坐美国情报界的第二把交椅。1962 年，肯尼迪任命他为中情局副局长，任期持续至 1965 年，约翰逊政府时期。此外，成为国家安全局局长后，卡特要求直接对国防部长罗伯特·麦克纳马拉或其副手赛勒斯·万斯（Cyrus Vance）副部长负责。

卡特为人开朗乐观，但幽默中带着尖刻，常常与国防部及中情局产生矛盾。后者指责国家安全局越权：自己精心炮制着情报，却不为中情局提供必要的信息，而且蔑视中情局权威。麦克纳马拉想要一个温顺的国家安全局局长，可惜卡特却非易妥协之人。例如，卡特先斩后奏，将国家安全局标志中“国防部”字样替换为“美利坚合众国”，麦克纳马拉被迫接受既定事实。

1969 年 1 月，理查德·尼克松继任美国总统。为使美国脱离越战的泥潭，他提出了“战争越南化”政策，继而开始帮助越南共和国逐步建立自己的军队。为落实这一政策，国家安全局组建了南越情报部门，人员编制达 2 700 人，负责监听北越的通信。1975 年春天，美国战败，这些情报人员连同设备一同被俘获，其中大部分被处决，余下的被监禁。[21] 作为反共斗争的象征，越南战争最后以美国失败告终。

全球监听和维护美国利益

冷战期间，美国人在太平洋、玻利维亚及其他作战行动需要之处开展信号情报工作。同时，信号情报也被用于维护其国家利益和反核扩散的斗争中。此外，法国这个一开始就游离于《英美协议》之外的国家也是这项工作的目标之一。1958 年，戴高乐将军重掌法国政权。一方面，由于英美两国敌视法国的北非政策，并阻挠法国建设独立核力量的努力，戴高乐对英美两国心有不满；另一方面，美国对戴高乐寻求独立的意图持保留态度，同时怀疑法国共产党与苏联勾结，法国因此成为 20 世纪 60 年代第一批间谍卫星的目标。例如，美国绝密计划“科罗纳”（Corona）侦察卫星就对法国太平洋核试验中心进行了监视。

美国另一监听目标是交通繁忙的战略要地——地中海。1967 年，“六日战争”爆发，美舰技术研究船“自由号”（Liberty）在此次冲突中突遭以色列飞机与鱼雷艇袭击，[22]受到重创，30 多名美国人丧生。该舰艇装备了价值 1 020 万美元的高科技监听设备，事件发生时正于埃及沿海海域航行，进行信号情报收集。以色列方面声称这是个不幸的失误，但美国国务卿迪安·腊斯克和国家安全局副局长路易斯·托德拉（Louis Tordella）认为，事件起因是“自由号”掌握了以色列屠杀埃及战俘的情报，以方蓄意将其击沉，以铲除证人，掩盖谎言。但美国不希望与以色列这个盟友产生嫌隙，于是压下了该事件。1980 年，以方向受害者家属和美国政府支付了600万美元赔偿金。

二战后，美国针对华沙条约组织国家提出了遏制战略。国家安全局的空间—陆地—海上情报系统是该战略的重要环节。20世纪70年代初期，美国“大比目鱼号”核潜艇执行“常春藤之铃行动”（Operation Ivy Bells），潜入了鄂霍次克海。该海域当时被苏联宣称为领海，是太平洋沿西伯利亚海岸延伸的海洋，海底铺设了声音传感器。[23]苏联在海底的军事通信电缆保障了堪察加半岛海军基地与符拉迪沃斯托克总部之间的联络。“大比目鱼号”成功地在该通信电缆上安装了窃听装置。此后多年，“海狼号”（Seawolf）和“蝴蝶鱼号”（Parche）负责维护该监听系统，直到国家安全局雇员罗伯特·佩尔顿（Robert Pelton）以3.5万美元的价格向苏联克格勃（苏联国家安全委员会）出卖了这一秘密。1981年，美国通过卫星图像发现苏联舰艇在该海域巡逻。“蝴蝶鱼号”赶往该海域，但为时已晚，窃听设备已被苏联收缴。佩尔顿后来被判处终身监禁。

美国舰艇的侦察目标并不限于苏联海岸。1968年1月，美国间谍船“普韦布洛号”（Pueblo）被朝鲜没收，至今仍未归还。很多珍贵的密码设备因此落入朝鲜手中，国家安全局指称朝鲜挑衅日益加剧。“普韦布洛号”的一名船员遇害，其他船员身受酷刑，在艰难的谈判后获得释放，但美国承认侵犯了朝鲜的领海。在红色威胁长达40年的时间里，美国国家安全局严密监控着苏联的军事和工业变迁，同时关注着苏联的东欧卫星国以及南亚地区的越南、老挝、柬埔寨。20世纪60年代，国家安全局大力发展监控中心，以更好应对冷战的挑战。1968 年 12 月，国家安全局设立国家信号情报监视中心，负责集中收集和及时处理信号情报。[24]

冷战影响了情报机构的规模和职责。在这段漫长的岁月里，美国国家安全局在限制共产主义扩张中扮演了重要的角色，它不仅继承了前武装部队安全局的职责，同时还负责中央情报局和其他相关军事机构的信号情报工作。然而，美国国家安全局也因其僵化的官僚主义作风和缓慢的应急反应而一再受到批评。与此同时，新的挑战逐渐出现，美国社会陷入剧烈的动荡之中。

5

早期的丑闻

（20世纪60年代至70年代）

变迁中的美国社会与国家安全局

二战结束后，美国社会沉浸于虚幻的和平中，而国家安全局仍以维护国家安全为名，活跃于国内外。20世纪60年代，慵懒的美国社会迎来了一股年轻激荡的新气象。60年代之初的乐观情绪逐渐让步于觉醒，民权运动动摇了社会，种族歧视和性别歧视逐渐淡化。经济增长加速，科技进步给人以空前繁荣的印象。肯尼迪总统及其继任者约翰逊致力于推行因冷战和麦卡锡主义而放缓的自由主义。后者为此推出了“伟大社会”（Great Society）计划，大力实施改革。但20世纪60年代后半期，美国大学生爆发激进的反种族主义和反越南战争运动，改革被迫中断。美国开始怀疑它成为人类社会典范的天命，它无法将自由主义推广到欠发达国家，在对抗歧视与贫穷上力有不逮。

在此期间，美国国家安全局孜孜不倦地追求独立地位，试图摆脱陆海空三军的领导。自20世纪60年代以来，当国家安全局奋战于太空竞赛时，希望获得绝对服从的新任局长劳伦斯·休·弗罗斯特海军少将聚拢起一批价值观相同的拥护者，着手打压反对自己的文官，谋求部门独立。文官集团拒绝向这一海军"团伙"低头，多次破坏弗罗斯特的行动，而弗罗斯特本身也未能赢得肯尼迪政府的过多支持。为了捍卫国家安全局的独立性，弗罗斯特在国防部长罗伯特·麦克纳马拉和中情局局长约翰·麦科恩反对的情况下，正面反抗五角大楼。1962年6月30日，弗罗斯特被撤职。1963年，国家安全局被置于国防部的管辖之下，稳步进入下一个10年。国家安全局获得高额的人事预算，雇员薪资总体水平高于其他部门。但随着1975年4月越战的结束，情报部门的财政资源迅速削减，国家安全局在部门文化和人员编制上也随之改变。部门运行变得困难，雇员晋升受限，团队规模减小。时任局长鲍比·英曼挑起了重整部门的重担。他意识到必须实现部门更新换代，尽早轮换掉二战时期的雇员，认为中层干部中参加过朝鲜战争、被他称为涉水者（Waterwalkers）的雇员应能顺利接班。他出人意料地提拔起这一代人（朝战一代），[1] 给他们分派新职务。这就是国家安全局多元化政策的开始。许多人获益于该政策，从此身居要职，其中两个人在日后成为副局长。

然而，此时的国家安全局与其他国防机构一样，给予少数民族和女性晋升的空间很小。自二战以来，这方面似乎无任何实质变化，如同二战期间非裔美国密码学家只能在不同的办公室工作一样，地位始终不平等。这种歧视行为造成国家安全局人才流失。然而，社会在变化，联邦政府为多元化的世界打开越来越多的大门。国家安全局顺势而为，在1970年设立了一个办公室——平等就业机会办公室（Equal Employment Opportunity Office）[2]。此后，部门招聘与雇员的职业发展都获得改善。[3]

"三叶草"和"尖塔"监视计划

随着越南战争白热化，美国民众的反战呼声日渐高涨。长期以来，国家安全局通过"三叶草"（Shamrock）秘密监视计划获得特权，可查阅经由西部联合电报公司、美国无线电公司和国际电话电报公司传输的所有电报的缩微复印件。美国国会虽于1930年通过了一项禁止通信公司向第三方泄露电报内容的法案，但二战期间随着一系列审查法令的出台，该法案被废除了，美国政府因此有权检查进出美国的电报。所有加密的信息都被发送到阿灵顿会堂。二战结束后，"三叶草"监视计划停止，但后来在武装部队安全局的要求下又重新被启动。往来苏联的通信都受到拦截。

"尖塔"（Minaret）监视计划启动于20世纪60年代。该计划依据一份既定名单，监控相关美国公民的跨国通信。60年代末的美国没有任何一条法律能够限制国家安全局的活动。1967

年秋，军方因为担心五角大楼反对越南战争，要求国家安全局副局长路易斯·托德拉将持反对意见的个人和团体列成一份监控名单。中央情报局、联邦调查局、国防情报局向其提出了同样的要求。由此，反越战的和平主义者、持不同政见者、出于良知拒服兵役者、平权活动家、宗教活动家纷纷上榜，受到系统性的非法监视。此外，他们的关系网也处于被监视之中。名单上的知名人士包括：简·方达，琼·贝兹，马尔科姆·艾克斯，马丁·路德·金，本杰明·斯伯克博士以及被美国各机构定性为“敌人”的贵格会教徒。国家安全局 G 科是负责非共产主义世界的部门，其负责人弗兰克·雷文（Frank Raven）反对这种泛滥的监视行为，但他随即被告知：这一决定来自当局最高层，不接受任何反对意见。此时的国家安全局仍受到相关法令的保护，其侦察活动虽然属于信号情报行动，但可不予追责。1969 年，理查德·尼克松当选为总统。此时的美国，因越南战争如火如荼，各地反战活动此起彼伏。1970 年 6 月，尼克松总统遗憾地向国家安全局局长诺埃尔·盖勒（Noel Gayler）以及中情局、联邦调查局和国防情报局的局长表示，分配给情报机构的财政预算有限，难以支撑其对革命团体在国内的活动进行严密监视。（国家安全局副局长）托德拉却从这一政策变化中看到良机。[4] 一方面，总统希望统筹针对激进左派与和平主义运动的国内情报；[5] 另一方面，盖勒签署了一份标注为“仅供专人阅读”（Eyes Only）的秘密备忘录，即《国家安全局对国内情报的贡献》[6]。该备忘录通过了一项监控计划，可在无授权无依据的情况下，拦截美国公民的国际通信。

20 世纪 70 年代的媒体曝光与国会调查

20 世纪 70 年代初，媒体指责情报机构违反了美国宪法第四修正案[7] 中关于保护美国公民权利的规定。媒体披露了尼克松政府在 1969 年 2 月下令秘密轰炸北越在柬埔寨的军事设施，联邦调查局奉命调查此次泄密事件。中央情报局在全球范围内开展“混沌计划”（CHAOS）[8] 间谍行动，以确定美国反越战学生运动中外国势力的影响。1972 年，“水门事件” 爆发，受该丑闻影响，尼克松在 1974 年辞职，国家安全局在这一共和党政治间谍案中备受指责。在这段动荡的时期里，国家安全局换了两任局长。1972 年，塞缪尔 · 菲利普斯（Samuel Phillips）中将上任。他是一名研究员兼工程师，是导弹和太空领域的专家，但在情报方面经验不多。在短短几个月的任期内，这位 50 多岁的局长首先对国家安全局进行了整体架构的改革，精简办事程序。此前某些由军人执行的信号情报收集任务转由文职人员负责。此外，他还实现了许多数据处理、分析和报告工作的自动化，降低了大量的文职薪酬开支。但由于丑闻影响过大，菲利普斯很快就申请调往空军任职了。[9]

1973 年 8 月，卢 · 艾伦接任国家安全局局长。他是一位核物理学家，具有公认的管理才能。他天性沉默，却自带特别的幽默感，拥有远见卓识，善于计划未来，非常关心太空探测器、成像技术和干涉测量等领域的技术进步。他一生都非常注重个人隐私，严守政府秘密，回避媒体。1975 年，他曾向《纽约时报》记者说道：“保持匿名非常重要。”但在同一年，他却不得不出席国会听证会。他必须面对议员的盘问，并为针对美国公民通信的窃听行为做辩护。“水门事件”后，国会参议院成立了由爱达荷州民主党参议员弗兰克·丘奇（Frank Church）主持的调查委员会；众议院则成立了由纽约州民主党众议员奥利斯·派克（Olis Pike）主持的调查委员会，负责调查中央情报局的活动。

1975 年 8 月 8 日，不善言谈的卢·艾伦表示，他的所有前任都无须出席国会的听证会。但 3 个月后，艾伦站到了美国参议院情报委员会前，回答美国公民名单的相关提问。此名单是由联邦调查局等情报机构转交给国家安全局的。艾伦一改往日的寡言少语，变得健谈。1967 年至 1973 年，1 600 多名美国公民的信息被截听，其中大部分为疑似反越战人士。艾伦声明，在担任局长之前，国家安全局的窃听活动主要用于追捕毒贩和预防恐怖主义行为，但在他上任不久后就下令停止了这种窃听行为。那个年代，对窃听早已存在争议：一方认为窃听行为侵犯隐私，违反宪法；一方认为窃听行为是确保国家安全的必要手段。艾伦认为，国家安全局的活动始终未曾偏离当初决定设立该机构的总统密令，公开某些信息违背了该密令的规定。国会受艾伦辩护词的影响，创建了一个秘密法庭，用于为国内监听活动开具授权书。调查结果是：国会应该加强对情报工作的监控，但“三叶草”和“尖塔”监视计划获得了认可。

1976 年 2 月 18 日，杰拉尔德·福特总统签署了第 11905 号行政命令，宣布对美国情报机关进行改革，并明确禁止政治暗杀。从此，国会有权监督被行政当局定义为秘密的活动，但有责任保守涉及国防的秘密。[10]1978 年，《外国情报监控法案》实施。该法案引入了司法授权和审查制度，以此限制国家安全局的权力。而国家安全局也在试图调整和规范自身的办事程序。1971 年出台的《美国通信情报条令》取代了 1958 年的《通信情报行动手册》，是当时国家安全局工作程序的主要参照。[11]《美国通信情报条令》更新频率高，特别是在电子通信传输模式下，更适应情报活动的发展。多年以来，该条令已成为国家安全局雇员不可或缺的文件，通过该条令，他们对处理信号情报的规范有了更深刻的理解。

至此，一方面，国家安全局的重要性虽得到强化，但它也不得不服从于相关法律，约束自身的监听行为，同时还需适应技术与地缘政治的发展；另一方面，彻底崩塌的征兆已出现，但国家安全局却囿于反共产主义斗争，无视这些征兆。

6

技术进步与新的威胁

（20 世纪 40 年代末至 90 年代）

早期的机器

二战伊始，仪器应用尚不广泛。但战争期间，美国军方已意识到仪器对破译密码的重要作用。1945 年春，美国情报部门 1 275 名专家共拥有 400 多台穿孔机，还配备了快速分析仪（RAMS）[1]。该仪器是军方与工业部门合作设计的革命性机器：海军 OP-20-G 科与伊斯曼－柯达公司（Eastman Kodak）、国家收银机公司（National Cash Register）等企业合作，陆军信号安全局则与贝尔实验室合作。国际商用机器公司（IBM）自然也是一线分包商。快速分析仪极为先进，其运算能力相当于 500 万名密码分析员的运算能力。但是，该仪器非常昂贵，且常常过于专一，一旦所针对的代码或加密程序出现调整，操作即告无效。战争结束后，分包商深刻体会到当局强加的限制，渐渐对严苛的规章要求和安全措施产生不满。路易斯·托德拉当时是海军 OP-20-G2 科[2] 的密码专家，他对分包商不愿参与研发表示遗憾。此后，海军创建了工程研究部，成员都是精于破译密码的研究员。此时，来自宾夕法尼亚大学莫尔电子工程学院的工程师和数学家发明了一款新型机器——电子数字积分计算机（Eniac）[3]。与快速分析仪不同，电子数字积分计算机更具灵活性，能够处理多项任务。托德拉的同事詹姆斯·彭德格拉斯（James Pendergrass）在看到该型计算机的介绍后十分兴奋。在他的建议下，海军和工程研究部设计制造了该型号的第一台计算机。这台奇妙的机器被命名为“阿特拉斯”（Atlas），于 1950 年投入使用。1953 年，国家安全局采购了该型号的第二台计算机。[4]

从此，国家安全局致力于维持自身在数字技术和航空航天技术领域的领先优势。1958 年，该局超过 50% 的信号情报工作为监视苏联的军事和民用设施。1956 年 11 月，51 岁的约翰·桑福德（John Samford）接任局长。面对苏联的技术进步，他努力推动着密码分析团队的发展，但依旧挡不住美国在情报领域丢城弃地。此外，尽管桑福德拥有杰出的军旅经历，但他曾经反对成立国家安全局，因此他的上任引起了非议。根据艾森豪威尔总统的意见，桑福德接受了一名文职人员出任副局长一职的安排。

征服太空

当国家安全局在寻求革新时，苏联也并未懈怠。1957 年 10 月 4 日和 11 月 3 日，苏联将两颗人造卫星“斯普特尼克号”（Spoutnik）送入轨道，以此向世界宣布苏联在科技上的领先优势。美国被超越了，于是紧跟着在 1958 年 1 月 31 日发射一颗卫星，但功能不及“斯普特尼克号”强大。

在这场征服太空的竞赛中，艾森豪威尔总统根据 1954 年胡佛委员会和 1957 年威廉 · 贝克委员会的建议，于 1958 年批准了国家安全委员会第 6 号情报指令[5]，将电子情报工作划归国家安全局管辖。1956 年至 1960 年期间，国家安全局与中央情报局合作，展开飞越苏联领空的 U2 行动。随着飞行高度与速度更优的 SR-71 侦察机的问世与新一代军用观测卫星的发射，空中侦察活动得到进一步发展。在这一时期，约翰 · 桑福德为国家安全局的发展做出了巨大的贡献。他眼光长远，深信国家安全局在美国情报界拥有巨大的力量。桑福德为人审慎，与前任不同，他不喜与人交锋。他通过对外周旋，加强了国家安全局与其他情报部门的关系。1956 年 5 月，通过与中情局达成的一项绝密协议，国家安全局位于苏联境外的监听站成功拦截到苏联雷达操作员的无线电传输通信，内容涉及苏联对美国 U2 侦察机侵入领空飞行活动的监测。此次截听行动锁定了飞行员与其基地间的空地通信传输，为研究无法识别或难以评估的苏联国防力量提供了宝贵的信息。

1958 年，艾森豪威尔总统通过第 5105.15 号指令，设立高级研究机构——高级研究计划局（ARPA）[6]。该局与海洋研究所（NRL）[7] 合作，开展太空探索活动。在此框架下，美国工程师建议发射用于拦截电子信号的卫星。白宫于 1959 年批准了名为“告密者”（Tattletale）的卫星发射计划。1960 年 6 月 22 日，第一颗电子侦察卫星 Grab/ Dyno1（即银河辐射与背景电子情报卫星）发射，此后又发射了一系列同代卫星。[8] 随后开始了“罂粟”（Poppy）系列电子侦察卫星研究计划，该计划延续至 1977 年 9 月。自 1962 年起，这些计划转由国家侦察局接管。美国的电子侦察卫星实现了对苏联雷达的系统性监视，同时，空军的加入优化了信号分析工作。从此，定位海上敌人变得更为容易。

然而，面对苏联在洲际导弹与武器系统上的技术进步，美国国家安全局同样心存恐惧。1963 年 1 月，国家安全局设立了太空分析中心[9]。该中心与国防情报局合作，协调彼此的预警情报。这一合作最终于 1964 年催生了一个导弹防御太空中心[10]。该中心鲜为人知，位于米德堡 OPS 1 大楼，由一名文职官员负责，一名国防情报局的高级军官协助。[11]

技术进步

20 世纪 70 年代，国家安全局共经历了四任局长。在此期间，技术进步对国家安全局至关重要。1969 年，尼克松政府任命海军少将诺埃尔·盖勒为局长。尽管他非技术出身，但五角大楼认为盖勒是最杰出、最有能力、最为忠诚的军官之一。上任后，他花了3年的时间去了解该机构的运行方式，工作上则依靠路易斯·托德拉。盖勒谨慎地处理政治敏感问题以及与军方的紧张关系。托德拉凭借其军旅经历，于1972年成功整合了四军（空军、陆军、海军陆战队、海军）的密码行动，成立了前文提及的中央安全局（CSS）。接任者塞缪尔·菲利普斯仅上任一年就让位于富有远见的卢·艾伦。不知不觉中，国家安全局发展成为一个庞大的机构，致力于传输军事技术情报和突破苏联的密码系统。它注重发展软硬件设备，[12]凭此增强情报获取能力，以更好应对华约组织成员国与毒品问题。

1977年7月5日，鲍比·雷·英曼海军少将接替艾伦成为国家安全局局长。英曼当时年仅46岁，是最年轻的局长。他的出现进一步提升了国家安全局在情报界的地位。英曼智商很高，而且是个工作狂，他唯一的休息时间是周日陪家人去教堂的时间。他凌晨4点起床阅读夜间呈递来的报告，早晨6点抵达办公室，对副手们的要求也非常高。上任之初，英曼就详读了前任的报告，熟悉国家安全局存在的问题——苏联通信始终难以破译、资金缺乏、工作人员缺乏干劲。国家安全局另一困难是未能消化"腹中之物"。1977年，英曼获得1.5亿美元资金的支持，用于升级全球情报行动，将信号情报工作延伸到未覆盖的区域，以及构建高精尖的卫星与通信网络，以应对苏联新一代的通信系统。但中央情报局希望将国家安全局的预算削减13亿美元。于是，英曼展开了频密的游说活动。他联系了兹比格涅夫·布热津斯基

(Zbigniew Brzezinski）及其助理威廉·奥多姆（William Odom）。前者是时任总统吉米·卡特的国家安全顾问，后者则于1985年被任命为国家安全局局长。他们之间的关系逐渐紧密起来，但兹比格涅夫很快提出要求，让英曼以绝密方式提供所有涉及总统及政府官员的情报档案。此外，英曼还知道如何获得国会的垂青，并通过释放某些选定的信息来缓和新闻界的压力。多年后的2006年，这位伟大的沟通者在知晓国家安全局非法监视美国公民后，不留情面地公开批评了布什政府。

1981年，英曼成为中央情报局副局长。[13]英曼的旧识、53岁的林肯·福勒（Lincoln Faurer）中将出任国家安全局第十任局长。[14]此时国家安全局58%的资源被用于对付苏联与东欧。此外，还有20余个国家受到监控，包括中国、朝鲜、越南、古巴、尼加拉瓜、萨尔瓦多、埃及、叙利亚、约旦、伊朗、伊拉克、利比亚等。但随着技术的发展，国家安全局很快调整了方向。共产主义阵营虽仍是一大威胁，但恐怖主义等问题也逐渐出现了。国家安全局必须适应新的挑战，并保持高水准的情报服务，特别是当防务、外交与情报问题被里根政府宣布为优先事务后，该局更是重任在肩。随着责任的加重，国家安全局也获得了额外的资源。在科学技术迅猛发展的大变革背景下，福勒认为必须倚靠一位优秀的副局长。密码分析师安·卡拉克里斯蒂（Ann Caracristi）由此成为国家安全局第一位女性副局长，随后由远东问题专家罗伯特·里奇（Robert Rich）接任。福勒为人坚韧，他的上任受到各方的认可。在罗纳德·里根就任总统后不久，他就说服了国会增加国家安全局的预算，从而为国家安全局补充了 27% 的人员编制。但对于 2.3 万名雇员而言，办公场所就过于拥挤了，特别是计算机还占据了大部分的空间。因此，政府拨款 1.3 亿美元，用于扩建该局的总部与作战大楼，新的办公大楼也拔地而起。里根执政初期正是情报机构发展的黄金时代，资金源源不绝。但是在 1985 年 3 月，福勒因与国防部长的关系紧张，辞去了国家安全局局长的职务。[15]在通信与计算机安全领域，福勒被视为革新者。在他的带领下，通信拦截与信息处理的方法变得更为先进，计算机设备性能更加强大，国家安全局的能力得到进一步提升，但仍面临着重重考验。

侵犯领空

1973 年，利比亚声称苏尔特湾为其领海，引起海上边界争端。1981 年 8 月，美国在苏尔特湾击落了两架利比亚战斗机。随后，国家安全局通过机载侦察手段，监控利比亚的通信以及舰艇和飞机的行动。[16]在这期间的多年里，国家安全局的密码专家们一直致力于破译利比亚保密机构与外交部门的加密信息。[17]

1983 年 9 月 1 日，大韩航空公司一架搭载着 260 多名乘客和机组人员的飞机从纽约起飞，在阿拉斯加州的安克雷奇加满油后飞往首尔。[18]由于大幅向西偏离了计划航线，这架波音 747 飞机飞越堪察加半岛和鄂霍次克海，飞往萨哈林岛。苏联立刻紧张起来。美国飞机再次侵犯领空，苏联认为这是一场由美国精心策划的情报行动，而就在上一年的春天，苏联已经正式抗议过美国类似的行为。1978 年，载有 109 名乘客与机组人员的大韩航空 902 次航班从巴黎飞往首尔，途中突然改变路线，向南飞往苏联北方舰队的重要军港——摩尔曼斯克。苏联人派出绰号“细嘴瓶”（Flagon）的苏 – 15 号前往侦察，但苏 – 15 号未能与入侵飞机建立联系。击落该飞机的命令下达！左翼和机身被两枚导弹损毁，飞机紧急迫降于摩尔曼斯克以南 400 公里的一个冻湖上。机上两名乘客丧生，其余 107 名幸存者被苏军解救，两天后获释。但 1983 年的这次入侵却让苏联陷入两难的局面：放任客机侵犯领空，美国将认为苏联在远东的防空效率低下；击落客机，则将在全球舆论中掀起反苏运动。最终，莫斯科当局在不知道通信已被美国情报部门截听的情况下，命令飞行员击落飞机。机上 269 人丧生，但事件并未止步于此。美国与苏联互相声讨，指责对方酿成这场悲剧。双方各显神通，展开寻找黑匣子的争夺战。最终，黑匣子被莫斯科方找到。[19]各种观点甚嚣尘上，甚至有些纯属谣言。可以肯定的是，国家安全局在处理该事件时，采取了可称之为“心理战”的手段。

被监控的美国驻莫斯科大使馆

苏联在莫斯科城内部署情报设备得到了国家安全局的证实。为了维护国家利益，美国情报机构对境外据点的通信和活动安全性进行了审查[20]，美国驻莫斯科大使馆成为首要目标。尽管将造成大量的后勤和行政问题，但使馆内的所有电信设施仍被全部更换。然后，专家对更换的设备进行详细排查，最终在一台 IBM 机器上发现了一部可录制、存储和传输打字机文档的小型装置。技术人员在使馆设备区以及驻列宁格勒（现圣彼得堡）领事馆还找到 16 个类似的设备。但是，由于设备是在 5 年前安装的，苏联间谍活动的规模和后果难以评估。

国家安全局在成立之初肯定有过共享存储信息的设想。1960 年，该局的计算机科学家与国防情报局合作开发了社区在线信息系统（COINS）数据库。[21] 该数据库允许用户对存储的信号情报数据进行直接访问，设想因此成为现实。1972 年，信号情报在线信息系统（SOLIS）数据库投入使用，提高了共享可行性，加长了访问时间。计算机设备的管理更为优化，且实现了更新换代，但联合操作性仍是关键问题。因此，国家安全局于 1974 年设立了一个互联平台，将计算机操作集中于 4 台主机上。同时，该局还开发了包括“梯队系统”在内的众多项目。

威廉·奥多姆的优先考虑与伊朗门事件

1986 年 9 月，里根在米德堡为“OPS 2A”与“OPS 2B”两栋新办公大楼揭牌时，对国家安全局的技术进步表示由衷的肯定。自 1952 年国家安全局诞生以来，仅有两位副总统访问了该机构，分别是休伯特·汉弗莱和纳尔逊·洛克菲勒。国家安全局通过证明自我，终于第一次迎来了美国总统的到访。此时的局长是威廉·奥多姆，他曾任兹比格涅夫·布热津斯基的军事助理。在其任职期间，国家安全局被视为至关重要的情报资源机构。奥多姆处理过多个危机：核问题、民事防护、恐怖主义、苏联入侵阿富汗、伊朗拘留美国驻德黑兰大使馆工作人员、第三世界军事计划等。奥多姆在白宫任职期间，被称为“兹比格涅夫的超级鹰派分子”（Zbig's Super Hawk），因其对苏联的极端主义立场而闻名。从那时起，他就保存了一份耀眼的通讯录，但国家安全局的雇员却认为他是有史以来最无能的局长。他为人刻板偏执，是严守秘密的极端主义者。1985 年 12 月，包括中央情报局局长威廉·凯西（William Casey）在内的里根政府成员进行了一场蒙太奇手法大冒险。他们违规向伊朗出售导弹，希望以此换回 30 名人质，同时将收益用于资助尼加拉瓜的反革命组织。该行动的落实需要后勤保障，于是，国家安全委员会的一名中校请求国家安全局信息系统安全科的约翰·沃本史密斯（John Wobensmith）向他提供 KY－40 电脑——一款配备了加密芯片的高安全性机器。谨慎的沃本史密斯以非正式的方式与奥多姆联络。奥多姆与他达成口头协定，但沃本史密斯忘记了签订交付单。两年后，该行动被公之于众，“伊朗门事件”曝光。[22]奥多姆非常愤怒，国家安全局被置于聚光灯下，并要求参加由独立检察官劳伦斯·沃尔什（Lawrence Walsh）主持的听证会。沃本史密斯受到国家安全局的指控，但最终被默然处之，后来也只收到 1 229 美元的罚单，用于支付法院费用。[23]

奥多姆指责国会议员和其他政府官员泄露机密信息。里根则根据自己需要滔滔不绝。1986 年，美国士兵经常光顾的西柏林夜总会发生了炸弹袭击，造成两名美国人死亡，230 人受伤。国家安全局截获了 3 条利比亚的外交信息，铁证如山，主导者正是利比亚。里根总统凭此理直气壮地展开了报复行动，下令轰炸的黎波里。利比亚立即更改了密码程序……

提高国家安全局的能力以更好应对情报需求是威廉·奥多姆优先考虑的。他致力于拓展“梯队系统”，努力争取建造新一代卫星的必要资金。根据计划，该代卫星价值 10 亿美元，能够躲过太空中的核战争。但奥多姆留给继任者的这个计划太过远大了。1988 年，威廉·斯蒂德曼（William Studeman）海军少将接任局长。上任伊始，他就面临着多个悬而未决的问题。前任局长奥多姆为确保间谍卫星能逃过苏联的可能性袭击，计划了巨额的开支。他希望继任者接手，但务实的斯蒂德曼停止了该项目。国家安全局确实获得了里根的大力支持，但内部却深陷分歧。一方面，语言学家、工程师、数学家、密码学家、后勤人员、陆海空三军军人、研究员、操作员各自拉帮结派，从不试图相互理解；另一方面，国际恐怖主义、非法贩运、其他国家拥有大规模杀伤性武器等威胁成为其心头之患。

1987 年，信号情报部门证实，伊拉克独裁者萨达姆·侯赛因使用毒气对付科威特库尔德人。与此同时，美国与伊朗之间的紧张局势加剧。美国海军在里根总统授权下，在波斯湾为科威特油轮护航，国家安全局则为其提供密码技术支持。凭借这一经历，该局在几年后的“沙漠风暴行动”中表现得更为专业有素。[24]

国家安全局还与其他情报机构合作，综合监听信息与间谍卫星的雷达和红外图像，由图片解译员进行专业分析，实现对产毒和贩毒集团的追捕。但要准确评估国家安全局在打击恐怖主义与犯罪方面的作用却不容易。联邦调查局以及欧盟和《英美协议》框架下各国警务负责人每年召开一次执法研讨会，讨论在通信侦听领域的需求。[25]这种跨国跨机构的合作确实有助于打击袭击事件，但公众却毫不知情。在最轻微的恐怖事件中，美国或外国情报机构也常被指责未尽职守，各部门之间似乎很难实现互联互通。“9·11”事件正是典型的例子。

7

一个时代的结束

（20 世纪 90 年代）

国家安全局力求创新，以适应前沿的微波技术[1]，同时还开发了许多卫星。其数学专家和计算机专家成功破解了大部分的密码，并挫败了苏联干扰通信的企图。该局协助美国政府和军方度过多次危机时刻，并为实地行动提供了支持。然而，20 世纪 90 年代初期，时局并未给国家安全局悠然自得的机会。由于经费削减和严重的官僚作风，国家安全局必须及时调整，方能适应各类威胁和快速发展的技术。

1989 年 11 月，乔治·布什当选为美国总统。此时的美国，由于前总统罗纳德·里根执政期间与苏联展开军备竞赛，国家财政累积了巨额赤字。好消息是柏林墙倒塌了。美国和苏联签署了“战略武器限制谈判”（START）的第一份协议。根据该协议，双方将削减各自战略核武库的30%。1991年底，苏联瓦解成多个独立国家，冷战正式宣告结束。世界清净了，美国如释重负，志得意满。它成为世界上唯一的超级大国，其民主抱负似乎再无阻碍，国家安全预算也因而下调。这是一个鲁莽而自以为是的想法！

海湾战争（1990—1991年）

老布什政府过度自信，对情报机构关于萨达姆觊觎科威特的警告不以为意。1990年8月2日，伊拉克入侵科威特。美国迅速做出反应，并在联合国的支持下，建立了由30多个国家组成的联盟。美军在信号情报系统的协助下，成功破坏了伊拉克的重要防空系统，发现并摧毁了主要的通信站点，使伊拉克的指挥链陷入混乱，同时留存敌军4个通信站点，以方便国家安全局拦截其军事和外交信息。[2] 但该局阿拉伯语专家不足，于是紧急征调伊拉克籍的美国军人，同时招募了300名科威特学生，经过基本的信号情报培训后，安排到战区部队服役。然而，尽管做出了种种努力，国家安全局依然受到情报官员和某些军事指挥官的批评，指责它未能拦截到伊军和萨达姆警卫的通信，也没有发现威胁以色列和沙特阿拉伯的飞毛腿导弹发射台。1991年1月17日，美军发动"沙漠风暴行动"。最终，科威特解放，持续210天的海湾战争结束。威廉·斯蒂德曼[3] 海军少将自1988年起执掌国家安全局。当时的政界提出对国家安全局予以干预。有鉴于此，斯蒂德曼开始对国家安全局服务政界的情报能力进行批判性审视。斯蒂德曼在越战期间负责第七舰队的情报行动，是作风强硬的情报人员。他善于思考，虑事周全，但心直口快，有时甚至得罪同事，被冠以“童子军”的绰号。[4] 他带着浓重的得克萨斯口音，毫不犹豫地断言：情报世界将出现翻天覆地的变化，将情报收集、处理和分析工作与行动现场联系起来的时候到了。

1991 年，尽管身负争议，国家安全局雇员仍被到访米德堡的布什总统称赞为“无名英雄”，赞扬他们在战场上提供情报，确保战术通信安全，为战争取得胜利做出了贡献。参谋长联席会议主席科林·鲍威尔将军则表示：“回顾美国历史，应该没有任何一个指战员能对敌人的优劣势有更好的看法。”[5] 该相信谁呢？

支持外交和军事行动

国家安全局并未做好介入世界其他地区的准备。1992 年 11 月，美军奔赴索马里，任务是重建当地秩序。此时的索马里处于无政府状态，国家被战争撕裂，人民死于饥饿。外交或军事通信几乎全无，监控无从入手。美国军方未配备必需的设备，无法拦截索马里各阵营间的远程无线电通信，只有海军陆战队的一支小型信号情报分队能够提供宝贵的情报支持。[6]

1994 年，美国出兵海地，目标是帮助受拉乌尔·塞德拉斯（Raoul Cédras）军政府排挤流亡海外的让－贝特朗·阿里斯蒂德（Jean-Bertrand Aristide）总统回国执政。在此期间，美国国家安全局较以前更为高效了。在该局监听站的协助下，美军成功掌握了双方的意图。

1991 年，欧洲南斯拉夫战争爆发，最终导致该国分裂为多个独立国家。美国受此影响，加强了驻贝尔格莱德大使馆的信号情报活动。国家安全局重新组建行动分析 A 组，负责监听、传输与波斯尼亚、克罗地亚和塞尔维亚交战部队相关的情报。

1996 年 2 月 24 日，迈阿密一个组织的两架非武装塞斯纳飞机因侵入古巴领空被古巴战机击落。国家安全局监听到了古巴飞行员在事件过程中的无线电对话。该事件最终促使克林顿总统签署《赫尔姆斯 – 伯顿法案》（Helms-Burton Act），将 1962 年以来对古巴的非正式经济封锁常态化。

经济谍报的发展

20 世纪 90 年代，美国面临失去霸权的风险，但它并未就此放弃自己的领导地位，而是更加注重对信息的掌控。冷战期间，由于获得了更多的资源投入，美国情报工作有了较大的技术进步，并开发出了具备互操性的复杂信息系统。但是，海湾战争的爆发，传统战争观念受到强烈的震动。这场战争号称“零死亡率”战争，出现了先进的电子战，军事思想也随之发生了转变。新军事思想深受军事工业综合体和私营部门的影响。矛盾的是，冷战结束后，情报预算和人员编制减少，技术逐渐转移到私营部门。这一现象非美国独有，苏联亦是如此。另外，前克格勃成员另辟蹊径，投身于对美经济间谍活动，同时，盟国也丝毫不能令人放松警惕。美国高科技行业在政治上与其友好的国家（法国、以色列、德国、韩国、日本）遍布眼线，外国公司为了自身利益也参与其中。情报部门或多或少知道这一情况，但为了不损害反恐怖主义联盟，它们只能睁一只眼闭一只眼。然而，忍耐毕竟是有限度的。

1990 年，面对新时代的形势与情报部门的萎靡不振，白宫和中情局应乔治·布什的要求，为国家安全局制定了新的攻击与防御目标。经济间谍活动成为国家优先事项，任务除提供外国竞争对手的经济情报外，还涉及围堵贪腐和监控商务通信。此时，迷茫无措的国家安全局在威廉·斯蒂德曼海军上将（已由少将升为上将）的管理下，职业准则得以回归，在“用户”心中的形象也得到重塑。但面对这一新时代使命，斯蒂德曼显得十分谨慎。他首先提到了法律与道德问题，并指出国家安全局资源仍然紧缺，同时预判了未来将不可避免地遇到全新的问题。唯有权力机关才能够推动改变。国家安全局应该像确定监控对象一样，明确定位提供情报的对象。[7] 但这种审慎的态度并不能阻挡“梯队系统”的失控。1992 年 3 月，48 岁的约翰·麦康奈尔（John McConnell）开始执掌国家安全局。麦康奈尔为前情报官员，对技术的发展和世界互联十分着迷。[8] 他工作勤奋，具有极高的综合分析能力，与国防部长迪克·切尼（Dick Cheney）[9] 关系紧密，是“时局之内”的人物。他善于说服各式各样的听众，懂得利用人们对恐怖主义的畏惧做文章。在国家安全局任职期间，尽管预算和人员有限，他仍努力让部门运转更加高效，为军方提供更多高质量的情报。然而，麦康奈尔失败了，部分原因是内部的官僚主义。[10]

1993 年，比尔·克林顿出任美国总统。上任伊始，他就提出了“美国，第一”的口号，经济情报的重要性随之得到加强，对经济情报的保护也得到进一步重视。克林顿总统设立了国家经济委员会（NEC）[11]。此外，与麦康奈尔交好的副总统阿尔·戈尔（Al Gore）[12]希望开发“信息高速公路”并建立美国科研教育网（NREN）。中情局前雇员、开放性资源的狂热支持者罗伯特·斯蒂尔（Robert Steele）[13]在介绍美国科研教育网时称：“美国科研教育网是一个广泛的民间分析人员网络，这一全球性系统汇集了由私人和政府部门的分析人员贡献的经济情报，这些分析人员均有交流信息的机会，他们能够分享不涉密的文件或就共同感兴趣的话题进行电子邮件往来。”斯蒂尔认为，“如果这些信息、意见和多媒体数据能及时传播，查阅不受限制，则交流将更有价值”。[14]显然，数字革命雏形已现。自此，国家安全局将面临一个关联频密、信息过剩的世界。

这一时期，另一个关键人物对决策者产生了重要的影响。新自由主义政治家、国际关系学教授兼研究员约瑟夫·奈（Joseph Nye）于 1994 年至 1995 年任国防部副部长。他提出了软实力（Soft Power）和制信息权（Information Dominance）的概念，丰富了美国的教义思想。美国由此具备了领导知识革命的能力，实力最终超越其他国家。强大而高效的情报机构曾被错误地认为是冷战的遗产。[15]通过反思对情报机构的认识，美国将发挥这一引领作用。作为信息时代的佼佼者，美国政府必须实施各类计划以维持其信息优势。它需要时时提高其情报与反情报能力，采取各种手段来维持自身相对其他国家的优势地位，从而扩大自身影响力。

全球化、国际化、放宽管制、减少控制、超竞争性是 20 世纪末的关键词。国家与企业陷入复杂多变的经济战争中，而隐身于跨国贸易阴暗处的黑社会团伙和其他犯罪组织则加剧了这一复杂性。国家安全局可谓任重而道远。例如，1993 年 12 月，该局发现了贩毒集团——麦德林（Medellin）卡特尔集团首脑巴勃罗·埃斯科巴（Pablo Escobar）的行踪，随后哥伦比亚国家警察将其击毙。国家安全局从此致力于应对复杂多样的威胁、各种形式的跨国恐怖主义以及网络犯罪行动。

恐怖主义威胁的爆发

克林顿总统、布什总统及其内阁与国会都未能真正意识到行将到来的恐怖主义威胁的严重性。实际上，伊斯兰激进组织——基地组织已于 1988 年苏联入侵阿富汗后期成立，并开始招兵买马，不断发展。但根据“9·11”事件调查委员会的报告，1999 年之前情报界并无涉及基地组织的描述。[16]然而，警示信号却是日渐明显的。出生于科威特的巴基斯坦裔伊斯兰恐怖分子拉姆齐·艾哈迈德·尤塞夫参与策划了几起袭击事件，其中包括了

1993 年世界贸易中心的汽车炸弹袭击事件。尤塞夫在该事件后于伊斯兰堡被捕，两年后被转移到美国。其叔哈立德·谢赫·穆罕默德是“基地组织对外行动部”负责人和军事首脑，为尤塞夫的这一行动提供了资金支持。哈立德直到 2003 年才落网。1995 年 3 月 20 日，化生放核（CBRN）风险成为现实。奥姆真理教信徒在 5 列拥挤的东京地铁列车上发动沙林毒气袭击[17]。此次袭击事件造成 12 人死亡，超过 5 500 人受伤，恐慌情绪蔓延至日本国外。

上述事件及更多其他类似性质的案件本应该让情报部门加强警惕。“独狼”① 正日益威胁美国的利益，他们蹲守在阴暗处，没有强大的手段，但却计划着致命的袭击行动。1996 年 6 月 25 日，在沙特阿拉伯的胡拜尔，一辆装满塑料炸药的卡车驶入美军公寓的停车场。这里驻扎着 4404 战斗机联队，其任务是支援伊拉克南部的禁飞区。卡车驶进停车场不久后爆炸，公寓及附近建筑物被炸毁。19 名美国官兵和 1 名沙特阿拉伯人遇难，近 400 名不同国籍的人受伤。美国情报部门未能预警此次袭击事件，在揪出幕后指使者上也颇费工夫。国家安全局在同一天拦截到寄给本·拉登的贺电，由此产生误判，而实际上，真主党和伊朗政府才是此次袭击事件的负责人。

① 《北京日报》曾有关于“独狼”的解释：所谓“独狼”式恐袭，并非恐怖组织派出的职业恐怖分子开展的袭击，是“两个独立人”，通过网上受训或自制装置发动的恐袭。——译者注

2011 年，本·拉登在巴基斯坦被击毙，此前他已猖獗多年。这位家财万贯的沙特富豪曾于 20 世纪 80 年代在阿富汗参与了反抗苏联入侵的战争。1995 年，由于国家安全局第一次生成了关于其活动的报告，他流亡到了苏丹。通过侦察其手机的拨打和接听记录，本·拉登的活动范围被定位在喀土穆附近。美国加紧了针对基地组织的监视，但在苏丹开展监听工作并非易事。直到 1996 年本·拉登返回阿富汗后，特别是在他开始使用国际海事卫星 M 型终端电话[18]后，监听难度有所下降。中央情报局和国家安全局从卫星电话入手，各自加强了信号情报拦截，但二者在相互沟通方面存在巨大的困难。尽管如此，对恐怖主义头目本·拉登及其军事指挥官穆罕默德·阿提夫（Mohammed Atef）的监视仍然取得了成效。美国成功挫败了 1997 年他们针对大使馆的袭击和 1998 年他们针对美国外交和军事机构的 7 次袭击。此外，他们针对驻扎在沙特阿拉伯苏丹王子空军基地部队的轰炸计划被粉碎，针对一架美国客机的劫持计划被挫败。然而，监视始终不连贯、不充分，特别是本·拉登发现自己被窃听不再使用卫星电话后，监听更是不尽如人意。[19]

恐怖主义力量对美国及其象征物的仇恨不断蔓延。1998 年 8 月 7 日，美国驻肯尼亚内罗毕大使馆和驻坦桑尼亚达累斯萨拉姆大使馆发生炸弹袭击事件，造成包括 12 名美国人在内的 224 人死亡，数千人受伤。2000 年 10 月 12 日，一艘装满炸药的小船袭击了停泊在也门亚丁港的美国“科尔号”驱逐舰，造成 17 名士兵死亡，50 多人不同程度受伤。美国深感震惊，立即将外部威胁列为监控重点，却忘记了邪恶之花也可能开在自己的土地上。此时，在距国家安全局总部几公里的地方，恐怖分子正混入平民中，有条不紊地筹备着2001年9月11日的袭击事件。

信号情报的危局

尽管在政府内部的影响力下降，但国家安全局始终不改其傲慢的态度。它不再享有直接向国防部长递交报告的权利，改由对副部长负责。它呈递给总统的每日简报数量也减少了20%。此外，负责为情报部门拨款的管理和预算办公室管理不佳，协调性差，为国家安全局提供的支持相当有限。在1998年秋季退伍军人会议上，美国中央情报局前雇员、众议院情报委员会成员约翰·米利斯（John Millis）直言不讳地宣布："信号情报处于危机之中。"1996年3月，空军中将肯尼斯·米尼汉（Kenneth Minihan）出任国家安全局局长。然而两年过后，新局长的努力始终未能奏效。米尼汉是前情报官员，在信号情报领域经验不多，但五角大楼希望通过这一任命来改善五角大楼与国家安全局的关系。米尼汉虽未能扭转国家安全局的颓势，但他鼓励雇员转变对未来密码学挑战的看法，避免了部门的分裂，并明确了中央安全局的定位。[20]

然而，国会质疑国家安全局自我革新的能力，拒绝为其提供更多的资源，特别是它没有像样的"业务计划书"，在争取资源上无说服力。米尼汉的贡献始终稍显单薄，缺乏真正的战略眼光。他泛泛而谈，大量使用流行用语，无法说服五角大楼的雇员和官员。此外，由于领导地位缺失，国家安全局还面临着形象危机，但克林顿政府认为中央情报局受一系列丑闻影响，背负着更多争议，因此较重视国家安全局。

另外，国家安全局与院校和工业部门联手推动的技术进步正对它自己产生反作用。分析员无力应对巨量的信息与复杂的密码系统，在解读信号上越来越吃力。1998 年底至 1999 年初，一个由参议员和私营部门专家组成的委员会[21]发表意见，强调了人员培训与大量招募高级计算机专家的重要性。[22]几个月后，民主党参议员罗伯特·克里（Robert Kerrey）主张大幅增加预算，并提出针对国家安全局的突出问题采取重点整改措施。

20 世纪末，国家安全局努力避开各方视线，将自己关闭在极端的保密文化中。它对文档进行密级分类，自互联网盛行以来很少通告真正有价值的信息。它争取不到某些提升国家安全所需要的投资。国家安全局始终不为公众所知，媒体几乎不曾提及。受预算削减和极端审慎态度的影响，国家安全局在技术上逐渐落后，管理弊端日积月聚，人才大批外流至机会更多的私营部门。当其他人在锐意创新时，国家安全局却被迫关闭分布于世界各地的 20 多个无线电监听站，并裁撤一半的军事人员。20 世纪 90 年代，国家安全局主要招聘了安全员、测谎员、语言学家、阿拉伯语专业分析师、阿富汗相关语言专业分析师、非洲之角相关语言专业分析师，但人员编制总体上缩减了。

出于对未知事物的恐惧与对旧时代的习惯，国家安全局未能预判到通信的激增与光纤技术的发展，无法预料到高安全性的计算机代码在欧洲、亚洲和其他洲第三世界国家的日渐普及。[23] 1998 年 5 月，印度进行首次核试验。美国国家安全局由于未能预警该事件，成为众矢之的。印度核能机构使用了 VSAT（甚小口径天线地球站）[24]通信技术发送加密的数字信息，但国家安全局的操作员却未能监测到信息的增加。此外，国家安全局也没有做好应对朝鲜威胁的准备。此时的朝鲜实现了设备的更新换代，它利用联合国的资金，采购了欧洲的加密手机、英国的交换设备和美国的通话技术。朝鲜以往通过高频无线电通信系统传输的军事信息改由光纤传输，国家安全局拦截该国情报的难度随之增大。

实现现代化的努力

1999 年 3 月底，迈克尔·海登（Michael Hayden）中将接任国家安全局局长。上任不久，他就看清了国家安全局的现状：一个官僚作风盛行的机构正艰难地面对一个技术爆炸、密码学发展、光纤普及的世界。海登希望推动国家安全局的现代化。为此，他发起了一项关于国家安全局组织和运转的研究，由两个委员会负责实施，其中一个由内部人员组成，另一个由获得授权的外部人员组成。根据委员会的建议，海登于 1999 年 11 月提出“百日大变”[25]计划。根据该计划，国家安全局广开言路，增加透明度，鼓励建言献策，每天向雇员发布信息，鼓励他们提出自己的想法，海登因此获得普遍认可和推崇。他一扫文官集团造成的王朝式官僚体制，重组组织架构，改变人事管理，并启动了高级领导外聘制度，他试图以此改变国家安全局根深蒂固的传统。

一方面，“9·11”袭击事件发生前几个月，海登向乔治·布什总统和迪克·切尼副总统介绍了国家安全局自光纤革命以来所面临的挑战，并强调了《外国情报监控法案》所强加的限制。他认为，大规模监视还需进一步加强，且应发展人才队伍，实现全球间谍网络的现代化。同时，他启动了“开拓者计划”（Trailblazer）。这是一项荒唐的计划，监听对象是电话与互联网通信，但因为野心太大和成本过高，最终被放弃了。根据格伦·格林沃尔德的说法，推行该计划的海登理应锒铛入狱。此外，与其他机构返聘退役员工不同，国家安全局采取激励措施，鼓励提前退役。它需要新鲜的血液，希望引进罕见语种如乌尔都语、达里语的专家以及互联网专家。海登偏向于招募新人才，而非耗费巨额费用培训旧员工。[26]

另一方面，海登还拓展了外包范围，将部门的某些业务私营化。如信息保障部门与私营公司合作开发了一款安全终端设备[27]，国家安全局设备得以更新，且更加倚重商用技术。新技术与新设备提高了数字蜂窝网络的互操作性和安全性。

但是，一个突发事件即将重重打击国家安全局的雇员们。1999 年底，“千年虫”事件爆发，这是被前任局长称为“数字时代的厄尔尼诺”的千年危机，海登为此忧心忡忡。他需要制订业务连续性计划，加快对计算机和程序的弹性控制。2000 年 1 月 1 日平稳度过，各小组坚守现场，其他人严阵以待。但在 2000 年 1 月 24 日，海登接到一通保密专线电话：“晚上 7 时，计算机整体崩溃，所有电脑停止运行，整个网络瘫痪。”这位世界上最强大的信号情报机构的掌舵人无法相信自己的耳朵。“我们用来交流和处理信息的整个网络——米德堡的所有信息系统都瘫痪了……”，他总结道：“国家安全局已经脑死亡……我们眼前一片漆黑。”国家安全局陷入混乱和恐慌之中。根据通信主管的建议，海登召集了所有员工。他明确表示：“计算机系统崩溃属于工作机密，任何人不准谈论……绝对不能让对手知道我们的情报系统已经瘫痪……我们是国家秘密的守护者……这个秘密不能流出这栋大楼。”副局长芭芭拉·麦克纳马拉（Barbara Mc Namara）向英国政府通信总部请求支援，以继续向美国军政部门提供情报。尽管动员了所有专家，计算机系统仍未能恢复正常。系统崩溃的原因最终被找到：常规协议超限。72 小时后，分析人员终于能够处理从卫星转存到缓冲区的五万亿页数据，但所有员工都认为局里所用的系统落伍了。[29]此次电子系统崩溃的修复耗费了 150 万美元和数千工时[30]，未计国家安全局短暂停摆造成的损失。

2001 年 7 月，国家安全局启动了内部计算机与电话系统的现代化改造，项目预计 10 年，投资达 50 亿美元。[31]在洛克希德 – 马丁公司的领导下，几家技术承包公司合作成立了一个防务集团。洛克希德－马丁公司是享受国防部资助的军火公司，它为国家安全局制造间谍卫星，与该局的工作关系十分紧密。[32]监控技术越来越具入侵性，对个人自由的损害愈加严重且日益频繁。然而，任何努力都未能阻止“9·11”事件的发生。

低效率的反恐怖主义斗争

国家安全局的改变始于海登。2009年，奥巴马当选为美国总统。上任伊始，他就向政府和中情局开出了主要威胁的列表：基地组织、墨西哥毒品战争、伊拉克大规模杀伤性武器计划、欧洲和美国对恐怖主义的分歧、委内瑞拉和伊朗的石油问题、巴基斯坦的局势、阿富汗的局势与追捕本·拉登、朝鲜及其核武库、中国、中东问题。但矛盾的是，一方面，奥巴马在打击恐怖主义的行动上表现得谨小慎微，洞察力不足；另一方面，海登必须小心翼翼地应付《外国情报监控法案》与国会关于尊重隐私权的要求。他绝不允许自己重蹈前任局长卢·艾伦的覆辙——被迫出席国会的调查听证会，当着丘奇委员会和派克委员会的面为自己辩护。此外，国家安全局的媒体形象不佳，好莱坞和媒体利用其过火的行为来吸引公众的眼球。欧洲也将其妖魔化，谴责“梯队系统”。国家安全局受到公开指责，被控诉窃取外国商业信息，并将信息传递给美国竞争对手。国家安全局承认，起初并未特意开展经济间谍活动，但也没有受到任何禁止。最终，海登在安全问题上冒险了，他将国际通信监听限制在几个外国驻华盛顿和纽约的外交机构以及6个左右的目标上。由于担心国内通信监听活动受到国会的指责，海登做出了一个后果严重的决定。他压下了几乎所有出入美国的国际通信，即使是涉及美国境内著名恐怖分子的信息也不通报，因为他认为境内的监控工作是联邦调查局负责的，但是，联邦调查局雇员既无语言技能，也不具备技术监听能力。过于警惕外界攻击的海登在“9·11”惨败中应负很大一部分责任。国家安全局沦为情报界和国会的笑柄，技术上的溃败印证了此前对该局“聋哑失明”的预言。

随着光纤电缆的普及，信号情报的产量大幅下降。世界充斥着混乱与失误。[33]基础设施需要升级，人才与硬件资源不能满足华盛顿日益增长的用户的多样化需求。海登认为，虽然自1998年美国驻东非使馆遭到袭击以来，恐怖主义一直是重要议题，但国家安全局至少需要先解决5个重点事项才能真正腾出手来处理恐怖主义问题。根据国家安全局截获的许多信息，美国确实面临恐怖威胁，但分析员认为，本·拉登计划袭击的是美国在中东或波斯湾的军事或外交设施，而非美国核心地区。理查德·克拉克（Richard Clarke）和中情局局长乔治·特内特（George Tenet）感觉到眉睫之祸正在酝酿，而国防部长唐纳德·拉姆斯菲尔德（Donald Rumsfeld）与其他布什政府成员却不以为意。国家安全局和联邦调查局收集着电话录音和信息，但二者之间彻底不和，蹲守在各自的监视范围内，毫无交流。[34]无配合，无预判，最终酿成严重的后果。

2001年9月11日

2000年春，本·拉登的手下抵达美国。纳瓦夫－哈兹米（Nawafal-Hazmi）接受了第一节飞行课程，并从阿联酋本·拉登联系人的手中获得5万美元的款项。而此时，国家安全局正遭受共和党的谴责。同年4月12日，海登在众议院情报委员会前公开陈情，[35]他否定针对国家安全局的猜测，声明该局并未监听数千名美国公民信息，并强调了对监听的限制所带来的危险。为了应对情报委员会主席波特·戈斯（Porter Goss）咄咄逼人的冷嘲热讽，海登声称国家安全局一直循规蹈矩，未曾违反法律法规，它是在尊重美国公民个人自由的前提下完成使命，受到宪法第四修正案和框架法律的保护。但是，如何界定美国公民及其权利呢？根据现行法律文本，潜入美国的本·拉登应被视为一名美国人！最终，海登说服了委员会，承认国家安全局并非媒体所描述的“奥威尔式”机构。

这是一个巨大的谎言，任何人在出入美国前后和停留美国期间，国家安全局都有能力对其实施监视。紧急情况下，国家安全局有权在两天内免受《外国情报监控法案》的限制，如果目标与基地组织这一外国恐怖组织相关，则在两天后仍可继续监控。此外，国家安全局还可秘密与外国同行协商。[36]国家安全局倘若能更有效、更紧密地与联邦调查局和其他情报机构合作，而非故步自封，则应该能发现纳瓦夫进入美国的事实。国家安全局是否已经掌握了这些信息，但为了与其他机构竞争，故意隐瞒？这是流传的观点之一。

2001 年 9 月 11 日，将永远镌刻在美国历史上。几分钟之内，被劫持的两架客机先后撞上世界贸易中心的塔楼和五角大楼，另一个目标——白宫，则由于乘客奋起反抗，迫使飞机坠毁于田地而幸免于难，该事件造成难以想象的沉重后果。近 3 000 人死亡，给无数幸存者的身心留下了一辈子的创伤。一小股信念坚定、训练有素的狂热分子成功挑战了超级大国。美国情报部门未能预测到这场在也门内地策划的袭击。

悲剧发生后不久，布什总统和国会要求成立国家调查委员会[37]。从 2002 年初开始，委员会召开了一系列的听证会。[38]10 月 17 日，海登被传唤出席，其发言受到关注[39]，但他有所保留，因为听证会破例向公众开放。此前他已在闭门会议上做了更为明确的汇报，但出于审慎考虑以及法律的限制，无法做到完全坦诚。这位国家安全局局长向其部队致敬，并指责新闻媒体干脆利落地将数百万美元与数千人年[40]的努力毁于一旦。本·拉登是否在新闻稿发布后停止使用手机？海登指出，自 2002 年 4 月以来，国家安全局多次接待了调查人员，组织了 200 多次会议，为调查人员提供了 2 700 多份文件，共计 15 000 页，其雇员以及最好的资源全时段供调查人员自由调用。国家安全局并没有掌握任何关于基地组织计划袭击美国本土的情报，特别是对纽约和华盛顿的袭击，它也不知道恐怖分子进入了美国……机敏的海登提出了 3 个基本问题：“‘9 · 11’事件发生之前，国家安全局知道什么？事件发生后，国家安全局知道了什么？国家安全局做了什么，以做回应?”最后，海登承认，国家安全局没有向中情局或其他机构通告一条“稀疏平常”的信息，这条信息是1999年初收集到的，内容表明纳瓦夫-哈兹米与基地组织之间存在关联，但纳瓦夫并非默默无闻之辈。2000年初，国家安全局截获了哈立德、纳瓦夫和萨利姆的通信，三人当时都在基地组织的活动范围内。国家安全局通告了该信息，但没有进行深入挖掘。海登以国家安全局的职权为挡箭牌，试图规避所有责任，只有在其他部门的要求下，他才会采取进一步的行动。事实上，当时本来可以抓住线索的：纳瓦夫的姓氏是哈兹米（萨利姆的姓氏也可能是线索，因为萨利姆似乎是纳瓦夫的兄弟），而纳瓦夫是哈立德-米达尔（Khalidal-Mihdhar）的老朋友。由于国家安全局错过了线索，联邦调查局只能盲目行动。倘若国家安全局使用元数据定位恐怖分子，然后向联邦调查局通告其潜入美国，后者就可展开警务调查，最终或能阻止恐怖袭击的发生。

一位联邦调查局前雇员在“9·11”事件发生一段时间后告诉《纽约时报》记者：“我们不知道我们所掌握的。”[41]他还指出情报部门组织封闭、运行混乱和各自为政，无法及时处理信息。技术上追求完美最终让国家安全局变得麻痹，它能够收集信息却不能加以分析，对电子力量的过分信任掩盖了人工情报。将近10年后，迈克尔·海登也认识到了人工情报的重要性：只懂得使用电子情报的人就像“拼图时不看盒上参考图片的人”，而人工情报正是提供这张参考图的人。[42]难道是海登离开国家安全局担任中情局局长后受到影响，导致观点彻底改变了吗？2001 年时，他的观点并非如此……

海登不得不解决国家安全局的经济预算问题，同时还得应对国会的审查以及自“梯队系统”丑闻以来媒体与盟友纷纷的指责。此外，国家安全局的士气低落，技术上也落后了，否认“情报之城”的存在成为挑战，沉默与隐瞒不再可行，公众要求有知情权。1981 年至 1985 年任国家安全局局长的林肯·福勒提醒退役雇员必须履行克制的义务，透露情报来源与机密信息是一种危险的不可原谅的破坏性行为。媒体要维持自由，但也应负起责任。威廉·奥多姆指责口无遮拦的记者是间谍和罪犯，妨碍了情报部门对恐怖主义活动的监视，并扭曲了情报部门对外交和军事政策的判断。与米尼汉将军一样，迈克尔·海登深知媒体与公众舆论的重要性，其团队多次会见报刊媒体和视听媒体，控制未分级文件的传播。[43]海登甚至为詹姆斯·班福德（James Bamford）提供便利，帮助他收集信息，但“9·11”袭击事件改变了一切。从此，国家安全局不得不保持低调，做事也更加谨慎，保护自己的同时也更好地保护他人。“秘密防御”（Secret défense）再次启动。几年后，面对斯诺登与格伦·格林沃尔德的串通一气，海登极为愤慨，他建议将披露内部机密信息的记者送入监狱。

“9·11”事件同时标志着美国情报系统的溃败，更具体而言，是国家安全局及其同伙英国政府通信总部大规模监视行为的失败。“9 · 11”事件后的多次恐袭事件（2010 年的纽约时代广场恐怖袭击与 2013 年的波士顿马拉松爆炸案）仅仅验证了情报机构的无能。在这千禧年之初，国家安全局与中央情报局和联邦调查局一起，背负着指责，继续前行。

第二部分
运行与组织，切忌谈论

“情报工作是国家安全的第一道防线。”

“情报部门此前从未被要求过必须在资源如此有限的条件下处理如此复杂繁多的问题。”

詹姆斯·克拉珀（James Clapper）

美国国家情报总监[1]

“我希望你们不要期待在不久的将来能够了解我们的行动。原因在于，整件事太过机密，一旦公布会吓坏很多人。每个人都处于无知却幸福的状态从政治上来说更安全和更妥当。”

美国国家安全局前雇员的证言

2002 年答调查记者马修·艾德（Matthew Aid）问[2]

“这些你们打交道的数据，这些代号，一切都成为你们的一部分。有时候我会梦见代码。而且，即使在今天，当听到某些绝密代号时，我身上某些东西就会被触发。”

温斯洛·派克（Winslow Peck）

佩里·费尔沃克（Perry Fellwock）的化名

美国国家安全局前分析员[3]

1
欢迎来到“情报之城”

国家安全局总部

在巴尔的摩和华盛顿之间，马里兰州一片森林的中心地带，一座“情报之城”藏身于米德堡的西边，这里就是美国国家安全局总部。它占地数百公顷，林立着数十座建筑物，数公里的道路穿插其中，路上刻着国家安全局历史上不可遗忘的名字。在一个高速公路出口，有一个雇员专用的停车场，共设1.8万个停车位。“情报之城”堪比一座普通城市，仅拥有几处例外：确保安全的电气化围栏、防坦克屏障、瞭望塔；来回巡逻的武装人员，受过特训的守卫犬相伴左右；移动探测器、监控摄像头及访问限制程序，并频繁地检查、强化其监控能力。一支特别行动部队驻扎于此，这群“黑衣人”时刻准备着，以应对任何风吹草动。还有一队专为行政人员服务的司机和守卫。这座“城市”有一个邮局、一个消防站、一个医疗机构、一个警察局和多个银行办事处，电力消耗约为4.1亿千瓦时，相当于马里兰州首府安纳波利斯。娱乐生活方面，其有一个电影院、多个俱乐部（游艇、音乐、体育），居民还可以参加文化节。

但自2007年以来，国家安全局工作人员的活动空间变得相对狭小。于是，总部东边兴建起新大楼，从而将涉密场地扩大了1/3。新区主要是作战支援单位国防信息系统局以及美国网络司令部的办公场所。此新区投资32亿美元，用于修建14幢行政大楼、12个停车场、1栋服务器专用大楼以及空调、供暖和电力设施大楼。作战中心可容纳1 300人。根据计划，建筑面积还将扩大4倍。在接下来的16年里，将有52亿美元用于建造60栋大楼和40座车库，以供1.1万名特工和军人使用。

“情报之城”有时也被称为“密码之城”，主要由两座黑色幕墙大楼构成。大楼幕墙内藏有铜质防护壁，用于防止电磁辐射的扩散。最高的建筑物是OPS 2A号大楼，耗资约4 100万美元，是作战管理处的办公场所，包括支援服务行动中心和应急管理中心。8层楼高的长方形建筑物是OPS 2B号大楼，耗资约5 630万美元，是局长、副局长和人事主管的办公场所。自2014年初以来，迈克尔·罗杰斯就站在这座高楼上，避开众人的眼光，欣赏着自己的情报帝国。

国家安全局局长罗杰斯

罗杰斯负责解析政府和军方的需求，主管信号情报收集、分析、生产和传输以及与信息安全相关的程序。作为国家安全局局长，在情报工作方面，他直接对国防部副部长负责。同时，他作为中央安全局局长，指挥着全军密码系统；作为美国网站司令部的指挥官，统管网络空间所有防御性和进攻性的军事行动。总之，罗杰斯是这3个机构所有民事和军事部门的唯一负责人。

当国家安全局在重新定位上举棋不定时，国防部长查克·哈格尔重申了他对罗杰斯的信心。他相信罗杰斯有能力应对数字时代的挑战，并且能够满足美国公民对安全、隐私和自由的期望。但是，根据总统的一位亲密顾问的说法，"罗杰斯捅到马蜂窝了，那些问题不是奥巴马能决定的，而必须公开进行"。

罗杰斯任局长前曾在海军服役30年，是一名信息战军官。在此期间，他全面提升了自己在网络攻击、网络防御和诱骗技术方面的能力。他是网络战和电子战专家，更是一名网络情报人员，身上融合了聪明、奉献和幽默等优点，但在处理国家安全局聚光灯下的问题方面无甚经验。自斯诺登事件以来，美国国家安全局的主要监视计划被公之于众，民间社会和硅谷公司一片批评之声，被监听的盟国领导人也愤慨不已。罗杰斯的军事生涯并没有使他知道如何去面对沸腾的舆论。尽管如此，为了响应奥巴马总统提出的“变革”要求，罗杰斯必须制订计划，而第一要务就是重塑美国国家安全局的形象。

罗杰斯凭借其专业能力赢得了上级的信任。他们相信罗杰斯拥有战略眼光和必要的个性，可确保国家安全局在网络领域的优势地位。2011 年，前海军上将加里·拉夫黑德（Gary Roughead）在任命罗杰斯为第十舰队网络司令部司令时称：“罗杰斯是最适合带领我们迈向未来网络世界的人。”罗杰斯是杰出人才，具有很强的综合分析能力。“有些人看到细节时能描述出看到的东西，而罗杰斯看到细节时却能给你讲一个故事”，一名军官在罗杰斯出任局长后对其如此评价。罗杰斯承担起揭开国家安全局神秘面纱的责任。他做事积极，擅长沟通，能沉着稳妥地推进这一任务。2014 年 1 月，理查德·莱杰特（Richard Ledgett）出任国家安全局副局长，成为他完成该任务的得力助手。莱杰特 1988 年加入国家安全局，原属于网络安全科，2012 年至 2013 年期间主管威胁管控中心。后来，一项棘手的任务落到他肩上——负责斯诺登泄密事件的危害评估工作。奥巴马已向公众做出承诺，国家安全局必须改革，而且还需避免美国历史上最大秘密数据泄露事件的重演。莱杰特赞成赦免斯诺登，建议如果斯诺登坦率承认曾侵入夏威夷监听站并供出尚未泄露的信息，就停止对他的追捕。总检察长埃里克·霍尔德（Eric Holder）表示只要斯诺登离开俄罗斯，就同意该意见，但白宫却不接受。作为心理学和战略情报专业的毕业生，莱杰特是斗志昂扬的辩手，他力证这一方案是必要且合法的。此外，莱杰特认为国会完全履行了其管控职能。莱杰特直言不讳地指出，爱德华·斯诺登和媒体是在制造轰动效应，从而使国家安全局的活动陷入危境，而国家安全局的活动归纳起来是：收集、破译、解密信号情报，保障数据和系统安全。

2
永不知足的间谍机构

信号情报

国家安全局的第一任务是收集信号情报[1]，更准确地说，就是所谓“无线电”信号的“非合作”拦截。信号情报工作涵盖了远程通信及其内容的研究或信号的分析，即电磁波发射本身的分析。例如，频率或其他技术信息。大部分通过无线电波传输的全球通信（无绳电话、蜂窝电话或卫星电话）都与之相关。此类通信按照发射的频率、时间和目标区域进行传输。此外，探测雷达或火控雷达和导弹等现代武器也会发射电磁波。因此，信号情报手段可运用于电子战（干扰、诱骗或电磁波入侵）[2]，情报操作员拥有适用于所有类型传输的拦截手段。信号情报包括通信情报、电子情报和遥测情报[3]。

1958 年，国家安全局开始负责组织协调电子情报项目。电子情报是对电磁辐射的搜索、拦截和分析，收集方式是除传输装置外的电子设备和电子系统。通过对单信号及其技术参数（波长、功率、范围）和所使用的手段和设备进行分析，可以总结出相关活动的类型。雷达情报（RADINT）是与雷达产生的辐射相关的情报。针对某些配备了雷达系统的苏俄战斗机，国家安全局的电子情报专家可以通过对其独特的电磁辐射进行识别，实现对飞机的定位。另一个例子：苏联防空技术部队、克格勃和一些民兵部队配备了一种被国家安全局称为“沼泽”（Swamp）的雷达系统，用于定位执行飞行任务中的飞机。这一雷达系统使国家安全局的雷达情报技术人员得以拦截到一种可传输的视觉显示（Visual Display）信息，分析人员仅需 8 周就可将其恢复。了不起的成绩！根据“看见而不被发现”的原则，美国在某些情况下能够掌握苏联的追击能力[4]。例如，探测雷达或火控雷达产生的辐射能够提供有关其位置和参数的信息。通过分析这些信息，美国能够了解对手的防空与导弹战备情况。此外，外国仪器信号情报（FisInt）指的是根据测试中或研发中的外国设备所发射的信号得出的情报。

通信情报无疑是信号情报中最重要的组成部分，牵涉全球各地非常多的人。国家安全局将通信情报定义为“所有作战或技术性质的信息和所有通过除原始媒介外的途径收集而来的外国通信情报”。根据美国国防部的一项指令[5]，通信情报工作主要是拦截第三方传输中出现的加密或不加密的信息和技术情报。它同时涉及口头对话（监听）与数据传输。通信情报工作不包括对公共媒体的监听以及美国境内反情报行动中的电话监听或口信监听。其重点目标是外交、军事和商业通信，但不排除私人通信。自一战以来，通信拦截技术发展迅速。一战期间，军事电报的发展促进了通信的监听和破译。二战、冷战以及信息技术的进步则进一步推动了通信情报的发展。今天，通信情报拦截已成为最重要的情报收集手段。任何个人在使用数字工具进行联络，查询，阅读，购物，存储文本、声音或图像，活动，旅游，管理自己的健康和日常生活时，都可能成为通信情报监听的目标。国家安全局会提取通信的元数据（发送者与接收者的方位，连接标识、时间、时长、技术手段、文件大小等），如果信息是通过全球移动通信系统（GSM）、电话、电子邮件、内部语音信箱、即时通信、在线论坛、网络电话（Skype）或其他类似系统进行传输的，国家安全局甚至还可收集其内容。云计算（Clouding）显然会加剧这种风险。国家安全局孜孜不倦地——“包括使用秘密手段”[6]——收集着情报，致力于拦截与分析信号和通信，破译与解析文本，归纳并传递结果，其目标是提供外国情报和反情报，以支持美国政府当局的工作。通信情报监听技术的监视能力是惊人的。例如，以掌握基地组织和塔利班的内部信息渠道而闻名的半岛电视台记者艾哈迈德·穆法克·扎伊丹（Ahmad Muaffaq Zaidan）自筹经费揭开了“天网”计划（Skynet）的存在。该计划基于地理位置和电话拨打记录分析和寻找恐怖分子，扎伊丹因而被列入恐怖分子嫌疑人名单。[7]

情报工作的使命

美国总统每年都会与白宫和情报部门协商，决定情报工作的优先事项，次要事项则由情报部门自行确定。国家情报总监[8]在总统的领导和直接管辖下，根据国家安全战略每4~5年设定一次情报工作的战略任务[9]，并公布于题为“国家情报战略”[10]的指南中。最新版本于2014年底公布，概述了7个优先事项，包括战略情报、预判情报、日常行动、网络情报、反恐怖主义、反扩散和反情报；此外，还详述了情报机构的6项管理目标与7项伦理原则。[11]詹姆斯·克拉珀受到各方认可，自2010年以来担任国家情报总监一职。他在演讲中强调了综合情报工作的重要性及其前路之迢迢，[12]综合情报的重要性在2009年至2014年期间早已得到证明。这位70多岁的情报界首长从来都不是一个唯命是从、因循守旧的人物。[13]

克拉珀还签署情报系统第204号指令（ICD 204）。最新版本于2015年1月发布，[14]它参照国家情报优先架构（National Intelligence Priorities Framework），确定了情报机构在实施国家情报工作优先事项方面的角色和责任。该指令的基础是1947年《国家安全法案》的修正案，以及第12333号行政命令、关于情报工作优先事项的第26号国土安全总统指令（NSPD-26）、关于信号情报活动的第28号总统政策指令（PPD-28）。国家情报优先架构作为统筹工具，其目标是制定活动框架以更好地服务用户，将信息需求与国家情报政策相结合，根据优先事项优化资源配置，并制定道德框架。

美国信号情报系统（US SigInt System，USSS）的具体战略使命详述于一份机密文件中。然而，电子前线基金会（Electronic Frontier Foundation）于 2007 年 1 月在其网站上发布了一份与美国、澳大利亚、加拿大和英国相关的文件。[15] 总统批准的使命矩阵描绘了 16 个敏感主题，以及 6 个长期优先目标，包括中国、朝鲜、伊拉克、伊朗、俄罗斯和委内瑞拉。

主要法律文本

国家安全局的信号情报工作主要受两份法律文本约束，分别为《外国情报监控法案》和 1981 年的第 12333 号行政命令；[16] 同时，还必须遵守美国宪法第四修正案。美国宪法第四修正案保护公民不受无凭据的搜查和扣押，执行搜查和扣押，必须有基于真凭实据开具的令状。[17] 因此，此类调查活动不可针对美国公民，而只能用于打击恐怖主义或打击非法活动。

1978 年 10 月，由于政治丑闻爆发，美国通过了《外国情报监控法案》，国家安全局第一次被置于法律的约束之下。该法案规定了国家安全局在电子监视方面的特权和限制，以及收集外国数据的条件。国家安全局无权对美国公民的通信实施自动拦截或针对美国公民制定监视目标清单。如为维护国家安全需要实施监视时，国家安全局必须递交具体的授权申请，然后由外国情报监控法庭（FISC）确定监听的合法性。同时，目标必须是外国势力或外国人员。

2001 年 10 月，《美国爱国者法案》（USA PATRIOT Act[18]）颁布。该法案放宽了 1978 年《外国情报监控法案》带来的限制，扩大了情报部门的调查权力，以支持其应对国内外威胁，保护国家安全。其中第 215 条[19]规定，如“确有理由”怀疑目标与外国恐怖组织存在关系，则可授权进行大规模元数据收集。该法案于 2013 年 7 月再次获得批准，于 2015 年 6 月 1 日到期。翌日，《美国自由法案》（USA Freedom Act）生效。该法案加强了对国家安全局的约束，加大了对美国公民隐私权的保护。[20]

2008 年，美国通过了《外国情报监控法案（修正案）》（FAA 或 FISAA）。该修正案第七章阐述了美国境外的电子监视活动，其中第 702 条规定，“总检察长和国家情报总监可共同授权对美国境外人士进行电子监视，目的仅限于收集‘外国情报’”。[21]目标必须为非美国人，授权有效期为一年。2012 年，参议院将该修正案有效期延长至 2017 年 12 月 31 日。该修正案规定，总检察长可授权进行为期一年的电子监视，这种监视应专门用于获取外国势力或外国势力之间使用通信手段传输的信息的内容，或者专门用于获取公开受外国势力独自控制的地方的技术情报。该修正案借此完善了《美国法典》第 50 卷《战争与国防》中关于“外国情报监控”的章节。[22]《外国情报监控法案》对外国情报工作给出了比较宽泛的定义。[23]国家安全局根据该法案可收集国际恐怖组织的敏感信息。

外国情报监控法庭负责核实总检察长和国家情报总监的授权令状是否符合相关程序条件。授权令状必须附有书面证明，以表明令状满足相关程序条件，并明确信号情报收集所涉及的设施、地点或目标的特征、属性。经外国情报监控法庭批准后，总检察长和国家情报总监可根据上述书面证明的信息向互联网服务提供商（如谷歌、雅虎、微软、脸书）发送身份标识或选择器（selector，即搜索关键词，如邮箱地址、电话号码）。相关互联网服务提供商则必须及时提供所有必需的信息或其他协助，以确保信号情报工作的顺利开展。提供帮助的服务商可“获得经济补偿，且不因提供此类信息而受到任一法院的追责”。[24]外国情报监控法庭的工作在高度机密条件下开展，尽管享有独立法庭的地位且具有监督权，但它应该只是“行政系统中一个简单的部门”。外国情报监控法庭的判决均是绝密的，直到 2015 年 6 月《美国自由法案》颁布后才有例外，如当事一方为政府时，允许其出庭为其案件辩护。外国情报监控法庭的办公场所设置在司法部，确实令人惊奇。[25]

第 12333 号行政命令[26]于 1981 年 12 月 4 日由罗纳德·里根总统签署，授权国家安全局依据中央情报总监确定的目标、要求和优先事项提供信号情报。[27]该行政命令确定了美国情报机构的角色和任务，其目标之一是强化中央情报局的作用。其第 2. 3 节阐明了情报机构的法律义务和允许收集的信息类型，主要涉及外国情报和反情报，包括与商业组织相关的信息。[28]根据该法律文书，外国情报是指与外国势力、组织或个人的能力、意图或活动相关的所有信息。“这一规定构成了大规模获取美国境外元数据和收集电子邮件与即时聊天软件的地址簿或通讯列表的法律基础。这类信息不属于《外国情报监控法案》中关于电子监视定义的范畴。第12333号行政命令为国家安全局最具争议的“获取特定情报行动办公室”（TAO）和特殊情报搜集部（SCS）的活动提供了法律依据，例如，越过商业加密系统，入侵外国计算机，通过美国大使馆监视外国领导人等。”[29]参议院情报委员会对这些活动实施有限的管控。

情报生产流程

需要信号情报服务的部门统一向国家信号情报委员会（SigCom）提交各自的申请。该委员会受国家安全局局长领导，由各机构代表组成，负责根据优先等级核实上述申请。

根据情报生产流程，情报工作的第一步是确定需求。信息需求（Information Need）由用户发出，记录于收集需求的数据库中，并接受科学性评估。随后，监听中心将收到无线电监听命令，从而明确各项指示。该中心凭此对通信进行拦截与分析。“即时”分析或预分析由监听中心负责。所谓的“适时”分析则结合前期的拦截结果，在信息拦截机构的总部进行。需要时，这些消息可被破译和翻译。各监听站以摘要的形式发送每日报告，根据每日报告可适当调整监听方向。同时，这些信息将会按其性质存储于不同的载体上，存储期限根据需要而定。[30]

国家安全局前分析师拉塞尔·泰斯（Russell Tice）在《连线》杂志的一篇文章介绍了他的同事如何利用通过互联网收集的大量数据。操作员按照女性恐怖分子比例低于男性的想法，对信息加以过滤，只保留男性声音。然后，他们从这个减半的数据库中挑出简短的对话，因为一般情况下恐怖分子说话不会超过两分钟。[31]根据拉塞尔·泰斯的说法，国家安全局认为联邦调查局就是一把漏勺，给它传送信息前必须再三斟酌，因为今天传送的信息可能明天就上了各大媒体头条。

国家安全局不需要生成完善的最终情报。这项工作由用户负责，主要包括白宫、国家安全委员会、国防部、国务院、国土安全部、财政部、能源部、商务部、联邦调查局、中央情报局、国防情报局、参谋长联席会议、军事指挥机构、军事作战指挥机构、外国情报机构合作伙伴等。

斯诺登事件之后，国家情报总监詹姆斯·克拉珀要求国家安全局提高透明度，更好地将生产的情报与总统每日简报相结合。他试图凭此让卫星间谍活动变得更加合理，并在这种各自为政、严防死守的环境下建立一种协作文化。[32]此外，国家安全局还将面临情报工作的政治化。部分高级官员会对情报专家的报告进行润色、调整或美化形势分析，使报告更贴近奥巴马政府的公开声明。2015 年秋，媒体报道了五角大楼一项调查结果。高级情报官员为附和白宫的说法，改写了情报总结，让人认为“圣战”分子正在撤退。[33]

歪曲信息的问题影响了最终情报的可靠性，并动摇了美国行政当局给予的信任。情报工作是否会被扼杀？行政当局是否会采取新的手段？美国的情报危机是否比美国公民预料的更加严重？奥巴马在2014年1月的一次演讲中承诺实施改革，试图以此减少公民对元数据不合理收集的担忧。奥巴马真的相信改革能成功吗？一年后，布鲁金斯学会召开研讨会，对改革进行总结。国家情报总监顾问罗伯特·S. 利特（Robert S. Litt）在会上做出了几点解释。[34]原则上，国家安全局只有在技术上无法锁定某一特定人物或选择器时，才会进行大规模信息收集。例如，元数据可用于协助识别目标和实施更具入侵性的监视，这种类型的信息收集只可运用于反间谍、反恐、反扩散、保障网络安全、保护美国武装部队和打击跨国犯罪。然而，元数据是回溯历史记录的唯一手段。美国国家科学院受奥巴马委托进行了一项研究，结果证实，在当时的情况下不存在替代技术。而且，随着现代加密技术的发展，情报工作将面临监控盲区的挑战。

3

非比寻常的密码机构

密码技术：国之重器

国家安全局的工作重点之一是保护信息的安全和推动密码技术的发展。事实上，信号情报任务就包括了外国信号情报的破译。密码技术是军事和外交事务的重要工具，通过创建密码对信息进行加密，以此保护信息安全，维护其完整性和真实性。加密后的信息必须进行解密破译才可阅读。出于防御目的，密码分析员致力于通过推理和计算，将加密程序和加密代码未知的信息逐一解开。分析员通常是经验丰富的数学家、逻辑学家或语言学家，他们拥有高超娴熟的分析技巧和超强的记忆能力，同时还必须具备坚韧的个性和敏锐的洞察力。此外，功能强大的计算机设备为现代密码分析活动提供了有力的辅助。第一台用于加密与解密的计算机“巨人”（Colossus）由著名的英国计算机科学家、密码学家艾伦·图灵[1]设计，于1943年由英国情报机构——政府通信总部的前身布莱奇利庄园制造。但英国于1945年销毁了“巨人”计算机，且未在计算机发展史上留下一纸记录，因此由美国军方出资，宾夕法尼亚大学一个实验室在1944年5月制造的电子数字积分计算机（Eniac）夺得“第一”的头衔[2]。Eniac于1946年向外界公开后，一场技术革命由此拉开序幕，将信息的字符序列转换成二进制编码开始得到应用。从此，加密技术日益发达。这对于想让信息密不透风者，是幸事一件；而对于意在破译加密信息者，是难题一个。

美国密码专家在应对苏联和日本等强大对手时，始终将密码技术视作一种武器。1971年，理查德·尼克松总统根据五角大楼一项调研的建议，决定将国家安全局以及陆海空三军和海岸警卫队的密码服务部门的资源和行动进行整合，置于统一指挥之下。时任国家安全局局长的海军少将诺埃尔·盖勒被委托负责重组工作。这尤其引起了国防部长梅尔文·莱尔德（Melvin Laird）的担忧，他认为此事或将促使国家安全局更侧重于战略问题，结果影响军事指挥官的战术需求。最终，重组工作找到了妥协的方案，军事指挥官可继续获得密码技术支持。

1972年，根据国家安全委员会第六号情报指令和国防部第5100.20号指令，中央安全局成立。这两份文件为密码工作的集中化奠定了基础，但由于存在竞争，集中化改革的起步并不顺利。[3]中央安全局负责为军方密码系统提供实时支持与协助，以及相关密码学知识。该局将国家安全局与军方各密码部门的专业资源进行整合，形成统一指挥，并根据信号情报工作与信息安全行动承担的国家目标与战术目标，处理敏感的军事问题。它提供建议、协调行动、制定政策，致力于推动信号情报和信息安全与军事行动更好地结合。中央安全局的长官由国家安全局局长兼任，设中央安全局副局长一名辅助局长工作。该局的徽标是美国军方各密码服务部门徽章的集合。[4]

领导地位的勉力维持

尽管完成了资源整合，但是国家安全局/中央安全局仍面临着加密技术普及化的挑战。英国政府通信总部的一个团队在1970年取得的秘密科研成果推动了该领域的发展。几年之后，[5]美国信息技术与电子技术专家惠特菲尔德·迪菲（Whitfield Diffie）和马丁·赫尔曼（Martin Hellman）提出一种新的加密方法，无须交换密匙，仅依靠加密一方的公共通信，即用于确定密钥的两位原始数字。[6]这一模型被称为德迪菲－赫尔曼算法，最终由美国麻省理工学院3名研究员罗纳德·李维斯特（Ronald Rivest）、阿迪·萨莫尔（Adi Shamir）和伦纳德·阿德曼（Leonard Adleman）实现，该算法简称为RSA算法。1977年8月，美国著名科普作家马丁·加德纳在《科学美国人》杂志的“数字游戏”专栏发表了一篇引人瞩目的文章，题为“一种需要数百万年才能破译的新型加密技术”。该文章介绍了RSA算法，RSA即上述3名研究员姓氏首字母的缩合。该算法在2002年获得计算机协会的图灵奖。这就是1977年“密码系统”的诞生。由于运用RSA算法[7]需要耗费大量的时间处理数据，并需要功能强大的计算机支持，因此首批用户仅有政府、军方和大型企业。[8]

但是，唯我独尊的国家安全局并不想放弃自己在学术界和私营部门密码技术领域的领导地位。它清楚自己肩负的使命——保护国家系统免受他国密码分析师的攻击，坚持不懈地破解其他国家的密码。正如其官网所示，密码学作为一门涉及全球战略的关键科学，是一个国家或一个组织维护安全的必要手段。国家安全局难以忍受存在它无法破解的加密信息，因此从逻辑和技术角度，它都反对任何加密手段的科普。1978年，威斯康星大学的计算机工程师乔治·I. 戴维达（George I. Davida）试图为一种加密设备申请专利。[9]此举引起了国家安全局的警惕，它援引了1951年的一项法律，认为政府有权将任何可能危害国家安全的发明定级为秘密。戴维达于是将此事通知了媒体。在卡特政府律师的推动下，国家安全局做出让步，但立场鲜明地表示，该局将尽一切努力防止公众获得加密技术。

然而，20世纪80年代，数字革命兴起，微型计算机、连接技术和移动通信技术迅速发展。密码学逐渐普及，国家安全局尽一切努力加强管控，但部门常态仍被打破，民间活动的规模日益扩大，加密系统也变得越来越牢固。

美国软件制造商被禁止出口具有强大加密功能的密码技术网络产品。但在20世纪50年代末，国家安全局却与瑞士Crypto

AG 公司签订了秘密协议。Crypto AG 公司是一家向全球供应编码/解码机器的通信与信息安全公司。[10]根据协议，国家安全局的工程师在其产品上加装了后门程序，该局的分析师由此可直接访问解密信息。1992 年，伊朗情报部门维瓦克发现了这一行动并逮捕了该公司的一名代表，该代表在 Crypto AG 公司支付 100 万美元赎金后获得释放。他在被捕期间并未招供，但后来 Crypto AG 公司要求他偿还赎金，结果他拒绝支付并将此事公之于众。

1997 年，瑞典当局发现了 IBM 公司出口的莲花便签软件（Lotus Notes）存在故意设陷，该公司因此被指控与国家安全局存在合作。[11]微软应该也在其通信软件和导航软件中安装了后门程序。2000 年，法国战略事务司（DAS）在一份机密报告中提到微软公司的开发团队中安插有国家安全局员工。[12]这几个例子体现了国家安全局深不见底的手段，该局凭此长期保持对密码技术的控制。20 世纪 90 年代，国家安全局发动的战斗非常激烈，有学者将之称为“加密战争”（Crypto Wars）。[13]其中最广为人知的一场战役，对手是菲尔·齐默尔曼（Phil Zimmermann），美国物理学家、计算机科学家、反核活动家、隐私权捍卫者。

1991 年夏，齐默尔曼的活动引起了国家安全局的恐慌，并危及其监视行动的效率。齐默尔曼相信必须推动民主进步，认为“密码技术在政治权力中占一席之地，特别是可以影响到统治者与人民之间的权力关系”，此外还关系到“保密权、言论自由、结社自由、新闻自由、不受无理由起诉和逮捕的自由、独处的自由”。[14]因此，他选择在互联网上发布免费加密软件——完美隐私软件（简称 PGP）。该软件的基础是可在个人计算机上运行的加密算法，它使用了传统的对称加密，同时结合了 RSA 算法的非对称加密原理。国家安全局无法容忍其监视工作受到个人活动的威胁。RSA 数据安全公司（RSA Data Security，Inc.）随即指控 PGP 盗用了自己的公钥密码系统，将齐默尔曼卷入专利战中。更有甚者，齐默尔曼还被指控非法出口武器，受到联邦调查局的追查，理由是加密软件属于“军火”。该事件点燃了关于加密合法性的争论。密码学家、支持自由使用加密技术的群体、政治家、治安部门纷纷参与论战。个人自由的捍卫者认为，加密技术是确保数字信息安全的必要手段，可保护信息不受任何审查。与此同时，一个强大的自由主义活动家联盟在电子前线基金会和电子隐私信息中心等协会的支持下成立。美国当局建议禁止普及该软件，指称该软件的普及将扼杀国家安全局的工作效率，尤其影响与“启示录中的四骑士”（恐怖分子、毒贩、黑手党、恋童癖者）的斗争，因为他们往往是最懂得运用信息技术的团伙，例如，在信息加密上具有丰富经验的日本恐怖组织奥姆真理教。[15]

1993 年 4 月，克林顿政府颁布了新的对称密钥加密标准——托管加密标准（Escrowed Encryption Standard）。根据该标准，国家安全局希望强推自己的加密系统——Clipper（大剪刀）芯片和 Capstone（顶石）芯片，分别针对语音通信和电子通信。这两种加密系统对与美国政府合作的公司具有强制性，其设计思路是托管密钥，即将密钥的副本提交给获得授权的独立可靠的第三方，这一方式允许政府机构在侦查刑事案件时申请调用密钥副本。另外，这两种加密系统对大多数公司和协会来说都是非强制性的。由于美国公民和企业担心隐私和安全受到侵犯，因此并不十分接受这两种芯片。政府未能达到预期目标，无奈做出了让步。

偏执的国家安全局担心优势渐失，最终无力破译信息，于是它使用世界上最强大的计算机去破解密码，同时要起操纵手段。[16]它毫不犹豫地损人利己，采用一切方法给系统设陷，以控制设备或网络。它干脆利落地开展掠夺密钥的秘密活动，收集和分析数据。

国家安全局的专业能力是该部门无可争议的优势。根据规章，美国国家标准与技术研究院（NIST）[17]在进行任何认证之前必须向国家安全局咨询，该局因此得以参与加密标准开发的幕后工作。毫无疑问，该局在标准开发中加装了后门程序，然后设法强行推广，并特别注意后门程序的保密。[18]20 世纪 70 年代末，许多发展迅速的大公司对通信安全产生了需求。它们采用了 Lucifer（路西法）加密系统，认为该系统在 1976 年 11 月获得了国家标准局的认证，具有可靠性。Lucifer 加密系统是由 IBM 公司研制的，研发者是长期致力于加密项目研究的密码学家霍斯特·菲斯特尔（Horst Feistel）。但此时的国家安全局比以往任何时候都更希望控制数字加密标准化系统。它利用其影响力，并根据自身在给定时间内的破译能力极限，将密钥限制为 56 位。这个 1976 年的标准被称为数据加密标准（DES），对应的是对称加密系统，一直使用至 2000 年。[19]国家安全局通过上述操作得以继续秘密地破译着感兴趣的信息，同时，它也仍保持高度的警惕性，继续实行管控政策。

1998 年，两名比利时工程师开发出一种名为雷德尔（Rijndael）的对称加密算法，以竞投一年前国家标准技术研究所发起的招标。但该算法却被国家安全局以高级加密标准（AES）为名加以认证。这个大众化的免费开源工具成为使用广泛的加密标准，用于保护互联网通信。[20]再举一例，2006 年，加密密钥生成器——双椭圆曲线确定性随机比特生成器（Dual ECDRBG）获得认证。但研究人员揭露了该生成器的后门：它秘密隐藏了一个能够重建“随机”序列的算法，利用重建的序列可最终生成密钥。尽管如此，这一工具仍被强制推行于美国政府与各大公司中。[21]

反 抗

美国私营公司意识到受干涉的危险，逐渐认识到维护金融交易安全和客户信任，以及保护商业数据和管理数据的必要性。于是，它们重新审视了自己的立场，加入了捍卫自由加密的阵营，但在这一方面不该对开源软件的可靠性抱有幻想。专家圈子内时不时流传着与开源软件相关的警告，但找出隐藏的漏洞与功能对专业技能和资源有很高要求。真密（TrueCrypt）是一款相当流行的加密软件，其用户包括了“无国界记者”组织。2014 年 5 月，TrueCrypt 的网站上发布了一则警告，确认该软件存在不安全性。

不久之后，该网站关闭，这个免费工具的设计者身份始终是个谜。该软件存在编码错误，容易让人联想到国家安全局故意设陷的产品，或者是该网站遭到了美国司法部门的某项秘密禁令。[22]

随着时间的推移，国家安全局与信息技术公司之间的合作日渐深化，规模却不为人知。斯诺登的爆料让苹果和谷歌这两大巨头感到担忧。由于担心市场份额和形象受损，苹果和谷歌在2014年9月分别发布了移动操作系统IOS 8系统和新版Android（安卓）系统，宣布加强智能手机的密码系统，以更好地保护用户的数据。从此，密钥仅由用户掌握，公司应该无法向政府提供密钥。对此，总检察长埃里克·霍尔德（Eric Holder）警告称，此举危及警方的调查活动。联邦调查局局长詹姆斯·柯米更是清楚地表态："用户不应凌驾于法律之上。"[23]

此外，联邦调查局当然也必须密切监督沃尔克·比尔克（Volker Birk）。比尔克是加密无政府主义者，混乱计算机俱乐部（CCC）的长期积极分子。这位德国活动家致力于阻止情报机构或以定向广告为主营业务的公司的窥视行为，他希望改变互联网用户的在线交流方式。他与利昂·舒马赫（Leon Schumacher）合作开发了自由免费的加密软件"极简隐私"（Pretty Easy Privacy，简称PEP）。利昂·舒马赫是一家咨询公司的领导，曾任职于诺华公司（Novartis）、安赛乐米塔尔公司（ArcelorMittal）等多家法国CAC40指数（巴黎券商公会40指数）榜上的公司。PEP比PGP更易使用，比尔克认为，PGP"是失败的，因为人们不懂如何使用"，他还说，"PGP使用起来太复杂，人们难以理解它的运行方式，甚至那些真心感兴趣的人也会在使用一段时间后放弃，因为它很乏味。”[24] PEP 确实是强大而有效的工具，但它需要使用双重密钥，一把公钥，一把私钥。

无国界记者组织、新闻自由基金会以及为人权维护者开展数字技术培训的“战术技术”等国际非政府组织推荐使用匿名人士开发的 Tails 操作系统（The Amnesic Incognito Live System，即遗忘性匿名在线系统）。该系统安装于移动载体上，可触发计算机启动，且不在使用的设备上留下任何数据痕迹。它使用 TOR（洋葱路由器）连接互联网，采用知名的加密工具，并伪装计算机的物理标识符。在紧急情况下，可移动载体可弹出或拔除，系统立即关闭。该系统基于 Linux（林纳斯）操作系统和公共源代码，集成了办公软件与照片处理和音视频编辑的软件。由于开发人员讨论列表是开放的，因此劳拉·波伊特拉斯和格伦·格林沃尔德能够匿名处理斯诺登发送来的文件。国家安全局将这一不留痕迹的设备视为心腹大患，指责它是“极端主义者和极端主义论坛竭力鼓吹的产品”。国家安全局毫不掩饰地承认，它监控所有搜索 Tails 网站的网民、TOR 网络的用户以及 Linux 杂志的读者。[25]

近几年来，美国国家安全局和英国政府通信总部不断攻击用户难以辨识的 TOR 网络。TOR 是特殊而复杂的软件，用户利用该软件原则上可以实现匿名上网。用户还可直接下载 TOR 浏览器（TOR Browser Bundle，TBB）。该浏览器是火狐浏览器（Firefox）的一个版本，能够自动将数据传输到 TOR 网络上。国家安全局虽然无法将所有 TOR 的用户“去匿名化”，但通过迂回的方法取得了部分成功。例如，国家安全局利用火狐浏览器 JavaScript 的漏洞实现对 TOR 用户的辨识，该行动持续至 2013 年 1 月火狐浏览器更新版本（行动代号为 EgotisticalGiraffe）。除此之外，肯定还存在其他可供利用的漏洞。法国媒体 Mediapart 的一名记者认为，“某一事物如果引起了任一情报机构的兴趣，那么无论是谁都无法为它在这个网络中找到安全的藏身之所”。人们不应该太相信电子产品。正如作家弗兰克·勒罗伊（Franck Leroy）所言，“TOR 项目最初是美国的一项大型军事计划，其研发得到了位于加利福尼亚州硅谷以南的蒙特雷海军基地的支持。后来，该软件获得一个基金会的支持，而该基金会的主席是罗杰·丁格伦（Roger Dingledine），国家安全局的前雇员。TOR 的主要出资者是五角大楼，经由斯坦福研究所支付，每年可获得近 100 万美元的资助。”[26]

企图主宰密码学世界的美国国家安全局与反抗者之间的斗争是十分激烈的。自由密码软件在某种程度上阻挡了国家安全局的道路，引起了该局的高度重视。因此，国家安全局投入了许多资源，以保持在密码学领域的优势，同时促进技术的进步，但它更担心不可破解的量子信息技术的出现。

记忆的责任

丰富的密码学财产让美国国家安全局备感自豪。该局为此成立了密码学历史中心（Center for Cryptologic History）、国家密码博物馆（National Cryptologic Museum）、国家警戒公园（National Vigilance Park）和 NSA-CSS 密码纪念碑（NSA-CSS Cryptologic Memorial）。国内外参观者可通过上述场所了解编码员和译码员的专业技能、通信安全的惊人发展、信号情报和密码技术在全球性事件中的关键作用。

密码学历史中心为密码专家的培养提供了丰富的教学资源。该中心由一群投身于“记忆责任”的历史学教授主持工作，他们同时是参加过密码行动的退伍军人。国家密码术学校的学员可在此查阅到大批涉密或不涉密的文件、案例研究材料、密码学历史课程资料。此外，该中心还组织研讨会，每两年举办一次关于密码学历史的会议，并为研究人员提供为期一年的学习课程。[27]

国家密码博物馆于 1993 年向公众开放，内设有图书馆。每年都有数以万计的参观者在此查阅历史书籍、非涉密或已解密的文档、码书、专著等，其中大部分为博物馆编写的。此外，《破译者》（*The Codebreakers*）作者戴维·卡恩（David Kahn）为该馆提供了藏书，其中甚至包括德国神秘学者约翰尼斯·特里特米乌斯（Johannes Trithemius）1518 年编写的《密码术》（*Polygraphiae*）。博物馆还收存了 2010 年约翰·F. 伯恩（John F. Byrne）捐献的藏书。伯恩在 1918 年发明了“Chaocipher”（超密）简单算法，他认为该算法不可破解。国家安全局的民间福利基金负责管理博物馆的纪念品商店。

国家警戒公园创建于 1997 年 9 月 2 日，旨在向默默奉献的战士致敬，他们在执行空中侦察任务中冒着生命危险去收集图片情报或信号情报。公园内展出了他们开过或击落的飞机。二战后，空中侦察发挥着至关重要的作用。

国家密码纪念碑于1996年树立，旨在纪念173位为美国牺牲的军民密码专家。

20世纪五六十年代，国家安全局致力于推动信息技术的发展。那时的密码学家或为政府工作，或在政府影响下为大公司工作。10年后，工业界、私营部门、学术界在该领域投入了大量资源。顺风顺水的局面随之不复存在，但国家安全局的信念比以往任何时候都要坚定：不顾一切确保国家安全局在密码技术和网络空间领域的全球优势。另外，国家安全局提出了一种负责任的看法。[28]它认为信息保障（IA），即对数据与系统的保护，具有至关重要的意义。

信息保障：不惜代价的防护

信息保障指的是防卫和保护信息与信息系统，确保信息的可用性、完整性、真实性、不可否认性和机密性。这一概念超越了“信息安全”，因为它涵盖了管理层面的风险，如预判、检测、维护、反应性、连续性和系统恢复等。

国家安全局的信息保障活动由一个专业部门即信息保障部（Information Assurance Directorate，IAD）负责，主管是黛博拉·普伦基特（Debora Plunkett）女士。普伦基特出生于巴尔的摩，是信号情报和信息安全领域的专家，已为政府效劳近30年。她毕业于约翰·霍普金斯大学和国家战争学院，因在密码学领域的突出工作而获奖无数。她曾担任比尔·克林顿总统时期和乔治·W. 布什总统时期的国家安全委员会负责人。

根据第42号国家安全指令，信息保障部承担防御任务。该部门负责保护信息和国家安全信息系统的安全，涉及的信息系统主要用于处理敏感的涉密信号情报数据或涉及军事活动的数据。此外，保护国家重要基础设施也是其职责之一。因此，信息保障部必须管理风险，实施物理、技术及行政上的管控。根据相关指令与意见，在任何情况下，国家级信息系统或涉及国家安全的敏感信息系统必须始终保持牢固可靠，尽管融入了地方技术与解决方案，尤其是出于成本考虑，这种情况不断增多，但上述系统的安全性必须保持。

针对这种情况，国家安全局制定了商务规则，并对政府机构和政府相关企业所使用的产品与服务的认证和验证方案实施管理。同时，设立信息保障商务办公室（IA Business Affairs Office），用于处理与私营部门的商务人员和服务供应商的关系。

除上述关系外，信息保障部作为网络防御的关键部门，还与学术界建立了合作伙伴关系。为了营造可靠的网络空间并保证通信与数据处理基础设施的最高安全性，信息保障部需要创新的解决方案。

此外，信息保障部还注重技术开发，例如，可全天候检测恶意活动和泄密情况的传感器，高度完善的网络安全产品和服务，成熟的工程解决方案。部门团队能够远程行动，分析信息保障的自动化数据，识别漏洞并找出修补漏洞的方法。信息保障部做出的决定往往关系重大，尤其是涉及密码学工具传播的决定更是如此。站在信息保障部的立场上，加密技术的发展和商业化会带来危险，放任自流的结果就是任何人都可获得这种技术，包括对手在内。一种强大密码技术的普及极有可能增加破译通信情报的难度，从而阻碍信息保障部获取有用信息。然而，通过后门程序和不太可靠的技术弱化系统安全性，确实更容易获得有用的信息，但此举会产生漏洞，给熟练的黑客以可乘之机。同时，过于强硬的立场也会引发舆论的批评，如抨击情报机构侵犯美国公民的隐私权。

另外，信息保障部还负责安全相关培训和宣传工作。

国家安全局通过风险预判与技术创新政策，努力保障军政通信系统的安全性。它开发了多种加密机器设备，发明了第一台结合了无线电和加密技术的设备，并制造了更适用于战区通信安全的设备。作为奈斯托尔（NESTOR）计划的一部分，国家安全局设计了高安全性的移动设备，可提供高质量的口头通信。随着卫星、通信和计算机领域的技术进步，国家安全局开始使用远程通信的技术。这一技术是在20世纪60年代中叶发展起来的，并在越南战争期间得到测试。这一技术具有以下优点：减少了国外监控站的数量，降低了成本，缓解了监控站所在国家的不满情绪，尤其是提高了拦截外国信号的有效性。[29]

对关键基础设施的保护如今已逐步加强，而系统敏感性也并非新近问题。1976年，白宫要求国家安全局与电信政策办公室合作，联手确保美国公民间和机构间通信的安全性。许多美国官员认为，苏联对美国境内通信的监视表明通信网络存在漏洞，其脆弱性足以造成威胁。1977 年，华盛顿、纽约、旧金山三地采取了保护措施，随后迅速扩大到其他地区。无线电通信系统取代了有线通信，并辅以干扰系统。此时，美国国家安全局的声望已毋庸赘言，它是网络和系统安全领域毫无争议的全球领导者，[30] 其抱负就是稳住这一地位。

4
巨大的蜘蛛网

区域中心和犹他数据中心

国家安全局是神秘的，其区域分支机构的存在更是如此，正是后者巩固了密码行动，并确保了米德堡情报业务的有效分布。区域分支机构的基本任务是在总部信息服务缺失时，接手情报工作。事实上，“密码之城”（Crypto City）在2000年1月24日就有过一段糟糕的经历：一个计算机故障使国家安全局工作停摆数小时，信息系统整体瘫痪。建立区域安全行动中心[1]的想法可以追溯到20世纪80年代后期，当时的国家安全局意识到信号存储和处理的需求巨大，计划将部分活动转移至华盛顿地区。目前，各区域行动中心均安置于军事部门内，明确存在的有4个。

代号为“甜茶”（Sweet Tea）的佐治亚州戈登堡行动中心

（NSAG）共有 4 000 名雇员，包括操作员、特工和专家，负责监视欧洲、中东/近东、北非、南亚，包括巴基斯坦和阿富汗。位于瓦胡岛库尼亚（Kunia）的夏威夷区域行动中心共有雇员 2 000 人。1980 年，国家安全局在太平洋司令部（CINCPAC）总部附近设立了远程操作站（ROF），后发展为夏威夷区域行动中心（NSAH）。[2]

另外两个中心设置于空军基地：得克萨斯区域行动中心（NSAT）于 2007 年在圣安东尼奥拉克兰空军基地成立，共有 2 000人，负责处理南美洲的通信，“9・11”事件后，扩展至中东和欧洲其他地区。科罗拉多区域行动中心（NSAC）位于科罗拉多州丹佛市的巴克利空军基地，共有 850 名雇员，负责过滤卫星和海外监听站收集到的情报。[3]

近年来，国家安全局投资 40 多亿美元，用于改造和升级巴克利空军基地的信号情报中心和曼威斯山中心（即 Mountainview 项目）。而国家安全局还着重在夏威夷、得克萨斯州和佐治亚州建设了 3 个新的信号拦截和处理中心（Whitelaw Wedge 项目）。

除此之外，国家安全局还在犹他州成立了一个数据中心。在摩门教信徒定居的 160 多年后，布拉夫代尔迎来了新的开拓者。[4]犹他数据中心位于威廉姆斯营，距离盐湖城 40 公里，占地 10 万平方米，配备了功能无比强大的最新一代计算机，是一个巨大的数据收集、存储和处理中心。[5] 该中心是耗电耗水大户，配备了大型发电机以保证自给自足，2013 年曾遭遇不知原因的过电压故障。其在向地方政府介绍时，说自己是关乎国家网络安全的关键部门，但事实上这一说法保守了。国家安全局比“耶稣基督后期圣徒教会”更雄心勃勃，多年来它存储通信数据绝不仅仅是为世界人民登记造册，它在存储惊人的深网（deepweb 或 deepnet）中搜索和破译信息，目的是发现潜在对手的秘密。

监听站与移动监听设备

国家安全局独自或与合作伙伴和盟国的情报机构合作，经营着分布于全球各地的数十个监听站。不要忘记，国家安全局始终主导着它与英国政府通信总部、加拿大通信安全局、澳大利亚国防信号局、新西兰政府通信安全局联手部署的全球信号情报间谍与反间谍网络。在地面，雷达天线罩[6]、被称为“象栏”的 AN/FLR-9 天线、抛物面天线或碟形天线拦截着商业通信卫星中转的通信。此外，还辅以处于低轨道或地球静止轨道的侦察卫星（所谓的间谍卫星）。各个监听站均有一个独特标识号，表明其原籍国与操作技术。

糖林站（Sugar Grove）于 20 世纪 70 年代末在西弗吉尼亚州建成，距离一个国际卫星地面站约 100 公里，任务是监听通过第二代国际通信卫星传输的信息。

雅基马站（Yakima）位于美国西北部华盛顿州一个占地 10 万公顷的军事基地内，距西雅图西南部 200 公里，2013 年因预算限制已关闭。该站负责拦截通过国际海事卫星和国际通信卫星传输的通信，其卫星天线指向太平洋和南北美洲。据称，该基地在 1995 年“绿色和平组织”抗议穆鲁罗瓦环礁核试验期间，对该组织进行了监视。后来，由于工作调整，雅基马站的业务移交给了科罗拉多州的巴克利空军基地。[7] 但是，这些监听站并未覆盖全球所有地区，国家安全局还会与当地的合作伙伴甚至盟友合作，而对于后者，国家安全局也经常毫不客气地隐瞒糊弄。

曼威斯山站[8] 位于英格兰北部的约克郡，场地是由英国国防部租借给美国国家安全局的，占地共 220 公顷。此站历来占据重要地位，是由美国陆军安全局在 1956 年创建的，1966 年前是由陆军负责的，后移交国家安全局文职雇员执掌。该站设有商店、体育中心、住宅区、教堂，通用美元。20 世纪 90 年代末，该站共有 2 000 名员工，其中 1 500 名来自美国。曼威斯山站负责接收电子侦察卫星传输的信息，是网络内最重要的监听基地。今天，该站与英国政府通信总部合作，凭借 30 余台雷达天线罩和若干抛物面天线（其中一个直径超过 60 米），在反恐战争中为美国无人机发动的致命打击[9] 活动提供了重要的情报和识别服务。曼威斯山站同时也是一个区域性信号情报行动中心，用于拦截经由英国传输、出入欧洲的远程通信。此外，该站作为美国导弹防御计划的一部分，其主要目标还包括非洲和西亚。曼威斯山站成立早期，主要监听无线电信号和邮电部门。早在 1975 年，英国邮电局（英国电信公司 British Telecom 的前身）就搭建了电缆。1984 年，英国电信和英国政府投资 2 500 万美元，资助该站建设新的设施和建筑，提高其截听能力。1992 年，英国电信将一条转接电话容量超 10 万次的新光纤电缆分接到曼威斯山站。

除“梯队系统”的任务[10]外，该基地还负责了多个代号神秘的项目，如1979年启动的斯尔克沃斯计划，涉及一种拦截超短波的地面信息系统；穆佩妮计划，主要拦截外国通信卫星（如以色列，俄罗斯）或多国组织的通信卫星（如阿拉伯卫星）在传输时发射的信号，同时还监视国际通信卫星系统。曼威斯山站控制着50多颗卫星和一系列雷达天线罩，用于收集通信情报卫星中转的信息。自1968年8月起，该类型的首批卫星（峡谷系列Canyon）在德国巴特艾布灵基地（Bad Aibling）发射升空。此后的“小屋”（Chalet）、“漩涡”（Vortex）、“水星”（Mercury）系列卫星则发射于曼威斯山。曼威斯山站后来得到扩建，将地面链路与1994—1995年发射的鲁特利（Rutley）系列卫星及后续发射的卫星进行了整合。1970—1980年，该站还接收“大鸟”间谍卫星[11]的信息。另外，曼威斯山站曾被指控腐败，并监听美国国内通信。

英国政府通信总部布德站位于英国康沃尔郡，又称综合信号组织站（Composite Signals Organisation Station），属英美共建，其基础设施和设备由美国提供资金，运行费用（包括工资）由政府通信总部负责。布德站负责监视大西洋地区、非洲、印度洋、中东和欧洲的其他部分地区，其天线指向国际通信卫星系统、全球通信卫星系统和国际海事卫星系统的卫星。布德站于1972年至1973年投入使用，距离贡希利远程通信站110公里。该站在国际通信卫星-IV推出不久后，成为“梯队系统”的第一个监听站。

松峡站（Pine Gap）于1970年投入使用，位于澳大利亚北领地爱丽斯泉的西南部，建在原住民的红土地上，它的成立依据是堪培拉与华盛顿在1966年达成的协议。该站成立后受澳大利亚国防信号局和美国中央情报局信号情报行动办公室管理，同时对美国国家侦察局（NRO）的管理层负责。国家侦察局成立于1961年，总部设在弗吉尼亚州的尚蒂伊，隶属于国防部。松峡站的美国员工大部分来自国家安全局或中央情报局。这个被当地称为“联合防御基地”的大型区域信号情报行动中心在冷战后期迅速发展。该中心控制着运行于地球同步轨道的第一代信号情报卫星。美国中情局在1967年至1985年研制的间谍卫星（流纹岩Rhyolite，水技表演Aquacade，大酒瓶Magnum，猎户座Orion）可用于收集各类信号，如：遥测、防空反导雷达信号、通信情报信号、甚高频无线电波、微波辐射、移动电话。该中心在1975年险遭裁撤：时任澳大利亚总理的高夫·惠特拉姆（Gough Whitlam）承诺关闭该中心，但最终因未能连任而作罢。当时有人怀疑这是一场由中情局策划的活动，为了破坏澳大利亚的稳定。根据该中心提供的情报，堪培拉得以在1975年发现印度尼西亚入侵东帝汶，并在4年后，发现中国军队在杨得志将军率领下对越作战。杨得志曾是中国人民志愿军司令员。松峡站控制着间谍卫星，其使命随着时代变迁而调整。如今，该站在无人机反恐战争中发挥着重要作用。

杰拉尔顿站[12]（Geraldton）位于澳大利亚西部的考杰里拿（Kojarena），负责拦截俄罗斯、中国、日本、印度和巴基斯坦区域卫星的通信，以及印度洋和亚洲的国际通信卫星（Intelsat）和通信卫星（Comsat）的通信。此外，该站据称还接手了香港赤柱炮台站（Fort Stanley）此前负责的遥测和截听行动，因为中国半个多世纪以来都是“五眼联盟”最高级别的监视对象。

事实上，澳大利亚和新西兰情报机构始终密切监视着中国和亚洲其他地区，特别是英国政府通信总部在1997年香港回归前撤除了设于香港的监听站，两国情报机构随之承担了更多责任。据记者罗热·法利戈（Roger Faligot）称，英国情报系统早在1947年就在香港部署了监听站：小西湾站（Little Sai Wan）雇用了澳大利亚技术人员；大帽山站（Tai Mo Shan）位于香港新界[13]；赤柱炮台卫星站位于舂坎角半岛，受皇家空军和澳大利亚国防信号局管理。撤除监听站后，英国仍确信其监视行动不会落空。它将精细的电子监听设备秘密安装在威尔士亲王营房——未来中国驻港部队的司令部。此外，英国驻香港总领事馆内也布置了监听设备。澳大利亚国防信号局则在澳大利亚驻香港领事馆组建了一个监听小组，直接与墨尔本附近的瓦特森尼亚（Watsonia）对接。[14]

怀霍派站（Waihopai）[15]位于新西兰，负责监视太平洋地区。该站于1991年投入使用，任务是拦截国际通信卫星组织商业通信卫星的地面信号。新西兰另一监听站——唐伊莫阿纳站（代号NZC-332）于1982年正式启用。加拿大武装力量的利特里姆站（Leitrim）位于安大略省渥太华附近。日本的三泽空军基地[16]可为国家安全局监视俄罗斯卫星和相关区域卫星。美国波多黎各的萨巴纳塞卡（Sabana Seca）属于“梯队系统”，是拦截卫星通信的站点。位于太平洋的关岛站则是美国空军情报局（AIA）负责的监听站点。

上述监听站当然不是孤立的。另外，虽然它们已被外界发现，但其监听规模常常难以衡量。20 世纪 90 年代，由于冷战结束和预算削减，国家安全局将其全球 42 个信号情报站进行裁减，关闭了 20 个站点，其中包括意大利的圣维托、德国的柏林和奥格斯堡、英国的奇克桑德兹、土耳其的锡诺普。部分业务也重新围绕区域信号情报行动中心展开。

十几个国家在美国全球战略联盟的框架下，或多或少参与了该情报体系。奥地利、丹麦、德国、意大利、希腊、土耳其、泰国、挪威以及美国传统盟友韩国或接受设立监听站，或装有“梯队系统”型号的卫星天线，或与美国情报部门密切合作。甚至在德国的柏林、法兰克福、斯图加特、威斯巴登、格里斯海姆和巴伐利亚州的巴特艾布灵也有美国国家安全局的情报设施。

国家安全局在阿曼湾有一个庞大的监听站网络。该网络在伊拉克和阿富汗的若干次战争中非常活跃，特别是阿曼阿比特（Abut）和马西拉岛（Masirah）的监听站，以及穆桑达姆飞地上两个正对着伊朗的监听站。锡卜附近有代号为 SNICK 的监听站。其他监听设施位于巴林的穆哈拉格机场、阿联酋的锡尔阿布努艾尔岛以及毛里求斯岛海域的迪戈加西亚。[17]但国家安全局在该地区的情报垄断地位逐渐受到威胁：阿曼、马尔代夫和马达加斯加引起了其他势力的觊觎。美国、中国和印度的情报机构争相在伊朗、阿富汗、巴基斯坦和也门的边界以及阿拉伯海的周边设立监听站。据军情在线（Intelligence Online）在2013年的报道，阿曼的哈德角附近有一个印度的监听站。据称，印度曾计划在马尔代夫、塞舌尔和毛里求斯部署监听站，而中国则寻求在阿拉伯海周边部署监听系统，并与巴基斯坦、伊朗、吉布提和肯尼亚建立关系。

国家安全局还与美军方合作，使用移动监听设备（飞机、特装舰艇）。事实上，并非所有的通信都经由无线电波传输，常见的还有地下电缆和海底电缆传输，且越来越多的通信采用了光纤技术，但它们也同样受到疯狂的拦截。通信电缆会被秘密加装探测器，而安装者往往是与私营或公共通信运营商合伙的潜水队。此外，由于电信运营商串通一气，海缆登陆站[18]可将通信转移至米德堡。

数十年来，国家安全局这一绝密的庞大机器常常在国外合作情报机构的协助下部署行动。根据"无界线人"计划（Boundless Informant）在2013年3月的一份内部文件，国家安全局的全球入侵行动科（Global Access Operations）在一个月内收集了970亿份互联网通信元数据以及近1 250亿份电话通信，后者是504信号情报活动代号（SIGAD）的成果。[19]信号情报活动代号是一种字母数字指示符，供"五眼联盟"用于识别不同的信号情报收集设施或设备（卫星、固定或移动监听站、间谍船、监视互联网电缆的站点等）。[20]据称自冷战以来已开发了数千个信号情报活动代号。

国家安全局工作人员的办公桌上有两部电话，其中一部连接到 STE[21]（安全终端设备）。该局还利用独立内联网系统——情报环（Intelink）与美国情报系统及其合作伙伴进行联系。另外，信号情报用户无论是否身处美国，均可访问国家安全局内网（NSANet）。位于冲突地区的旅营部队及海军陆战队通过卫星连接，可全天候访问 NSANet。此外，米德堡 OPS 1 大楼还配备了国际视频会议中心。国家安全局还制作信号情报相关的电视节目，并刊发本局的日报。美国每名情报人员都可以从自己的电脑上获取一份关于最新重要监听信息的提醒，能够查阅信号情报汇总，并可获得一份针对其个人需要的可观看视频指南。这张巨大的信息网在巨额预算的支持下，高效地运转着。

5
受保密禁令庇护的组织

组织结构

国家安全局依托马里兰州总部和区域情报设施开展秘密活动，其内容尽管存在谜团，但外界依据该局的组织结构轮廓，仍可了解一二。国家安全局在历史上有过多次重组，目前的组织结构对公众来说还是相当陌生的。[1]2013 年，美国记者马克·安宾德（Marc Ambinder）在互联网上公布了一个组织结构图，[2] 但是国家安全局认为此图仅仅“基于猜想”，[3] 拒绝认可。安宾德结合专栏作家[4] 关于国家安全局的研究成果，并分析该局的招聘公告、领英（LinkedIn）上的简介以及其他公开信息来源，描绘出国家安全局的组织结构图：五大行动管理部门，三大作战中心以及若干行政管理部门，如人力资源部、培训部、采购部。[5] 此外，还有一个联合指挥部门，即安全与反情报联合指挥部（Associate Directorate for Security and Counter Intelligence，ADS&CI），负责安全和反情报事务。根据安宾德的说法，每个部门由一名副主任监管，一名技术主管辅助，向执行主任报告，执行主任对副局长负责。该局还设有总监察长办公室（Office of the Inspector General，OIG）和总顾问办公室（Office of the General Council，OGC）。各部门由一个字母表示，下属科室则由该部门字母并加上一个数字表示。但目前外界并不完全清楚国家安全局的所有部门和单位。

五大行动管理部门包括：（1）外国事务部（Foreign Affairs Directorate，FAD），负责与外国情报和反情报机构的合作，特别是“五眼联盟”中的4个合作对象（英国、加拿大、澳大利亚、新西兰）。其下辖一个部门——出口控制政策办公室（Office of Export Control Policy），负责监督国家安全局的技术出口。

（2）信息保障部（Information Assurance Directorate，IAD），如前文所述，负责保障国家安全系统、远程通信系统和信息系统的可用性、完整性、真实性、保密性和不可否认性。

（3）研究部（Research Directorate，RD），负责研究破解密码和渗入未来电信基础设施的方法。

（4）技术部（Technical Directorate，TD），负责基础设施的开发。

（5）信号情报部（Signal Intelligence Directorate，SID），目前由特雷莎·西亚（Teresa Shea）执掌，管辖3个部门共6 000名雇员，负责开展高科技的通信拦截活动。一处（S1）负责处理国家安全局客户事务。二处（S2）负责分析工作，细分为多条专业情报生产线——南亚（S2A）、中国和韩国（S2B）、中东和亚洲其他地区（S2E）、俄罗斯（S2H）、各类威胁。[6] 三处（S3）负责与信号情报采集相关的超机密行动，如进攻性网络战。它包括特别数据源行动科（Special Source Operations，SSO或S35）、全球入侵行动科（Global Access Operations，GAO或S33），后者的一个子部门——过顶情报采集管理中心（Overhead Collection Management Center，OCMC）负责卫星通信拦截，并逐日列出监视目标的名单。国家安全局拥有4～5颗间谍卫星，位于赤道上空2.2万英里高的地球静止轨道上。

此外，S3还包括两个令人生畏的单位——“先进网络技术或入侵网络技术科”（Advanced or Access Network Technologies，ANT）和“获取特定情报行动办公室”（Office of Tailored Access Operations，TAO或S32）。前者开发了一整套进攻性的计算机技术，而后者则专攻进攻性网络战和敌方计算机渗透。获取特定情报行动办公室藏身于米德堡的远程作战中心（Remote Operations Center，ROC或S321），下设重要部门即接入技术行动分部（Access Technologies Operations Branch，S328）。该部门通过在未联网系统的物理层面（计算机、设备）和逻辑层面设置漏洞，实施“网外行动”。近15年来，该部门超过1 000名军人或文职黑客能够通过远程操作，秘密进入数百个外国政府机构和数十个恐怖组织的系统。[7]TAO的安全措施非常严格，其入口设有生物信息识别装置，其工作仅有少数几位拥有高级授权的人员了解。办公氛围极具特色，堪比一年一度的戒备状态（DEFCON）黑客大会[8]。黑客和极客往往着装休闲，热衷于搜索、了解和分享新奇的事务，其高超的技术专长可为网络与电信分析师提供强有力的支持，非常适合网络管理工作，但当TAO将他们纳入麾下后，很快就发现他们同时也可以是网络进攻方面的优秀战士。一名黑客被问及工作时承认，自己正从事一份超乎寻常的工作。据他介绍，管理者尽一切努力保护黑客不受官僚主义的干扰，为他们在法律和道德层面存在争议的行动创造便利条件。黑客在侵入本·拉登等关键人物的电脑或为动力操作（Kinetic Operations）提供支持时，会获得成就感。因此，TAO麾下的黑客很有工作积极性，少有离职的想法，除非私营部门向他们承诺了更高的薪酬和更好的机动性。[9] 黑客往往受到这些部门的青睐，尤其是程序员编写的“漏洞利用”（Exploit）[10]是非常具有商业价值的。

三大作战中心包括：（1）国家安全作战中心（National Security Operations Center，NSOC），前身为国家信号行动中心，成立于1972年，1996年更改为现名，负责加密机的研发，提供相关支持服务，保护国家免受网络攻击。该中心位于OPS 1大楼，下设一个战情中心，其屏幕显示着来自全球各站点的告警信息。

目标技术趋势中心（Target Technology Trends Center，T3C），负责与无线项目组合管理办公室（Wireless Portfolio Management Office）合作。后者属高级涉密单位，负责设计和部署国家安全局无线通信行动的相关战略。两个部门联手监视着数百家跨国公司和集团，目的是发现移动网络技术中的漏洞。如“极光黄金”项目。该项目有两个目标：一是进行监视，确保国家安全局与移动网络运营商的技术保持同步；二是削弱移动网络运营商制定的新标准，方便以后的间谍活动。2012 年，全球 985 个移动电话网络中被突破的有 701 个。[11]

（2）国家安全局/中央安全局国家威胁作战中心（NSA-CSS National Threat Operations Center，NTOC 或 S2T3），是主要的网络安全告警中心，其任务是发现美国及其盟国在网络领域面临的威胁。[12]

国家安全局/中央安全局商业解决方案中心（NSA-CSS Commercial Solutions Center），负责与企业建立联系，利用商业技术，开展可对外共享的密码学研究。

特种支持行动部门（Special Support Activity），为分布于世界各地的军事指挥官和联邦政府官员提供协助。美外交人员非常重视“密码服务群”（Cryptologic Service Groups，CSG）的截听行动。根据该单位提供的情报，外交人员可以提前了解对手，在谈判中游刃有余。密码服务群设于坦帕市的麦克迪尔空军基地和华盛顿的国务院。[13]

（3）米德作战中心（Meade Operations Center，MOC），拥有数百名军事语言专家和信号情报分析师，可全天候为部署于世界各地的美军提供情报报告。[14]该中心自国家安全局增强其战术支持以来，特别是在阿富汗战争期间，也扮演了重要的角色。部门成员往往会现身于冲突地区，开展空中侦察和通信情报活动。他们主要监视步话机和手机的频率，重点区域是近东、中东以及朝鲜。

国家安全局另一个重要部门是特殊情报搜集部（Special Collection Service，SCS）。该部门总部位于马里兰州米德堡南部的贝尔茨维尔，属于联合特种单位，既具有中央情报局的隐秘能力，又有国家安全局的技术能力，指挥着位于国外的特殊情报监听站点。这些监听站点一般设于美国驻外使领馆。特殊情报搜集部的专家享有外交豁免权，在特殊的空间内（即敏感信息隔离设施区域，Sensitive Compartmented Information Facility）开展间谍活动。该部门还与工业部门合作，共同开发高精尖、微型化的监听设备。此外，该部门在总部中心区域重建目标城市的电子环境，用于测试最适用的秘密侦查设备。监听和监视设备正是在这里被隐藏到日常用品中，运用至国外的秘密行动中。特殊情报搜集部的工作团队在80个国家开展活动，其中19个是欧洲国家。[15]他们善于对载体和存储器实施物理攻击，会在建筑物和物品上动手脚，在城市或荒野等任何地方布置伪装设备，通过微波天线将情报信号传递给地球轨道同步信号情报卫星，由卫星中转给国家安全局。事实上，由于光纤技术和密码技术的发展，信号拦截已越来越困难，倘若没有特殊情报搜集部的现场介入，国家安全局的某些任务将受到影响。

多年来，特殊情报搜集部始终不屈从于任何讹诈或腐败行为，孜孜不倦地加强着秘密技术，致力于提高实地或远程攻击计算机存储器的能力。

巨额预算

国家安全局/中央安全局的编制人数和预算属涉密信息，直到 2013 年，关于该局的预算规模，外界也仅能凭几点信息有个大概的了解。据 1994 年一位国会议员无意透露的信息显示，情报预算将达 434 亿美元（2012 年的数字），其中，中央情报局仅获 48 亿美元，最大受益者是国家侦察局和国家安全局。[16] 1997 年，国家安全局的预算据称是 36 亿美元，且预计将在 21 世纪最初 10 年翻一番。从 2007 年起，政府开始公布情报预算的整体数据，但并无详细信息。2010 年，国家安全局的预算估计为 150 亿美元，国家情报计划（NIP）则获得近 540 亿美元，军事情报计划（MIP）为 270 亿美元。2013 年，《华盛顿邮报》公布了美国情报系统于 2012 年 2 月向国会提交的预算草案。[17] 这份文件由斯诺登提供，鉴于其高度的敏感性，《华盛顿邮报》自审后只公开了其中一部分。情报总监詹姆斯·克拉珀指出，资源在减少，但威胁却日益复杂。他对情报机构的开支水平和工作成果进行总结，提出情报工作的未来目标、优先事项和能力需求，并明确可用的资源和方法。2013 年度，情报机构的预算总额削减为 526 亿美元，但几乎是 2001 年度预算（估计数值）的两倍，比 2006 年度高出 25%。2013 年，国家安全局的预算为

105 亿美元，低于中央情报局（147 亿美元），情况逆转。詹姆斯・克拉珀承认，政府努力维持情报系统惯有的预算，强调它仅占美国国内生产总值的不到 1%，并指出应该加大对信号情报工作的投入。

2014 年，国家情报计划预算下降为 505 亿美元，2015 年下降为 503 亿美元。军事情报计划预算略有削减，从 174 亿下降为 165 亿美元。2016 年度，詹姆斯・克拉珀以国家情报计划的名义，提交了 539 亿美元的预算申请，而国防部则为军事情报计划申报了 179 亿美元的预算。[18]

2014 年 4 月，中央情报局和其他情报机构的预算减少了约 44 亿美元，而五角大楼却为网络行动募集到 47 亿美元，比 2013 年增加了 10 亿美元。因此，尽管受到了限制，国家安全局仍获得了追加预算，局长基思・亚历山大（Keith Alexander）凭此组建了 13 支网络攻击小组，并向遭遇危机的网络防御分包商注资数百万美元。此外，军工企业在伊拉克战争和阿富汗战争中大为受益，网络产品和服务的供应为它们带来了机遇。美国此项开销每年约为 300 亿美元。

国家安全局的一大财政负担是应急发电机和冷却液等与能源供应相关的巨额开支。2007 年，该局的电费大幅增加，约为 6 000万美元，犹他州建筑群的电力消耗达 65 兆瓦。此类指标体现了部门业务的活跃度，但外界所知的实际上仅占一小部分。在“情报之城”、美国乃至世界各地工作的数千名雇员，无论冬夏，其生活起居能耗在总能耗中的占比微不足道。

人力资源

提交国会的2013年预算草案还透露出另外的信息：美国情报系统编制人数应是107 035人。国家安全局拥有雇员约21 000人，包括军人和文职人员；“统一密码计划”框架下有35 000人，包括来自国家安全局以及海军、陆军、空军和海军陆战队麾下密码部门的密码专家。[19]根据历史学家马修·艾德（Matthew Aid）的说法，国家安全局雇员超过3万人，其中一半为军人。[20]国家安全局局长应该还间接控制着中央情报局25 000名军人和信号情报员的活动，他们是被派往美国或国外监听站开展信号情报工作的人员。例如，有2 000人驻扎在英格兰的曼威斯山站，中小型情报采集单位部署于阿富汗和世界其他各地，驻盟国代表称为美国特别联络官（Special US Liaison Officer，SUSLO）[21]。因此，估算国家安全局实际雇员人数并非易事。2012年，国家安全局副局长约翰·C. 英格利斯（John C. Inglis）开玩笑说：“国家安全局的雇员总数在37 000人至10亿人之间！”情报系统的数据向来不为人知，自称“无可奉告局”的国家安全局更是如此。此外，不同来源给出的信息有时会不一致。但可以肯定的是，国家安全局的人员编制自成立以来就随着时事变迁而有所波动，大规模的变动历史上有两次。

1952年，国家安全局拥有近7 760名直属雇员以及各军兵种密码部门33 000多名员工。1960年，超过72 000名军人和文职人员为该局效劳。1961年，减为59 000人。1969年，大幅增加到 90 000 余人，其中米德堡有近 20 000 人。1970 年，达 89 000 人，此时正值冷战时期，越战正当时。1975 年，美国在越南战争中失败，国家安全局受到限制，人员减半（1979 年约为41 000 人）。20 世纪 80 年代，人员稍有增加，达 50 000 人。1989—1990 年，扩编到近 75 000 人，其中在总部工作的有 25 000 人。随着冷战的结束，人员大幅下降，20 世纪 90 年代中期，只有近 38 000 名员工。“9 · 11” 事件后，预算随之增加，局长海登陆续招募了 3 000 多人。[22]特工猎头在院校寻找人才。2012 年，国家安全局共有雇员 35 000 人，2013 年达到 40 000 人。[23]2013 年 10 月，局长基思 · 亚历山大将军在出席众议院听证会时提到，国家安全局部署了 6 000 人，用于支持在伊拉克和阿富汗的行动以及反恐行动，[24]其中包括 1 013 名数学专家、970 名博士生、4 374名电脑工程师以及覆盖 120 种语言的众多语言学专家。[25]亚历山大还强调，在越南牺牲的第一人是国家安全局的成员。从 1952 年至 “9 · 11” 事件，共有 170 名雇员遇害；“9 · 11” 事件以来，受害者又多了 22 名。

国家安全局诚心诚意向其效劳者致敬，但支付酬劳时却没那么慷慨。根据工资对比网站（Glasdoor）上发布的薪资表，并以国家安全局研究主任迈克尔 · 韦特海默（Michael Wertheimer）在 2012 年的言论为佐证，数学专家的薪酬介于 48 000 至 52 000 美元之间，计算机专家的薪酬在 79 000 至 95 000 美元之间。他们如果就职于私营部门的同等岗位，可以获得 10 倍以上的收入。[26]国家安全局像其他任何企业一样，也是在媒体和官网上发布招聘广告。此外，该局还会在校园里挑选“准天才”，杜鲁门总统曾说过一句玩笑话，这些准天才“只有军人才能注意到”。

虽然国家安全局隶属于国防部，但其工作人员却由文职人员和军事人员组成，内部关系时常因此变得紧张。局长肯尼斯·米尼汉在其任期内（1999 年 2 月至 1996 年 3 月）通过促进信号情报部门和通信安全部门间的融合，试图以此消除军事人员与文职人员之间的文化隔阂。计算机安全专家已逐渐习惯与谍报人员和密码分析师并肩作战。

另外，国家安全局正在逐渐消除歧视政策。该局在官网上向米妮·麦克尼尔·肯尼（Minnie McNeal Kenny）致敬。[27]肯尼女士是非裔美国人，出生于费城，1951 年加入武装部队安全局。她起初任通信事务员，经培训后成为语言学专家，参与 ALLO（All Other or Non-Soviet，所有其他或非苏联）事务处理。她曾任行政主管助理，后任平等就业机会办公室主任，于 1993 年在该职位上结束了在国家安全局的职业生涯。肯尼是出色的密码分析师，曾领导内部智库一个语言小组，此智库非常关注密码分析的发展趋势。肯尼还曾是国家密码术学校副校长，与当地高校、美国军事院校和一些外国教育机构建立了合作关系。此外，她还被选为国防部驻国会“科学与技术：妇女、少数族裔和残疾人”委员会的代表，因卓越的领导能力在 2000 年荣获“红色康乃馨奖”（Red Carnation Award）。然而，当时大多数黑人雇员在国家安全局内部常常被歧视。尽管有漂亮的专业背景与人道主义经历，肯尼仍不得不在地下室工作，且遭受到其他歧视。

尽管当时女性普遍受到不公正对待，但除肯尼外，也有其他女性懂得如何为自己争取一席之地。1980 年，安 · Z. 卡拉克里斯蒂（Ann Z. Caracristi）成为国家安全局第一位女性副局长，任期至 1982 年。卡拉克里斯蒂于 1921 年出生在纽约州，曾在联邦行政学院学习。1942 年，她成为陆军信号情报处的密码分析师，负责整理日本电文。二战末期，她加入了国家安全局。1975 年，卡拉克里斯蒂因杰出的专业和职业水平，晋升至 GS-18 级[28]，成为该级别的首位女性官员。同一年，她接管负责苏联业务的小组，任该职至 1980 年。她极大地影响了国家安全局后续几代雇员，于 2012 年入选该局的“荣誉殿堂”。

虽然数量稀少，但仍有部分女性展现了极强的个人魅力，身居领导岗位。芭芭拉 · 麦克纳马拉于 20 世纪 40 年代初出生在马萨诸塞州，1963 年获法语学位，后以汉学家身份加入国家安全局。她曾在多个数据分析部门工作，是国家安全局驻五角大楼的代表。1997—2000 年，麦克纳马拉任副局长。后来，她出任国家安全局驻伦敦高级联络官，任该职至 2003 年退休。2000 年，麦克纳马拉荣获美国情报界最高奖[29]，但她属于保守派。

早期的国家安全局[30]，工作多年的文职人员形成了某些惯例。他们自行选聘家属。另外，在短期岗位上任职的军人常常发现职位与能力不相符。国家安全局需要重组，实现现代化。技术人员无法对收集到的所有信息进行处理，人才流失严重。专业人才在职业生涯中期离开国家安全局，投身薪酬更高的私营部门。但芭芭拉 · 麦克纳马拉却始终声称国家安全局运行良好，且支持该局的文职官员，包括在国会前意见也是如此。

如今，从2010年秋季开始执掌国家安全局信号情报部的女性高官特雷莎·西亚是否会成为下一任副局长呢？2014年8月，媒体《拦截者》（*The Intercept*）对西亚提出了严重质疑，将其卷入一场利益之争。这位50多岁的女性在此次事件中声誉受损，其职业能力和奉献精神受到质疑。该媒体强烈怀疑西亚及其丈夫詹姆斯谋取非法利益。詹姆斯是DRS信号解决方案公司（DRS Signal Solution）的副总裁，而DRS是一家为国防工业提供信号情报服务的公司，据称与国家安全局有合同往来。此外，这对夫妇拥有私人飞机，名下还有两家咨询公司。[31]特雷莎·西亚在1999年注册了奥普内特（Oplnet）公司，一家采购、销售和租赁电子设备及相关服务的公司。詹姆斯则在2007年成立了泰里克网络（TelicNetworks）公司，主营业务正是信号情报。面对《信息自由法案》的要求，国家安全局援引1959年《国家安全局法案》关于避免泄露部门工作与雇员信息的规定，拒绝公开财务信息。[32]

特雷莎·西亚于1984年加入国家安全局，持有电子工程学学位，曾在凯洛格商学院学习情报，在锡拉丘兹大学进修国家安全研究课程。西亚技术开发能力突出，曾任多个管理职位，如项目主管、计划负责人、技术主管等。她还曾任国家安全局驻伦敦联络官，后成为信号情报部负责人。[33]自2012年5月始，马克·W. 佩兰（Mark W. Perrin）少将成为特雷莎·西亚的副手。佩兰是科班出身的电子工程师，于1984年加入国家安全局，曾在驻伊拉克部队中服役，后成为获取特定情报行动办公室反间谍小组的负责人，在此期间表现出卓越的工作效率。[34]

我们可以想象，国家安全局的各个部门，如技术部门和研发部门都有杰出的人才，但由于部门的噤声法则，其中大多数始终不为外界所知。

坚定不移的保密信念

由于保密禁令，官方直到1957年才承认确有国家安全局的存在，但早在1953年已有各种传言。成立早期，国家安全局安安静静地从事着间谍活动，外界一无所知，仅有少数几个高官了解该局的工作。1960年，为该局工作的两名数学家叛逃到莫斯科。国家安全局大为震惊，招聘政策随之收紧。它继续藏在暗处，远离电子和计算机工程界组织的所有专业相关庆祝活动，新闻媒体当然也是其回避的对象，公众对其更是毫不知情。

1996年10月29日，作战团队备感欣慰，他们终于从陈旧狭窄的OPS 1大楼搬出。时任国家安全局局长的肯尼斯·米尼汉为“托德拉大楼”（Tordella）举行了揭牌仪式。经过周密的转移，150台电脑和相关工作人员入驻了“托德拉大楼”。国家安全局的电子中枢与存储器终于获得了与其勃勃野心相称的空间。[35]这是国家安全局首次以大楼命名的形式向一位雇员致敬。路易·托德拉（Louis Tordella），于1958年至1974年任副局长，他让死气沉沉的国家安全局蜕变为强大而隐秘的情报机构。托德拉十分推崇信息化，注重发展与美国工业界的合作。托德拉出生于印第安纳州，是一位杰出的数学家，二战期间曾在海军部队服役。战争结束后，他加入了海军密码部门 OP-20-G 科，并于 1949 年加入了武装部队安全局。托德拉后来成为国家安全局的副局长，搭班过多位局长，始终配合默契。戈登·布莱克局长认为他值得信任，委托他负责最秘密的行动。

多年的时间里，这个秘密机构恪守着噤声令，长期否认自身的存在。任何关于国家安全局的问题，回答一律是“No such agency”（查无此局）。记者詹姆斯·班福德在 1982 年出版的著作《迷宫》（*The Puzzle Palace*）[36]中描述，国家安全局走廊的墙上贴满了各种各样的信息，比如“你是一个安全目标”或“注意，涉密信息”。某些标语甚至代表自寻死路，“你不必走极端，只要噤口不言”。[37]此外，还有警告员工远离媒体的标语。

这些严厉的保密措施甚至影响了员工私人生活。国家安全局雇员的姓名、职衔和照片不可流出单位。他们生病时只能由“情报之城”内部的牙医和外科医生诊疗，以避免在麻醉期间透露信息。该局还鼓励员工内部联姻，避免与外界的接触。最后，任何入职信号情报单位或与之相关的人员都必须遵守信号情报国际规范（IRSIG）[38]，做到绝对保密。备选人在加入国家安全局之前，必须接受漫长的调查，并通过测谎仪的筛选测试。先进的胸卡识别系统控制着办公场所的入口，胸卡的颜色代表不同的权限[39]。胸卡外观普通，不带标识，捡到时只能通过背面的邮箱地址寄还失主。国家安全局从华盛顿迁往米德堡时开始使用这一系统，代码色板包含了 30 多个类别，并可根据需要补充信息。[40]该系统还用于标明访问的所有服务或项目类别。

所有的代码都详述于一份机密文件中。该文件规定了授予权限的条件、保密程序和机密性程序。所有在国家安全局或为国家安全局工作的人员，从一开始就必须接受保密教育，他只会被告知“需要知道”的信息。

所有文件都会按密级进行分类，依次为秘密（蓝色镶边）、机密（红色镶边）、绝密（橙色镶边）和非密（绿色镶边）。由于共有140万人拥有绝密授权，所以最敏感的信息必须添加特别标记。敏感信息的来源和获取方法受敏感信息隔离系统[41]保护。敏感隔离信息共有100~300多个类别和子类别，分属于20多个控制系统。例如，ComInt（通信情报）或SI（特别情报）指代来自信号情报的信息[42]，TK（Talent-Keyhole，天才锁眼）指代来自卫星的信息，Umbra（暗影）指代来源敏感度最高的信息。Umbra代码在1968年至1999年使用，据说目前仍然有效，用于保护境外最受争议的监听行动。

此外，高度敏感的文档还受到增强型保密和访问控制程序——“特殊访问权限程序”的保护。安全审查系统——“忠诚调查程序”则用于确定人员的身份。这些程序逐一审核，根据具体情况授予“需要知道”的人员相关权限。只有获得授权的人员才能访问敏感或机密的项目以及相关涉密信息。[43]一般而言，每个访问程序都有一个神秘的名称。这个名称原则上是自动生成的，并出现在标注着“需要特殊访问权限”的文档上。

传播码是添加到文档的最后一项元素。传播码随着环境和项目的变迁而有所改变。某些仍在使用，而某些已被自然淘汰。目前最为人知的是 Eyes Only（仅限于国家安全局），Fvey（仅限于国家安全局4个最密切的盟友：英国、加拿大、澳大利亚、新西兰），Noforn（不可传播给任何外国人），Rel to（仅限于指定的国家或个人），Nocontract（不可传播给服务商），Orcon（由作者为文件样册编号，并控制传播范围），等等。因此，所有文件都必须标注密级，并加上敏感隔离信息控制系统或特殊访问权限程序以及传播限制的代码。[44]

代码名称属于敏感信息。例如，Dinar（迪纳尔）代码曾因不慎泄露，最终耗费近25万美元进行更换。1965年3月28日，《纽约时报》（*New York Times*）记者马克斯·弗兰克尔（Max Frankel）发表了一篇关于约翰逊总统国家安全事务助理麦乔治·邦迪（McGeorge Bundy）的报道。这篇报道附了一张邦迪和约翰逊总统在白宫前的照片。照片中的邦迪，左手边夹着盖有“Top Secret Dinar”（最机密迪纳尔）的文件。时任中情局副局长、未来的国家安全局局长卡特中将发现后非常愤怒，立即下令修改代码。最终重做了数千枚印章，并邮递给所有监听站，更换了Dinar代码。

数千名愿为国家安全局工作的美籍或外籍军人和文职人员，首要职责之一就是尊重保密文化，遵守与此相关的规范和程序。在前线工作时，只有杰出的雇员才能应对外界对于透明度的要求，严守保密要求。国家安全局的工作成效确实依赖于活动的秘密性。2013年以来的曝光无异于一场大地震，其持续的余震使国家安全局的领导层陷入无休止的解释和辩白之中。他们不得不时刻提高自己编织谎言的能力。

6
背　叛

国家安全局入侵式的违宪行为由来已久，且随着技术的进步而发展。尽管它坚持采用先进的保密手段，但仍避免不了秘密信息的泄露。很早以前就有人试图引起公众的警觉。

隐秘状态的结束

1960年，两位在国家安全局研究和发展办公室工作了3年的杰出数学家、密码学家——威廉·马丁（William Martin）和伯尔尼·F. 米切尔（Bernon F. Mitchell）向上级提出申请，希望前往西海岸探亲。而实际上，他们逃到了莫斯科，并在那里宣布了叛变的理由。两位叛变者供出了美国国家安全局组织和运行的相关信息，并提到了它对付苏联、中国及其盟国的手段。[1] 美国情报界、国会和民众惊讶不已，他们还是第一次听到关于国家安全局的言论。美国当局大为震惊，艾森豪威尔总统下令调查此事。国家安全局的招聘流程也随之变得更加严格，如候选人需通过测谎仪的筛选。

1972 年 8 月，激进杂志《壁垒》（*Ramparts*）刊登了对国家安全局前分析师佩里・费尔沃克（Perry Fellwock）的采访。[2] 这名年轻雇员曾在伊斯坦布尔的一个监听站负责窃听无线电通信，是美苏持续冲突和六日战争的见证者。他还是"印度支那半岛"问题的高级分析师，是美国空军在越南、老挝和中国的军事顾问和情报行动负责人。费尔沃克曾于印度支那半岛执行过一百余次机载无线电测向[3] 任务。由于对工作内容感到厌恶，他在该采访中揭露了美国的攻击性态度。他提到了《英美协议》联盟，透露了米德堡一座建筑物的真正用途。该大楼内部称为"饼干厂"（Cookie Factory），15 000 人在此工作，他们没有类似于中央情报局"特工"的身份，主要负责破译各国的军事、外交和商业密码，分析破译信息，并将分析结果发送给情报系统的其他部门。费尔沃克曝光了国家安全局米德堡总部的存在，指出美国的有用情报 80% 来自米德堡。此外，国家安全局的目标并非仅限于越南和其他社会主义国家，法国、美国的合作伙伴国甚至盟国的通信都在其监听范围之内。对国家安全局失去幻想的费尔沃克被视为第一位"吹哨人"（即告密者），他离开了国家安全局，并拒绝了任何与过去经历相关的择业建议，转而与空军前情报官员、和平主义活动家蒂姆・布茨（Tim Butz）组建"情报界行动与研究委员会”[4]。该委员会由越战老兵主持，任务是监视并揭露美国情报机构的阴暗一面。此外，其还强调自身是严肃媒体，出版发行季刊《反间谍》（*Counter-Spy*）。[5]

3 年后的 1975 年 8 月 8 日，国家安全局局长艾伦中将向众议院派克委员会[6]承认，国家安全局的确在拦截国际通信及有线通话等电话信息。[7]该委员会当时正在调查中央情报局，一个通信情报站拦截了来往华盛顿的外交信息。

英国调查记者邓肯·坎贝尔（Duncan Campbell）长期致力于揭露政府通信总部的秘密。1976 年，坎贝尔与温斯洛·派克（佩里·费尔沃克的化名）进行了交谈。随后，他与美国同行马克·胡森堡（Mark Hosenball）共同撰写了一篇文章，于 1976 年 6 月发表在《超时》（*Time Out*）杂志上，详细描述了英国政府通信总部。[8]尽管遭遇一些法律问题，但邓肯·坎贝尔仍继续调查实施窃听的政府机构。[9]

1982 年，美国记者詹姆斯·班福德出版《迷宫》一书，有理有据地介绍了国家安全局的历史、运作和各种行动[10]，读者得以一览该局的神秘面孔。20 世纪 70 年代早期，即越战期间，年轻的班福德被派往位于夏威夷的太平洋舰队司令部，以预备役的身份在国家安全局下辖的一个部门工作。每天早上，他都可以看到许多信息，这些信息来自冲突地区，在前一天晚上抵达，其中大部分属绝密级别。回到美国后，他考入了一所法学院。为了应付学业开支，他加入海军预备队，每年仅需在岗两周。1974 年 10 月，他向学校提出申请，希望放假期间能前往波多黎各工作，以履行军事义务。得益于在夏威夷的工作经历，他被派往波多黎各的萨巴纳塞卡。萨巴纳塞卡是美国国家安全局的监听站点之一，监听范围覆盖古巴、加勒比海、美洲中部和南部。该站配备了大型“象栏”[11]天线网，可拦截通信并追踪其源头。班福德凭着简单的西班牙语，结识了一名监听操作员。后者让他试听耳机。毫无意外，他从耳机里听到了英语对话。回到波士顿后，他在萨福克郡地区检察官办公室工作。他在这里注意到一个案例，内容涉及窃听与其授权的合法性问题。他想到了萨巴纳塞卡，开始反思监听美国公民通话的合法性。几周后，一名《纽约时报》的记者曝光了“混沌行动”。该项目是联邦调查局、中央情报局和其他情报机构计划实施的一次情报行动，目标是反对越南战争的美国公民。1975 年夏天，班福德阅读到丘奇委员会的报告，该委员会是在“水门事件”曝光后成立的，负责对情报系统展开调查。报告中，国家安全局在回应委员会调查时声称已停止了这种针对国内通信的监听行为。阅读后，班福德感到震惊，他犹豫是否该采取行动。他是预备役军官，通过了国家安全局的忠诚调查程序，持有相应的授权。最终，他于 7 月 1 日联系了丘奇委员会，并同意出席秘密庭审会进行作证，丘奇委员会对萨巴纳塞卡监听站的突击检查揭穿了国家安全局的谎言，并确认了此局的秘密活动。这几个月的时间里，班福德着手撰写一本关于国家安全局的书。他开始投入研究，并于 1979 年联系了霍顿 · 米夫林出版公司（Houghton Mifflin），商议后将书名定为“迷宫”。国家安全局起初并不太关注这个不重要的人物。班福德甚至可以在接待大厅喝咖啡，那里常有等着拿准入胸卡的中情局和外国情报机构员工，这时班福德就可以听到他们的谈话，内容涉及情报行动、新设的监听站、合作协议等。此外，他记录了停放在入口处几辆汽车的车牌号码，并通过查阅机动车辆登记簿，编制了国家安全局官员和盟国（英国、加拿大、澳大利亚、新西兰）联络官的名册。经过几次司法对战后，国家安全局被迫允许班福德查阅6 000页内部文件，但却事先故意把所有纸张弄乱！时任局长的鲍比·雷·英曼指责班福德通过要挟手段获取文件和采访记录，但他并不认为班福德有其他特殊的信息渠道。确实如此，班福德经常出入弗吉尼亚军事学院的研究图书馆，该馆收藏了国家安全局和美国密码学的先驱者——威廉·弗里德曼在离开国家安全局时留下的文件。这些文件虽然定级为非密，但在弗里德曼去世后应国家安全局的要求存放在保险箱内。班福德说服了档案保管员准许他查阅这些文件。他发现了国家安全局对秘密的执迷，例如，弗里德曼秘密出访瑞士，说服一家瑞士公司采购存在后门程序的加密系统。他还看到了国家安全局前局长马歇尔·卡特中将存放在图书馆的多封与英国的往来书信，内容涉及监听站和合作协议。班福德还说服了卡特中将接受采访，并于1981年完成了书稿。时任局长林肯·福勒得知此事后非常愤怒，要求卡特不再接受采访，不再传播任何相关信息。[12]班福德后来又撰写了两本相关著作[13]，并更加深入地继续着调查活动。

1984年5月27日，软件设计师玛格丽特·纽沙姆（Margareth Newsham）被军火公司——洛克希德导弹与空间公司（Lockheed

Space and Missile Corporation）解雇，理由可能是与上司在程序开发上意见不合。[14]4 年后，纽沙姆向媒体公开了察觉到的若干可疑事件，其中包括 P- 415 项目的开发。外界首次听说该项目，它是一个国际远程通信监听网络项目，主要依靠各地面站——一个设于英国康沃尔郡的布德，一个设于德国的巴特艾布灵，两个位于中国新疆维吾尔自治区，用于监听苏联通信。此外，还提及了两个位于“澳大拉西亚”的站点。美国《克里夫兰老实人报》的两名记者基思·C. 爱泼斯坦（Keith C. Epstein）和约翰·S. 朗（John S. Long）转述玛格丽特·纽沙姆的证词，透露共和党参议员斯特罗姆·瑟蒙德（Strom Thurmond）受到了窃听，主谋很可能就是国家安全局。国会就此展开调查，但纽沙姆经常受到威胁，生活陷入恐惧之中，不得不搬离原住所。1984 年 8 月 12 日，邓肯·坎贝尔在《新政治家》（*New Statesman*）[15]中发表了一篇令舆论哗然的文章。他将 P- 415 项目与“梯队”全球监视系统联系了起来。后者据称已是国会调查委员会的秘密目标。[16]

1991 年，另一起泄密事件发生，平台是电视节目《世界在行动》。英国政治通信总部的一名前特工匿名揭露政治通信总部滥用权力，指出该机构在伦敦帕尔默大街的一栋大楼内系统性地拦截进出或途经伦敦的电传电报，并在功能强大的计算机上，利用代号“词典”的程序处理这些信息。这项行动由经过严格挑选的英国电信员工执行。

迈克尔·海登于 1999 年被任命为国家安全局局长。不久，海登发起“百日大变”计划，希望能秘密地对国家安全局进行大规模重组，然而事与愿违。同年 12 月 6 日，调查记者西摩·赫什（Seymour Hersh）发文谴责国家安全局的工作成效不佳。[17] 同时，大部分员工对部门预算遭到削减以及技术和密码学上的落后表示遗憾。

指控得到证实

2009 年 1 月底，国家安全局前分析师罗素·泰斯（Russell Tice）[18]向微软全国广播公司（MSNBC）电视频道证实，国家安全局在无许可令的情况下监视布什政府领导下的美国公民[19]，更恶劣的是，该局还将拦截到的数据与电子银行交易记录或信用卡付款记录联系起来。任何美国公民或外国公民都有可能在毫不知情或不明原因的情况下进入黑名单。《连线》杂志记者基姆·泽特（Kim Zetter）认为有必要了解的问题是：该机构是自行从通信基础设施获取记录信息，还是金融机构效仿电信运营商美国电话电报公司（AT&T）和 Verizon 公司冒着承担法律责任的风险，大规模向国家安全局提供记录信息。[20] 2006 年，泰斯在接受泽特采访时称，电信运营商以及银行和信贷机构很愿意合作，国会应该传召它们，让它们供出真相，因为政府一方总是躲在行政特权的庇护之下。当时的《纽约时报》就曾透露，国家安全局能够通过环球同业银行金融电信协会[21]国际数据库查阅电子银行交易记录，可以收集进出美国的转账数据。国家安全局还与美国金融机构达成协议，后者可在未见到许可令的情况下，向前者提供大量的国内交易数据。此外，泰斯还向泽特谈到，AT&T 公司在密苏里州布里奇顿市有一个秘密房间，疑似是数据挖掘操作中心。不久，曾在 AT&T 公司旧金山站工作的技术人员马克·克莱恩（Mark Klein）证实了泰斯的说法。这些活动是在美国境内实施的，违反了相关法律和国家安全局内部的规定，因而必须始终保密。同时，这些活动所属的项目需要超高的授权标准，因此知道内情的员工人数也极为有限。国家安全局的领导层清楚其活动的非法性，所以非常担心 2004 年总统选举的结果。倘若民主党候选人约翰·克里（John Kerry）获胜，那么他们肯定会锒铛入狱，因为其行为已违反了宪法第四修正案和国家安全局的指导条令，即《美国通信情报条令》第 18 条关于不准监视美国公民的规定。所有国家安全局的工作人员都熟知这一规定。泰斯认为，美国公民的反应就如“温水煮青蛙”，轻视了事实。他提醒泽特，亚里士多德曾说过“民主的最大危险不是起义而是麻木”，但他没有提供更多细节，因为他觉得自己已经受到联邦调查局的监听，律师也建议他在高度敏感的问题上避而不谈。此外，泰斯还曾向《纽约时报》提供信息，后者曾于 2005 年发文谴责窃听国内通信的行为。

2001 年，为国家安全局效劳了 30 年之久的数学家威廉·宾尼（William Binney）在“9·11”事件发生不久后辞职。他见证了国家安全局发展成为“奥威尔式”王国的过程。辞职之后，他便成为这一情报机构的反对者。宾尼曾是负责世界军事和地缘政治分析报告的技术总监，他反对强化在美国境内的监听活动。

宾尼是詹姆斯·班福德的重要信息来源，尤其是关于犹他州建筑群的信息。2012 年，宾尼在接受电视节目《即刻民主》[22]的采访时称，监视行为在奥巴马任期内变本加厉，国家安全局收集了近 20 万亿条美国公民的交易信息，甚至包括《即刻民主》撰稿人的信息。纪录片导演劳拉·波伊特拉斯和维基解密志愿者、计算机安全研究员雅各·阿贝尔鲍姆（Jacob Appelbaum）显然是重点监控对象，他们时常受到追踪。国家安全局通过分析海量数据绘制出私人关系网后将进行哪些操作？目前仍不得而知。

“国家安全局没有监视美国公民”

尽管受到一定冲击，但国家安全局历任局长在应对上述各种泄露事件时仍然较为冷静。2008 年，国家情报总监迈克·麦康奈尔声明，国家安全局没有监视美国公民。2013 年 5 月，国家安全局局长基思·亚历山大在华盛顿召开的一次会议上明确表示：“最讽刺的是，我们是唯一不会监视美国人民的人。”[23]谎话连篇已经成为国家安全局高级军官的第二天性，他们试图用谎言来填补保密上的漏洞。《英美协议》框架下的伙伴机构行事方式亦是如此，也同样引起了反抗。

曾为或正为国家安全局工作的几名泄密者以个人之勇，让公众对一个违反宪法且效果可疑的电子监视系统有了些许了解。然而，鲜有政要和公民认真对待他们的证言，同样地，作家、政客或记者对国家安全局出格行为的谴责也不受重视。这就是典型的

“鸵鸟综合征”——知道事实，但出于各种原因不想看到事实。然而，2013 年突发的斯诺登事件迫使他们睁开了双眼。有些人感到愤慨，有些人看到自己的猜想成为现实。姑且勿论是叛徒抑或英雄，斯诺登成功打破了泰斯所谴责的麻木状态，释放了自由主义的力量。斯诺登事件造成了不可避免的溃裂局面。

斯诺登的爆料是否威胁到美国的秘密情报行动，并危及国家安全或者损害国家政策、策略和战略？没有人能够证明这一点。政治家和高级情报官员没有提供任何例子或具体细节，却不断地强调信息泄露造成的必然后果。第一批资料泄露后不久，情报帝国的掌舵人基思·亚历山大就断言此次泄密将对国家安全造成不可逆转的重大伤害。[24]爱德华·斯诺登毫无疑问是首位以内部文件为基础进行爆料的“吹哨人”。他不仅仅透露了“梯队”监听项目，更证明了国家安全局已经摆脱监督机构的控制，可畅通无阻地实施大规模的监视行动。

7
“梯队”事件

“梯队”全球通信监听项目一般指由美国与英国等其他西方国家合作部署和管理的全球电子间谍系统，是间谍和反间谍神圣联盟的代表性产物。“梯队”项目主要依托信息技术进行通信拦截，并从杂乱无章的原始数据中提炼出最基本的意义。[1]

议会的反应

早在20世纪80年代就已出现了针对美国国家安全局的揭秘事件，然而长久以来世界各国都未能给予足够的重视。直到1998年法国才出现引起国民议会注意的相关辩论，时任法国司法部部长的伊丽莎白·基古（Elisabeth Guigou）曾表示，“梯队”项目是一项庞大的计划，是以经济谍报和竞争情报为目标的秘密系统，必须引起高度警惕。[2] 确实如此，美国能够毫无阻碍地访问位于管辖范围之外的计算机，盎格鲁－撒克逊联盟监听范围覆盖法国。面对这些情况，法国的担心不无道理。2000 年 5 月，在接到欧洲议会议员、原法国法官蒂埃里·让－皮埃尔（Thierry Jean-Pierre）的控诉后，巴黎共和国检察官将案件移交领土监护局，要求对国际监听网络及其对工业的渗透进行调查。一年后的 2001 年 7 月，调查行动不再公开，因为法国在间谍和窃听方面也并非清白无辜，没有人愿意追查个水落石出。此外，经济情报是工业领域的关键问题，欧盟的介入应该会更加有效。1997 年至 1998 年，受欧洲议会的委托，共有 4 份报告[3] 问世，其中一份由记者邓肯·坎贝尔撰写。这四份报告均强调“梯队系统”对欧盟成员国及其企业构成的威胁。[4] 为了更深入地了解问题，欧洲议会科学技术方案评估委员会还要求对“间谍技术的发展和经济信息滥用的风险”进行调查。[5] 面对这些报告，欧洲议会第一次采取了行动，启动了政治辩论。欧洲媒体也试图揭秘美国国家安全局的行动，了解这些行动给民事和商业通信的机密性带来的风险。欧盟委员会的反应则显得较为保守，2000 年 2 月，原始报告被提交给欧洲议会，后者于 7 月投票决定成立一个由 36 名议员组成的临时委员会，负责讨论报告提出的问题。2001 年 5 月，由葡萄牙人卡洛斯·科埃略（Carlos Coelho）率领的欧洲议会代表团前往华盛顿开展调查，希望能与美国政府部门进行会谈。但是代表团的外交努力未获成功，代表团未能与美国中央情报局或国家安全局的代表进行对话。美国国家情报委员会在回答“梯队”是否存在这个敏感问题上始终“不予置评”。无奈之下，代表团提前结束了行程。2001 年 7 月 3 日，临时委员会通过了格哈德·施密特（Gerhard Schmidt）的报告，报告中含有“梯队系统”所获信息的完整清单。9 月 5 日，欧洲议会对该报告进行讨论。9 月 11 日，恐怖袭击终结了一切。最终，欧洲当局继续漠视着这一问题。

“梯队系统”主要由美国国家安全局和其他 4 个利益相关的盟国情报机构负责实施。上述 4 个机构分别为：英国政府通信总部、加拿大通信安全局、澳大利亚信号局、新西兰政府通信安全局。

英国政府通信总部

英国政府通信总部（以下简称“政府通信总部”）成立于 1946 年 1 月 1 日，总部设于切尔滕纳姆，是英国的技术情报机构。政府通信总部与秘密情报局（即军情六处 MI6）相辅相成，后者主要负责收集国外秘密情报和秘密实施政治干预，两者均隶属于外交部。[6] 政府通信总部是强大的通信拦截机构，其主要使命有两项：一是拦截通信和破译电子监听信息，向政府、武装部队和其他保密部门提供情报；二是确保英国政府和关键基础设施管理部门的通信和信息系统的安全，使其免受外界干扰、黑客入侵等各种威胁。政府通信总部是打击恐怖主义和有组织犯罪的核心。近几年来，该机构获得了更多的资源投入（人员编制、基础设施)。作为“梯队系统”的主角,政府通信总部在美国国家安全局马里兰州的一个基地内设有联络处。此外,它还是乌拉尔山以西欧洲、非洲电子间谍活动的协调中心,并部署了一个覆盖全球的庞大监听网络。位于约克郡的曼威斯山站[7]是“梯队系统”最大的监听站点,由政府通信总部与美国国家安全局联手打造,用于拦截民用卫星通信。1994年,“妇女和平营”的积极分子将本应保密的曼威斯山监听站广而告之。这群60多岁的女斗士反对美国势力渗入曼威斯山皇家空军基地。两年的时间里,她们勇敢面对逮捕、强制疏散、起诉、入狱等危险考验,在基地前示威抗议,坚持不懈地做斗争。不仅如此,她们还积极收集线索(如回收垃圾桶中的文件复印件、米德堡发给政府通信总部的以美元计算的供给订单、提及其他基地名称的曼威斯山基地周报等)。女斗士们最终获得了曼威斯山站军事和民用卫星拦截系统的某些准确信息以及一些其他情报,如切尔滕纳姆总部的存在、英国境内其他前所未闻的监听站等。然而,这座最重要的信号情报监听站并未因为“超级奶奶们”的抵制而放慢发展的步伐。

政府通信总部的历史可追溯至一个多世纪之前,其前身之一是“40号房间”(Room 40)。[8]1914年8月的一天,第一次世界大战刚刚打响,海军情报局局长亨利·F. 奥利弗(Henry F. Oliver)海军上将要求阿尔弗雷德·尤因(Alfred Ewing)组建一个小组,负责研究拦截到的加密信息,“40号房间”因此应运而生。这个秘密办公室是海军部的情报部门,首任领导就是苏格兰密码学专家、海军教育处处长阿尔弗雷德·尤因。“40号房间”是一战期间非常活跃的情报部门，负责破译敌方的密码和代码。一次偶然事件成全该办公室译电员们完成了使命。当年8月底，德国巡洋舰“马格德堡号”（SMS Magdeburg）失事。9月，俄罗斯海军在爱沙尼亚海岸附近打捞到了该船一名遇难军官，从其身上搜获了德国海军密码手册。俄罗斯将这份宝贵文件交给了英国，因此，英国的密码分析员得以轻松破译拦截到的德国军事、商业和外交加密文件。1917年，威廉·雷金纳德·霍尔（William Reginald Hall）海军上校接手“40号房间”。霍尔是未来的海军上将，绰号“眨巴眼”（Blinker）。同年1月17日，“40号房间”仅用了数小时就破译了一封经由英国电缆传输的电报。该电报是德国外交大臣亚瑟·齐默尔曼（Arthur Zimmermann）在前一天发给德国驻墨西哥大使海因里希·冯·埃卡特（Heinrich von Eckardt）的，内容是指示埃卡特建议墨西哥与德国结成对抗美国的联盟。这份电报还透露了德国计划于下个月发动一场无限制潜艇战，以迫使英国签署和平协议。德国的计划是迫使英国屈服，同时确保美国不向英国提供任何帮助。如果美国不再保持中立，则墨西哥将作为德国的盟友从南面攻击美国，而日本则从东面夹击。作为回报，墨西哥将获得财政援助并收回亚利桑那州、新墨西哥州和得克萨斯州3块在1846—1848年战争期间失去的领土。[9] 英国将该情报共享给美国，威尔逊总统随后将电报内容公之于众。一个半月后，美国对德宣战。在长达4年的战争时间里，“40号房间”拦截并破译了超过1.5万份德国的秘密信息，为追踪敌军舰队的动向提供了重要的支持。在战争开始的前几周，英国就切断了德国所有的海底电缆，迫使柏林使用更容易被窃听的无线电通信。另外，霍尔上校借助数学专家和语言学专家，分析利用从沉没的德国舰艇中搜获的密码手册。破译的信息不仅仅涉及军事和外交领域情报，还有经济情报，特别是触及德国经济命脉的走私船只相关信息。尽管硕果累累，但随着战火的熄灭，“40 号房间”也面临着裁撤的风险。此时，尤因团队的前辈密码学专家阿拉斯泰尔·丹尼斯顿（Alastair Denniston）站出来为其部门的使命辩护。他认为裁撤“40 号房间”是荒谬的做法，因为如果战争再次爆发，失去情报机构的英国将再次处于不利的境地。[10] 他的论点获得了回应，英国内阁情报委员主席寇松侯爵（Lord Curzon）希望将信号情报的获取、分析和解析常规化，要求时任海军情报局局长休·辛克莱（Hugh Sinclair）创建一个专业部门。于是，“40 号房间”和陆军军事信号情报部门（MI-1b）合并组成了政府代码及加密学校，丹尼斯顿负责该学校的运行。二战期间，该学校转移到了布莱奇利庄园。政府代码及加密学校最终发展成为政府通信总部。

政府通信总部与美国国家安全局一样，其发展也是历经沉浮。迈克·格林德利（Mike Grindley）于 1961 年入职政府通信总部，并加入了工会。1984 年，他因参加反对玛格丽特·撒切尔政策的示威活动而遭到停职。4 年后，格林德利辞职，但他并非独自一人，追随其脚步而去的还有其他经验丰富的雇员。因此，政府通信总部在业务手段、背景、目标转变的重要时期流失了部分专业人才。移动电话的到来和柏林墙的倒塌又引发了其他的变革。索马里的军阀、巴尔干地区的军火走私犯、拉丁美洲的贩毒集团以及许多其他敌对或犯罪实体成为新的监听目标。1996年，戴维·奥曼德（David Omand）出任政府通信总部主管。在其操持下，政府通信总部迁至切尔滕纳姆本霍尔区（Benhall），入驻绰号“甜甜圈”的办公大楼。[11]政府通信总部大量收集数据，2007年，它在布德基地启动了“掌控互联网”计划（Mastering the Internet），该计划的主要内容是攻击接入英国海岸的海底电缆，拦截国外通信数据。这项“特别数据源挖掘”（Special Source Exploitation）计划涉及7个合作伙伴。它们以代号为掩护，为该计划提供资金，支撑其开支。[12]

政府通信总部在“情报和安全委员会”（Intelligence and Security Committee）的监控下行事，受1994年《情报机构法》（Intelligence Services Act）、《调查权管理法》（Regulation of Investigatory Powers Act）和1998年的《人权法案》（Human Rights Act）的约束。外交部部长为其行动签发征调状，如拦截英国与其他欧洲大陆地区之间光纤电缆[13]等外部电信链路的数据。征调状开具前需进行国家安全利益审查，征调目的主要是预防或追踪严重犯罪，或维护联合王国的经济利益。[14]

政府通信总部共有6 100名员工，团队忠诚爱国，保密文化浓厚。然而，负责境外间谍活动[15]的汉语专家凯瑟琳·甘（Katharine Gun）却敢于打破这一规则，目的是阻止伊拉克战争的爆发。2003年1月31日，凯瑟琳收到一封来自美国国家安全局区域目标部门负责人弗兰克·柯扎（Frank Koza）的邮件，该邮件被同时寄给了100多人，内容提及针对6位驻联合国代表的办公室通信的窃听活动。这6名代表所属的国家正是在英美军事介入伊拉克问题上态度摇摆不定的国家。窃听行动的目的非常明显：利用收集的信息说服这6个国家投票支持入侵伊拉克的决议。当时有数千名英国公民走上街头，抗议军事介入伊拉克，凯瑟琳与他们态度一致，反对点燃战火。于是，她在几经犹豫后，将此事曝光给了周报《观察家报》（*The Observer*）。[16]媒体报道后，凯瑟琳因泄密而被捕。几个月后受到起诉，但她获得了美国相关人士的支持，并成为反战的代表人物，英国首相布莱尔也倾向于不进行公开审判。凯瑟琳的案件出现了政治转向，检察机关最终放弃了对她的指控，凯瑟琳获得释放。[17]政府通信总部是美国国家安全局的传统伙伴，时至今日依然如此，双方在多个项目上都有合作，但该机构保持了非常英国式的作风。面对媒体的好奇心，国家安全局只能无奈地在总部招待记者朋友们，而政府通信总部却通常保持缄默。

加拿大通信安全局

加拿大通信安全局（以下简称“通信安全局”）成立于1946年，总部设在渥太华。[18]自1984年始，该局的密码分析员由美国国家安全局负责培训。1985年，超级计算机CRAY交付使用，其运行性能达到当时世界最高水平，加拿大的情报机构也因此得以加入“梯队系统”，其重要据点是利特里姆站。2011年

11 月，通信安全局从加拿大国防部下属单位升级为部级独立机构，通过此次行政调整，通信安全局局长[19]获得副部级待遇，地位等同于国防部副部长。部门预算和编制人数也随之大幅增加。从 1999 年到 2013 年，预算从 9 360 万美元增加到 4.6 亿美元，核心办公室的工作人员从 900 名增加到 2 124 人，此外，还有 1 000 名外部合同雇员。位于渥太华郊区的新总部办公面积达 72 000 平方米。根据《国防法》，信号情报工作应为国防和安全政策服务。通信安全局有 3 项基本使命，其活动仅针对外国情报，且应符合加拿大政府在情报方面的优先考虑，同时不能违反加拿大法律[20]。

通信安全局的目标是加拿大境外外国组织的活动，包括威胁本国及其盟国的情报机构的活动。它在应对恐怖主义、间谍活动、网络攻击、绑架公民、袭击大使馆等威胁中发挥了重要的保护作用。这是通信安全局的第一使命。它的第二项使命是负责提供建议和协助，保护对加拿大政府具有重要意义的电子情报和基础设施。它保护通信系统免受网络攻击，是加拿大网络安全战略[21]的关键角色。网络安全战略围绕 3 个目标展开：确保政府系统的安全；与私营部门和外国政府合作，保护重要的基础设施；维护加拿大公民上网的安全。通信安全局是密码术领域的领导机构，负责制定信息技术标准和评估商业技术。它的第三项使命是向包括加拿大安全情报局、加拿大皇家骑警和加拿大边境服务局在内的联邦执法和安全机构提供技术和操作层面的支持，如信号情报、语言支持或技术解决方案设计等。

加拿大是美国国家安全局非常密切的合作伙伴。1986 年，加拿大记者詹姆斯·利特尔顿（James Littleton）出版了一本描述美加情报部门间密切关系的书。[22]9年后，通信安全局前官员麦克·弗罗斯特（Mike Frost）也在一本书中揭露了加拿大在本土乃至全球开展的间谍活动，[23]并透露了美国各大使馆和《英美协议》框架下的盟国实施无线电和微波拦截的手段。[24]除代号“法语问题”（French Problem）的魁北克分裂问题外，弗罗斯特在书中还描述了针对前总理皮埃尔·特鲁多之妻、时任总理贾斯廷·特鲁多之母玛格丽特·特鲁多的监视。玛格丽特被怀疑吸食大麻。根据弗罗斯特的说法，加拿大情报部门还为（不想直接出面的）英国情报机构代劳，监视两位前撒切尔夫人的内阁阁员，此外，还存在针对投身反杀伤人员地雷斗争的戴安娜王妃以及教皇、英国女王和许多其他人物的监视行为。在此书发布的那一年，加拿大政府承认本国确实与最亲密、最传统的多个盟国存在合作，交换涉外情报。

弗雷德·斯托克（Fred Stock）曾是通信安全局在“梯队”情报系统中的通信操作员。他冒着巨大的风险，打破了保密这一绝对原则。冷战结束后不久，斯托克注意到监视活动出现了重大变化，针对欧洲、亚洲（包括日本）的监视力度加大，同时针对盟国（法国、德国、丹麦、荷兰）的通信拦截也有所增加。他对这一变化感到遗憾，50多位通信安全局的雇员每天处理着约165 000条消息，[25]加拿大最重要的监听站——利特里姆站监视着欧洲的政界人士和企业。[26]大部分数据都被直接发往马里兰州的美国国家安全局。斯托克提出了太多问题，于是，抹黑他的传闻开始流传开来，称他是危险的精神病患者，甚至是连环杀手。

1998年，他向上级投诉此事，结果遭到解雇。斯托克转而联系加拿大议员，后者却始终敷衍了事。事件延续至2000年，议员们最终认定对斯托克的解雇不公平，但回避了对通信安全局监听行为非法性的质疑。

通信安全局作为“五眼联盟”的重要一环，始终与美国国家安全局保持着密切的联系。2013年4月3日提交的一份内部文件[27]表明，加拿大通信安全局对监视巴西矿业与能源部的行为感到自豪。[28]该文件明确提到，美加情报部门“联手监视约20个高优先级别的国家，美国国家安全局将技术发展信息、密码术、高端的数据收集软件资源、数据处理与分析方法、计算机系统架构共享给加拿大通信安全局，双方往来的情报涉及世界级、跨国级和国家级目标，加拿大通信安全局虽未获得统一密码计划（CCP）的拨款，但美国国家安全局往往会为双方合作项目的研发埋单”。作为回报，通信安全局提供先进的数据采集、处理和分析资源，并根据美国国家安全局的要求设立秘密的站点。它还将唯一的地理入口共享给国家安全局，使美国得以进入原本无法涉足的区域，并为其提供高科技的密码设备、密码分析仪器和软件产品。此外，通信安全局还加大投资，用于推进与双方利益相关的研发项目，[29]加拿大也参与了元数据收集。

澳大利亚信号局

澳大利亚信号局[30]是远在南半球的情报机构，与国防情报组织（Defence Intelligence Organisation）和澳大利亚地理空间情报组织（Australian Geospatial-Intelligence Organisation）[31]等其他相关部门一样，同属于澳大利亚国防部。澳大利亚信号局总部设于堪培拉，负责收集和处理电子情报，保障澳大利亚的国家安全，[32]其活动范围覆盖整个太平洋地区。它将收集来的信息传输给国防情报组织和国家评估办公室，以便对信息进行深入分析与利用。二战期间，澳大利亚武装力量通过拦截和破译日本无线电信号，支持了麦克阿瑟将军在西南太平洋的战役。美国、英国和澳大利亚之间的合作始于 1942 年，且在战后有了进一步的发展，一直持续到了今日。1973 年 2 月，新当选的澳大利亚总理、工党领袖高夫·惠特拉姆在新闻发布会上表示，澳大利亚军队已经从新加坡撤出，并透露在新加坡设有秘密的电子情报部门。首家转载惠特拉姆声明的报纸打破了孟席斯政府在 20 世纪 50 年代关于禁止发布任何情报行动相关信息的规定。一年后的 1974 年，新加坡监听站关闭。1977 年，国防信号局（即现在的澳大利亚信号局）划归国防部秘书处管辖。1986 年，该局采购了克雷（CRAY）超级计算机，借此机会于 1991 年至 1992 年将总部迁至堪培拉。1999 年 3 月 16 日，国防信号局局长马丁·布雷迪（Martin Brady）在回应记者提问时，强调了国防信号局的角色及其对澳大利亚公民隐私权的承诺，但他承认国防信号局确实与外国信号情报组织在《英美协议》框架下存在合作。针对记者提出的权限模糊问题，布雷迪明确指出，澳大利亚的所有情报和监视设施均由澳大利亚情报机构负责实施，或者是与美国机构合作实施。澳大利亚政府对联合情报设施的所有活动享有完全的知情权和审批权。澳方工作人员充分参与其中，包括高层岗位。[33]

面对不断变化的威胁，国防信号局在数年后的2010年1月创立了网络安全行动中心（Cyber Security Operations Center），负责统筹政府和工业部门应对网络安全漏洞的措施，确保敏感信息系统和网络以及关键基础设施的安全。国防信号局希望维持机密性，但在2011年，它却批准《松峡之内》（*Inside Pine Gap*）一书的出版。该书作者戴维·罗森伯格（David Rosenberg），是持有美国最高安全许可[34]的前电子情报分析师，于1990年至2008年在松峡基地工作。罗森伯格能够查阅涉及武备、导弹、核扩散等军用信息的超级机密文件。书中特别提到了对伊拉克军备的搜查，对索马里反叛分子的监视，1998年在科索沃冲突期间对塞尔维亚领导层通信的拦截，对朝鲜核设施的监视，以及对本·拉登的追捕。[35]不久后，澳大利亚公民也成了密切监视的目标。

2011年，国防信号局代理副局长开诚布公地向美国国家安全局提出拓展合作伙伴关系的要求。他认为，美澳合作在印度尼西亚反恐行动中取得的成功值得进一步深化。他要求加强监视可疑的澳大利亚侨民，特别是牵扯到阿拉伯半岛基地组织的侨民。[36]美澳合作确实优化了在印度尼西亚的电话数据收集和破解工作。印度尼西亚是世界上最大的伊斯兰国家，同时也是具有关键意义的地区。2002年，伊斯兰组织“伊斯兰祈祷团”制造了“巴厘岛爆炸案”，造成202人丧生，其中包括98名澳大利亚侨民。自此以后，印度尼西亚成为重点监视对象。澳大利亚信号局正是借此获取了印度尼西亚电信运营商的数据和印度尼西亚电信公司移动电话网络近 180 万个用于保护私人通信的连接密钥。[37] 美澳合作显然有利于美国，且不局限于反恐层面。2014 年，詹姆斯·里森（James Risen）和劳拉·波伊特拉斯在《纽约时报》上透露，澳大利亚信号局帮助华盛顿监听一家美国律师事务所。这家事务所很可能就是美亚博律师事务所，当时正受印度尼西亚政府的委托，参与了印度尼西亚和美国关于香烟和虾的贸易谈判。该事件证实了美国国家安全局及其合作伙伴已介入经济间谍活动。[38]

新西兰政府通信安全局

美国国家安全局的另外一个合作伙伴是新西兰政府通信安全局（以下简称“政府通信安全局”）[39]，其当前的使命是向新西兰政府提供外国情报，维护全天候的监测告警系统，保证政府信息的完整性、可用性和机密性，保护国家关键基础设施免受网络攻击。[40] 2011 年后，政府通信安全局加设了国家网络安全中心（National Cyber Security Centre）。[41]

政府通信安全局是由新西兰总理罗伯特·马尔登于 1977 年正式创立的，负责外国信号情报、通信安全和技术安全，后期又加上了计算机安全。该局受新西兰情报委员会管辖，执行后者下达的技术性任务指令。为了应对不断变化的新威胁，新西兰政府于 2001 年成立了关键基础设施保护中心（Centre for Critical

Infrastructure Protection），负责为关键基础设施的运营商提供协助，该中心于2011年10月被编入国家网络安全中心。

政府通信安全局曾是新西兰最秘密的情报部门，这一状态一直维持到1984年。那年的春天，和平问题研究员欧文·威尔克斯（Ouen Wilkes）谴责政府通信安全局在唐伊莫阿纳海滩（Tangimoana Beach）秘密开展无线电窃听活动，首次揭露了新西兰政府开展电子情报收集的行为。总理罗伯特·马尔登随后在议会承认，新西兰自二战以来一直在收集电子情报，并与美国、英国、澳大利亚和加拿大保持密切的联系，但他声称唐伊莫阿纳监听站始终在新西兰政府的领导下工作，不受任何其他国家或外国机构的控制。实际上，该站的监听行动通常是执行合作伙伴的指令，其监听结果发往位于惠灵顿的政府通信安全局，而政府通信安全局的政策与规划副主管格伦·辛格尔顿（Glen Singleton）是美国国家安全局的一名官员，经常出入美国大使馆，并接受美国大使馆的酬金和住宿安排。他还经常造访澳大利亚的国防信号局，并与其在华盛顿的上级保持着私人往来。

1996年，新西兰记者尼基·海格（Nicky Hager）撰写的《秘密力量》（*Secret Power*）一书出版，“梯队系统”的神秘色彩又因此褪去几分。[42]尼基·海格持有哲学和物理学双专业文凭，是军事、环境和核问题的研究员，他沉浸于电子情报奥秘的探索中。海格在几年的时间里采访了新西兰情报部门50多位员工，倾听他们对监听系统失控行为的揭露；他对“梯队系统”中新西兰部分展开令人叫绝的调查，成功地将政府通信安全局推到了公众面前。1984 年，他与友人前往位于惠灵顿北边的唐伊莫阿纳电子情报站进行调研，他借此机会偷偷记下了停车场内汽车的车牌号，并凭此确定了车主。他随后查阅了公务员名录，发现车主的姓名出现在国防部名单中。为了进一步满足好奇心，他设法了解到无线电监听团队和监听活动的历史变动，以及某些曾在新加坡、澳大利亚等地方工作过的员工的动向。两年后，他将此清单与国防部的内部电话簿进行比对，编制出政府通信安全局的成员及其职务清单。此后，他又通过采访相关人员和查阅国家档案馆对清单进行了信息补充。他还研究招聘广告，阅读国外的出版物和研究成果，并进行大量的实地调研。尼基·海格通过蚂蚁般勤恳的工作，终于击穿了政府通信安全局的保密之墙，对这一全球系统有了相当准确的认识，而任何一位情报雇员对所涉主题的了解均不超 10%。海格的著作揭开了一个事实：新西兰电子情报工作已整合纳入美国国家安全局主导的全球监听系统之中。书中还提及了新西兰两个监听站[43]在监视太平洋上空的国际通信卫星中发挥的作用，怀霍派卫星情报站是在新西兰总理戴维·朗伊（David Lange）的决定下设立的，然而可笑的是，安全部门并没有告知他一个事实：怀霍派站将连接到美国国家安全局的全球情报网络中。这应该就是朗伊肯为《秘密力量》一书作序的原因。[44]

虽然政府通信安全局是“五眼联盟”的情报机构中资源和人力最薄弱的成员，它却发挥着重要的作用，因为其所处的地理位置能够监控到亚太地区。根据媒体消息[45]，从 2009 年开始，该局的活动从针对性监视转向大规模收集通信和元数据。[46]2012

年，政府通信安全局与美国国家安全局合作完成了大规模监视项目（即“鱼枪”监听项目 Speargun）的第一阶段工作，在“南十字星”电缆上安装了一个探测器。“南十字星”电缆是新西兰与外界进行互联网通信的主要通道。随着 2013 年夏天相关法律的修订，情报机构利用这一加装在电缆上的探测器，能够对新西兰公民的通信实施监视。收集而来的元数据将被传输到“X 关键得分”（XKeyscore）数据库，这也是一项由“五眼联盟”情报机构实施的大规模监视计划。当时，新西兰总理约翰·基（John Key）始终向公众声称政府通信安全局的活动具有合法性，然而随着谎言被爱德华·斯诺登等人揭穿，约翰·基陷入了困境。

政府通信安全局采取多种手段，特别是依托怀霍派监听站，监视了数十位公民，其中包括了定居新西兰的“百万上传”（Megaupload）文件共享网站创始人金·施米茨（Kim Schmitz），但约翰·基总理否认对同胞实施了监视，他表示监听项目确实存在，但新西兰情报部门并未牵扯其中。他还声称，该监听项目属于一项仍在进行中的大型网络安全计划。随着尼基·海格新书《肮脏的政治》[47]的出版，公众的不满情绪终于被点燃了。在距离议会选举仅有 5 天的 2014 年 9 月 15 日，爱德华·斯诺登、朱利安·阿桑奇（维基解密创始人）、格伦·格林沃尔德、金·施米茨召开视频会议，公开揭穿了总理的不实言论，为“互联网党”（Internet Party）的政见做辩护。[48]“互联网党”是施米茨为维护公民自由而创建的政党，公众虽然发现了“梯队”全球通信监听系统，但却远未能想象到监听项目数量如此之多，规模如此之大。

8
骇人听闻的监听项目

2005年：初步获疑

20世纪70至80年代以来，科学技术发展迅速。正是在这一时期，美国军方和情报系统的主要供应商洛克希德·马丁公司设计出了P－415程序，亦称为“梯队”。

2009年，美国军事历史学家马修·M. 艾德（Matthew M. Aid）在其著作《秘密哨兵》[1] 中提到了十几个国内监视项目的存在，它们是国家安全局在无许可令的情况下自行授权实施的行动，早在4年前就已遭到《纽约时报》的披露[2]。艾德强调，这些项目中至少有一半是高度保密的信号情报收集和分析项目。数据采集处（Data Acquisition Directorate）就是专门负责通过美国电信运营商和互联网服务提供商，从外国邮件、个人通信、电子交易、过境美国航班的预订信息中采集数据。书中述及的其他项目则旨在为作战部队提供（研究和开发、计算机安全等）支持。恐怖分子监听计划（Terrorist Surveillance Program）是唯一一项获得小布什政府公开承认的情报收集项目。事实确实如此，白宫就始终否认“恒星风”（Stellar Wind）监视计划[3]的存在。“恒星风”计划旨在收集美国大型电信公司和互联网服务提供商提供的电子数据，用于捕捉美国境内外恐怖活动的迹象。该计划的工作人员必须通过非常严格的生物信息识别程序才能进入米德堡的办公室，其他人员甚至都不认识他们。“恒星风”计划在奥巴马执政时期被拆分成了4个监视项目：“主干道”（Mainway）项目负责收集电话元数据，来源主要是电信运营商威瑞森商业服务公司（Verizon Business Services）；“码头”（Marina）项目负责收集互联网数据；“核子”（Nucleon）项目负责获取电话监听的内容信息；“棱镜”计划项目负责大规模收集美国科技巨头托管的数据。[4]国家安全局希望所有上述项目及其他许多政府最严防死守的计划都能始终瞒天过海，不为公众所知。然而事与愿违，秘密之纱终于还是出现了豁口。

爱德华·斯诺登入侵了世界上最大的间谍系统，并在两位严谨的职业记者协助下，将窃取的信息公之于世。世人终于认识到了这个行动不受限制、透明度几乎为零的“奥威尔式”监控系统。自2013年以来，纪录片导演劳拉·波伊特拉斯和记者格伦·格林沃尔德查阅了海量的文件。这些文件主要来自国家安全局的各个部门、分支单位及其合作机构。他们耐心地分析首字母缩写词、代号以及斯诺登提供的内部术语词典，在杂乱无章有时甚至看似稀疏平常或者技术性很强的材料中，挖掘最深层次的秘密。[5] 在数周的时间里，他们陆续在媒体上公布掌握的秘密。关注者部分了解或心生怀疑的信息得到了进一步印证。全世界公民则一片惊愕，他们没想到监视规模竟是如此庞大，更没想到自己就是目标。国家安全局的失控行为再也掩盖不住，但其根底却仍非一览无遗。数十个国家受到大规模监控，法国、巴西、印度、德国等实行民主制的盟国也未能躲过美国的“大耳朵”。国家安全局在国际通信传输基础设施上安装监听设备，将经由美国网络传输的信息引向自己的存储站点，与其他国家的情报部门开展合作，收集互联网公司和电话运营商提供的用户信息。但受监控的目标们始终心有疑虑：国家安全局还藏了什么秘密？他们仍然在等待着后续的曝光。在米德堡，国家安全局的领导们也是忧虑万分：数万份机密文件所含的信息从此大白于世，这一局面如何掌控？即便如此，人们发现监视项目依然存在，它们吞噬着海量的数据和元数据，然后加以存储、揉碎分析。综上，我们对技术性入侵的规模有了大概的认识。

大规模数据收集

“大规模”是此类数据收集的第一关键词。“无针对性”数据收集，亦称为“钓鱼式”数据采集（Phishing Expedition），是指大量采集数据，然后手动或自动搜索和检查可能相关或有用的信息。国家安全局主要采取两种技术操作实现这一目标：一是监控基础设施（上游监听系统）；二是直接从运营商的服务器上收集数据（“棱镜”监听系统）。

国家安全局通过上游监听系统，能够实现从上游对国际光纤电缆和互联网基础设施节点上的互联网或电话通信进行拦截。从技术上讲，上游监听系统就是在大型电信运营商的核心站点加装数据采集设备或对通信光缆进行直接监控。上述技术操作在光缆运营商知情或不知情的情况下均可实施。抓取的数据可使用过滤器或“选择器”（Selectors）进行筛选，确保存储和处理的信息都是“可能有用的”。

大规模上游数据收集主要依托特别数据源行动科监管的若干个项目，如：“巧言”（Blarney），“锦绣”（Fairview），“锂”（Lithium），“橡木星”（Oakstar），“风暴酝酿”（Stormbrew）等[6]。这些项目经由“合作企业通道”（CPA）[7] 实施。“巧言”项目[8] 依托与 AT&T 公司的合作关系而展开，国家安全局早在 1978 年就与该公司存在合作。[9] 该项目是在《外国情报监控法案》框架内，对德国、巴西、南朝鲜（今韩国）、法国、希腊、以色列、意大利、日本、墨西哥、委内瑞拉等国家以及欧盟和联合国实施监视，外事建筑物和外国政府是该项目的主要目标。“锦绣”项目[10]基于与 AT&T 公司的合作，提供相关素材，用于编写呈送美国总统的每日简报。AT&T 公司从 1985 年开始为该项目提供国际光缆、路由器和交换机的访问入口，这家电信运营商虽然在美国开展业务，但也能访问经由美国和外国电信网络传输的信息。仅 2012 年 12 月，“锦绣”项目就收集到了 60 多亿条“拨号号码识别”（Dial Number Recognition）和“数字网络情报”（Digital Network Intelligence）[11]数据。“橡木星”项目及其子项目据称是依靠国家安全局7家匿名的合作伙伴，访问外国（波兰、巴西、哥伦比亚等）的电信网络。“风暴酝酿”项目[12]是一项与联邦调查局密切合作的计划，它通过美国境内的不同站点或以秘密代号识别的“细瓶口”，[13]监控经由美国通信基础设施传输的互联网和国际电话通信。该项目还管理着海底电缆的登陆站点，各站点为确保机密性均以代号识别。[14]合作公司的名称也是国家安全局力求保守的秘密，据称，运营商Verizon公司在2001年加入了“风暴酝酿”项目。[15]

此外，美国还能通过共享获得“五眼联盟”中4个合作伙伴境内经由光纤电缆上传播的信息。例如，英国政府通信总部与英国电信公司和沃达丰公司合作，实施了一项与上游监听项目相似的数据收集计划——“颞颥”项目（Tempora）。该项目主要收集电话呼叫记录、电子邮件内容、脸书用户状态以及所有互联网用户的浏览记录，收集的数据可保存一个月之久，有足够时间进行分拣和分析，该项目的数据拦截后勤基地位于中东。

21世纪的最初10年，美国互联网和计算机巨头吸引了越来越多的用户，部分原因是它们开始使用SSL（安全套接层）[16]协议对互联网通信进行加密。于是，国家安全局与巨头们展开谈判，希望能直接访问它们的服务器。2007年，“棱镜”电子监听计划应运而生。[17]该项目不仅仅是一个简单的工具，它更像是巨大的下游数据收集系统，能够根据指定目标对应的程序管理外发的信息。“棱镜”监听计划直接从 9 家美国科技公司的服务器上收集数据。这些公司或是自愿或是被迫，但都是所谓的“值得信赖”的公司。2007 年，微软成为该计划的合作伙伴；2008 年，雅虎、谷歌、脸书、网络聊天服务软件 PalTalk 加入；2009 年，视频网络 YouTube 加入；2011 年，即时通信软件 Skype 和美国在线加入；2012 年，苹果公司加入。2013 年 3 月以来，“棱镜”计划通过访问微软公司的微软网盘（SkyDrive）云存储服务平台，获取了平台上数以亿计的用户数据。此外，微软还为“棱镜”计划提供了 Skype 和办公软件 Outlook 的入口，这两款软件都是该巨头旗下拥有超高访问量的服务项目。“棱镜”计划由外国情报监控法庭监管，受《外国情报监控法案》2008 年修正案约束。原则上，该计划只能针对居住在美国境外的人员。但是，国家安全局可以在无特别许可的情况下，获取任何一位非美国公民在外国土地上的通信数据，甚至包括此人与美国公民之间的通信数据，特别数据源行动科的分析员也不需要为这一做法提交专门的申请。根据《外国情报监控法案》第 702 条，国家安全局每年向外国情报监控法庭提交一次总体计划，确定年度目标，并明确其监视活动的目的是“协助收集合法情报”。通过审核后，该局将获得一份通用授权，从而可要求电信运营商和互联网服务提供商提供任何一名非美国公民的个人通信数据。[18]

与上游监控系统相比，“棱镜”计划主要基于“数字网络情报”选择器技术。它通过与联邦调查局合作，可查询存储的通信数据，进行实时监控和采集网络电话（IP）语音信息。2012

年，国家安全局在内部宣布“拨号号码识别”选择器入口也即将生效。“棱镜”计划使国家安全局得以监控各种各样的通信，能够大规模收集电子邮件、聊天记录、视频、照片、存储数据、IP 语音流、文件传输记录、视频会议、精准业务信息（如登录信息）、在线社交网络详细信息、特殊要求等数据。[19]在几个月内，“棱镜”计划通过优化操作，使数据收集在数量和质量上都有了显著提高。2012 年 11 月 19 日，志满意得的特别数据源行动科在内部通信论坛上发布了一份 2012 财年的详细统计报告，[20]这份报告强调了 2012 财年数据收集发展迅速，同比增幅达 30%；此外还指出 Skype、脸书和谷歌的利用率同比分别增长了 248%、131%和 63%。特别数据源行动科还成功地在整个情报系统内营造了共享和协作的环境。“棱镜”计划的负责人致力于完善情报部门之间的良好协作，促进更频繁的信息交换。具体而言，特别数据源行动科的分析人员负责确定选择器，如姓名、电子邮件地址、电话号码、组织名称、主题等，联邦调查局为合作单位提供设备，合作单位提供数据访问入口，最终完成数据采集。最初的选择器列表常常不完整或不准确，后来采用了一款软件，这款软件能够每两周自动整理出一份“棱镜”选择器列表，然后发送给联邦调查局和中央情报局。后两者可根据需要，索取“棱镜”计划任一选择器对应的数据副本。[21]

“肌肉”（Muscular）监听计划是“棱镜”计划的补充，也是一项秘密而非法的行动。它与英国政治通信总部合作，通过渗入谷歌和雅虎内部的某些基础设施，对两大巨头的服务器实施监控。国家安全局实际上是通过在国外开展活动，从而绕开了境内活动遇到的法律限制，因为谷歌、雅虎等互联网巨头公司必须经常性地将分布在各大洲的数据中心的服务器进行同步处理，通过侵入数据云，国家安全局就能够追溯查阅数据，但分析师们可能会抱怨数据过于庞杂，无法处理，且大多数毫无意义。2013 年 10 月底，谷歌和雅虎对《华盛顿邮报》的曝光做出回应，声称公司并未提供数据中心的访问权限，对非法采集数据的做法毫不知情，并表示流言已扰乱了公司的正常工作。时任国家安全局局长的基思·亚历山大将军也保证，“据我所知，此类活动从未发生！”[22]

“9·11”事件发生后，情报部门获得了外国情报监控法庭实施互联网元数据采集的授权，但在 2011 年，奥巴马政府宣布即将停止此类行动。然而，根据《卫报》在 2013 年 6 月 27 日的一则报道，特别数据源行动科推出了“一端外国解决方案”（One-End Foreign Solution，1EF）项目，代号为“邪恶橄榄”（Evil Olive），任务是收集更多的通信元数据并传输至存储库。[23]报道还提到了“小螺号”（Shell Trumpet）项目，该项目起初用于实时分析元数据，后发展成为告警工具。截至 2012 年底，该项目已处理了万亿条元数据。该新闻报道作者格伦·格林沃尔德和斯宾塞·阿克曼（Spencer Ackerman）还提到了特别数据源行动科在 2013 年 2 月 6 日发布的一则通知：“月光小径”（Moon Light Path）和“喷丝头”（Spinneret）两个项目启动，任务是扩大元数据收集。此外，英国政府通信总部在“X 关键得分”计划框架下，制定了代号“Transient Thurible”（瞬时香炉）的项目，从2012年8月开始，将大量元数据传输到美国的存储库。该项目也证明了英国政府通信总部和其他盟国政府的信号情报机构都参与了美国国家安全局主导的大规模互联网元数据活动。

所有的东西都可以是目标，所有的手段都可以利用，包括在最不起眼的产品上动手脚，如魔兽世界或多用户在线对战平台Xbox Live等网络游戏。国家安全局可以访问联系人列表、通话记录、短信流、短信草稿，以及IOS、安卓、蓝莓等移动平台的定位数据。大规模秘密拦截的主要对象实际上就是无线通信，国家安全局因此得以实时监听对话。代号为“Fornsat”（Foreign Satellite Collection，即外国卫星数据采集）的项目瞄准的是卫星通信，该项目通过分布在全球各地的美国使领馆，拦截各种外国卫星通信。[24]

2009年，美国国家安全局特别数据源行动科启动了代号为“Mystic”（神秘）的语音监控项目，能够百分之百地记录下巴哈马、墨西哥、菲律宾、肯尼亚等国居民和游客的手机元数据和信息。该项目获得了缉毒局（Drug Enforcement Administration，DEA）和中央情报局等其他部门的协助，其子项目“Somalget”（索马格特）能够将数据存储30多天之久。[25]该项目的分析员还拥有一套名为“Retro”（Retrospective Retrieval，即追溯检索）的工具，借助该工具，分析员能够及时追溯数据，开展更具针对性的监听，并提取在期限内需要存储和处理的录音片段。[26]《华盛顿邮报》在2014年3月18日的报道中提到了“Mystic”项目和

“Retro”工具，但应美国当局的要求，文章没有列出目标国家。《华盛顿邮报》只是在链接中罗列了2013年美国情报系统部分预算方案。方案中，“Mystic”和“Retro”被列为高优先级别的资源，能提供关于5个国家的重要数据，但方案中没有出现具体的目标国名。后来，同样是名称未知的某个国家也被添加到名单中，成为第六个目标国。[27]国家安全委员会发言人凯特琳·海登（Caitlin Hayden）在回应质疑时，以新威胁为由为该项目做辩护；国家安全局女发言人范妮·瓦因斯（Vanee Vines）则表示遗憾，称这些泄密行为损害了美国和盟国的安全。她认为，“Mystic”和“Retro”符合第12333号行政命令关于情报机构境外活动的授权规定。然而，在上述目标国家旅行或工作的美国公民也会受到监控。因为他们的通信数据被认为是在针对某些正确目标的行动中无意中获得的，国家安全局无须将其过滤，而这事实上与奥巴马在同一时期的声明不符。2014年1月17日，[28]奥巴马签发第28号美国总统政策指令，重新确定信号情报活动的范围，要求国家安全局和其他相关部门只能针对核扩散、恐怖主义等6项已确定的威胁开展情报活动。然而，在收集目标数据的过程中临时获取的信号情报却不受该指令的限制。根据美国公民自由联盟技术专家克里斯托弗·索霍安（Christopher Soghoian）的说法，国家安全局还计划将“Mystic”项目扩展到其他国家，并延长记录存储时间和改进处理手段，但是这一说法不出意料地遭到了国家情报总监詹姆斯·克拉珀和国家安全局发言人的否认。2013年8月，参议院情报委员会主席、加利福尼亚州民主党参议员黛安·范因斯坦（Dianne Feinstein）女士在其他官员的支持下，决定对国外监视活动发展计划进行调查。

计算机网络刺探

除大规模监视方法外，国家安全局还采取黑客手段，开展“计算机网络刺探”（Computer Network Exploitation）。国家安全局的一位分析员曾在2012年12月说，“一段时间以来，针对路由器的黑客攻击对本部门与‘五眼’合作伙伴而言是不错的手段，但其他国家也在磨炼这项技能并加入了这个舞台”。[29]侵入并在运营商的计算机系统中植入恶意软件，从而提取大量数据。英国政府通信总部与美国国家安全局合作实施的“社会主义者行动”（Operation Socialist）正是属于此类攻击，其受害者是负责全球数个区域电信漫游业务的比利时电信子公司BICS（Belgacom International Carrier Services）。全世界数以千计的计算机系统可能正受到同一攻击手段的侵袭。

“涡轮”（Turbine）是全自动化智能系统，属于高入侵性的黑客手段。该项目由国家安全局的精英黑客特设部门——获取特定情报行动办公室（TAO）负责实施，[30]在受操纵的数千万台计算机中植入间谍软件，然后大量收集外国计算机网络和电话通信数据，并加强对所获数据的利用。计算机网络攻击用于歪曲、破坏数据或阻断服务。“涡轮”项目启动于2010年，它提高了对数百个计算机网络攻击行动（Computer Network Attacks）的部署和管理能力。该项目通过模仿脸书等网站或发送带木马的电子邮件来实施黑客行动。国家安全局有多种复杂的植入程序，适用于各种应用，如：Unitedrake（联合钉耙）能够完全控制受感染的电脑；“Captivateaudience”（录制听众）能够控制计算机麦克风，进而录制对话；Gumfish（橡皮鱼）能够控制摄像头；Foggybottom（雾谷）收集浏览记录、登录名和密码；Grok（神交）检测键盘敲击；Salvagerabbit（打捞兔子）能够从连接到受感染计算机的可移动驱动器上提取数据。[31]“Turmoil”（动荡）是一种数据监控传感器系统，主要在日本的三泽站和英国的曼威斯山站使用。系统内传感器（信息记录程序、序列号、报告给微软的错误消息、机器和设备标识符等）会自动抓取数据，并发送给国家安全局的分析人员。据拦截者网报道，[32]“涡轮”和“动荡”是“量子”（QUANTUM）计划的一部分。“量子”是2008年投入使用的互联网攻击技术，它利用不同形式的无线射频技术，[33]将间谍软硬件植入联网甚至不联网的计算机中。2014年1月，即距离奥巴马总统关于美国监控项目改革的演讲仅有两日之时，大卫·桑格（David Sanger）和汤姆·尚卡尔（Thom Shanker）在《纽约时报》上发文披露了“量子”计划。[34]“量子”计划首先是通过间谍、制造商甚或是毫不知情的用户在机器中秘密植入微型电路或闪存卡。植入的硬件会发出无线电波，无线电波由公文包大小的中继站接收，有时距离数公里之远。中继站将无线电波传输给国家安全局，后者根据无线电波在该机器上安装恶意软件，实施间谍活动或网络攻击。通过与网络司令部的合作，获取特定情报行动办公室的黑客专家利用“量子”计划，成功渗入俄罗斯军事网络的逻辑空间以及墨西哥警方、贩毒集团、欧盟贸易机构的系统，有时还侵入沙特阿拉伯、印度和巴基斯坦等反恐盟友的系统。“量子”计划的重点目标之一是中国的军事单位，因为后者被指控经常袭击美国的军事和工业领域，窃取秘密和侵犯知识产权。但面对使用了类似工具的中国，美国总统和政府则毫不犹豫进行抗议。“量子”计划的服务器就像是一个并联的服务器网络，嫁接到处于互联网关键点的路由器上，能够深度检查 IP 数据包。针对亚欧 4 号国际海底光缆（SEA-ME-WE-4）的管理方——由 16 家公司组成的国际财团的攻击就属于此类行动。亚欧 4 号国际海底光缆穿过欧洲以及地中海和亚洲的一系列国家，意义重大，它还途径某些敏感国家，如巴基斯坦、埃及。法国电信运营商 Orange 公司是该财团的成员，使用该光缆的设备，该公司就在不知情的情况下成了此类攻击的目标。[35]

“量子嵌入”（Quantum Insert）是一种改向程序，能够将目标个体的访问扭向虚假网站。获取特定情报行动办公室利用这一技术进入目标计算机，然后安装特洛伊木马，这项技术也曾被英国政府通信总部用来攻击石油输出国组织和比利时电信公司。[36]如有必要，获取特定情报行动办公室还可以使用“先进网络技术或入侵网络技术科”推荐的各类工具，这些工具的目录达 50 页之厚，单价最高可达 25 万美元。[37]“先进网络技术或入侵网络技术科”负责为特定任务研发各类计算机应用程序，所有的设备都可以在制造商知情或不知情的情况下被动手脚，如主板、硬盘固件、路由器、防火墙等。获取特定情报行动办公室有时还会拦截在线销售的计算机，在其最终交付之前植入一个监控装置。[38]该部门还能够秘密访问环球同业银行金融电信协会（SWIFT）银行间网络的内部数据。[39]

美国国家安全局及其4个“五眼”合作伙伴的黑客还是机会主义者，他们监视其他国家的间谍，将其他国家的网络攻击成果据为己用。[40]2009年，国家安全局S31177部门[41]对美国国防部系统受到的一次网络攻击进行追踪，最终锁定了位于中国的指挥中心。S31177转而在中国指挥中心植入间谍程序，从而监视对手的信号情报收集系统，获取其情报成果，如针对联合国的行动。这种将卑劣的工作留给其他情报机构、成果则占为己有的情报方式被称为“第四方情报”（Fourth Party Collection）。“五眼联盟”以外的所有国家，包括存在合作关系的国家，如德国，都是潜在的目标。[42]某些组织协会也获得了同样的待遇，如黑客组织“匿名者”（Anonymous）。在过去的10年里，国家安全局宣称检测到了来自俄罗斯、中国以及伊朗的无数次攻击。根据一份统计报告，针对美国国防部的攻击尝试多达3万次，1 600台计算机遭到黑客入侵，维修费用超过1亿美元。如何化防为攻，是国家安全局黑客们面临的一个挑战，他们每天都奋战在计算机网络反刺探中（Counter Computer Network Exploitation）。

远程作战中心（Remote Operations Center）[43]负责开展秘密行动，其标语是：“你的数据就是我们的数据，你的设备就是我们的设备”。[44]该部门发动僵尸网络攻击，使用极具入侵性的工具进行远程作战。例如，Hammerstein（汉默斯坦）和 Hammerchant（汉默钱特）两款工具能够拦截通过虚拟专用网络（VPN）、Skype 或其他网络电话软件（VoIP）发送的电话通信数据；Fox-acid（狐酸）能够在受感染的计算机上添加潜在功能。远程作战中心还擅于抹去转移数据至其服务器的痕迹。此外，该中心还能通过用户的手机窃取其雇主的信息。当确定一个目标后，它便入侵目标雇员的移动电话，将雇员变成毫不知情的数据骡子[45]。一切尽在掌握之中。

国家安全局的某些协议和数据交换有时会绕过国家的法律法规，将收集本国公民数据的工作“外包”给合作伙伴。英国政府通信总部就很明显深度参与了数据拦截、针对性介入和信息处理。前文述及的“肌肉”项目就是例证，当然还存在其他项目，如：收集脸书照片的“春季主教”项目（Spring Bishop）；实时监听 Skype 上通话的“小英雄”项目（Miniature Hero）；操纵网络投票结果的“地下通道”项目（Underpass）；用于监控网络摄像机的“视觉神经”项目（Optic Nerve）。[46]英国政府通信总部于 2008 年启动该项目，其处理过的数据将传输到“X 关键得分”数据库中，用于进行脸部识别。美国国家安全局/英国政府通信总部的“皇家门房”联合项目（Royal Concierge）通过渗入高端酒店的预订系统，监视外交官员等重点人物。[47]“窃鹊”项目（Thieving Magpie）监听商业航班上乘客的手机通信。2014 年 7 月，格伦·格林沃尔德指称英国政府通信总部至少掌握了 138 种数据收集、操纵和干预的工具或程序，主要由下属的联合威胁研究情报组（Joint Threat Research Intelligence Group）运作，[48]该部门在网络宣传上尤其激进，曾实施“吵闹海豚”项目（Squeaky Dolphin），监控社交网络和 YouTube 网站。[49]根据 2010 年一份关于联合威胁研究情报组的介绍，该部门还通过在社交网络上歪曲和操纵信息，匿名打压某些人或观点，灌输亲西方思想。美国国家安全局也在古巴创建了类似于推特（Twitter）的社交网站，开展舆论操纵活动。[50]2013 年 7 月 1 日，美国“奔牛”项目（Bullrun）和英国平行项目“边山”（Edgehill）曝光。这两个项目攻破了某些用于保护 VPN 或 SSL 安全协议数据传输的加密系统，目的是掌控超文本传输（https）安全协议和 4G 通信，并侵入谷歌、雅虎、微软等大型公司的加密系统。[51]2014 年 8 月下旬，德国信息产业新闻网站海斯（Heise）发表了一篇技术文章，作者是纪录片导演劳拉·波伊特拉斯以及自由互联网活动家、信息专家雅各布·亚佩巴姆（Jacob Appelbaum）等 6 人。该文章曝光了英国政府通信总部于 2009 年启动的大规模互联网监视项目“庄园”（Hacienda）。“庄园”通过扫描连接互联网的计算机端口，找出漏洞，继而实施监视。据称，该项目有近 30 个目标国家，其结果供“五眼联盟”使用。[52]

此外，美国国家安全局与德国、瑞典、荷兰、以色列、法国各国均有联系。外国情报机构会将境内光缆传输的数据进行交换，实现信息共享。例如，瑞典信号情报机构[53]——国防电信局参与了法国的“沙丁鱼”行动（Sardine），丹麦国防情报局[54]关注俄罗斯活动[55]，等等。

美国国家安全局还与中央情报局和国务院在代号为“双鱼座”（Pisces）的项目上展开合作，从多个国家的边境口岸采集生物特征辨识数据。[56]该项目经常开展高风险的隐蔽行动，截收无线电频率，访问理论上号称无法进入的关键电信或信息技术基础设施。

“CLANSIG”[57]是国家安全局与中央情报局的另一个合作项目，目的是拦截敌对国家领土上的广播及电话通信。事实上，中央情报局在信号情报收集上投入了17亿美元（占其预算的12%）。[58]“CLANSIG”项目还负责入侵外国政府、军事通信系统、大型跨国公司等关键目标的电子邮箱和计算机。该项目的这些行动被称为“黑袋行动”，活动范围主要在中东和亚洲其他地区，特别是中国。[59]

“老鹰哨兵”（Sentry Eagle）是一个旨在保护美国网络空间的综合项目，由后来被美国网络战司令部纳入麾下的“网络战联合功能构成司令部”（Joint Functional Component Command Network Warfare）[60]设计。劳拉·波伊特拉斯和记者作家彼得·马斯（Peter Maass）在2014年发表的一篇文章中指出，“老鹰哨兵”曾出现在一份传阅范围极为有限的文件中。[61]该文件警告称，任何泄密都将可能最大限度地损害美国与外国情报机构的关系以及美国在密码学领域的重要进展，网络空间领域多年的投资以及对抗强大对手的专业技能也可能因此而毁于一旦。[62]面对该项目是否合法的质疑，国家安全局援引第28号美国总统政策指令[63]予以回应。该指令指出，在全球化背景下，总统府必须掌握信号情报，并确保全球互联网的开放性、互操性和安全性。“老鹰哨兵”综合项目是分项实施的。[64]国家安全局的特工渗入中国、韩国、德国，在这些国家的计算机网络和设备上植入后门程序，从而在其政府不知情的情况下，访问上述国家电信行业的敏感系统和数据。国家安全局尤其以商务访问或长期派遣的方式，秘密地在商业实体中安插特工。长期以来，情报机构合作公司的员工队伍中始终存在获得秘密授权的前特工，他们在公司上班，但同时也在秘密地为国家安全局效劳。[65]描述“老鹰哨兵”某一子项目[66]的文件就证实了国家安全局与国内外企业的合作关系，但斯诺登泄露的文件中并未出现合作公司的名称，国家安全局面对质疑时也拒绝发表评论。有鉴于此，密码学家和安全专家群体对技术越来越不信任，他们认为这些技术无论是在美国研发还是在外国研发，安全性上都是值得怀疑的。

数据的利用

一个全球性监视系统就这样铺开了，它在收集数据上广泛至极，但在有效整合数据上则稍逊一筹。然而，国家安全局还有其他强大的项目。“X 关键得分”[67]正是一个能同时实现收集、处理和检索数据的中心系统。该项目启动于 2006 年，它的推出对于实时监控网络活动（电子邮件、浏览网页、网络聊天）是一个根本性的飞跃。分析师可以通过电子邮件地址、电话号码或 IP 地址访问数据库，阅读电子邮件，提取已发送或接收邮件中的图片和文档，监控脸书和推特等社交网络。“X关键得分”系统能够对大部分数据和元数据进行自动化分析，其算法能从海量的数据中找出模型和发现异常。未过滤的互联网数据能够存储3~5天，而根据150个信号情报活动代号（SIGAD）[68]收集而来的元数据则能够存储一个月。被判为“有意思”的内容会被存储到其他数据库中。

前文提及的“主干道”项目用于分析和过滤临时存储的元数据。“码头”（Marina）、移动电话领域的“协会”（Association）和固定电话领域的“菩提树”（Banyan）等数据库则用于收录需要长时间保存的联络数据。[69]“灯芯绒”（Pinwale）数据库的大部分数据由AT&T公司提供，分析师利用该数据库能够对电子邮件进行研究分析，目标甚至包括了收发一方是美国公民的邮件。[70]“泉源”（Wellspring）数据库是人脸印记库，主要用于打击恐怖主义，它通过数字通信、视频会议、社交网络（包括脸书）、护照、驾照等在线资料，每日能够收集数百万张流转于互联网上的照片。该数据库被用作面部识别工具。[71]2010年，美国国家安全局将“泉源”数据库与国家反恐中心维护的“恐怖分子身份数据处理环境”数据库（Terrorist Identities Datamart Environment，Tdie）中的照片进行交叉核对，同时组建多个团队，负责根据照片中包含的信息构建出被通缉者的准确形象。《纽约时报》曾刊文详述国家安全局在2011年如何不同程度地成功定位到本·拉登等数个目标人物，这一报道证明了这种识别手段的运用日渐增多。但当时数字人脸识别技术还未完全成熟，有时候通缉发出的照片却并非目标人物。2013 年 9 月，美国人民陷入惊恐中，他们意识到自己正遭受侵入性、系统化且不受控的监视。情报机构利用元数据构建了个人社会关系网络，在技术上将极权主义的做法往前又推进了一步，这种做法早在 1972 年就已受到哲学家汉娜·阿伦特（Hannah Arendt）的抨击。[72]

国家安全局拥有自行开发的搜索引擎（ICReach），收录了超过 8 500 亿条记录（内容覆盖了电话、电子邮件、传真、移动设备地理位置、在线讨论等信息）。ICReach 的用户包括了联邦调查局、缉毒局和国防情报局等美国政府部门以及“五眼联盟”情报合作机构。中央情报局拥有自己的系统，掌握通往 ICReach 数据库的入口。

国家安全局还实现了数据的量化。《卫报》于 2013 年 6 月 8 日曝光了“无界线人”项目。该项目是一种数学程序，每天统计着国家安全局从世界各地收集和保存的电话和电邮，重点对“拨号号码识别”（Dial Number Recognition）或“数字网络情报”（Digital Network Intelligence）两类数据进行区分。[73]前者针对电话通信，后者负责互联网通信数据。根据斯诺登提供的一张“监控热力图”显示，仅美国国家安全局全球入侵行动科单个部门在短短 30 天内就获取了 30 亿条经由美国电信系统传输的数据以及来自世界各地的 970 亿封电子邮件和 1 240 亿通电话。[74]另一份关于“无界线人”的文件则详细记录了 30 天内所得数据的细目[75]，但是这些数据的真实性均存在争议。[76]“无界线人”项目的推出正是为了向国家安全局高级官员提供详细的统计资料，但国家安全局局长基思·亚历山大在面对国会质疑时，却声称无法提供该机构活动的准确数字。事实上，亚历山大凭借“无界线人”提供的数据，本可以正面答复，但是没有任何一位局长会背离国家安全局的神圣原则——“无可奉告”（No say anything）。

从泄露的消息中，人们还了解到了其他代号千奇百怪的项目。例如，启动于2009年的“碟火”（Dishfire）。“碟火”是一个管理短信息的数据库，内容涉及银行卡、银行账户、转账等财务信息以及与电话、拨号和地理位置等相关的数据。该项目收集了70多家银行的信用卡交易信息，覆盖全球多个国家，特别是身陷危机的国家。“碟火”还分析了维萨信用卡用户在欧洲、非洲尤其在中东的交易信息，借此查出了多个金融团体。几家阿拉伯银行也因此被列入了美国财政部的黑名单。[77]

大多数项目的代号[78]由计算机自动生成，以避免名称中出现任何指代信息（如任务、项目、行动、公司、人员等）。虽然博客（www. electrospaces. blogspot. fr）对这些项目进行了动态跟踪，彻底的盘点仍然是一项不可能完成的任务。但根据目前已曝光的项目，外界对美国国家安全局全球监控的规模、技术的复杂性以及行动的非法性已有了大概的认识。美国国家安全局开展远距间谍活动，监控通信光缆，在设备中植入恶意软件，并参与了各种人工情报项目。从公开的资料来看，国家安全局毫无节制地开展精准性监控活动，同时还以国家安全为由，实施无针对性的大规模数据收集。这种史无前例的截听行为不间断地监视着国内外所有潜在的敌人，包括那些企图逃离监控的目标。所有的数据都会被拦截、收集、分类。功能强大的算法能够从号码、通话频率、持续时间、地理定位中确定出人物之间的关系，对联系人进行追踪，并顺藤摸瓜地描绘出联系人庞杂的社交网络。然而，尽管拥有语义软件和语音识别的加持，国家安全局在数据分析上仍然离不开高度专业的操作员。此外，该局还长期面临着其他挑战，如信息的存储、数据处理期限、密码学领域领先地位的维持等。因此，国家安全局采取了各种应对手段，在技术上投入了数亿美元，同时与国内外公司合作，弱化商务领域的加密系统。

9
研发部门的雄心

技术主导

为了主宰所谓的“信息圈”（Infophere），国家安全局正投身于一场决定性的技术竞赛，坚持不懈地增强其惊人的计算实力。[1] 所有的研究人员都力求维护国家安全局在高级数学、量子计算、纳米技术、网络技术、计算机安全等技术领域的前沿地位，专家们展开竞争，确保该局在情报和反情报技术上保持明显优势。总体而言，国家安全局研发团队的使命是开发主导全球信息和通信网络的工具，将海量信息转化为战略优势，同时，通过与其他政府部门和不同合作伙伴的互动，发展全方位的安全合作关系。对于威胁国家安全的棘手目标，无论其目的、地点和源头，研发团队都力求找到突破口，渗入其核心。合作与创新是美国国家安全局研发部门的主要指导方针。1953 年，国家安全局咨询委员会（National Security Agency Advisory Board）成立。[2] 该咨询委员会的新兴技术专家定期向国家安全局局长就密码学和其他领域的科学进展和技术应用提供建议。[3]

根据 2013 财年情报系统的财政预算草案，国家安全局计划投入 4 860 万美元用于研发，以应对信息超载和光纤发展带来的挑战。[4] 毫无疑问，模拟技术向数字技术的转变、光纤的使用以及数据流量的急剧增加，使国家安全局的任务变得更为复杂。在机器上安装后门程序有时成为访问系统和截获数据的唯一途径。国家安全局在西部数据、希捷、东芝、美光及其他多家公司生产的硬盘驱动器核心部分植入间谍软件。2015 年初，莫斯科计算机安全公司卡巴斯基（Kaspersky）谴责黑客团体——方程式组织（The Equation Group）在支持硬盘运行的预编程代码中设置了漏洞。该组织对伊朗、俄罗斯、巴基斯坦、阿富汗、中国、叙利亚、阿尔及利亚、马里和也门等国的政府、电信运营商、智库和其他机构的计算机进行攻击，其背后应该就是美国国家安全局在支持。[5]

国家安全局的使命注定了其必须追求创新，它通过合作努力开发最新型的超级计算机。在逻辑层面，该局有过诸多尝试，程序分析都极具野心，但往往出现令人失望的现实，即领导人之间缺乏信任、缺乏共识。[6] 经过战略思考，一个观点最终形成，[7] 即必须开发基于共同参与的系统，以支持数据活动，而非开发承载交互工具的计算机平台。[8]

科研团队和合作伙伴

可信系统研究小组[9]负责开展研究，以推动密码技术和计算机系统安全的发展。[10]计算机与信息科学研究小组统筹技术创新和开发计划，目标是将原始数据转化为有用信息。此外，一个汇集了工程师、计算机科学家、数学家、心理学家、神经科学家和语言学家的综合小组负责与高校、商业合作伙伴和其他政府组织的合作事宜。他们致力于探索知识管理、本体论、情报评估、语言分析、语音分析、建模和认知科学等方面的创新分析方法。

国家安全局与北卡罗来纳州立大学合作，于 2013 年在其罗利分校创建了大数据实验室——分析科学实验室（Laboratory for Analytic Sciences，LAS）。国家安全局研究部负责指导和推进由情报分析师、大学研究人员、科学家、企业家开展的研究项目。该实验室的成立，在未来 5 年内将创造 100 多个工作岗位。[11]

吸引最优秀的专家，改变个人行为习惯

国家安全局在其官网上发布公告，寻找最优秀的国别专家、人工智能专家、计算机工程师和数学家。同时，它还瞄准了电子或计算机工程、数学、物理、化学、生物科技等专业的学生。它为学生们提供其他地方所没有的机器，供他们解决极具魅力的问题，以此来吸引人才。此外，它还专门为教师和行业专家提供交

流的机会。国家安全局还允许研究人员发表作品，但更新并不及时，官方网站上的最近一次发布是在 2015 年以前。

研究局对超高精尖的技术进行前沿研究，这些技术在未来将极大影响每个人的行为习惯。通过其技术转移计划（Technology Transfer Program，TTP），它提供了多种多样的技术专利组合，允许在线查询专利组合的索引目录，同时鼓励感兴趣的公司和大学联系技术转移计划办公室。它还出版季刊《下一波》（*Next Wave*），内容涉及电信和信息技术领域的技术进步和研究活动。

今天，国家安全局在其网站上声称其研发实力丰厚，但它更像是妄自尊大，面对其自恋的追问，魔镜直接拒绝给出它所期待的答案："是的，你是密码技术和信息技术方面最先进的机构。"日子不再如过去一样容易，它再也无法在暗处悄然发展壮大。但近 60 年来，它成功地将国家安全的概念推出，从而获得大量资源，吸引了最具天赋的人才，这是它践行使命，为军政部门和其他机构提供情报的必要条件。

第三部分
滥权与偏执

“我们不持有与美国公民相关的数据。”[1]

基思·亚历山大

美国国家安全局前局长（2005—2014 年）

“发生的事情远远超出了任何人的怀疑或想象。”[2]

拉塞尔·泰斯（Russell Tice）

美国国家安全局前分析师[3]

1
全面反恐战争

“9·11”事件为小布什政府提供了主张其国家安全政策的契机。乔治·布什总统呼吁采取报复行动，发动一场“正义的预防性战争”，维护美国的民主制度和价值观。在救世主演讲的背后，行动正在展开：能力手段强化，联邦预算增加。强烈的干涉主义意愿推动了这一霸权政策，情报部门将在很大程度上受益于这一政策。

阿富汗和伊拉克战争（2001—2011年）

2001年9月14日，美国众议院和参议院投票授权使用武力，赋予布什总统前所未有的行动自由，允许其发动全球反恐战争。只有加州众议员、进步主义派民主党人芭芭拉·李（Barbara Lee）提出反对意见，强调这一授权或将导致一场“不受控制、缺乏具体目标和撤军战略的战争”。[1]9月17日，布什授权启动高度机密的“灰石”（Greystone）计划，从根本上简化了目标性暗杀的授权程序，这一计划为最隐秘、法律上最受非议的地下活动大开绿灯。行政部门因此拥有了前所未有的权力，可以无须汇报，自由地展开秘密战争。此前被视为非法的、不民主的甚至是危险的情报手段如今获得了堂而皇之的授权。[2]国防部长唐纳德·拉姆斯菲尔德已经忘了他在9月10日批判五角大楼官僚作风的讲话——结束“几乎全面依赖中央情报局”的局面。从此以后，一个善于猎杀的强大机器——美国的尚武精英群体被动员了起来，配套的情报行动也随之获得相应的支持。[3]布什想要为美国雪耻，追捕本·拉登，摧毁在塔利班支持下控制阿富汗多个基地的基地组织。2001年10月，“持久自由行动”（Enduring Freedom）[4]正式展开。12月7日，塔利班政府和阿富汗南部的坎大哈市陷落，而其他行动也在世界各地铺开，例如，菲律宾、撒哈拉和萨赫勒地区、非洲之角、潘基斯峡谷、格鲁吉亚。然而，多年过去了，阿富汗局势不断恶化，美军仍不得抽身。2009年，奥巴马总统确定了“打乱、瓦解和击败巴基斯坦和阿富汗境内基地组织”的目标。[5]在国家安全局的协助下，本·拉登在巴基斯坦阿伯塔巴德（Abbottābād）的秘密住所被美军发现。2011年5月2日，凭借侦察、识别和形势分析所得的情报，特别是根据国家安全局提供的信息，当时受中情局直接调用的美国海军特种部队——海豹突击队（即三栖突击队）击毙了本·拉登。

战术信号情报的受限

当布什决心一雪美国“9·11”之耻时，国家安全局局长迈克尔·海登却陷入了窘境。当时的国家安全局各部门已无法对喀布尔的通信实施有效的监控，塔利班极少使用无线电，且禁用互联网和手机服务，美国在阿富汗甚至连使馆都没有。另外，精通当地语言（普什图语、达里语、乌兹别克语、土库曼语）的专家也是屈指可数。戈登堡区域安全行动中心在掌控中东和近东地区上力有不逮，提出了加强阿拉伯语人才队伍建设的请求。请求发出几周后，约 12 名人员被派往当地增援，但他们需要接受语言培训，并通过测谎仪测试获得安全许可后，方可参与工作，整个过程需要 3 个月。至于中情局，虽然它在 20 世纪 90 年代后期向北方联盟[6] 部队提供了信号情报装备，但它在当地没有常驻联络官，拦截的情报也未能及时传递。而军方的情报部门仍处于重组阶段，能力有限，而且还在等着新装备的到位。此外，军方的战术信号情报单位也遇到了语言阻碍，只能仰仗于国家安全局。[7] 然而，布什政府却并不满足于打击基地组织，它们瞄准的是阿富汗整个国家。

在双子塔和五角大楼受袭几分钟后，国家安全局截获了一通电话，通话双方是身处亚洲的基地组织成员与位于前苏联某一加盟共和国的联络人，内容是宣布“好消息”。迪克·切尼、唐纳德·拉姆斯菲尔德及其团队却轻描淡写地略过了这条信息，他们认为，该信息太过含糊，不足以明确指向基地组织。对于他们这些沉迷于伊拉克石油财富的新保守派而言，罪魁祸首只能是萨达姆·侯赛因。[8]“9·11”事件成为完美的借口，美国可以师出有名地入侵伊拉克，并强制推行其地缘政治观点，即世界是一个必须由美国主宰的“战场”。

2003年3月20日，美国裁减了驻阿富汗的部队，转身投向了伊拉克，第三次海湾战争打响。美国主导的多国部队攻入伊拉克，发动了这场旨在推翻以萨达姆·侯赛因为首的复兴党政权的战争。4月9日，美军击败伊拉克军队，攻占首都巴格达，并抓获萨达姆·侯赛因。然而，美国过早地发出了欢呼声，且过早地撤出了部队。情报部门编制人数因为战事的结束而减少，5月初，国家安全局负责伊拉克的小组解散。随后，叙利亚、伊朗甚至土耳其成为美国新的目标，在伊拉克，抢掠现象日益严重，局面持续动荡，作战和情报手段已不足以应对日渐频繁的袭击事件。信号情报设备，包括用于拦截手机通信的最新装备，在城市作战中表现不佳，也不适用于敌人所用的原始设备。美军攻陷巴格达后，受过截听和译码训练的阿拉伯专家被调至人工情报团队，而他们还尚未完全掌握这门语言。

国家安全局的语言专家大部分精通的是韩语、法语或西班牙语等语言，并不适合在伊拉克工作，但他们中仍有许多人被派往伊拉克，安置在行政或安全事务岗位上。信号情报单位被打散，军事指挥系统也因此而受到影响。2004年，美军配发新式移动截听设备，但它们并不实用，技术含量有限，分配上也比较随意。由于获得安全许可的语言专家非常稀少，且担心非法武装渗入军队和国家警察部队，美国将语言专家的招募工作委托给了CACI 国际公司和泰坦公司（Titan Corporation）等美国私营部门防务承包商。新招募的雇员在通过安全审查后，被分配至国家安全局的佐治亚州戈登堡区域中心，参与新成立的“眼镜蛇聚焦”行动小组（Cobra Focus），负责拦截手机通信，并通过卫星发往伊拉克前线。“伊拉克自由行动”（Operation Iraqi Freedom）的信号情报工作还借助了在夏威夷、科罗拉多和得克萨斯的区域行动中心的支持。

阿拉伯语和波斯语专家艾德里安娜·金妮（Adrienne Kinne）见证了当时在伊拉克所遇到的困难。2001 年 11 月，她被派往佐治亚州戈登堡区域安全行动中心，并在那里遇到了以前的教官约翰·贝里。贝里是阿拉伯语专家，陆军预备役准尉，先后以现役和预备役的身份为国家安全局效劳将近 20 年。该中心当时的编制人数是 1990 年的两倍，达 2 400 人，建有 5 栋功能不完善的大楼，无法满足 2 400 人的工作需要。此外，对语言学家的需求也非常迫切，招聘广告依赖于媒体，招聘工作最终被委托给了泰坦公司等承包商。金妮和贝里被分配至第 513 军事情报旅负责信号情报工作的第 201 营。贝里负责绝密的非法项目“高地人”（Highlander），监听中东地区的卫星通信，金妮以语言专家的身份参与其中。国家安全局在科威特的多哈营地实施卫星通信拦截[9]，被拦截的通话几乎被实时传送至国家安全局的佐治亚州戈登堡区域中心，存储在待处理文件中。“高地人”项目组负责监听这些通话，然后进行分析，识别出恐怖分子。艾德里安娜·金妮反对这一监听任务，因为根据命令，金妮必须监听包括英文通信在内的所有通信，并将它们全部转录出来，内容涵盖了私人交谈信息，记者、商人以及红十字会等人道主义救援组织的通信。事实上，许多通信拦截行动，包括为驻伊拉克美军提供战术情报的“眼镜蛇聚焦”行动，都违反了美国国家安全局的内部规定以及第18号美国信号情报指令（United States Signals Intelligence Directive 18）。也有其他操作员与金妮一样反对无限制的监听，但军令如山，而且这些行动高举着打击恐怖主义的旗号，令人无法抗争。

另外，美军的对手在使用卫星通信上也十分谨慎。[10]最终导致美军根据截听而来的虚假情报，击毙了无辜的受害者。现场的军事指挥部门对国家安全局甚为不满，指责其无能。最终，指挥部门只对国家安全局的原始信息感兴趣，对翻译和分析则希望自行负责。国家安全局希望扭转形象，从数据提供者转型为服务提供者。分析员埃里克·哈世廷（Eric Haseltine）受局长海登的紧急派遣，赶赴伊拉克。哈世廷相信国家安全局在处理信号情报上具有明显优势，而信号情报对于战场而言至关重要，但是高层情报军官和中情局特工并不欣赏这个科技怪杰，认为他破坏战术情报工作，并试图越过指挥链条。争论不断升级，消息不灵的部队最终只能承受因此造成的苦果。[11]

基于小布什政府一则谎言而启动的所谓“预防性战争”，在几个月的时间里，发展成为一场游击式的不对称战争，出现三方对抗的局面：一方由美国支持，一方是萨达姆·侯赛因的支持者，最后一方是基地组织的“圣战”分子。[12]美国虽然没有做好陷入这个致命泥潭的准备，但国家安全局还是能够实时提供作战和战术支持，尽管面临着巨大的技术和语言障碍。它的一大功绩是帮助美军更好地了解非法武装的作战模式，从而挽救了许多生命。然而，由布什总统与其新保守派追随者匆匆发起的全面反恐战争却葬送了更多的生命。

2002 年，“9·11”事件调查委员会对此次恐怖袭击的事实和背景进行了分析，强调“政府受制于官僚主义”的缺陷，并指出国内外情报部门收集和共享情报存在巨大困难，甚至在本国政府部门之间亦是如此。委员会认为该事件体现了美国在想象力、政治、手段、管理上的失败。[13]于是，在 21 世纪之初，蒙受屈辱并使国人付出生命代价的美国投身于两场毫无意义的战争，而国家安全局却将因此而受益于新政策、新资源。

2

当国家安全局可以更有作为时

“9·11”事件后，国家安全局陷入偏执，它不满足于在战区的战术投入，还希望发展骇人的大规模监视活动。“‘9·11’事件是砸到国家安全局头上的馅饼”，一位不愿透露姓名的高级官员讽刺道。[1] 当时，国家安全局已在发展上受限，然而在悲剧发生后，它很快触底反弹，追随白宫步伐，启动极具入侵性的大规模监视项目，进入失控状态。1999 年出任局长的迈克尔·海登与其继任者基思·亚历山大以维护国家安全为名，授权所有违规逾矩的行为。他们的说辞实际上就是游走于透明度与保密性之间的杂耍，目的是为国家安全局的逾矩行为辩护。

迈克尔·海登的坚定信念

“9·11”恐怖袭击发生翌日，海登在短暂的茫然无措后，立即意识到必须重建情报系统的信心。9月13日，他在全局传阅的一份声明中明言道："自由之人必须始终在自由与安全之间的平衡做抉择，难道国家安全局的使命不是在维护美国自由的同时，让同胞们重新获得安全感吗？因此，我们必须转守为攻，成为情报的猎手，而不仅仅是数据采集者。"意志坚定的他决心越过白宫的审批和《外国情报监控法案》的规定，对来往于阿富汗和美国的通信进行全面监视。中央情报局局长乔治·特内特于是向海登转达了副总统迪克·切尼的问题——"国家安全局能否更有作为？"[2] 海登强调了国家安全局在光纤发展背景下的技术限制以及他在"9·11"悲剧发生数月前已指出的法律束缚。他认为，唯一的解决方法就是活在网中，确保国家安全局的力量能够全时性触及全球电信网络的每一处角落，实现大规模数据和语音信息的收集。而后在白宫危机处理小组的会议上，海登解释道，国家安全局可以设计一个项目，拦截来往于美国、收听和/或拨打一方为基地组织成员或疑似与基地组织有关联的人员的电话。乔治·布什、迪克·切尼、康多莉扎·赖斯和主要情报官员认真听取了海登的报告。布什总统和气地询问道："迈基（Mikey，海登儿时的昵称），我们能否在现行法律的框架内做更多事情？"海登给出了肯定的答复，并再次批评了《外国情报监控法案》，认为有线传输时代已终结，移动电话和光纤技术的发展正不断挑战美国国家安全局的数据拦截能力，该法案不再适用。根据该法案，倘若要启动72小时窃听行动，获得授权的时间和程序对于国家安全局而言太过烦琐，还必须将宝贵的时间花在法官特别是分析师的身上。但也存在另外一种观点：司法部官员詹姆斯·贝克（James Baker）[3] 等人认为海登是故意夸大其词。确实如此，开具监视许可令可以做到非常迅速，同时公民的私人生活也能得到法律的保障，但海登懂得如何迂回行事和说服他人。他希望国家安全局能够同时、临时或长时监视数千人，而无须纠缠于法律问题。

在悲剧发生后的日子里，海登对于情报系统的失败始终耿耿于怀。他是否对情报部门各自为政、不进行系统性信息共享不满？中央情报局实际上已经辨别出那些家伙（劫机恐怖分子），却没有报告他们已经进入美国境内这一信息。当时被分派到亚历克站（Alec Station）[4] 工作的联邦调查局特工马克·罗西尼（Mark Rossini）了解到两名恐怖分子在不久前已经入境美国，但是亚历克站受中央情报局的领导，罗西尼没有获得该站二号人物汤姆·威尔希尔（Tom Wilshire）的授权，因此未将该情报通报给联邦调查局的同事，而联邦调查局本身也不太注重合作。海登非常明白国家安全局也将像其他情报机构一样受到指责，因此，他选择了激进的路线来应对恐怖主义威胁。

约翰·波因德克斯特的机会主义

2001 年 9 月 11 日，前海军准将约翰·波因德克斯特（John Poindexter）宽慰地得知，他在五角大楼工作的海军军官儿子没有受到袭击事件的波及。波因德克斯特长期以来都深信一个观点：必须在敌人发现你之前发现敌人，国家安全局本应提前发现袭击计划的。6年前，波因德克斯特离开海军，但在私人领域上的发展乏善可陈，“9·11”事件给了他一个期待已久的机会。尽管历史不算清白（他曾卷入“伊朗门”事件[5]），波因德克斯特与其朋友——大型国防承包商科学应用国际公司（SAIC）的副总裁布赖恩·沙基（Brian Sharkey）成功地将“全面信息感知系统”（Total Information Awareness，TIA）[6]卖给了国防高级研究计划局[7]局长安东尼·特瑟（Anthony Tether）。波因德克斯特因此获得了2亿美元，用于支撑这个1999年研发的疯狂系统，该系统能够将所有个人的电子交易信息、电子邮件、网站浏览记录、银行存款及其他信息载入属于美国政府的一个数据库中。波因德克斯特获得资金后，与博思艾伦咨询公司和雷神公司等企业、希克斯＆联合（Hicks & Associates）等小型情报公司以及康奈尔大学、哥伦比亚大学和伯克利大学[8]建立了工业合作关系，据称，微软和美国在线也与安全服务部门存在合作，全面参与这个庞大的数据挖掘行动。TIA计划由多个子项目组成，各合作伙伴独立负责其中的某一部分。数据收集子项目——“证据提取与链接发现”（Evidence Extractionand Link Discovery，EELD）通过模型将人员、组织、地点、事件联系起来，并将合法和可疑行为进行分类；“可扩展社交网络分析”项目（Scalable Social Network Analysis，SSNA）负责分析社交网络上的日常活动。波因德克斯特因很快建立起一个连接TIA计划合作伙伴（包括国家安全局）的网络，并依托该网络将自身团队开发的分析技术提供给它们使用。2002 年秋季，记者威廉·萨菲尔（William Safire）在《纽约时报》专栏中揭露了一个事实：美国公民的一举一动都受到常态化的监控，实施这一计划的带头人是一名“卑劣的海军将军”。国会决定停止资助该计划，但国家安全局秘密保住了该计划，并继续推进。[9] 此后，其他类似的项目也被陆续开发了出来。美国政府疯狂开展毫不留情的反恐斗争，且盲目迷信于信号情报，它得意地认为电子信息的存储足以打破力量平衡，使局面朝着对己方有利的方向发展。

疯狂的“开拓者”

前文的观点甚至成了海登的信条。2001 年初，尽管时任行动主管的里奇·泰勒（Rich Taylor）持反对意见，海登最终还是选择了“开拓者”项目（Trailblazer），而非合乎法律的“细丝”项目（Thinthread）[10]。“开拓者”是一个大规模数据收集项目，其特点是对隐私信息不进行过滤保护。2014 年初，4 名国家安全局的前官员——威廉·宾尼（William Binney）、科克·韦伯（Kirk Wiebe）、爱德华·卢米思（Edward Loomis）和托马斯·德雷克（Thomas Drake）[11] 向奥巴马寄了一封公开信，揭露国家安全局推行的大规模监视政策和违法行为，指责该机构运行混乱：“我们了解事实，我们目睹了许多可鄙的官僚主义行为，这些行为导致国家安全局办事不力，在‘9·11’事件中与美国其他情报部门相比，至少负有同等的责任。”[12] 他们曾多次向上司、国会、司法部甚至媒体发出警告，指出国家安全局的某些项目存在非法和违宪的情况，但这些努力如石沉大海，毫无回声。这 4 位在国家安全局工作多年的老兵在信中直言，“细丝”项目能够实现针对性监控，且成本仅为 900 万美元，但这个数目太小，无法满足国家安全局承包商们的胃口。他们认为，军工联合体腐蚀了国家安全局和美国当局。“开拓者”是入侵性监视项目，耗资巨大，超支数百万美元，却迅速落伍。宾尼、韦伯、卢米思是尊重美国宪法和法律的爱国者，在“9·11”事件之后，他们觉得自己已经被排除在国家安全局的大家庭之外。他们完全不同意国家安全局高层的选择，拒绝被牵扯进疯狂的“开拓者”项目，[13]失望之余他们于 2001 年 10 月选择了辞职。[14]托马斯·德雷克仍在其位，但他关于“9·11”的证词在官方报告中被删除了。2006 年，他联系了《巴尔的摩太阳报》。面对本部门的失控行径，他无法再一味服从，坐视不理。据他介绍，要了解“开拓者”项目，你必须将它想象成一片海滩，互联网是海洋，海滩上随波而来的数以十亿计的沙粒就是各种各样的数据。“国家安全局面对海滩思忖着：我应该在沙粒中看到什么？我应该发现可以带来信息的沙粒，所以我必须采取一切手段收集沙粒，后期再行查看。”为了达到这一目的，国家安全局必须使用巨大的挖掘机或翻斗卡车，不断地将所有沙粒运送到处理站，即该局的各个部门。德雷克的坦白是有代价的，经过几个月的艰难预审和耗费 100 多万美元的诉讼，他被指控 10 项罪名，包括保存机密文件和虚假供词，面临着 35 年牢狱之灾。德雷克虽然得到很好的辩护，但不得不承认违反了使用电脑的相关法律规定。2011 年，法院认为德雷克在 4 年里已备受煎熬，并且以《间谍法案》为名提出的控诉证据不足，撤销了对他的指控。[15]德雷克终于躲过了牢狱之灾与所有罚款。[16]

人工智能

国家安全局为了实现对各类数据的大规模自动化采集、识别、存储和分析，开始投资人工智能项目。语音自动识别存在技术问题，但它却是发动无人机攻击时识别目标的关键战术要素，且是对个人实施监视不可或缺的手段。[17]多年来，中央情报局和五角大楼凭借 1995 年空军研发的无人机技术，强化了对恐怖分子的隐秘致命打击。“捕食者”（Predator）无人机配备了“地狱火”远程导弹，可用于观察、侦察和作战。“无血之战”（Clean War）的神话破灭。2002 年在也门，“科尔”号军舰袭击事件嫌疑人哈里斯和出生在布法罗的美国公民艾哈迈德·希加兹（Ahmed Hijazi）［又名卡马尔·德威希（Kamal Derwish）］成为“捕食者”无人机的首批亡魂。维护公民自由和人权的协会认为，这是一场政治暗杀。[18]此外，无人机还被用于监控美国边境以及监视境内大型聚会和所谓的“敏感”社区，这也让上述协会感到愤慨。

国家安全局无权犯错，但在部分声音和方言上仍有障碍。该局高级语言研究中心[19]的神经科学家致力于改进系统，以更好地识别声音。不仅如此，他们还试图渗入个体思维，填补空白信息，发现谎言！[20]该领域的高精尖企业也参与其中。国家安全局与以色列的自然语言通信（Natural Speech Communication）公司[21]存在合作，该公司提供实时电话和视频通信的探测技术。另一家合作企业——美国 Nexidia 公司则能够从电话录音中快速分析语音和单词，包括阿拉伯语方言。[22]国家安全局投资了海量数据挖掘与预防性威胁分析系统——“源于海量数据的新颖情报”系统[23]，并且越来越多地倚靠认知科学和社会语言学。

启动于 20 世纪 90 年代的人工智能项目——情报高级问答系统在 2001 年后得到进一步开发，它主要用于回答如下问题：X 对 Y 有什么看法？该系统如同一个间谍机器人，能够通过公开信息源对可用数据进行分类。它扫描和分析互联网上的行为（阅读、讨论、表达、语言习惯、购物、咨询、旅行等），根据细微线索给出信息含义。

“开拓者”项目最终因过于庞大而被舍弃，在管理上它难以支撑起海量的待处理数据与巨额的成本。由于各部门领导层缺乏远见、信任和共识，大规模数据收集与分析项目往往不尽人意。国家安全局在近 10 年前超额部署的技术项目应该已不足以应对当前多变叠加的威胁与日益复杂的信息和通信技术。国家安全局的信号情报操作员和密码专家发现自己踏上了一条艰难的追捕之路，寻找“坏人”或敌方政府已非易事，因为他们也掌握了使用复杂的通信系统、部署干扰和伪装装置、引诱侦查设备、发展网络空间等技术手段。但在战术层面，分析师凭借数据挖掘、通信和社交网络分析等众多工具，从未错过任何数据。[24]此外，国家安全局还维护着多个大型数据库，[25]然而问题在于不同机构之间的数据库不兼容，技术实力无法掩盖国家安全局在运行与组织上的缺陷。2005 年，布什总统下达命令，要求情报机构加强合作，同时强化人工情报与信号情报之间的协同关系。这意味着，信号情报工作成为优先事项。[26]

“极客”基思·亚历山大

2005 年，基思·亚历山大出任国家安全局局长。上任伊始，布什和切尼就鼓励他采取进攻策略。亚历山大是一个令人既敬又怕的人物，被称为“极客”基思或“国安局的牛仔”。他具有丰富的专业经验，在未来的工作中将强势推行自己的座右铭——“一网打尽”。2001 年，身为一星准将的亚历山大负责指挥陆军的安全和情报部门[27]，该部门在全世界有超过一万名的间谍和窃听专家。“9·11”事件后，亚历山大做出激进的回应，他命令下属以非法手段监视美国公民的电话和电子邮件，甚至包括记者与他们爱人之间的通信。2003 年，获得青睐的亚历山大被国防部长拉姆斯菲尔德任命为负责情报工作的副参谋长。他对美军情报部门在伊拉克的行动范围与所得成果感到十分不满，因为负责伊拉克军情的团队主要瞄准的是疑似非法武装分子和威胁美军的个人。亚历山大曾要求访问国家安全局全部数据，但迈克尔·海登对他不够信任，要求未获回应。两年后，亚历山大晋升为三星中将，同年出任国家安全局局长。他认为必须密切跟踪恐怖分子及其关系网的发展，其理念是抽干海水捞出针来。因此，国家安全局的计算机对所有伊拉克公民的短信、电话和电子邮件实施无差别系统化采集。这个触角无处不在的监视系统使情报工作跨出了重要一步。凭借在战区的丰富经验，加之以国家安全为名义，亚历山大成功获得了必要的工具、资源和权力，可用于大规模收集和存储美国公民之间以及美国公民与外国公民之间的通信数据。[28]他投入了数十亿美元，用于应对移动电话设备的发展以及对讲机、战术无线电信号等通信设备[29]的卷土重来。亚历山大吸取了"开拓者"项目失败的教训——放弃了适用于信息社会的分析手段。"湍流"项目（Turbulence）接替了"开拓者"，重点解决3个问题：数据量、及时性、多样性。此后，新的监听项目虽然在概念和试验上有所不同，但它们都同样具有侵入性和攻击性。

基思·亚历山大还曾任"网络战联合功能构成司令部"司令，其主导的新网络政策也同样具有攻击性，尤其是在2010年出任美军网络司令部司令后更是如此。他凭借海军第十舰队、第二十四航空队和陆军第二军获取的军事情报。这位将军执掌着一个手段强大的情报帝国，麾下是一支由密码专家和网络战士组成的军队。可以说，基思·亚历山大在国家安全局内部和整个情报系统中的权力、决策自主性和影响力超过了国家安全局此前的历任局长。

数字升级

信号情报收集，数据挖掘[30]，监视、侦察、分析和反情报系统，认知科学的进步等需要越来越强大的计算机。着眼于未来的国家安全局装备了超级计算机，其功率预计在 2018 年将达到 exaflops 级（10^{18} 级），在未来还将更进一步，达到 zattaftops 级（10^{21}），甚至 yottaflops 级（10^{24}级）[31]。国家安全局力求在量子物理学方面取得发展。

2008 年，国家安全局与能源部联合创建了一个研究中心——先进架构研究所[32]，与桑迪亚国家实验室和橡树岭国家实验室合作。[33]自 2012 年以来，该研究所一直是具有惊人计算能力[34]的“泰坦”超级计算机的所在地，但在 2013 年，中国超级计算机“天河二号”打败“泰坦”成为全球最快超级计算机，其持续计算速度高达每秒 3.39 亿亿次双精度浮点[35]。我们还能想象出更强大的计算机吗？

国家安全局每天在全球范围内拦截近 50 亿个地理位置数据。[36]全球约有 69 亿移动手机用户，约 30 亿人连接互联网。[37]国家安全局的机器人、存储器和分析软件面对如此庞杂的连接与通信，需要处理的字节数量无法估量。搜索引擎和社交网络源源不断地充实着各种庞大的数据中心。[38]谷歌每天处理超过 24 万太字节（tb）数据，YouTube 每秒载入一小时新视频，脸书每小时吸收 1 000 多万张照片，推特每天更新 4 亿多条动态信息。人类在

48 小时内产生的数据超过史前到 2003 年之间产生的数据总和。数据中心吞噬着一切数据，包括各个搜索引擎的搜索记录、照片、视频、讯息，以及计算机时代之前的各种数字化信息档案（书籍、文本），个人、公司与其他机构存储的数据（这些数据经常被上传到云端）。互联网服务器中存储了 12 亿太字节的数据，预计到 2020 年将增长 30 倍。卫生系统、消费数据、地理定位系统、网络控制系统、关键基础设施实现了人类活动的现代化，但也使监控活动变得更加容易。国家安全局的分析师们通过大数据可以描绘变化、预测趋势、绘制轮廓、确定行动与举措、评估风险等。对于掌握这项技术的人来说，违规逾矩操作有时显得很有吸引力。

数字革命依托社交网络，为分析个人及其关系网开辟了新的途径。霸权而偏执的美国国家安全局在社交网络中如同老大哥，它毫无节制地观察与分析着社交网络上的行为，[39]但它也会遭遇障碍，如互联网上的匿名工具[40]。个人自由的捍卫者、美国价值观的反对者、狂热的斗士、跨国犯罪分子等都熟练掌握数字技术的非法操作，国家安全局的行动因此变得更加复杂。

“9·11”事件对于美国国家安全局而言，可以说是一出悲剧，同时也是一个机会。美国政府拨款 400 亿美元，其中部分流入了国家安全局，它凭借这笔资金，实现了基础设施的现代化，同时解决了科学、技术、工程、数学等专业的人才需求。自 2004 年始，该局每年招聘 1 200 至 1 500 名特工。迈克尔·海登通过多个超限项目，践行着布什政府的期望。是的，国家安全局可以更有作为，但由于缺乏令人折服的结果，基思·亚历山大于是放手推出各种规模越来越庞大的监视项目。狂妄自大的布什和亚历山大还非常积极地促成一个强大的工业家圈子，其特点是与政府和情报系统的关系异常紧密。

3
工业合作伙伴

“9·11”事件对美国的情报工作产生了长远的影响：新的国土安全法律颁布、政府巨额投入惠及军工联合体。安东尼·特瑟领导下的国防高级研究计划局在2003年的预算高达26.85亿美元。[1] 安全、信息中心战、技术破坏和技术转移等领域的众多研究项目获拨资金。[2] 国土安全高级研究计划局[3] 投入5亿美元，用于支持私营部门与高校的高科技创新项目。网络安全研发部门在5年内获得9.03亿美元的拨款。[4] 国防和情报部门受到鼓励，利用卫星、电子和光纤网络监视全球，满足军队的信息需求。[5] 但国家安全局的卫星已不足以控制局面，伊朗和朝鲜开始使用光纤技术，拦截其通信数据已非易事。然而，发射新一代的卫星成本过高、周期太长，国家安全局于是开始寻求承包商的协助。

必不可少的分包合作

历史上，马里兰州、弗吉尼亚州、华盛顿特区都是情报和防务机构以及联邦政府长期合作承包商的所在地，但分包合作关系是逐渐发展起来的。20 世纪 80 年代，研究工作始终在国家安全局的幕后秘密开展。一方面，分包合作和真正的项目管理在高保密性和高技术性这一部门文化的笼罩下，发展空间极小，研发和工程项目被归为敏感事项，不可外包给合作伙伴；另一方面，工业界对国家安全局也比较抵触，认为这是一个贪婪的部门，耗能巨大，却从不分享任何成果。在美国驻非洲使馆和“科尔号”军舰受袭后，国家安全局的焦点对准了传送本·拉登通信的也门行动中心。然而，高达 40 亿美元的年度预算、覆盖全球的卫星群、分布于世界各地的监听站都阻挡不了“9·11”事件的发生。[6] 为了确保悲剧永不重演，国家安全局必须走出技术与管理上的自给自足。国会要求国家安全局采用分包模式，发展“至关重要”的伙伴关系，以应对光纤技术和互联网技术的迅猛发展。新形势下，研发强大且预算控制更佳的系统成为必选项。私营部门从此紧密地参与大规模间谍活动和数据处理。切萨皮克创新中心[7] 是一家研究高性能窃听技术的孵化器，高科技公司对该中心寄予厚望，但它很快陷入赤字，走向了崩溃。

面对批评和新的挑战，迈克尔·海登开始大规模进行分包征召。2001 年 10 月，国家安全局与 144 个承包商签订了 55 份合同。4 年后，这个数字出现爆炸式增长，国家安全局与 4 398 个合作伙伴签署了 7 197 份合同。[8]2012 年，尽管情报机构与承包商之间的合作稍有下降，但情报预算中仍有 70% 用于外包。博思艾伦咨询公司 90% 的收入就来自与联邦政府的合同，但博思艾伦却接连出现事故，甚至曾经因为额外收取差旅费用，被司法部建议从承包商名单中剔除。尽管如此，博思艾伦仍然是防务和国家安全部门关系最密切的公司之一，该公司 24 500 名员工中近一半拥有"绝密"安全许可。[9]

机密部门特别数据源行动科[10]管理着国家安全局大部分承包商的合作事务。据格林沃尔德的说法，超过 6 万名私营公司的员工为国家安全局提供重要服务，[11]很多人都持有承包安全许可证，并在该局的办公处所工作。斯诺登正是因此得以通过戴尔与博思艾伦为该局提供服务。电子间谍活动俨然成为一个利润丰厚的行业。博思艾伦咨询公司、科学应用国际公司[12]、斯巴达公司（SPARTA）等巨头成为国家安全局战略转向的首批受益者，它们在执行新任务上获得了资金支持。

国家安全局与专门从事数字和电子技术（网络基础设施、设备、系统、软件应用、计算机安全、系统集成等）的公司或属于美国军工联合体的公司建立战略联盟。例如，通用动力公司的 C4 系统分部与 IBM 软件集团合作，为国家安全局位于佐治亚州的监听站设计了一个安全虚拟平台，该平台汇集了多个涉密或非密的独立项目，用户根据自己持有的专有权限，可通过该平台直接访问相关项目。一部高安全性的移动电话处理着所有类型的通信。用户通过该移动电话，仅需简单的密钥，便可从非密系统切换到涉密系统。

许多为国防部工作的公司[14]都为国家安全局生产信号情报设备，作为交换，国家安全局则需确保这些公司系统的安全。国家安全局凭借自主开发但由互联网服务提供商运营的工具，推行了一个试点项目[15]，该项目用于过滤美国主要防务公司[16]的互联网通信，以检测计算机系统可能遭受的攻击或入侵。[17]

近年来，国家安全局还意识到，从防止伪劣、蓄意破坏和网络间谍活动上考虑，应该优先支持本国供应商，外国技术即使成本更低也非可靠之选。为了鼓励其他公共部门和私营公司选择该局的合作伙伴，它与一大批目标公司进行了所谓的可信合作，发展关系[18]，IBM 公司是头号合作伙伴。自 2004 年以来，联邦政府多个部门承诺使用美国境内经过认证的供应商；同时，自 2013 年起，如无事先协议，不采购外国计算机设备。[19]此外，国家安全局对于外国公司收购美国供应商也始终保持警惕，如出现可疑情况，交易即被阻止。例如，因为收购人是以色列前特工而交易被喊停[20]……

国家安全局还与近百家公司[21]达成战略协议，这些公司在国家安全局的领导下，协助保护远程通信和计算机系统免受一切攻击，并为该局入侵他国电磁系统提供访问通道。国家安全局将这些情报活动的一部分外包给了为电信运营商或互联网服务提供商充当中介的小型私营公司。Neustar（中立星）、Subsentio（萨圣提欧）和 Yaana（雅娜）3 家公司通过它们的服务器，收集美国境内的数据，甚至在目标企业的系统中安装信息记录程序。[22] AT&T 公司位于旧金山的秘密大楼拦截了大量通信信息，而信息处理工作被 AT&T 公司外包给了一家高科技公司 Narus（纳鲁斯）。威瑞森公司在休斯敦也有同样的操作，合作对象是 Verint（慧锐）公司。该公司由以色列前情报官员创建，在特拉维夫设有子公司——PerSay（波塞）。该子公司在技术上更加先进，专门研究语音分析。与 NICE（奈斯）公司一样，Narus 和 Verint 都是以色列公司，与以色列信号情报机构[23]关系密切。它们监视美国公民，并保守着秘密顾客的名单。[24]

在数据挖掘方面，国家安全局与帕兰提尔科技（Palantir Technologies）等技术创新公司建立了合作关系。帕兰提尔科技公司是在中央情报局风投公司 In-Q-Tel 帮助下成立的，它深度参与反恐斗争，[25]能够提供定制的可视化解决方案并绘制人员社会关系网。Verint、NICE、Narus、ECtel（艾克特尔）等公司则专攻语音识别与分析技术。此外，还有其他许多大大小小的公司，在此不予展开。根据一项调查[26]，8 家美国数据提供商（亦称数据经纪商）的日常业务是搜索互联网数据，收集个人信息，然后出售给其他公司[27]。这些数据猎手贪婪地吞下一切，它们的客户包括各类企业、电子商务圈、社交网站、媒体、银行、保险公司、匿名的政府实体以及电话运营商。它们将信息进行交换和交叉核对，总结出数百万美国公民的习惯，当然美国公民绝非唯一的目标群体。国家安全局是否与这些活动相关？答案不难想象。

国家安全局为了获取最高安全级别的信息，每年花费 2.5 亿美元[28]，用于在微软、RSA、思科等信息技术公司销售的商务加密系统、计算机网络和通信终端植入漏洞程序。[29]国家安全局还投资其他机构，用于窥视互联网的深层世界。Endgame Systems（终局系统）公司成立于2008年，总部在亚特兰大，其业务是为全球的联网设备提供制图系统。它的产品之一Bonesaw是一款"实时"的应用工具，按照地理区域运行，能够提供设备相关信息、详细配置信息、已植入的间谍软件以及可用于控制设备的工具信息等。该公司还有另外一款应用软件，可用于扫描联网物品。Endgame Systems公司并非唯一一家向国家安全局、中央情报局甚至英国政府通信总部提供服务的公司。[30]法国蒙彼利埃初创企业Vupen（维本）安全公司也提供类似的解决方案，该公司连续3年在Pwn2Own（攻破获取）黑客大赛中获奖，曾攻破高安全性的谷歌浏览器，赢得谷歌发起的挑战，但却拒绝了应得的奖金。它以适当的价格向法国政府部门和大型公司出售自己的服务，却不与微软、谷歌、奥多比等跨国公司合作。但Vupen公司的客户中就有国家安全局，它曾于2013年10月派遣了一批新聘的杰出程序员到国家安全局总部附近的办公室工作。2015年1月，由于不堪行政与立法的压力[31]，Vupen离开了法国，迁至卢森堡和新加坡。[32]

互通互联的公私机构

承包商的负责人或关键人物与情报系统之间通常都存在私人

关系。例如，埃塞克斯公司（Essex Corporation）专门研究光纤，拥有一个精尖实验室，配备了一台运行速度达每秒10万亿次浮点运算的处理器。埃塞克斯公司自2000年起由国家安全局前雇员伦纳德·穆迪斯帕（Leonard Moodispaw）执掌，利润从2001年起持续攀升（2001年同比增400%以上），2005年达到1.598亿美元，但该公司与国家安全局的关系不止于此，原国家安全局局长肯尼斯·米尼汉是该公司"顾问"，原国家安全局保障部门副主任詹姆斯·迪瓦恩（James Devine）则是公司副总裁。2000年，埃塞克斯公司估值2 000万美元，到2006年被诺思罗普·格鲁曼公司（Northrop Grumman）收购时，估值已达5.6亿美元。[33]

情报部门和私营企业之间人员流动非常频繁[34]，很多高级情报官员被"金饭碗"所吸引，转投私营部门。私营领域和情报系统之间的互通互联还延伸到专业分析师队伍，他们在国家安全局接受培训，然后受聘于大公司。因此，回溯公司历史、分析其组织结构、了解其供应商以及合并、采购、收购等活动具有重要意义。例如，雷神公司于2010年12月收购了在情报、监视和侦察领域具有高创新性的应用信号技术公司（Applied Signal Technology Inc.）。1994年，雷神卷入了一起经济间谍案，被疑与国家安全局有千丝万缕的联系。事实上，通过探询公司历史、领导层以及管理网络等信息，就能从中发现该公司中与国家安全局密切相关者的重要线索。这对于经济情报专家而言就是一个开放的信息库。

国家安全局的承包商大多位于国家商务园（National Business Park）内，距该局总部不到2公里，甚至有时还设有该局的办事处。成立于1979年的“情报与国家安全联盟”[35]也设在国家商务园内，是情报界与工业界之间的桥梁。[36]这一以国家安全为名的联盟往往由国家安全局的前情报官员领导，其所在地可以说是最佳选址，因为其目标是发展情报系统与工业部门的关系，促进协作，实现信息共享和创新。它出版许多刊物，还举办颁奖活动，为两个领域最杰出人物颁奖，堪称美国间谍界的奥斯卡。

拒绝效忠国家安全局

但并非所有的老板都肯效忠于国家安全局。Lavabit（拉维毕特）公司创始人洛达尔·利维森（Ladar Levison）以及前特种部队成员、Silent Circle（无声圈子）公司总裁迈克·詹克（Mike Janke）正是如此，他们坚持原则，拒绝合作。这两家公司为用户提供了复杂的软件信息加密系统，确保了通信的高度安全性，它们坚持捍卫公司独立自主的权利。曾经，联邦调查局和国家安全局要求Lavabit公司提供密钥库，企图凭此掌握并监控该公司包括爱德华·斯诺登在内的所有客户。Lavabit公司因拒绝这一要求，受到了威胁与讹诈。陷入困境的利维森不得已将密钥库交给了政府，但在此之前已谨慎地将公司服务关闭了。他虽然被勒令保持沉默，但仍在其官网上写道：“Lavabit公司无法解释关闭服务的原因，但建议如非国会行动或无坚实的司法先例，任何人勿向与美国政府有关联的公司共享数据。”[37]詹克也关闭了Silent

Circle 的服务，并销毁了存储在服务器上的所有信息。但他继续提供安全的电话服务，并与 Lavabit 合作，共同创建了一个电子邮件平台[38]。

此外，国家安全局与硅谷的关系似乎也越来越紧张了。谷歌和雅虎在了解到未加密邮件在机器间传输时会遭到拦截后，立即加强了对数据的加密工作，并使用公司自己的数据中心进行数据存储和传输。谷歌、苹果相继推出完全加密的移动电话，这些举措无一不让情报机构感到恼火，联邦调查局局长詹姆斯·科米（James Comey）对此予以强势回击。毫无疑问，联邦调查局希望能够继续神不知鬼不觉地获取数据，但苹果公司态度坚定，公司的第一要务是保护用户的隐私，绝不可能以安全和加密为由满足国家安全局的胃口。2014 年，迈克尔·罗杰斯出任国家安全局局长，此时他所面对的是不断高涨且难以打压的敌对情绪，同时还要确保未来能与最优秀的人才合作。罗杰斯每 6 个月就会造访一次位于硅谷中心的斯坦福大学，目的是强调国家安全局与高科技公司并肩作战的立场。2014 年 11 月，他甚至宣称“一个安全的互联网符合美国的利益”，“拥有高度加密的产品和服务是一项挑战，国家安全局希望实现这一目标”。国家安全局从防务承包商或黑客处搜索并购买“零日漏洞”（Zero Day）[39]的日子至此终结。国家安全局开始转变政策，因为当时的情况是，一旦漏洞被发现，它就可以被其他人利用……政府和私营公司都无法独力应对国家级别的网络攻击。[40]罗杰斯踏上了艰难的沟通之路，国家安全局形象已不如前，但对于该局而言，至关重要的一点是能够依靠掌握计算机语言和先进技术群体中最杰出的代表人物。此外，还能够确保私营部门创新群体的传承。无数公司在研发领域、工业项目甚至在物理或逻辑层面的操作任务上都与国家安全局存在合作，某些还参与了竞选活动的筹资工作，国家安全局必须继续维持这种关系。

在这个以间谍、军工联合体巨头和高科技初创公司构成的小宇宙里，国家安全局就是君王，但所有朝臣都清楚这个君王需要自己。这张盘根错节的关系网串起了多种利益，任何分叉都将引来警觉的目光。虽然斯诺登泄密事件极大地打击了国家安全局与电信运营商之间的合作关系，使得双方的默契降至冰点，但国家安全局对电信运营商的依赖却一如从前。

4
危险的调情

与电信运营商的关系

数十年来，情报机构依靠与电信运营商的合作关系，秘密开展着监视活动。国家安全局毫无节制地利用着这一关系，然而，如今它不得不从暗处走出，互联网服务供应商也随之变得更加谨慎。

历史似乎就是永不停止的周而复始。一战后，“黑室”主任赫伯特·亚德利面临一个难题：外国驻纽约和华盛顿使领馆的信息难以被拦截。[1] 于是，军事情报处处长、亚德利的上司马尔伯勒·丘吉尔（Marlborough Churchill）将军与西部联合电报公司的总裁达成了非官方协议。西部联合电报公司于每日上午将电报发往华盛顿的军事情报部门，后者阅读后于当日结束前发回前者。此外，还有其他公司参与了这一秘密的非法合作活动。1927

年，《无线电广播法案》颁布[2]，规定信息传输必须经过合法的申请。上述公司在是否继续这一合作上犹豫了，但这不是问题！亚德利以行贿手段消除了障碍。西部联合电报公司、邮政电报公司、全美电缆无线电公司、麦凯无线电报公司秘密收取现金，电报一如既往地涌入情报部门。直到 1929 年，这一合作系统才因缺乏政府支持而宣告结束。

二战结束后，政府再次禁止访问美国每年来来往往的数百万条光缆。信号安全局局长普雷斯顿·科德曼（Preston Corderman）准将于是计划与几家电信公司达成秘密协议。西部联合电报公司表示，只要美国司法部长认定程序合法，即可同意该协议。美国国际电话电报公司起初拒绝该协议，后因担心被指责缺乏爱国之心而妥协。美国无线电公司紧随其后，不无勉强地接受了该协议。尽管公司律师提出了警告，[3] 这些电信运营商最终均于 1945 年参与了“三叶草行动”（Shamrock）。[4] 武装部队安全局以及随后的国家安全局由此得以访问出入美国的通信，并一直持续到 1975 年。

1994 年，《通信协助执法法案》[5] 获得通过，该法案要求电信公司使用或开发相关技术，为政府机构对电话通信实施电子监控提供便利，后期还扩展到 IP 语音电话和互联网通信。根据该法案，泄露此类协助关系属于犯罪行为。2011 年，国会将该法案有效期延长至 2015 年。2015 年，关于该法案的辩论再次响起，主题是终止该法案。确实，“9·11”事件后，政府加强了通信拦截行动，其中包括非法手段。爱德华·斯诺登就曾提供了多份与此相关的详细文件。

按照章程，国家安全局必须专注于国外情报，但实际上，秘密监视并没有放过美国公民。2013 年 4 月 25 日，外国情报监控法庭发布了一项绝密指令，要求威瑞森每日向国家安全局提供两份材料：一是所有电话的详细记录或威瑞森为美国对外通信创建的电话元数据[6] 的电子副本；二是美国境内所有的内部通信，包括本地电话。[7] 但牵扯进“棱镜”计划的公司否认曾无限制提供其服务器的访问权限[8]，谷歌和脸书还声称，只有当国家安全局手持许可令状时，才会授予其访问服务器的权限。这些数字巨头通过含糊其辞的辟谣来淡化此事，事实上，这些公司自 2007 年起已成为国家安全局的联系对象，目的是促成密切合作，共同服务于一项秘密的监视计划。起初它们十分抵触，但最后还是勉为其难接受了。面对政府合乎法律的要求，最顺从的部分企业甚至修改了它们的计算机系统，以便更有效、更安全地共享用户的个人数据，但推特却拒绝合作并强调，虽然法律上有义务对外国情报监控法庭的合法要求做出回应，但没有任何一份法律文本规定必须为政府获取信息提供便利。[9] 微软是合作态度最好的公司，然而该公司在 2012 年将其电子邮件门户（Outlook. com）进行升级，将包括电子邮件提供商 hotmail 在内的所有通信服务整合到一个具有高级别加密措施的核心项目中。国家安全局陷入惊慌！但不久后，该局与微软就达成了协议，成功规避了这些保护措施。此外，联邦调查局同样不希望 Outlook 将监控复杂化，也与该公司达成了合作协议。[10]微软还放宽了其在线文件存储系统（SkyDrive）以及 Skype 的访问权限。Skype 是互联网电话和聊天服务提供商，于 2011 年底被微软收购，当时它拥有超过 6.6 亿用户。而历史上，Skype 这家爱沙尼亚初创公司曾向其用户承诺：尊重隐私、尊重个人数据的保密性、保护用户通信内容。但微软于 2013 年与国家安全局、联邦调查局和司法部合作，进行技术调整，为数据收集提供便利。沉迷于情报收集的国家安全局失去了判断力，它完全没有意料到有朝一日会因为内部雇员的泄密，导致这些合作关系急剧紧张起来。

在光纤时代，有线运营商对于掌控全球通信具有至关重要的作用。国家安全局与有线运营商的关系又如何呢？

与有线运营商的关系

光缆传输的信息可以通过在光缆上直接引出分支进行收集。同时，国家安全局还必须能够访问承载了 99% 跨洲通信数据的海底光缆。机密部门特别数据源行动科负责管理与合作公司的资金问题，这些公司为国家安全局提供了必要的系统和访问权限。协同合作与独家利益之间的界限难以辨别，谷歌在其他 5 家公司的协助下，为“FASTER”光缆项目提供支持，该项目旨在实现日本的千仓和志摩与美国的洛杉矶、旧金山、波特兰和西雅图之间的宽带连接。[11] 可以设想，美国国家安全局的身影不会遥远，因为这是控制海底光缆的绝好契机。虽然光缆访问入口被定为涉密信息，但我们知道美国成立了一个由联邦调查局、国防部、司法部和国土安全部等部门工作人员组成的机构[12]，其主要目的就是确保光缆始终处于美国政府的控制之下。在此背景下，国家安全局十分关注环球电信公司——一家通过有线网络连接了 27 个国家的美国公司。2003 年 9 月，该公司不得不为美国政府提供支持，确保美国国家安全局能够获取经由其基础设施传输的数据，该公司虽然被亚洲公司收购，但并不妨碍获得国防安全认可的美国人进驻其董事会。海底之战是残酷的，美国不会退让。例如，中国的一个光缆项目就因美国插手而流产。[13]

光缆之战是全球性的。法国阿尔卡特 - 朗讯公司（Alcatel - Lucent）与美国海底光缆运营商 Seaborn Networks 合作，将巴西的福塔雷萨与美国的华尔街连接了起来。巴西政府决心加强电信基础设施建设及对电信的控制，因为这是关乎国家主权和独立的关键问题。随着技术的发展，监听光缆而不被其操作员发现变得越来越困难，但仍可以从全球数十个光缆登陆点收集数据。在经由光缆传输的全球互联网和电话通信中，超过 80% 的信息途经美国的中心站点，这些数据被美国 AT&T、威瑞森和斯普林特（Sprint）三大电信运营商所利用。美国国家安全局毫无疑问截留了这些数据。AT&T 公司一名富有好奇心和洞察力的员工马克 · 克莱因（Mark Klein）就曾发现，在旧金山办公大楼的秘密房间——614 室有一套用于转移 AT&T 公司所有通信数据的系统，这些数据随后通过光纤被转发到一个未知的目的地，[14]但很有可能事先转到位于密苏里州的 AT&T 网络运营中心。2006 年此事遭到曝光，活动家们发起了一场旷日持久的诉讼[15]。2015 年 2 月，加州一家上诉法院最终裁定政府胜诉——“‘国家机密’之下正义止步”。[16]

斯诺登事件的影响

2014 年初，随着全国性辩论的高涨，国家安全局担心未来会受到更多限制，于是它计划将数据存储的控制权转给第三方，如电话运营商，由它们将记录转发给国家安全局。根据退役以及在职情报官员的说法，电话公司可在匿名的情况下进行数据分析，然后将分析结果发送给国家安全局，例如，某一嫌疑人联系了另一嫌疑人。但 2013 年 12 月的报告《剧变世界中的自由与安全》[17]指出，这一方式可能会加剧隐私保护和成本控制的问题，并提出 40 余项建议。国家安全局却不愿失去特权，而且这些公司也不希望数据保留时间超过公司决定的时间。在商言商，财务负担加重，同时承担失去客户的风险，这绝无可能。斯诺登泄密事件已造成这些公司市场份额的下降，尤其是在欧洲市场。它们的竞争对手，特别是亚洲的有关公司也借此机会宣称美国产品不可靠，已被国家安全局动了手脚。

2014 年 10 月初，谷歌、微软、脸书、多宝箱（Dropbox）的领导和法务人员在帕洛阿尔托的一场辩论中表现出了担忧的情绪。[18]国家安全局的暗黑手段给这些公司的运营造成了经济损害。根据当时的预估，到 2016 年，美国的计算机技术服务，尤其是云服务，总收入将下降25%。[19]如果情况继续恶化，甚至可能会“破坏互联网”，部分国家因此想要建立本国的网络，如巴西。欧洲则着手研究个人数据保护的改革。在脸书上，人们谴责变相贸易壁垒的出现，认为这破坏了互联网精神及其组织结构。某些国家还要求互联网服务提供商将本国的服务或数据托管在当地服务器上，而非美国的服务器。多宝箱列举了初创企业被迫在国外建立数据中心的种种困难，这些高科技巨头意见一致——必须加强网络及其服务的安全性。它们与包括思科在内的许多其他企业都在等待情报部门推出新的“行为准则”，等待国会通过几个月前白宫宣布的改革方案。而此前它们已经毫不犹豫地扩大了https网安全协议站的使用范围，加强数据中心之间往来数据移动终端的加密，并增加复杂的协议[20]，以强化基础设施。

运营商采取的这些措施赋予了用户更大的隐私权，恐怖分子和罪犯因而能够更为自由地使用互联网。对于国家安全局及其主要合作伙伴英国政府通信总部而言，这些措施成了监视恐怖分子和罪犯的新难题。英国政府通信总部新任主管罗伯特·汉尼根（Robert Hannigan）一改保守的态度，于2014年10月在《金融时报》上开辟了一个专栏，这是英国情报部门第二次与保密文化背道而驰。[21]根据汉尼根的说法，互联网巨头们停止与情报部门合作，这等于帮助罪犯和恐怖分子躲避国家安全部门，助长他们的不正之风，而其中就包括所谓的“伊拉克和黎凡特伊斯兰国”（ISIS）。“伊斯兰国”的军事首领常常利用复杂的密码学和不可追溯的技术、社交网络[22]、通信平台（如 WhatsApp）向作战人员发号施令。西方情报部门的任务由于数字公司的决定变得愈加复杂，面临自“9·11”事件以来最令人头疼的“圣战”，谷歌和苹果加强了其消费类电子设备的安全性，降低被监听的可能性。许多美国公司虽然仍会响应国家安全局的要求，并且与英国当局合作，处理网上的极端主义信息，却大幅削弱了与英国的合作关系。故意设置后门、以法院命令规避正当程序让这些公司感到困惑。如果沙特阿拉伯或俄罗斯政府索要信息，它们该如何应对？斯诺登事件之后，许多公司在内部报告中承认了错误。YouTube 允许用户举报不当内容，以便将其删除，但无论如何，互联网巨头与国家安全局之间的关系始终非常暧昧。

金雅拓事件

一切都应在掌控之中。为了应对运营商的保守做法，国家安全局使出了别出心裁的秘密手段。金雅拓（Gemalto）是一家在法国 CAC 40 上市的荷兰公司，它是全球最大的用户身份识别卡（SIM 卡）制造商。根据《拦截者》于 2015 年 2 月 19 日提供的信息，一个由美国国家安全局和英国政府通信总部共建的单位[23]在 2010 年入侵了金雅拓公司的计算机网络，窃取了用于保护手机通信安全的密钥。[24]金雅拓拥有 40 个工厂，为世界上 85 个国家的 450 家运营商提供产品。2009 年，国家安全局每秒能够处理1 200万至2 200万个密钥，根据以往经验这些密钥都是具有利用价值的。设备后门一经打开，该部门就可以在无授权的情况下，不露痕迹地查阅用户列表、窃听用户信息、拦截电子邮件和僭取身份。在金雅拓毫不知情的情况下，美国国家安全局和英国政府通信总部窃取了该公司重要人物的电子邮件和脸书账户，远程安装了恶意软件，拦截了该公司与其子公司、工厂和顾客之间往来的安全防护薄弱或无安全防护的信息。与此同时，英国政府通信总部于2011年启动了一项行动[25]，目的是窃取在法国和波兰的金雅拓员工的电子邮件账户。

美国国家安全局拥有世界上最好的数学专家，但其黑客在获取数据上甚至还要更胜一筹。国家安全局通过入侵金雅拓和智能卡，无声无息地实现了远程数据的访问。美国民权联盟的技术专家克里斯·索菲安（Chris Soghoian）曾提出质疑，“政府在2014年1月17日声称：‘全世界无论何种国籍的人最起码都应清楚：美国不会监控那些对国家安全不构成威胁的普通公民，我们在制定政策和程序时也会考虑到私人权利问题。’[26]但怎样才能信任这个政府呢？”美国国家安全局和英国政府通信总部一直在肆无忌惮地监控金雅拓的员工。克里斯·索菲安明确指出，“情报机构锁定和跟踪目标，不是因为目标做错了什么，而是因为这些目标可以帮助情报机构达到目的”。[27]

国家安全局想要拦截一切、吞噬一切，希望以更高的相关性和快速性筛选和连接数据，在目标系统中埋下更多漏洞，加强与防务公司和计算机领域高科技公司的合作。它还想说服或强制电信运营商和互联网服务提供商提供协助，在必要时采取秘密行动。国家安全局的防线受到了谴责，因为它是建立在保密基础上的，保密性是其工作成效的保证。它为了达到目的不择手段，甚至可以戏弄监管部门。

5
监管、谎言与掩饰

国家安全外衣下的谎言

国家安全局局长基思·亚历山大是一名“监控极端分子”，他漠视法律的限制，致力于打造一个全方位的间谍机器。2008 年，他在访问英国政府通信总部时问道：“是什么在阻碍我们随时收集一切信号?”这是一句玩笑话？大概不是。亚历山大深信美国在应对网络攻击时极其脆弱，认为在私营部门难以应付的情况下，只有政府才能全面监控互联网。他是国家安全局保密文化的狂热辩护者，在国会听证会上他厉声强调：“大规模采集数据对于保护关键基础设施至关重要。”亚历山大统治秘密帝国长达 8 年，他守护着秘密，小心翼翼地躲避着公众的好奇心，而最终却由爱德华·斯诺登粗暴地揭开。

“亚历山大皇帝”被赤裸裸地推到记者和公众面前，他被迫多次出席国会，为国家安全局辩护，坚决否认媒体的“指控”。但这还不够，情报监督小组主席、众议员拉什·霍尔特（Rush Holt）抨击他撒谎。这一直言不讳的指责应该是来自白宫的授意，沮丧的亚历山大无力阻挡，最终于 2014 年 3 月 28 日辞去职务。

谁会相信亚历山大的抗议？据《华盛顿邮报》报道，国家安全局 2012 年内部审计报告中指出，在过去的 4 个季度中，至少有 2 776 次违反相关法律法规的行为。但国家安全局认为，这些都是无伤大雅的违章行为，属于简单的事件，或归因于计算机，或是人为失误。而事实上，雇员被要求伪造报告，以掩盖一切违反隐私保护法、违背秘密监管法庭裁决，以及违反包括总统令在内各种行政法规的行动[1]。是的，国家安全局需要做报告，它必须向司法部、国家情报总监和国会汇报工作，但格伦·格林沃尔德认为，《外国情报监控法案》的程序更像是故作姿态，而不是一种对国家安全局真正有效的监管。此外，负责对情报系统实施“严格立法监督”的各个国会委员会更是表现得消极懈怠。这些委员会启动于 20 世纪 70 年代初期，主席都是国家安全局的忠实支持者，对国家安全局的行动并无真正的制约。这位政治新闻记者尤其关注参议院情报委员会的黛安妮·费恩斯坦（Dianne Feinstein）和众议院情报委员会主席迈克·罗杰斯（Mike Rogers），他们更多的是为国家安全局辩护和证明，而非进行质疑或实施真正的监督[2]。政治界与情报界之间的界限是模糊的。例如，佛罗里达州共和党议员波特·戈斯曾是中央情报局特别行动部门员工，与乔治·布什和迪克·切尼关系紧密。他在1997年至2004年担任众议院情报委员会主席，之后在2004年9月至2006年5月出任中央情报局局长。

据法国情报研究中心主任埃里克·德内瑟所言，国家安全局就是美国行政当局伪民主外衣的范本。[3] 该局为了擅取权力，蚕食私人空间，对国会发起了游说，让国会相信国家安全局是国家安全所不可或缺的，同时还操纵统计数字。基思·亚历山大声称国家安全局挫败了54次攻击，而事实上该数字是伪造的。[4] 他还为本部门违反宪法和公民自由法律的行为披上一层合法的“外衣”，方便总统和国会以国家安全为名为其辩护。事实上，想要扩大票仓的奥巴马在对抗“安全和经济权力圈子”时无能为力。这个圈子长期秉持“技术官僚和技术逻辑，根本无视民主的必要性”。[5] 奥巴马在21世纪初任参议员时赞成监管国家安全局的活动，在2013年8月9日的新闻发布会上，奥巴马总统承诺改革《美国爱国者法案》，并更好地监管国家安全局的监视活动。一个专家小组在这一背景下应运而生，该小组由奥巴马直接领导，由詹姆斯·克拉珀牵头，其任务是在当年年底之前确定通信监视项目是否“保护国家安全和支持外交政策”，并兼顾“意外泄露的风险或维护公信力的必要性”。而在几个月前，国家情报总监克拉珀当着参议员的面声称，国家安全局没有收集任何有关美国公民的数据，后来他承认这一说法是“错误的”。[6] 真实情况也与承诺相反，专家小组中无任何一名外部专家，该小组安安稳稳地掌控在行政当局的手中。

数日之前的2013年7月24日，来自密歇根州的新当选共和党众议员贾斯汀·阿马什（Justin Amash）提交了一份关于国防预算的法律修正案，内容涉及收集数百万美国公民电话数据的大规模监视项目。阿马什希望终止对此类项目的拨款，[7]但众议院以微弱多数票驳回了该修正案。[8]白宫和情报机构为了反对该修正案，打出了反恐的大旗。而修正案的支持者们则认为，政府以安全为旗号，走得太远了。[9]

《美国爱国者法案》的改革

2013年10月29日，共和党人迈克·罗杰斯管理众议院情报委员会，负责研究《美国爱国者法案》的修订。"美国人在世界各地生活和经商，"他指出，"在全球数十个国家设有150个使馆和军事基地，用于保护美国及其盟国的利益……美国为混乱的地区带去稳定，为全球经济的安全做出贡献。"[10]因此，外国情报对于掌握敌对国家（朝鲜、伊朗等）的意图、发现恐怖分子的阴谋或监控发展大规模杀伤性武器的国家至关重要。迈克·罗杰斯提醒道，没有任何一个国家会放弃间谍活动，但美国间谍活动的独特之处在于实现了监管、承诺尊重个人权利和维护数据收集的平衡。中国没有《外国情报监控法案》，俄罗斯的杜马也不监管俄罗斯联邦安全局（FSB）[11]！

同一天，国家情报总监詹姆斯·克拉珀、国家安全局局长基思·亚历山大和司法部副部长詹姆斯·科尔（James Cole）发表了安抚人心的类似言论：国家安全局的活动是正常且合法的。[12]全球电子数据收集系统是防务基础工作的一部分。面对批评，透明度规范变得更为严格，公众能通过一个网站实时了解外国情报收集的情况[13]。文件传播安全度变高，以不损及国家安全。一个负责评估监视行动和保护公民自由的专家小组总结道："情报系统的全体人员相信美国价值观会保护美国。"

在此期间，国会议员提交了法律草案——《美国自由法案》[14]，其宗旨是约束国家安全局的监视活动，结束对美国公民电话元数据的大规模、自动化、无差别的收集。根据该草案，这些数据将由运营商保存，查询数据不再仅凭一份通用的授权令状，而需持有针对性授权。白宫、互联网巨头和大多数隐私权捍卫者都支持这一倡议。众议院于 2014 年 5 月投票赞成该提案，但参议院在 11 月 18 日表示反对。然而，俄勒冈州的民主党参议员罗恩·怀登（Ron Wyden）却不愿放弃这场斗争，他得到了其他人的支持："对于珍视公民自由和宪法的人而言，如果改革未能真正终结滥用权力的行为，他们将永远无法得到安宁。"[15]情报系统因而担心到 2015 年 6 月 1 日[16]之时将会受到更多的法律限制，而数字巨头们[17]则担心互联网世界会因为区域板块规则不同而走向分裂。他们认为，这种变化将不利于企业发展，并指责国家安全局带来"恐惧、不确定和怀疑"[18]。

在几经拉锯之后，参议院终于在 2015 年 6 月 2 日以 67 票对 32 票通过了《美国自由法案》。奥巴马很快就颁布了该法律。这一法律文书限制了国家安全局的某些监控权力，而与之对应的是

《美国爱国者法案》部分规定的继续生效。元数据将由电话运营商存储，行政当局则保留实时获取其中部分数据的可能性，获取数据的理由除紧急情况外，必须是与恐怖主义有“合理且具体”的关联。国家安全局有几个月缓冲时间，旧做法可持续到 2015 年 11 月，以适应新规定。实际上，《美国自由法案》仅对美国境内的信息收集进行约束，对国家安全局在国外开展的监视行动无丝毫改变。[19]《外国情报监控法案》的第 702 条仍然有效，它授权国家安全局监视出入美国领土的通信，可持续到 2017 年。此外，约束国外通信拦截的第 12333 号行政命令也是一个问题，它授权国家安全局监控互联网巨头在全球各地的数据中心之间的连接。[20]

透明度的限制

安抚性的说辞并不能糊弄所有人，2014 年试图反抗的约翰·内皮尔·泰（John Napier Tye）就是其中之一。他曾是奥巴马政府时期国务院的一名职员，后来自愿离职。虽然秉性忠诚且恪守履行保密义务，他仍向上级提出了申请，希望与众议院和参议院的情报委员会对话。他认为，国家安全局的监视活动是滥用职权且不道德的行为，它收集和存储美国公民的数据，且缺乏国会的充分监管。第 12333 号行政命令是数字时代兴起之前实施的，如今已经威胁到民主。精心挑选的说辞一再强调元数据收集工作是符合《美国爱国者法案》第 215 条的完全合法行为，而监控境外人员也是根据《外国情报监控法案》第702条的规定进行的。但是，国家安全局确实在监视美国公民。约翰·内皮尔·泰认为，禁止收集和拦截“不合理”信息的宪法第四修正案被践踏了。内部人士和记者确实清楚第12333号行政命令，但公众却由于透明度的缺乏而并不了解。约翰·内皮尔·泰与斯诺登不同，他没有公布机密文件，而是向美国公民提出了建议：除《美国爱国者法案》第215条外，还应更加注意在第12333号行政命令下开展的通信数据收集和存储行动，他的言外之意让人们对他的所见所闻产生了遐想。[21]

当然，情报工作无法实现全透明。谁敢反对这一事实呢？在20世纪70年代的“三叶草”事件期间，国家安全局、国会委员会和行政当局之间发生了一场法律和影响力之争。[22]希望获得知情权并对情报机构实施监管的一方与藏身于有效保护公民借口之下的情报机构之间展开了交锋。

40年后，申诉人与法官发现又陷入了同一僵局。国家利益总是能变为法律效力，至少暗地里是如此的。2015年8月底，哥伦比亚地区法院判决威瑞森无线大规模收集用户数据的行为违法，结果该判决在上诉后被驳回。法庭被一个技术点说服：申诉人无法证明他们的元数据是从自己的电话中被采集走的。[23]

国家安全局的权力已经大到可以摆脱任何规章的约束。它以国家利益、全球安全、反恐斗争和早已被它践踏的民主为名，为入侵式全球电子监视系统不可告人的深层真相蒙上了一层面纱，但国家安全局还有其他反对者——过分好奇且饶舌的调查记者。

6

国家安全局与媒体的交锋

国家安全局长期以来都将媒体视为瘟疫而谨慎处之，某些局长甚至会抛出“骨头”让它们啃咬，以更好地与媒体保持距离。根据经验，他们知道，“公布一部分秘密是保护秘密的最佳手段，但这一部分必须由参与者严格把关，以说教为目的，能以道德和密谋政策为名联合公众，并能充分利用公布这一部分秘密产生的政治、财务或象征性利益。”[1] 斯蒂德曼海军上将曾发表演讲，称赞国家安全局对马里兰州经济做出的贡献。迈克尔·海登愿意与媒体保持密切的关系，以更好地解释国家安全局的政策和愿景，他认为，美国的媒体抱有“与该局合作的意愿”，但该局与外国媒体合作则“非常、非常之复杂”。[2] “梯队”丑闻期间，媒体发起猛烈攻击，然而“9·11”惨剧的发生将稍稍掀起的幕布再次拉下了。内部通信变得更加严格，信息隔离进一步强化，绝密计划只有少数内部人士才能知晓。这一不经任何过滤的密谋政策吸引着媒体的好奇心，因为公众对国家安全局小心翼翼隐藏的东西产生了兴趣。

国家安全局的媒体化

国家安全局与中央情报局和联邦调查局不同，它在20世纪90年代之前始终鲜为人知。该局于1992年在菲尔·奥尔登·罗宾森（Phil Alden Robinson）的电影《潜行者》（*Sneakers*）中出现，随后于1997年在《心灵捕手》（*Will Hunting*）中再次被提及。1998年，另外两部电影诠释了该局的滥权行为。一部是《水银蒸发令》（*Mercury Rising*）：一名患有自闭症的9岁男孩无意间破解了国家安全局自称牢不可破的新密码，亚历克·鲍德温（Alec Baldwin）扮演的国家安全局官员企图除去小男孩，而布鲁斯·威利斯（Bruce Willis）扮演的男子则保护了他。另一部是《全面公敌》：国家安全局密谋暗杀一名国会议员，后者试图阻止一份扩大监听权限的法案通过，在议员被杀后，由威尔·史密斯（Will Smith）扮演的一名律师在由金·哈克曼（Gene Hackman）扮演的国家安全局变节者的协助下，最终将凶手推上了法庭。在2002年的《择日而亡》（*Die Another Day*）中，哈莉·贝瑞（Halle Berry）诠释了一名国家安全局特工的工作生活。在《极限特工》中，范·迪塞尔（Vin Diesel）也同样扮演了一名国家安全局的特工。1995年，连环漫画《杀手13》在《三只银手表》

画册中第一次提到国家安全局。2015 年，一位法国编剧和一位西班牙插画师合作出版了画册《国家安全局，谕示》[3]。2002 年开始，电视连续剧的剧本也出现了国家安全局。国家安全局就这样进入了大众文娱领域。更严峻的是，历史学家、散文家和调查记者[4]（主要是盎格鲁－撒克逊人）也通过各种文件和资料来揭露国家安全局的滥权行为。

格伦·格林沃尔德和劳拉·波伊特拉斯是锲而不舍监视美国政府和联邦机构政治滥权行为的职业人员。格伦·格林沃尔德于 2013 年 10 月离开《卫报》，转投在线调查杂志《拦截者》（*The Intercept*）[5]，他比以往更坚决地谴责“激进极端主义的权力观”。他的盟友劳拉·波伊特拉斯也处于被监视之中，她是美国导演、纪录片制作人、记者、摄影师，是《伊拉克，我的祖国》（2006）和同样是关于伊拉克的纪录片《誓言》（*The Oath*）（2010）的导演，还是新闻自由基金会（Freedom of the Press Foundation）[6]的共同创始人。2015 年，劳拉·波伊特拉斯执导的纪录片《第四公民》（*Citizenfour*）获得了奥斯卡最佳纪录片奖。片名“第四公民”取自波伊特拉斯从斯诺登处收到的第一封电子邮件的名称。

詹姆斯·瑞森事件

格林沃尔德认为，媒体是第四权，它应能提供信息，并成为限制政治权力滥用的防火墙。[7]但许多记者往往因为盲目忠于政府而妥协，政府推动他们去批评和诋毁同事，有时还断章取义散布不实之言。2004 年，《纽约时报》记者艾瑞克·利希特布劳（Eric Lichtblau）接到受聘于外国情报监控法庭的法官托马斯·塔姆（Thomas Tamm）的匿名电话，后者向前者透露了一个监视项目。该项目在无许可令状的情况下，大规模无差别地收集美国公民的数据。负责监管国家安全局活动合法性的外国情报监控法庭对该项目并不知情，很久之后才发现此事。《纽约时报》另一名记者詹姆斯·瑞森（James Risen）随后给海登打电话，以了解他的反应。这位国家安全局的负责人震惊地反驳道，国家安全局的行动都是合法、合适和有效的，然后立刻挂断了电话。在几秒钟内，海登就意识到国家安全局的秘密世界正在逐步被揭开。他向员工们发布紧急命令，要求他们做好被传召或被调查的准备，必须知道什么该说和什么不该说，特别是如何回避问题。

数月里，《纽约时报》被软硬兼施、恩威并重地要求不插手此事。国家安全局一如既往地祭出"国家安全"的大旗，宣称如果真存在这种监听项目，那么公开它就是在为美国的敌人服务。成为目标的詹姆斯·瑞森继续调查此事，随之而来的威胁也越来越露骨。艾瑞克·利希特布劳亲自见到一把手枪抵在其同事的太阳穴上。有鉴于此，《纽约时报》主编比尔·凯勒（Bill Keller）认为，必须接受不发布关于该项目相关信息的要求。布什政府希望在总统大选的几个月内无任何丑闻出现，凯勒最终在政府的压力下妥协了。[8] 然而，瑞森并未被吓住，他计划以自由撰稿人的身份发表文章。[9]

白宫传召《纽约时报》工作团队。欢迎队伍令人生畏：国家安全局局长迈克尔·海登、国务卿赖斯、国家安全顾问斯蒂芬·哈德利（Stephen Hadley）、国家情报总监约翰·内格罗蓬特（John Negroponte）和白宫顾问哈丽特·米尔斯（Harriet Miers）。他们的意见非常明确：如果发生新的“9·11”事件，《纽约时报》将罪责难逃。布什警告该报发行人小亚瑟·苏兹伯格（Arthur Sulzberger Jr）：如果恐袭再次发生，苏兹伯格手上将沾满鲜血，势必将被国会传召。《纽约时报》最终顶住了压力，在12月16日刊登了上述两位记者的文章。[10]文章揭开了一个“9·11”事件后启动的特别监控项目。该项目在无许可令状的情况下，收集国内数据。乔治·布什总统在2002年做出的决定支持了该项目的秘密部署。布什总统当时认为美国已处于战争状态，于是放松了对军事部门、情报系统和警察部队的法律和行政制约。2002年，在中央情报局逮捕了恐怖主义分子多名行动首领包括2002年3月在巴基斯坦逮捕的阿布·尤拜达（Abu Ubaydah）后，该项目进展加快。国家安全局由此得以通过收集电脑、手机和电话地址簿的数据，加强监控，利用美国境内外的电话号码和地址信息定位拦截。而在启动这一新项目之前，国家安全局传统上将境内监视活动交由联邦调查局负责，在获得许可令状的情况下，国家安全局可有限制地开展国内通信监控，即局限于驻华盛顿、纽约和其他城市的外国使馆和代表团。《纽约时报》的文章还指出了情报系统和司法系统之间的紧张关系。文章发出之后，乔治·布什立即发表广播讲话安抚民心：是的，他确实授权国家安全局拦截与基地组织或恐怖组织有明显联系之人的国际通信，但所有操作始终是符合美国的法律规定的。授权开展的活动需要每45天接受审查。一个月后，布什再次为亵渎美国各州公民隐私权的反恐监视计划辩护，[11]但他的讲话效果不够理想。许多国家安全局雇员认为，30年来恢复部门形象和重塑美国人信心的努力付诸东流了。迈克尔·海登对此负责，雇员们要求进行一次内部调查。

瑞森深入调查并出版了《战争状态：中央情报局和布什政府的秘密史》[12]一书。他在此书中揭发了“梅林行动”（Operation Merlin），该行动是中央情报局对伊朗核计划进行渗透和颠覆的一项计划。[13]2006年，瑞森和利希特布劳因调查国家安全局而荣获普利策奖。二人引发了一场轰动美国全国的辩论，主题是打击恐怖主义与保护公民自由之间的界限。瑞森被指控损害国家安全，遭到起诉。他怀疑自己被严密监控，遭到非法窃听。实际上，布什政府就曾在瑞森出庭时出示其电话录音的副本。[14]不过，瑞森并不知道这些录音是由联邦调查局在获得合法授权的情况下获得的还是由国家安全局收集而来的。

英国政府通信总部的威吓手段

美国国家安全局和英国政府通信总部都惯于使用威胁手段来进行自我保护。2013年，格林·格林沃尔德在香港与爱德华·

斯诺登通过 Skype 告知合作伙伴戴维·米兰达（David Miranda），已向他发送了一份斯诺登提交文件的加密副本。而不知是否巧合，米兰达的电脑此时恰好被盗，而他本人在柏林拿到劳拉·波伊特拉斯的材料之后，在过境伦敦时被捕了，米兰达在被拘留数个小时后被释放。2013 年 7 月，刊登格林沃尔德文章的《卫报》成为英国政府通信总部的目标。这个英国情报机构一点儿也不赞同公开国家机密的出版物，它要求《卫报》管理层提供硬盘，内容是斯诺登所供文件的记录。虽然《卫报》面临着法律诉讼和被指控损害国家安全的风险，主编艾伦·罗斯布里奇（Alan Rusbridger）仍然抵抗了好几天。《卫报》美国版主编珍妮·吉布森告诉格林沃尔德，英国情报机构不再允许发表基于绝密文件撰写的文章。英国政府通信总部威胁要查封《卫报》，没收所有文件和设备。罗斯布里奇妥协了，但他不希望英国当局掌握爱德华·斯诺登泄露的信息。因此，他建议在英国政府通信总部的监督下销毁[15]硬盘。但在此之前，他谨慎地向美国非政府组织“为了人民”（ProPublica）发送了一份副本，他认为言论自由和新闻自由在美国受宪法保护。就这样，英国政府通信总部销毁了硬盘和计算机设备。国际隐私组织（Privacy International）一名忏悔的黑客和一名计算机工程师在该过程中发现了一件事：英国政府通信总部在删除应该是以前就秘密安装在《卫报》设备上的间谍软件，它能不留痕迹地窃取数据。[16]虽然威吓手段不断升级，《卫报》仍然继续报道美国国家安全局和英国政府通信总部的行径，但在核实信息来源时极其谨慎。

受到玷污的言论自由

美国宪法当然是保护言论自由的，但不效忠华盛顿也是有风险的。新保守主义者加布里埃尔·舍恩菲尔德（Gabriel Schoenfeld）[17]长期以来都在鼓吹要对公布机密信息的媒体记者进行制裁，但并非整个政治阶级都赞成这一观点。2013 年 6 月 6 日，《纽约时报》的诺姆·科恩（Noam Cohen）和莱斯利·考夫曼（Leslie Kaufman）撰文抨击格伦·格林沃尔德的为人，并引用舍恩菲尔德的说法——“他是各种反美主义行径的职业辩护人，无论这种行径有多么极端”。[18]文章导向明确，还引用了言辞苛刻的博主、格林沃尔德的“朋友”——安德鲁·苏利文（Andrew Sullivan）的说法：“事实上我认为他对于掌管国家或发动战争究竟意味着什么，尚不十分明确。”苏利文实际上是为了警告格林沃尔德，但记者却以充满敌意的角度撰文，扭曲了苏利文的原意。在完整的采访中，苏利文不乏对格林沃尔德工作的认可和褒奖，但记者却断章取义，选择性地进行引用。《纽约时报》是否为抹黑一名同行而摒弃了客观的原则？

格林沃尔德也是小报追逐的猎物，它们不惜代价地诋毁抹黑。小报质疑格林沃尔德身份的合法性，理由是他并非“真正的”记者。尽管《纽约时报》的调停人玛格丽特·苏利文（Margaret Sullivan）比较温和，但该报指称格林沃尔德是博客作家和“反监视活动家”，不认可他是调查记者，而事实上，他一直是专栏记者，还出版过4部著作。如果没有记者证的保护，格林沃尔德可能会因泄露政府机密而被追究刑事责任。尽管还处于争议的中心，格林沃尔德已被国家安全局列入了目标群体，获得同样待遇的还有美联社的多位记者以及福克斯新闻频道首席记者詹姆斯·瑞森。奥巴马政府与吹哨人和记者之间的战火被点燃，这位经验丰富的调查记者几个月以来受到了奥巴马政府逐步升级的多次攻击。是的，切不可违背行政当局的利益，令当局不悦或颠覆当局。而华盛顿所庇护甚至策划的泄密当然不会受到起诉和批评，国家安全局也懂得如何处理相关事务。《洛杉矶时报》编辑迪恩·巴奎特（Dean Baquet）在约翰·内格罗蓬特和迈克尔·海登的要求下，毙掉了一篇关于AT&T与国家安全局秘密合作的文章。不久后，他便被“莫名”地晋升为《纽约时报》华盛顿分社社长，后来还成了该报总编！

国家安全局信心满满地跨入了21世纪。何事能让它畏惧？彼时的中央情报局在“9·11”袭击事件后被指责无能，且受关塔那摩监狱虐俘丑闻的牵连，已然失势。[19]它不能寄希望于好斗的记者们，后者只会将它交付社会制裁。尽管如此，中央情报局仍坚持以打击恐怖主义为名，编织合理依据，为本部门行为做辩护。

7
以反恐为名为监视行为辩护

奥巴马总统本人也成了大规模监视行为的鼓吹者。他在2013年夏天访问柏林时声称："据我们所知，美国和德国凭借情报工作至少排除了50个威胁。"[1] 但是情报系统并没有期待通过白宫的称赞来自我满足。2013年6月，情报系统在一份提交国会的报告中承认存在两项必不可少的反恐监视项目，且它们都符合《美国爱国者法案》第215条和《外国情报监控法案》第702条的规定。联邦调查局局长罗伯特·穆勒（Robert Mueller）断言：如果上述项目在2001年得以实施，那么"9·11"事件就可以避免。这些项目后来确实发挥了作用，它们成功阻止了针对美国与20多个国家的多个恐怖袭击计划。例如，挫败了美国科罗拉多州人纳吉布拉·扎齐（Najibullah Zazi）的袭击计划。联邦调查局向国家安全局通报了一个电话号码，该号码的用户是名为扎齐的一名极端分子。国家安全局凭此号码拦截信息，然后将信息传递给联邦调查局，最终挫败了一个阴谋。[2] 纳吉布拉·扎齐原籍阿富汗，曾在巴基斯坦的基地组织训练营接受培训，计划于2009年9月9日高峰期在纽约地铁上发动袭击。基思·亚历山大在2013年秋向国会报告道："国家安全局收集的信息为美国政府提供了重要的提示，协助阻止了针对20多个国家的54起袭击事件——欧洲25起，亚洲11起，非洲5起，美国13起。"[3]

然而在2013年12月提交给白宫的报告[4]中，国家安全局无法证明任何一起在美国境内被挫败的阴谋。此外，位于华盛顿的非营利组织新美国基金会（New America Foundation）的调研[5]也质疑大规模监视活动的有效性。该基金会认为，被阻止的袭击可能只有1起。

恐怖主义威胁的发展

"9·11"事件之前，打击恐怖主义的斗争尚处于起步阶段。此时的反恐手段和部署不足以应对基地组织的发展和其他暴力行动令人担忧的转变。本·拉登的基地组织属于非常规敌人，其网络遍布80多个国家（苏丹、也门、巴基斯坦等）。然而，各国尚不知如何对付这一对手。埃里克·德内瑟解释道：该组织是集结了各类规模恐怖主义团体的联盟，通过"圣战"和殉道文化将成员联结起来，属于狂热的逊尼派。这一模式使威胁变得难以捉摸，更分散，更全球化。[6] 基地组织可被定义为是一个跨国、自主、财政独立、分散的非政府恐怖组织，没有层级和正式的组织，擅于进行不对称作战，其宣传主要在互联网上开展。

今天，情报部门需要应对的不再是简单的恐怖主义，其形式已是复杂多样（基地组织、阿拉伯半岛基地组织、“伊斯兰国”组织、极右或极左组织、激进生态学组织、无政府主义、博科圣地等）的。它们的活动形式各异：零星的、有计划的、秘密准备的、出人意料的、耸人听闻的、引爆舆论的、具有象征意义的。近年来，美国本土恐怖分子频现，如塔米尔南·沙尼耶夫（Tamerlan Tsarnaev）和乔卡·沙尼耶夫（Dzhokhar Tsarnaev）兄弟。他们原籍是达吉斯坦，居住在美国，是波士顿马拉松爆炸案的实施者。身份形象的多样化在一定程度上给监控和定位造成困难，界定敌人的工作变得复杂。敌人的行动也随组织形式的不同而有所变化，如通过社交网络与活动家进行接触的“独狼”、由相互激进化的若干个体组成的“群狼”小团体、受活动家遥控的个体袭击者等。[7] 但是，他们中许多人会在互联网上交流和表达观点，这为情报部门提供了很多线索。

情报工作的失败

情报工作的问题不仅仅出现在数据收集环节，更多的是出现在上游的数据分析和共享上。詹姆斯·克拉珀认为，信号情报是情报工作的重要组成部分，对侦测谣言和评估威胁的真实情况具有重要意义。在波士顿爆炸案发生的前一年，情报界致力于分析某些个人激进化的过程，[8] 研究重点在于了解个人是如何从熟悉的日常生活滑向受极端主义宣传影响的平行世界。“伊斯兰国”很可能凭直觉和经验，对处于弱势的个人施以毁灭性的言辞，将他们变成瓦解西方社会道德的人肉工具，[9] 这场战争的战场是精神世界。国家安全局意识到这一点，着力发展神经心理学和神经认知学相关的项目。研究心理战对个人态度和看法的影响有助于理解社交网络上的“圣战”宣传。

信号情报的确有贡献，但它在应对难以捉摸的敌人和形式多变的威胁上也有局限性。当今世界恐怖主义复杂多样，有常规和/或控制论手段、NRBC（核、放射性、生物性、化学性威胁）、大规模杀伤性武器扩散、心理战、有组织犯罪和/或网络犯罪等。打击恐怖主义属于不对称作战，敌人往往是隐蔽的，机动性强，难以预测。作战的人员、时间、地点、模式、手段，我们一无所知。恐怖分子是极端的偏执狂，他们熟悉掌握各种不易被发现的手段。组织的秘密只掌握在隐身于部落或民族社群的少数人手中，他们讲着西方人无法理解的方言，几乎不可能被渗透。成员之间互相监督，不与外部沟通，而且所有卧底特工都有可能被授命进行自杀式爆炸行动。其他成员则像变色龙般融入西方社会，对于最坚定的极端分子，如何才能辨别？通过大规模监视发现成员之间的联系是困难的，这就是“抽干海水捞出针”战略失败的原因。国家安全局被贪多贪全欲望所蒙蔽，试图拦截和收集一切数据。它堆积数据，储存数据，希望事后能够从中找到有价值的信息，但实际上却不具备相应的分析和利用如此大规模数据的能力。它想要明察秋毫，最终却一无所知。因此，做好上游的数据分析和利用应该是一个更为明智的选择。此外，情报机构之间没有良好的协作。各单位信息系统的互操性和业务的持续性常常失灵。《纽约时报》调查记者詹姆斯·瑞森和艾瑞克·利希特布劳曾在2005年的文章中写道，根据几位官员的说法，国家安全局的监听项目曾协助挫败了俄亥俄州卡车司机伊曼·法里斯（Iyman Faris）密谋的一次袭击。据称该项目还粉碎了针对酒吧和火车站的生化袭击计划。法里斯在2003年认罪，承认效忠于基地组织，且曾计划破坏布鲁克林大桥。[10]然而大多数被国家安全局锁定或监视的对象后来均未被受到犯罪指控。

“9·11”事件后施行的政策是失败的。乔治·布什放松了法律约束，以支持打击非法的敌对战斗人员。他敦促联邦机构尤其是情报部门之间展开合作，特别是在追查恐怖主义融资网络和伊斯兰非政府组织方面加强协作。

国家安全局除了与军方信号情报部门合作外，还被敦促与联邦调查局及中央情报局加强合作。这一合作关系以特殊情报搜集部门为掩护，该部门能够通过位于使馆和外事大楼的监听中继站拦截通信数据。国家安全局还向财政部派遣分析师，派遣期长达数月，以此加强彼此合作，监控金融网络。

追查资金流：“环球同业银行金融电信协会”事件

2006年，欧洲发现了一个令人愤慨的事实：美国以追查恐怖主义融资网络为由，监视位于布鲁塞尔的环球同业银行金融电信协会[11]长达5年之久。欧洲议会试图强制实施某些规则，然而这份努力并未改变任何事情。国家安全局渗入数字网络世界，以不正当的手段追查资金的流动。该局认为，资金流正是恐怖分子的“阿喀琉斯之踵”。国家安全局通过“追踪金钱”[12]行动获取的数据都存入了名为“Tracfin”的数据库，内容包括银行转账、信用卡交易［包括维萨卡（Visa）和万事达卡（MasterCard）］、国际支付（包括使用虚拟货币比特币进行的支付）等数据。2011年，Tracfin数据库拥有1.8亿条记录，其中84%来自信用卡交易。国家安全局锁定了Visa等大型信用卡公司的客户，尤其是欧洲、非洲和中东的客户。自2009年以来，“碟火”（Dishfire）监视项目就将信用卡交易信息作为数据收集的目标之一[13]。国家安全局面临的唯一阻力来自像西部联合电报公司这样的机构，因为它们强化了加密手段。Visa公司否认与国家安全局串谋，表示只有接到符合法定程序的要求时才会提供信息。国家安全局的行动方式有多种，从机构的密码和号码入手当然是一种手段，它还可以利用自身的黑客精英部门——获取特定情报行动办公室。该局根据收集到的信息，能够获取个人的情报，如动向、联系方式以及通信使用情况等。以反恐名义发起的这一金融追查行动有助于追踪军火贩运以及外国政府的腐败行为，但其对金融数据的使用似乎已超出了协议的规定。[14]

反恐手段的加强

国家情报总监詹姆斯·克拉珀在介绍2013年预算草案时称，

情报部门在言辞与金钱投入上始终将恐怖主义定为国家安全所面临的最严重威胁，将其列为五大优先任务之一。[15]反恐占据了情报系统1/4的人力和1/3的情报项目开支。“9·11”事件发生后，美国投入超过5 000亿美元进行资源调整，目的是预防任何潜在的本土恐怖袭击。中央情报局虽因“9·11”事件而备受批判，但在此轮调整中仍然获得了大量资源，主要用于秘密监狱、酷刑计划和扩张反恐中心。部署无人机的真正预算并未公开。虽然中央情报局占据资源，在情报系统处于主导地位，但它在很大程度上依赖于信号情报部门，国家反恐中心、联邦调查局、国务院和五角大楼亦是如此。正如前文所述，国家安全局为无人机的致命攻击提供了支持，为海豹突击队成功猎杀本·拉登做出了贡献。在此次猎杀行动中，用于分析收集到的文件和硬盘共耗费了250万美元；此外，也是国家安全局的专业团队在基地组织成员的电脑和手机上安装了间谍软件。[16]情报系统减少了文化和技术上的障碍，努力探索分享和整合情报工作的新战略，但挑战依然存在，特别是在反恐领域。

必须承认一点，分析失败相对容易，但评估每年用于窥探隐私和监视企事业机构的数百亿美元投入的回报率却难以办到，[17]更不必说评估各国之间合作的意义。一个拥有海外侨民特别是海外利益的国家受恐怖主义侵害往往不局限于本国境内，因此恐怖主义行动在全球范围内的泛滥最终只会促成协调一致的战略性反恐斗争。

但是，政治上的战略性关切不应造成对战术情报重要性的忽视。事实上，在最近以及当前的冲突中，恐怖主义在战场上主要表现为孤立行为。自越南战争以来，美国国家安全局的技术已经有所发展。例如，该局为派往中东的情报团队配备了由小型分包商 SWS 安全公司生产的便携式监听设备。这种便携设备使用时间有限，能够拦截短波无线电通信，然而熟悉这一技术的恐怖分子完全有能力阻止情报人员的地理追踪尝试。[18]国家安全局知道通过网络可以很容易就找到破解技术的方法，因此它必须时刻确保能够为驻扎于冲突地区的团队提供先进技术。

自乔治·布什将情报工作提升到国家优先事项以来，反恐怖主义运动便得到升级，国家安全局全面参与其中，无论是在境外的冲突地区还是在美国境内。国家安全局为达目的可以不择手段，它理直气壮地在电视上放言：国家安全局没有实施监听，美国公民的隐私受到有力的保护！[19]但根据 2005 年和 2006 年媒体的曝光，美国国家安全局是一个全球监视系统的主导者，且是数据挖掘方面最领先的组织之一。该局拦截了大量的电话数据和电子邮件，监视了“数千万美国人”。为达成该目的，它向 AT&T、威瑞森、贝尔南方（Bell South）等美国大型电话运营商寻求合作，向这些公司施压，要求它们最大限度地转发途经美国的通信数据。但奎斯特公司（Qwest）认为情报机构的命令缺乏法律担保，拒绝执行。

反恐斗争是激烈的，情报工作一如既往地复杂。国家安全局在冷战期间能够安安静静地执行任务，然而今天，它在遂行使命和抱负的新战役中却面临着一个巨大障碍，即各国公民一致要求的透明度。

8 面临威胁的隐私权

实力雄厚的美国国家安全局无视国会监督，回避透明性问题，以维护国家安全的名义欺瞒美国公民，它的手段、谎言和滥权亵渎着民主。如今，国家安全局自食其果，它被前所未有地暴露在媒体和社交网站前。

侵犯隐私

电子监视侵犯隐私权，损害思想自由和言论自由。情报机构以打击恐怖主义为由，监听、监视通话。来电方与接电方的号码、通话时间、通话时长等通话数据被一一记录。2006—2009年，国家安全局加强了对平民目标的监控，17 800 个电话号码受到监听，其中仅有 1 800 个对反恐斗争有潜在的作用。但是，国家安全局否认存在任何蓄意违反法律的行为[1]。

一方面，一些公民会说："我身正不怕影子斜，所以没有什么可隐瞒的。"持此看法的人忽略了一点：监视不仅针对目标者一人，还涉及其联系人以及联系人的关系网。这种监视曾追踪到第三级[2]，直到2014年奥巴马总统做出决定后，才将其限制在第二级。从长远来看，监视对于公民而言是又一威胁。没有人知道自己何时受到监视，也不清楚这种系统性的追踪会给自己带来什么后果。另一方面，一些人却会因此而感到心安。系统性、常态化的管控是统一思维模式、贯彻国家主流意识的绝佳方式。

受斯诺登泄密事件的影响，许多人陷入了痛苦的无力感之中，如影随形的技术监控令他们感到非常不安。情报界著名黑客行为主义者奥金对上网产生的疑虑和畏惧心理感到遗憾。"事情变得疯狂，大众媒体疾呼着人们在网上不再拥有隐私，不择手段的情报机构正在攻击我们每一个人，很多人都变得偏执多疑。无人正视威胁建模问题。"[3]信息和通信技术确实是偏执政客和国家安全局的工具。恐惧情绪越是扩散，它越是强大。面对公众舆论的非理性恐慌，国家安全局以国家利益和国家安全为名，努力保持优势地位，维持着一种"合法的暴力"。多方对常态化大规模无差别监视系统的存在似乎不再存疑，但真正的问题是：这是为了什么？

2014年4月，马里兰州的约翰·霍普金斯大学组织了一场研讨会，主题是国家安全局以及隐私与国家安全之间的平衡。迈克尔·海登的直白让所有人吃惊："我们根据元数据来杀人"[4]。

但他努力解释道，信息会经过分类和处理，并强调并非所有人都会被分析。[5] 根据这位前任局长的说法，一切都是可控且有序的。

然而，吹哨人站了出来。他们冒着失去自由的风险，试图"颠覆"一个主权主义和极权主义的监视系统。这个系统是由政府和情报机构以国家安全为名构建的，不受任何管控和民主质疑。媒体在"梯队"事件中曾指出了这一点：美国很早就以安全政策为名，实现其控制信息的霸权意图。安全成为借口，用于监控被判定为颠覆或破坏稳定的个人。20 世纪 70 年代，公民意识到这种形式的政府暴力威胁到了公共自由，因此提出了抗议。按照美国的政治传统，他们反对任何形式的监听和监视，反对国家对私人生活的任何介入。在一个民主抗衡力量有权发表意见的国家，内部出现反对的声音并不令人意外。但面对情报机构破坏自由、侵犯最基本权利的滥权行为，敢于展开调查或作证的个人仍需极大的勇气。爱德华·斯诺登以轻松舒适的生活为代价，警示世界公民去思考和构建一个关于安全与自由、保密与透明的新秩序。这个秩序将不同于国家安全局所希望的。一场混战正在进行，没有人真正掌握其来龙去脉。

获取信息的权利

公民当然有获取信息的权利，然而虽有法律的支持，这一权利却始终受限。1966 年，该权利往前迈进了一步。当时的美国处于越南战争时期，舆论要求政府为公民获取政府文件提供便利。7 月 4 日，林登·约翰逊总统签署了《信息自由法案》[6]。该法案于第二年正式实施。根据该法案，任何人无论其国籍，均可向联邦政府机构申请查阅该机构的相关文件，后者必须准其所请。但该法案还规定了数条限制，包括国家安全、国防秘密、外交政策、行业机密、医疗保密以及隐私。几年后，受“水门事件”的影响，共和党总统杰拉尔德·福特计划修订和强化《信息自由法案》，但他遭到了其办公厅主任唐纳德·拉姆斯菲尔德和副主任迪克·切尼的反对。助理司法部长、未来的最高法院大法官安东宁·斯卡利亚（Antonin Scalia）进一步指出，拟定的修正案违宪。最终，国会在顶住一轮总统否决权后，保住了该修正案的基本内容。

1974 年通过的《隐私法案》规定了个人获取私人信息的权利。任何个人均可援引该法案，查阅政府所掌握的与己相关的信息，如信息有误，可要求修改，如信息遭到滥用和未经授权使用，可起诉政府。罗纳德·里根于 1982 年颁布的第 12356 号总统行政命令，严格限制对行政文件的查阅。该行政命令允许联邦政府相关部门依据《信息自由法案》中关于国家安全的例外条款，不公开被认为与国家安全相关的信息。这一规定遭到了猛烈的批评，后来经过了数次修改[7]。该法律框架的最新版本是巴拉克·奥巴马于 2009 年 12 月 29 日颁布的第 13526 号总统行政命令，确定了疑密不定原则。[8] 该法律文书修改了 2001—2003 年联邦定密公报[9] 中的 32 个部分，是定密与解密制度的一次大规模调整。[10]此外，它还公开了重要的信息处理系统，涉及美国政府、政府雇员、承包商生成的与国家安全相关的信息以及来自其他国家政府的敏感信息。该命令还要求在国家档案馆内设立国家解密中心。[11]先前已解密文件再次定密变得更加困难。原则上，涉密文件会在25年后自动解密，除非政府机构向国家解密中心提出申请，延长文件保密期。所有文件的保密期平均为50年，最长不超过75年。特殊情况必须向部际安全定密复议委员会[12]提交申请，该委员会的决议只有美国总统能够予以否决。这项规定废止了前总统乔治·布什订立的规定，此前他将该权力授予了国家情报总监。

记者和学者在了解《隐私法案》《信息自由法案》等法律文书后，于1985年创建了美国国家安全档案馆（National Security Archive）[13]，其宗旨是根据法律赋予的权利，追求信息自由。该组织查阅了20世纪90年代早期海军和空军的安全文件，了解到了“梯队”项目的存在及其与国家安全局的联系，它在其官网上公布了这些解密文件的清单。人们因此可以从现有的文件中查阅到某些行政信息。例如，2013年9月，电子自由基金会（Electronic Freedom Foundation）就获得了若干解密文件，内容涉及国家安全局在收集电话元数据项目中滥用职权的行为。[14]

根据担任局长数月的迈克尔·海登于2000年4月在众议院前的说辞，国家安全局是在完全尊重美国公民私人权利的前提下开展活动的。[15]它服从相关法律框架以及内外部的监督程序。国会，特别是众议院和参议院的情报委员会[16]，负有保护美国公民和维护宪法权威的责任。自1999年11月起，国家安全局备受

“梯队”事件的牵连。国会要求国家安全局、中央情报局、司法部长提交报告，汇报拦截通信所采用的手段并证明其符合法定程序，未曾侵犯美国公民的权利。[17]

然而，联邦政府机构能够通过滥发“国家安全信函”[18]，从公共或私人机构获取用于监视目的的个人信息，且不受任何司法监督。有关“国家安全信函”的规定是卡特政府于 1978 年制定的，政府凭借此类信函能够突破一项法律[19]的规定，在美国公民不知情或反对的情况下获取其个人财务数据。但当时收件方是否配合是自愿的，所以金融机构可以拒绝信函的要求。联邦调查局和国防部常常使用“国家安全信函”开展调查工作，目标一般是外国或外国势力代理人的间谍或恐怖主义嫌犯。1986 年，该规定进行了修订，“国家安全信函”具有了强制性；1993 年，老布什废除了“与外国势力相关”的限制：任何美国公民都应该受到“国家安全信函”的约束。2001 年，具有强制性的“国家安全信函”因《美国爱国者法案》的颁布再次得到扩展，联邦调查局自此能够要求任一自然人或法人（如互联网服务提供商、资料馆等）提供其数据库的访问授权。通过对通信和元数据的分析，可以识别信息的接收者，发现人物之间的联系，判断交流的频率，追踪与罪犯相关的人员。2003 年底，小布什和司法部长约翰·阿什克罗夫特（John Ashcroft）授权情报机构存储通过“国家安全信函”获取的数据。这些数据甚至被载入了数据处理系统，应用于查探行动中。此外，2005 年 10 月 25 日颁布的第 13338 号总统行政命令[20]将情报机构间信息交流以及参与打击恐怖主义的公共或私营部门和实体之间的信息共享提升至高度优先的地位。[21]民权组织曾清楚地展示了国防部和联邦调查局滥用“国家安全信函”的情况[22]。

2000年4月12日，时任局长迈克尔·海登发表声明，国家安全局在践行国家安全使命的同时，高度重视民主价值观，尊重公民个人自由。他强调国家安全局未进行任何形式的针对经济领域和平民的间谍活动，当然，类似的声明不是第一次也不会是最后一次。国家安全局虽然在官网上宣称其“合乎道德”的透明性，然而其手段却始终暧昧不清。这种恬不知耻的态度似乎成了该局的习惯，但这却迷惑不了自由的捍卫者们。政府内部确实有一个被称为P俱乐部（P Club）的小部门，负责监督与个人自由相关的事务，但它不具备独立性，无权核查所有事情。因此，私营部门更是积极地行动起来，捍卫自己的权利，抵制政府的控制。

捍卫自由与抵制控制

“梯队”事件及其他各种突破私密屏障的事件常常引发反抗或抵制运动，其中一些运动是由捍卫公民自由权利的协会[23]策划的。电子隐私信息中心[24]于1994年在华盛顿成立，它是一个公共利益研究中心，其目标是捍卫公民自由和维护宪法第一修正案的权威。国际隐私组织是反对监听和安全政策的人权捍卫协会，其宗旨是保护隐私和公正的商业环境。该组织成立于1990年，在伦敦和华盛顿设有分支机构。这些组织毫无疑问都受到了国家安全局的监视。其他环保主义、人道主义和捍卫公民自由的相关协会也被列入了监视目标的黑名单中。非政府组织“绿色和平”组织的项目主任马德斯·克里斯坦森（Mads Christensen）曾向丹麦《号外报》（*Ekstra Bladet*）透露，该组织遭到了监视。“绿色和平”组织曾组织了4次抗议运输孟山都转基因产品的行动，3次归于失败。这确实令人生疑：其中一次，活动成员在行动开始之前就在英格兰被捕；另外两次，与行动相关的两艘船只被提前改道；获得成功的那次行动，则是目标有误，实际上针对的是一艘阿根廷船，与美国利益无关！[25]国家安全局利用来自世界各地的数据，形成了关于国际特赦组织（Amnesty International）的报告，内容涉及该组织即将开展的活动、目击者和依照良心拒服兵役者。纳尔逊·曼德拉（Nelson Mandela）和瓦茨拉夫·哈维尔（Václav Havel）就出现在了报告中。国际特赦组织多次表示，这种严密的监视会损害受害者和证人的安全，令人深感忧虑。

自由与安全之间的平衡问题是公民社会与国家之间的基本症结所在。当反对者们决心对抗突破底线的监视系统并采取相应行动时，集体愤慨情绪随之高涨。越来越多的活动分子投身其中，国家安全局的目标人物和关系网名单越拉越长。得克萨斯共和党众议员罗恩·保罗（Ron Paul）坚决反对任何违反美国宪法或提高税收的立法，是宪法的虔诚捍卫者。他向记者拉里·金（Larry King）说道：“我们应该让爱德华·斯诺登重回平静，他做出了很大的贡献，为我们揭开了真相。我非常敬重吹哨人。他们非常清楚自己在做什么以及背负着何种风险，我们不应该称他们为‘叛徒’。”[26]爱德华·斯诺登认为，构建互联网的社群是浇灭国家安全局之火的消防员。[27]2014 年 3 月，斯诺登通过视频会议参加了在奥斯汀举行的西南新技术节，同台发言的还有美国公民自由联盟[28]的技术专家克里斯托弗·索戈延（Christopher Soghoian）。他们鼓励大众尽快从最初的惊愕中走出，在网上组织起来，保护自己。

政治是公民能够提出诉求的第一种手段。索戈延和保罗认为，国会不履行监管义务，包庇国家情报总监詹姆斯·克拉珀等人撒谎，应该受到新监督机构的监督。正如记者艾伦·中岛（Ellen Nakashima）在 2013 年秋所言，要恢复公众的信心必须提高透明度。但国会意见并不统一，民主主义自由派和自由主义保守派认为监视项目无效、违宪，且不利于公众自由；其他人士则赞成加强安全管控，以当今世界互联互通且处于危险之中为借口，为监视项目辩护。[29]但无论如何，必须首先考虑以下几个问题：为何通信监视项目需要保密？项目开支多少？这些项目能达成哪些目标？[30]

克里斯托弗·索戈延和爱德华·斯诺登强调了大规模监视在打击恐怖主义方面的无效性。耗费大量金钱入侵脸书、谷歌等公司的服务器，究竟有何用途？2014 年隐私和公民自由监督委员会[31]的报告也评论说，《美国爱国者法案》215 条提供的信息对预防攻击并非必不可少，且应能通过其他渠道获得。该报告还进一步建议，停止当前项目。[32]系统性大规模监视项目能够更好地提供安全保障，值得牺牲掉个人自由、个人权利和公众信任的说法是有误导性的，其中不乏值得商榷之处。

第二种手段则可以由公民本人实施。他们应该学习如何加密数据，从而掌握“数字武器”。这些操作时至今日仍然很少被使用，如普及开来，国家安全局的监视工作应该会变得更加困难，该局认为所有搞数据加密的人一定是可疑的。

数据保护已经成为互联网巨头的商业卖点。如今它们为了争取市场份额，努力为客户提供更好的数据保护。据谷歌前首席执行官埃里克·施密特（Eric Schmidt）[33]称，谷歌在该领域已取得了巨大进步，谷歌用户的数据从此免受窥探，美国政府的眼线亦不例外。但谷歌作为一家美国公司，仍然受制于《美国爱国者法案》，如果情报机构通过合法途径提出要求，该公司仍需向它们提供数据。[34]2013年第一季度，谷歌不惜代价，希望摆脱国家安全局合谋者的形象，以维护用户的信任。它提高了透明度，承认曾转移过9 000至10 000个用户账户的数据。2014年11月，欧盟司法专员薇拉·居日瓦（Vera Jourova）在华盛顿与美国政府就个人数据问题进行磋商。在此期间，谷歌希望美国《隐私法案》[35]能够覆盖到欧盟公民。该公司首席法务官大卫·德拉蒙德（David Drummond）认为，“尽管美国公民在大多数欧洲国家已经享有个人数据保护权利，但欧洲公民却无权抗议美国政府在美国法庭上滥用其数据的行为”。德拉蒙德和其他科技公司的同行认为，美国必须带头进行改革，确保政府的监视活动切实受到法律的限制，与风险等级相称，公开透明，且受到独立审查。[36]

2013年7月4日，欧洲议会成立了欧盟公民大规模电子监视调查委员会。2013 年 10 月 9 日，时任欧盟司法委员的维维亚娜·雷丁（Viviane Reding）向位于斯特拉斯堡的欧洲议会提交了关于个人数据的条例草案。欧洲议会随后于 10 月 22 日投票决定增加一项条款，即“反《外国情报监控法案》”条款。该条款规定，应国家法院或其他机关的要求，将一国欧盟居民的个人数据转交给第三国之前，监督机构必须核查该行为是否有必要且是否符合欧盟数据保护的相关法律。[37]2015 年 6 月 15 日，欧盟国家的司法部长们就欧盟条例草案中的某些关键问题达成了共识，主要包括公民权利、权利保护机关的权限、治理模式等。2015 年 9 月 8 日，欧盟和美国达成了一项框架协议，即“保护伞协议”（Umbrella Agreement），规定了欧盟与美国之间在警务和刑事事务中传输和处理个人数据的条件。根据该协议，当欧盟公民个人数据在美国遭到滥用时，其可以通过美国司法程序捍卫自己的权利。该框架协议目前仍在等待美国国会的投票生效。

在国际层面，联合国人权委员会于 2013 年 11 月通过了一项由德国、巴西等国提交的决议，内容是反对互联网上的非法监视。该决议明确指出，拦截个人数据和监视互联网通信违反了国际人权法规，它敦促各国政府采取行动。美国《外国情报监控法案》第 1881a 节确实令人担忧，该条文规定，美国政府当局有权对网络进行大规模监视，目标为在美非居民外国人。它废除了不许长期实施电子监视和无区别收集数据的限制。欧洲议会的公民自由、正义和内部事务委员会曾裁定，该条文对欧洲的数据主权构成了重大风险。云服务提供商也有可能与美国发生矛盾，向欧洲当局曝光此类系统的人需要冒着藐视外国情报监控法庭和违反《间谍法》的风险，因为《间谍法》明文禁止透露关于情报活动的机密信息。[38]

矛盾的是，世界各国人民虽然对网络监视深感焦虑和不满，却紧随着每一项创新，越来越痴迷于数字世界。入侵者获取公民的健康、账户、关系网络、政治和社团活动、日程安排、出行动向等信息。公民反对入侵者的卑劣行为，但他们是否忘记了正是自己在向国家机构、互联网服务提供商、电话公司、金融机构、商务公司、地理定位服务公司等信息掠夺者提供大量的数据？数据采集者和存储者都是不透明的，他们凭借先进的技术大肆采集和分析数据，挖掘相关性，继而得出个人的具体情况。据美国国家安全局合规总监[39]介绍，该局每月咨询约 2 000 万次。限制数据收集是难以实现的。微软高级顾问克瑞格·蒙迪（Craig Mundie）表示，新的处理方法应该着眼于对数据使用的监管。[40]经济合作与发展组织（OECD）曾于 1980 年制定了一份指南，用于指导企业对私人数据及其跨境通信数据进行保护。然而数字世界已今非昔比，那些建议已不再适用。[41]

2014 年 1 月，巴拉克·奥巴马宣布实施隐私保护改革。国家安全局副局长理查德·莱吉特（Richard Ledgett）认为，虽然实施这些措施需要成本，但它们是国家安全局反恐任务的一部分。改革之路虽艰却明，必须重建信心。[42]改革措施是白宫、总统委员会以及隐私和公民自由监督委员会经过调研后提出的，[43]其中总统委员会提出了 40 多项建议。[44]然而，民主党政府却并不急于执行总统宣布的改革。记者詹姆斯·班福德认为，奥巴马没有充分考虑到国家安全局的迅猛发展以及专家关于限制国家安全局的建议。在打击恐怖主义和维护国家安全方面，奥巴马总统不想在共和党人面前表现出丝毫的懦弱。[45]

这些流于表面的改革并未能缓解来自公民和黑客的压力。最早的行动可以追溯到20世纪80年代后期，当时，一群黑客行为主义者发起了一场不算成功的反“梯队系统”动员活动，他们对“梯队系统”实施“轰炸”，启动了“拥堵梯队日”行动。互联网用户根据他们的建议，在电子邮件中添加一个能够造成监听系统拥堵的关键字列表。黑客群体经此一役获得了一定的威望。可以说，红客[46]、黑客、普通公民、活动家、异己分子都是严密监视的目标。2014年2月18日，拦截者网依据内部机密文件刊文指出，美国国家安全局与英国政府通信总部[47]合作，监视维基解密[48]、共享网站海盗湾（Pirate Bay）以及匿名者（Anonymous）等活动家组织。

社交网络和深层网络空间给予了推崇自由主义文化的黑客夺回隐私空间的武器。对于许多互联网用户而言，未来的希望在于这群现代黑客，他们的意见表达能够通过互联网找到共鸣，因而更具冲击性。一般而言，社交媒体和网络空间对于那些发起各种个人或集体行动以维护自由、揭露政府行径的群体都是开放的。[49]互联网使抗衡势力获得了爆炸式的增长，维基解密等新媒体的出现正是一个典型标志。对于当权者而言，这属于一种透明化专政，将改变政权与政权意欲统治或控制的群体之间的关系。

公民非常愿意相信连续的网络攻击损害了美国的企业、报业和基础设施。面临威胁的政府确实必须在舆论所抨击的国内监视和必要的安全政策之间找到合适的空间。然而，公民不再信任国家安全局，不是因为它做了什么，而是因为它始终无可奉告。舆论已不再能接受基思·亚历山大的说辞，这位局长声称，如果国家安全局不能将触角延伸到整个网络，就无法完成保卫国家的使命。他认为，必须存储美国互联网通信的内容和元数据，才能更好地追踪威胁，避免攻击。但公众的信心已经被动摇，亚历山大剧本的真实性备受质疑。

两个因素或能帮助国家安全局扭转局面。第一，面对越来越多的网络威胁，公民或许会对政府隐私入侵性的解决方案更加宽容。但无论如何，这种缓和方式最终还是会落到对国家安全局活动的限制上，例如给予公民一定的监督、讨论和审批其活动的机会。第二，国家安全局可以通过调整监视与宣传的政策来恢复失去的信任。[50]斯诺登的泄密倒逼国家安全局解密与其数据收集能力相关的文件。自 2013 年以来，该局公开了 2 300 多个文本，其中大部分是在奥巴马 2014 年 1 月演讲之后公开的。国家安全局为了获取更多的合法性，采取了开放性策略。从泄密事件或这种开放性策略来看，国家安全局是否在某种程度上出现了惊慌？事实并非完全如此。采取的种种措施确实构成了各种防线，但国家安全局的特权却并未因此而动摇。

格伦·格林沃尔德曾指出，国家安全局与其“五眼”合作伙伴的目标是在全球范围内消灭隐私，“他们希望其监视网络能够覆盖所有通过电子传输的人类通信”。[51]格林沃尔德并无夸大事实或虚构情节。

迈克尔·罗杰斯于2014年成为国家安全局掌门人。此时的国家安全局受两年前斯诺登事件强震的影响，再次处于危机之中，罗杰斯面临着诸多战斗。国家安全与隐私保护之间的平衡问题虽然频频发生，且往往伴随着大规模的媒体声讨，但它是一场传统之战。不同的只是侵入性全球监视的依据发生了改变，威胁从共产主义转向了恐怖主义。但深谋远虑的罗杰斯断然不会改变国家安全局的创新和前沿研究战略，他不会终止在网络战争和经济领域切实有益的项目。此外，由于其他国家亦是如此行事，在美国机构的系统和网络受到威胁的情况下，任何手段都不应被禁止。一方面，罗杰斯在华盛顿备受尊重和赏识，他能够获得政府、国会、军工企业以及国家安全局众多分包商的大力支持；另一方面，由于国家安全局受到了新的制约，罗杰斯不得不采取更加灵活、忍让，甚至更加精致虚伪的态度，因为这符合美国政府的利益。在外交和经济舞台上以及在深层网络空间里，美国政府显然不希望失去情报的支持而冒险前行。

第四部分
对外关系与秘密战争

“最好的防御就是在敌方弄清我方所掌握的情报之前了解敌方。领导者今天所面临的挑战是弄清楚敌人是谁、在哪儿。”

迈克尔·海登

美国国家安全局前局长（1999—2005 年）

“没错，美国在监视整个世界，敌友均不例外。”

兹比格涅夫·布热津斯基

美国国家安全顾问（1977—1981 年）

“我能不做这件事吗？决策者确实能够做出政治决策，但是面对恐怖分子、敌对国家和网络风险，没有人会愿意放弃保卫自己的祖国。”

基思·亚历山大

美国国家安全局前局长（2005—2014 年）

1
对外合作

新战线与新使命

在“9·11”袭击事件发生14年之后，国家安全局没能按照基思·亚历山大的意愿，发展成为无所不知的情报机构。信号情报开始活跃于新的战线上：阿拉伯半岛基地组织和“伊斯兰国”，独狼式恐怖主义爆炸袭击，非法贩运，具有重要战略意义的地中海、亚太地区和专属经济区等。信息交流的畅通与网络威胁的激增使情报工作变得更加复杂。在冲突、外交拉锯和经济竞争的时代背景下，其他国家从未停止监视美国、损害美国利益的做法。数字化时代，国家安全局虽然受到了社会的指责，但它并未就此休战，而是计划在合作伙伴的协助下，强化在信息领域的统治。面对反对派的批评，奥巴马总统重申了对国家安全局的信任，对其存在的必要性无丝毫质疑。国家安全局已成为政界人士、外交官员和私营部门把握国际关系和安全事务不可或缺的资源。

电子情报的意义在冷战时期已得到检验，然而当今世界复杂多变，美国国家安全局虽然拥有先进的技术，却也无法单独监控整个地球，即使有四大传统合作伙伴的加持，仍有力所难及之事。于是，该局根据不同事件的需要，不断扩大联盟范围，其中很多属于双边关系，涉及国家超过 35 个。但现实情况更为复杂，因为大多数国家都在进行一种互相合作而又互相侦察的微妙游戏。此外，中国和俄罗斯这两个永久性目标也设有侵入性的间谍机构。

必要的合作

国家安全局与外国信号情报机构不断展开合作，但不同国家密切程度不同。[1]“五眼联盟”[2] 的 4 个合作伙伴属于第一层级国家（Tier A）或称“第二成员国”。它们使用通用的程序，如目标识别系统、设备、方法、代号生成等，此外还共享原始数据和分析成果。“五眼联盟”框架内还设有由 3 或 4 个合作伙伴组成的两个特别军事行动小组[3]，国家安全局向这些国家派遣联络官员，而这些国家也在米德堡设有常驻代表。[4] 合作机构总体上都非常活跃，服从国家安全局的领导，甚至不惜冒犯公民的隐私权。根据美国国家安全局官方的说法，美国不会秘密监视合作伙伴，但暗地里却并非如此。此外，它还应“五眼联盟”的要求，搜集各国侨民的情报。

往下的层级是“第三成员国”，属于第二层级。这一层级聚集了其他相关国家，它们根据协议[5]规定的特定项目，与美国国家安全局展开针对性合作。国家安全局受惠于合作伙伴特定的专业技能或特有的地理位置，而合作伙伴则能获得资金、先进技术或是强大的信息拦截能力。合作国家超过30个，但它们之间也是毫无顾忌地互相监视，其中19个国家（如果算上葡萄牙，则为20个）以计算机网络作战（Computer Network Operations）[6]为名集结成组，与国家安全局展开“定向合作”。最后，国家安全局与法国和以色列等第三层级国家或地区[7]保持着“有限合作”。美国特别联络官（SUSLA）是国家安全局派驻于各第三层级国家的代表，该局的外事部门管理着这些对外关系，并为各国设置了一名专门的负责人[8]。

合作关系的最后一个层级是与国家安全局保持“特殊合作关系”的国家。美国认为这些国家或多或少与本国利益有所冲突，可列为介于“友好”和“中立”之间的国家，主要包括：巴西、墨西哥、阿根廷、印度尼西亚、肯尼亚和南非。最后一组则由目标国家组成，包括：中国、俄罗斯、伊朗、委内瑞拉、叙利亚。

根据地理或战略利益，国家安全局与某些伙伴国已长期合作。北约特别情报咨询委员会（NATO Advisory Committee on Special Intelligence）是北约关于信号情报问题的讨论平台。总部设于伦敦的“欧洲高级信号情报”（SigInt Seniors Europe）被称为“十四眼联盟”，由“五眼联盟”与德国、比利时、丹麦、西班牙、法国、意大利、荷兰、挪威、瑞典 9 个国家组成。[9] 这些国家在军事信号情报方面展开合作，还组建了一个由各国最高信号情报负责人组成的欧洲反恐联盟[10]。“十四眼联盟”还成立了另外一个联盟[11]，负责收集、处理和交换与阿富汗有关的信号情报。针对亚太地区也存在类似的联盟[12]，除了“五眼联盟”成员外，其成员还包括新加坡、韩国，很可能还有日本和泰国，该组织还有一个未知的成员，构成了“十眼联盟”。

上文概述了国家安全局与其他情报机构的关系。成立 60 多年以来，国家安全局已不再是当日那个需向英国情报部门大量学习的学生，现在的它能够根据需求，在世界各地主导不同的信号情报联盟。然而，它的某些竞争对手也同样强大，令人生畏。

2

与以色列和法国的暧昧关系

以色列：并行不悖的合作与监控

美国国家安全局与以色列国家情报部门之间有着密切的合作关系。[1] 美国与这个犹太国家的非正式合作可追溯到20世纪50年代，美国总统林登·约翰逊和以色列总理列维·艾希科尔（Levi Eshkol）于1968年签署了第一份双边协议，并于1999年7月通过一份秘密框架协议，续订了1968年的协议。该协议确认了美国国家安全局与以色列信号情报国家部队[2]之间在技术和信息分析上的合作。以色列信号情报国家部队，外界更为熟知的名称是“8200部队”[3]，负责搜集信号情报和破译工作，[4] 该部队尽管专业技能和监控网络发达，但仍有某些地区无法覆盖，因而需要与美国保持密切的交流。

国家安全局与以色列同行相互交流每日分析报告、技术文件和批量收集的原始数据，这些数据没有经过“最小化”处理，即没有根据美国法律的要求，滤掉本国公民的通信数据。爱德华·斯诺登指责国家安全局至少从2008年3月开始就将未经审查的原始机密信息系统性地提供给以色列。文字或语音等各种形式的信息和元数据（例如通话双方的身份等）的大规模传播泄露了美国公民的隐私，尤其是某些中东裔的美籍公民，因为他们会使用电子邮件或电话与位于以色列或巴勒斯坦境内的亲属联系。[5]“8200部队”的43名士兵在给以色列总理和国防军总参谋长的一封信中谴责了军方监视约旦河西岸巴勒斯坦人所采取的手段，他们拒绝为一个通过政治迫害公民、剥夺公民权利、无凭无据任意判决的体制提供服务，这43名士兵最终被开除了，但他们被视为凭良心拒服兵役者。[6]

以色列和美国之间的协议还对目标选择、技术和资金共享、军用装备使用条件做出了规定，英国政府通信总部和加拿大通信安全局据称也参与其中。[7]双方的合作协议后来还扩展到以色列情报和特殊使命局（又称摩萨德，Mossad）和以色列国防情报特别行动司。[8]这些情报机构联手监督北非、中东、波斯湾、南亚和加盟苏联的多个伊斯兰共和国。美国国家安全局和英国政府通信总部说服巴勒斯坦权力机构安全部队[9]为其提供该地区阿拉伯恐怖主义组织的相关信息，但自1980年开始，国家安全局又与约旦电子战指挥部[10]就共同感兴趣的目标展开合作，其中就包括了巴勒斯坦安全部队。

国家安全局爽快地为合作伙伴研发某些技术和加强监视的开

支买单，它以提供资金的方式，主导着合作伙伴的行动模式。2012 年，以色列就获得了美国的资助，同样获得资助的还有加拿大、日本、巴基斯坦、中国台湾和泰国。2003 年至 2004 年，以色列从美国国防部获得了 50 万美元，用于名为“角斗士”（Gladiator）的项目，目标是扩大信息交流。一名以色列消息人士在 2014 年 9 月爆料，特拉维夫曾将消息来源进行模糊处理后，向美国及其盟友提供有关“伊斯兰国”的卫星照片和机密信息。[11]

然而以色列却并非真正的盟友，特拉维夫在弹道导弹和核武器方面的进展以及在伊朗问题上的立场对国家安全和地区和平构成了双重威胁。此外，根据国家情报评估[12]，以色列在对美态度最激进的国家[13]中位居第三。2013 年，摩萨德在巴以和谈期间监听了美国国务卿约翰·克里的电话；2014 年夏天，约翰·克里在访问该地区期间再次受到摩萨德的窃听。[14]另一边，美国国家安全局和英国政府通信总部在 2008 年至 2011 年期间也监听了 60 多个国家的 1 000 多个友好目标，其中就包括以色列总理埃胡德·奥尔默特（Ehud Olmert）。

根据以色列情报部长尤瓦·斯坦尼兹（Yuval Steinitz）的说法，以色列、美国和英国之间确实存在情报合作。1985 年，美以两国签订了互不监视协议，但在签约之前，美国安全机关在华盛顿逮捕了美国海军情报专家乔纳森·波拉德（Jonathan Pollard），他被指控向以色列提供美国在阿拉伯世界相关情报活动的秘密信息，最终，波拉德被判处无期徒刑。20 多年后，以色列发现位于国防部长官邸正对面的美国大使馆内设置有电子设备，国防部长埃胡德·巴拉克（Ehud Barak）受到了美国的监视，以色列据此要求美国释放波拉德。1995 年，乔纳森·波拉德入籍以色列。

国家安全局针对以色列的间谍活动激化了美以盟友之间的积怨。根据达成的协议，曾于 20 世纪 80 年代担任驻美外交官的以色列议员纳赫曼·夏伊（Nahman Shai）在公共广播中表示："我们必须假定以色列正受到包括美国在内的多个国家的监听，但这终究是不被允许或不道德的。一旦发现，我们就不能无视这一事实。"[15]以色列人知道本国受到了监听，他们借此机会发出了自己的声音，[16]并致力于发展技术，如 2014 年初发射了间谍卫星"Ofek-10"。[17]

以色列的例子表明，信号情报监听并非国家安全局的特权，但它懂得因势利导。美国国家安全局在重大关切上始终锁定中俄两国，但也从未忽视对传统盟友的监视，如法国。

与法国及其情报部门之间的神秘关系

美法外交关系一直阴晴不定，两国间的协议属于秘密信息。法国作为北约指挥体系的成员，能够获得美国国家安全局提供的电子情报，此外，法国自己也拥有重要的情报设施。美方提供的情报有利于打击恐怖主义，应对伊斯兰激进组织的威胁，营救人质，为法国在非洲的军事行动提供支持。但这种合作关系也有阴暗的一面：与其他许多外国情报机构一样，法国也在向美国国家安全局提供法国公民相关的数据，导致法国公民面临遭受双重监视的风险。

事实上，法国同样拥有活跃于全球的电信监听网络，有人或是嘲弄或是吹嘘地将之称为“法国梯队”。2013 年 2 月，法国对外安全总局[18]前局长埃拉尔·科尔宾（Erard Corbin de Mangoux）在国民议会的国防委员会面前，就外国通信拦截这一敏感问题发表意见：“我们拥有搜集信号情报的各项能力”，“我们能够开发拦截互联网通信的重要设施”。随后他又介绍了法国对外安全总局的实力，“它汇集了人才、技术和作战资源”，法国与“第一圈子中的 10 个国家”维持着“密切关系”，其中当然包括美国及其情报机构，特别是美国国家安全局。[19]20 世纪 60 年代，美国国家安全局怀疑法国对外情报和反间谍局（法国对外安全总局的前身）被克格勃渗透，于是终止了交流。1970 年，亚历山大·德·马朗什（Alexandre de Marenches）出任法国对外情报和反间谍局局长，在其推动下，美法情报部门重启了合作。

据埃里克·德内瑟介绍，“如今的法国拥有规模仅次于美国的观测卫星”，此外还有“空中侦察系统（飞机和无人机）”。他指出，法国的“技术侦察工具被视为全球六强之一，仅次于美国、俄罗斯、中国和英国”。这种“情报自主权”使法国能够提出有别于华盛顿的见解，例如它在 2003 年美国入侵伊拉克期间的表现。[20]

2013 年，当了解到本国的公民、政界人士和外交官员受到美国国家安全局监视时，法国表现得谨小慎微，它拒绝爱德华·

斯诺登庇护申请的做法也出乎众人意料。法国奉行的政策可以解释这一态度,[21]法国的情报技术在20世纪90年代发展迅速,2008年国防白皮书表达了法国在情报方面的发展意愿:“强化空间观测、空中侦察与监视以及信号情报工作的手段,加大资金投入。”2013年的国防白皮书强化了情报工作的战略地位。[22]2013年,《军事规划法》强调了情报能力的提升与现代化以及情报采集的共享互助,[23]但法国主张不同部门应具备分析的自主性,避免单一思想,同时强调经济情报和网络空间的重要性,并据此推出各种新项目,涉及信息技术、卫星、海空军等。

法国对外安全总局负责收集和处理与法国海外利益安全相关的情报,肩负着信号情报的大部分责任。与手段超标、奉行“一网打尽”逻辑的美国国家安全局不同,法国对外安全总局更多专注于卫星通信拦截,目标是作战、打击恐怖主义、打击犯罪。据法国对外安全总局前情报主管、企业安全总监俱乐部主席阿兰·朱里耶(Alain Juillet)[24]介绍,干涉马里叛乱的“薮猫行动”(Opération Serval)很大程度上得益于法国截获的该地区“圣战”组织的通信。法国对外安全总局收集了数十亿条数据,它们被压缩存储于巴黎总部的地下室中,该局拥有仅次于英国的欧洲第二大计算机中心,能够处理数十PB(2^{50}字节)的数据,同时还有一支精通加密技术与数学的黑客队伍。此外,法国对外安全总局还管理着一个官方不予承认的庞大数据库“共享基础设施”(Infrastructure de mutualisation),为整个法国情报系统[25]以及巴黎警署提供服务。国家信息和自主权委员会(Commission nationale de l'informatique et des libertés，CNIL）无权查阅法国对外安全总局和对内安全总局的文件，而国家安全监听咨询委员会（Commission nationale consultative des interceptions de sécurité，CNCIS）对特勤机构大规模存储技术数据的活动全然不知，元数据问题在法律上始终底线不明。2013 年 7 月《世界报》的一张信息图显示，法国对外安全总局拥有 6 亿欧元的预算和 4 000 万欧元的专项资金，雇员近 5 000 人，其中 28% 是军人。[26]

法国国防部还设有其他负责监听的部门。

法国军事情报局成立于海湾战争后的 1992 年，向海军参谋长负责，它一直被指过分依赖于美国信息源。该局具有监视、预判和作战支援的职能，负责满足军方的情报需求。它主要在法国开展监听活动，同时也依靠部署在国外的军队实施监听。该局有巴黎和克雷伊两个站点，约有 1 600 名雇员，其中 80% 是军人。

法国陆军侦察旅（Brigade de renseignement，BRENS）是陆军一支专业部队，驻地为阿格诺（Haguenau），负责收集对战区参谋部有用的军事情报，与军事情报局之间明显存在协同关系。该旅共有 3 600 人，下设 5 个团，其中 4 个团分别负责人工情报、图像情报、信号情报、地理情报，另外一个团为拥有 60 名成员的参谋部。[27]

法国国防保卫安全局是一个反情报部门，负责向军方和国防工业提供信息和保护。该局能够识别漏洞，提供有关威胁的信息，保障防护和拦阻措施的实施。反情报行动主要涉及 3 个领域：军事、经济和网络。该局通过保护国防部和国防工业的信息系统，为防御性、预防性甚至治疗性的信息战提供支持。为了践行使命，它与国家信息系统安全局（Agence nationale de la sécurité，ANSSI）、防御性信息战分析中心（Centre d'analyse de luteinformatique défensive，CALID）及其他情报机构展开合作。国防保卫安全局总部位于马拉科夫的旺夫堡（Fort de Vanves），共有雇员1 000余人，其中80%是军人。[28]2014年，该局的预算与前两年相比有所下降，为9 318万欧元。

法国对内安全局隶属于内政部，2008年7月1日由领土监护局和普通情报局的一部分合并而成，此前称为国内情报总局（Direction centrale du renseignement intérieur，DCRI），2014年5月12日更改为现名。该局参与了针对法国全境电子和无线电通信的监视活动，其技术研究部门位于布莱莱特鲁，拥有远程通信拦截中心和对内情报数字调查中心。此外，该局还控制着技术支持中心（Centre technique d'assistance），且拥有网络巡逻员，技术支持中心是在2001年恐怖袭击发生后成立的，任务是破译加密通信。

一名调查记者利用公共项目合同和谷歌街景等开放性资源，描绘出了覆盖法国本土、海外领土以及其他国家的法国情报网络——“法国梯队”的地图。[29]法国对外安全总局设有无线电站（监听站）和无线电定向站，军事情报局设有高级通信分队[30]。法国陆军侦察旅设有米特齐第44通信团，负责无线电拦截、监听、定位、分析和研究；还设有阿格诺第54通信团，它是电子战的一支重要力量。法国对内安全总局同样设有监听站和无线电定向站。此外，还有一个驻扎着法军监听部门的站点和多个分布于不同城市的部际监控小组。[31]

在太空领域，法国军备总局在相继开发了“蜂群”（ESSAIM）和“电子情报卫星”（Elisa）实验系统后，又推出了“谷神”（Ceres）[32]电子情报项目，目标是收集电磁情报，实现定位并掌握敌方雷达和通信系统的特征。“谷神”系统服役时间已推迟到2020年。[33]除此之外，还有机载移动监听站。[34]

在海底光缆方面，连接法国与其他国家的海底光缆[35]会受到如英国政府通信总部，甚至是美国国家安全局等情报机构的监控。值得注意的是，法国电信运营商橙子电信公司（Orange）的全资子公司法国电信海洋公司（France TelecomMarine）拥有一支由6艘电缆船组成的船队，目前已铺设了20%的海底光缆。[36]

法国对外安全总局能够不受任何限制，自由访问法国电话运营商的整个网络系统以及经由其传输的数据。该局与橙子电信公司之间存在“同体”协议，双方在密码学研究方面有合作关系[37]。于是，大量的数据通过技术情报共享流入法国各特情部门，而英国政府通信总部也依据“合作与分享”原则获得了大量信息[38]。这些违背伦理的合作关系还惠及美国国家安全局，但橙子电信公司的首席执行官声称，公司与法国对外安全总局的合作“严格按照法律规定，具有充分的合法性，对国家负责，受到司法的监控”。[39]他还声称仅有少数几位获得国防安全许可的人员在法律框架内展开相关活动，向法国对外安全总局负责。集团的网络部管理着橙子电信公司海底光缆的登陆站，并根据地理起始点对光缆进行分类；国际业务部管理着国外的移动电话子公司，该部门曾为法军在马里和中非的行动提供支持。安全部与对外安全总局密切合作，负责数据保护和译码工作。橙子电信公司的子公司覆盖非洲和中东的21个国家，包括科特迪瓦、伊拉克、约旦、马里、摩洛哥、尼日尔、突尼斯等。

由于担心出现类似“水门事件”这种爆炸性丑闻，法国情报系统早在20世纪80年代就已采取美国和北约同行的做法，寻求与私营服务商的合作，对象包括阿梅希思（Amesys，布尔集团子公司，成立于1979年）、艾尔康（Ercom）、泰雷兹（Thales）等众多公司。无国界记者组织曾谴责阿梅希思公司向利比亚、沙特阿拉伯、卡塔尔和加蓬出售其名为“鹰”（Eagle）的互联网分析软件，该软件是自由终结者，可作为信息化武器，倘若落入独裁者手中，危害极大。2012年，布尔集团将“鹰”业务出让给阿联酋高级中东系统公司（Advanced Middle East Systems），而负责运营后者的是阿梅希思公司前首席执行官。[40]

秘密协议、间谍软件、监控技术让法国公民深感担忧，而国会议员们在经过长时间的辩论后于2015年6月24日最终通过的《情报工作法案》又加重了这种情绪，该法案规定了警察和情报部门根据威胁、目标和背景能够采取的方法和技术。新成立的独立行政机构——国家情报技术监控委员会，负责审批情报部门使用技术手段实施监控的行为。许多社团认为该法案是危险的，它扼杀自由，堪称法国版的《美国爱国者法案》。政府在国内恐怖主义威胁之下制定了该法案，它似乎并不适应这一威胁，存在诸多弊病。[41]努力的方向本该是提前发现威胁，重点应放在被定为非常危险的个人、团体和情况上。然而，该法案所授权的大规模监视技术在时间上不受限制，当专制政府掌权时，很可能会带来危险。此外，它没有规定情报或安全部门员工是否能向国家情报技术监控委员会或议员汇报相关部门滥用职权或违反本法案的行为。

法国的情报部门有着监视通信的传统，其专业能力在各种合作中也备受赞赏，它们在政治、战略、作战和战术上成了行政当局可靠的武器。但是选民想知道的是，它们如何做到合理合法，不侵犯隐私。它们有可能重复美国的罪恶，且扩大与美国国家安全局的合作。

3
盟 友

埃沃·莫拉莱斯的屈辱与欧洲国家的推诿

在国际舞台上，美国与众多国家在外交上串通一气，且形成了惯性。2013年夏初，斯诺登滞留于莫斯科机场，那些对华盛顿俯首称臣的欧洲国家相继拒绝了斯诺登寻求避难的申请，对美国政权的惯性忠诚似乎完全抑制了它们思想和行动的独立。对于华盛顿而言，斯诺登这个叛徒必须付出代价。法国和大多数接到申请的国家一样，不敢冒犯美国朋友。[1]2013年7月初，意大利、西班牙、葡萄牙都拒绝玻利维亚总统埃沃·莫拉莱斯（Evo Morales）从莫斯科返航的专机过境，原因是收到华盛顿的警报：斯诺登可能藏匿于该专机上。法国拖延时间，宣称没有收到申请，也拒绝了该专机过境。埃沃·莫拉莱斯的专机最终燃料不足，在极端的情况下迫降于维也纳机场。西班牙驻奥地利大使随后向埃沃·莫拉莱斯解释道，西班牙领空可以向他开放，但他必须确保斯诺登不在专机上。这位外交官员提出建议：只需邀请他到专机上喝杯咖啡即可。但埃沃·莫拉莱斯认为总统的话语权威性受到挑战，愤怒地拒绝了该建议。尽管已成外交丑闻，马德里最终批准了该专机过境西班牙。事件发生后，玻利维亚、阿根廷、巴西、乌拉圭和委内瑞拉对法国政府的做法感到不满，召回了本国驻法大使，公开表示支持玻利维亚总统。玻利维亚将法国视为“虚伪的殖民者”，向联合国人权事务高级专员办事处提出申诉，指控法国违反国际法，危及玻利维亚总统的生命安全。埃沃·莫拉莱斯最终于在 7 月 24 日接受了法国总统弗朗索瓦·奥朗德（François Hollande）给出的理由，而奥朗德方面则应允加快交付 6 架用于打击毒贩的“超级美洲豹”直升机，并承诺考察其他项目，如升级空军机群和提供空中监控系统。[2]

欧洲：“大耳朵”的目标

2013 年 10 月，面对美国国家安全局被指大规模监控法国政府部门、商界人士及其公民通信的说法，巴拉克·奥巴马出面安抚弗朗索瓦·奥朗德。这位在 2008 年大选期间被称为“处变不惊的奥巴马”[3] 的美国总统处事沉着冷静，他平心静气地劝说法国总统，希望他相信此举意图良好：保护美国和法国免于恐怖主义威胁。[4] 此外，他还承诺重新审查美国国家安全局的活动，以取得公共安全和隐私权之间的平衡。随后，奥巴马向德国总理安格拉·默克尔（Angela Merkel）致以类似的安抚言辞，并保证其手机通信不会再受监听，但奥巴马自始至终无任何歉意或辩词，也无停止间谍活动的承诺。[5] 白宫和许多美国政客如众议院的迈克·罗杰斯和彼得·金[6] 均认为，总统并不需要为自己辩解。美国是世界第一强国，自由世界的捍卫者，它不需要道歉，也不必质疑情报机构所肩负的国家安全和对外使命。对于打击邪恶、拯救生命而言，信息是不可或缺的，但也有人持保留意见。民主党参议员珍妮·沙欣（Jeanne Shaheen）认为，必须谨慎处理与盟友的关系，欧洲的抵制将削弱情报的分享。

近期，法国等欧洲国家一片愤慨，它们了解到本国确实受到了美国的监视。难道它们忘了盟友间的情报往来是国际关系中不可分割的一部分？难道它们忘了卡特·克拉克、艾森豪威尔甚或兹比格涅夫·布热津斯基直言不讳的言论？为什么在“梯队”事件之后它们仍能如此盲目，相信美国不会再监视它们？它们或许错误地认为美国的间谍活动只是由于面临中东危机、国内问题、难以抽身的阿富汗战争和伊拉克战争、咄咄逼人的中国等众多挑战而出现失控。2013 年 6 月，美国入侵中国的互联网路由器，[7] 国家安全局得以访问中国的移动电话公司、亚洲光纤网络运营商亚太环通（PACNET）以及中国主要互联网交换中心所在地清华大学和香港中文大学。[8] 但事实上，国家安全局并不满足于窥探其传统意识形态对手的数字机密以及入侵中东和亚洲敏感国家的信息系统，它还监视了欧洲机构，法国、意大利和希腊的外交代表团，以及日本、墨西哥、韩国、印度、土耳其等其他盟国。[9]2009 年，美国国务院向其外交官员下发了长达 29 页的秘密指令，要求他们监视联合国、时任联合国秘书长潘基文以及秘书处的其他成员。[10]其中，英国、法国、德国是位列伊朗和俄罗斯之后值得关注的目标。美国情报机构当然也参与其中。[11]后来发现的其他细节让欧洲更是震惊，美国国家安全局监视了欧盟驻华盛顿代表处与驻联合国纽约代表处、位于布鲁塞尔的欧洲理事会以及国际原子能机构。2012 年 9 月，欧盟委员会主席若泽·曼努埃尔·巴罗佐（Jose Manuel Barroso）、欧洲理事会主席赫尔曼·范龙佩（Herman Van Rompuy）以及联合国秘书长潘基文三人应邀前往纽约出席欧盟代表处新办公大楼的落成仪式，但他们都不知道美国在施工前已获得了建筑图纸，该大楼已被加装了监视设备。[12]美国情报部门还在欧洲国家驻华盛顿使馆的办公室安装了窃听设备，国家安全局能够随时访问使馆的虚拟专用网（VPN），并且掌握其所有的网络架构。该局还成功破解了联合国内部会议系统的密码。[13]美国国家安全局为达目的无所不用其极：在电子通信设备中隐藏麦克风、使用特殊天线拦截通信、在通信电缆上加装监控设备。欧盟驻华盛顿代表处的密码传真机也被植入了监听系统。可以说，欧洲各国代表发回本国的信函都是公开的秘密。

2013 年 6 月 30 日，《卫报》引用 2010 年的一份文件，证明法国是美国国家安全局的 38 个监视目标之一。[14]美国监视法国，对其戴高乐式独立自主的意图心存疑虑。法国驻联合国代表团和驻华盛顿大使馆成为监视对象。国家安全局的官员在内部宣传

“我们有能力并且也经常这样做”。[15]

2013 年夏，安格拉·默克尔在竞选活动中了解到，德国公民正受到美国国家安全局系统性的监控。默克尔提出抗议，并开始收集证据，她甚至让直升机升空俯视美国驻法兰克福领事馆。然而，反对派指责默克尔不够坚定。作为总理，默克尔明白为了拉拢选民，她必须为德国公民鸣不平。但这并不简单：德国情报机构自冷战以来就与美国合作紧密，“9·11”事件后双方合作进一步加强，且德方对美方有很高的依赖性。美国国家安全局为德国联邦情报局[16]提供分析工具，可用于处理途径德国和来自近东和中东等地区的信息。德国联邦议院一个调查委员会发现，美国国家安全局在 2004 年至 2008 年期间与德国联邦情报局合作实施了一项名为“程函”（Eikonal）的行动，目标是当通信数据途经作为全球网络节点的法兰克福时，拦截德国电信电缆上的互联网和电话通信。[17]作为回报，德国电信每月可获得 6 000 欧元。德国联邦情报局在利用美国技术优势的同时，也为其美国伙伴针对俄罗斯、阿富汗和恐怖主义的间谍活动提供了便利。但是美国却滥用了这种合作关系，将监视对象扩展到欧洲航空国防航天公司（European Aeronautic Defence and Space Company，EADS）、欧洲直升机公司（Eurocopter）以及法国。德国联邦情报局曾设计了一个能够滤掉本国公民通信数据的程序，以避免这些数据落入美国国家安全局之手，但它却不起作用。“程函”行动已经违反了德国宪法，它最终被停止，但原因不得而知。

德国境内设有数个监听中心，位于达姆施塔特（Darmstadt）

附近格里斯海姆（Griesheim）的“欧洲密码逻辑中心”（European Cryptologic Centre）是美国国家安全局在欧洲最重要的信号情报站。该中心设在一个军事建筑群中，被称为“短匕建筑”（the Dagger Complex）。目前在德国有一个新的美国情报基地与一个新的德国情报分析中心正在建设中，后者位于威斯巴登（Wiesbaden）。这两个工程均由美国人负责，他们理所当然拥有安全准入权限。[18]

奥巴马巧妙地为这些电子间谍联合行动辩护，声称它们有助于挫败伊斯兰激进组织或敌对武装分子在法国、德国及欧洲其他国家实施的致命袭击，但德国某些反对派提出质疑：德国联邦情报局使用美国工具管理信息，美国能够借此秘密窃取这些信息。默克尔首先选择的是避免冲突，因为她希望与美国在外交、经济和商务领域保持合作。此外，极端主义现象泛滥的世界，信息交流也比以往任何时候都更为重要，但是当默克尔要求奥巴马政府给予德国第二层级国家的待遇并系统性共享美国的信息时，她却遭到了拒绝。

2013 年 10 月，欧洲乃至国际舞台的紧张氛围因一份 2006 年备忘录[19]的曝光而升级。该备忘录明确提到，美国国家安全局信号情报部要求其客户（白宫、国务院、五角大楼）挖掘各自的通讯录，向其提供外国政要的电话号码。一名高官提供的 200 个号码将受到特殊处理，德国总理安格拉·默克尔、法国总统弗朗索瓦·奥朗德、巴西总统迪尔玛·罗塞夫（Dilma Rousseff）、墨西哥总统培尼亚·涅托（Peña Nieto）等 35 位政要受到了系统性监听。

默克尔总理对自己私人电话被窃听十余年一事深感震怒，她不再有所顾忌，尖刻回应道：“在关系密切的合作伙伴之间是不应存在这种监视的。”奥巴马和国务卿希拉里·克林顿撇清关系，表示毫不知情，国家安全局局长基思·亚历山大于是成为罪魁祸首，但他并未表露出多少歉意。他在国防部的博客上写道：“我能不做这件事吗？决策者确实能够做出政治决策，但是面对恐怖分子、敌对国家和网络风险，没有人会愿意放弃保卫自己祖国的责任。”[20]

默克尔对这些答复并不满意，她在欧洲峰会上强调道：“我们需要对盟友和伙伴有信心……朋友之间的间谍活动是不可接受的。”[21]她希望华盛顿与德国和法国达成“互不监视”协议。其他欧盟国家也提出了同样的要求。欧盟委员会则考虑收紧美国高科技公司获取其公民数据的相关立法。欧洲议会通过《明镜》（*Spiegel*）了解到美国国家安全局监控国际银行转账系统——环球同业银行金融电信协会后，投票中止了一项跨大西洋数据共享协议。

爱德华·斯诺登的爆料使美国受到了众多质疑，直至2014年，美国当局仍未对此做出正面答复。派往华盛顿的德国代表团没有获得多少信息或保证，美国确实解密了1 000页文件，但内容只涉及程序问题，未能消除默克尔政府的疑虑。于是，默克尔领导的保守派政府和社会民主党（SPD）决定采取反间谍行动，对象包括“虚假朋友”，与中国、俄罗斯和朝鲜列为一级。[22]这个新战略是对所受屈辱的回应，由德国联邦宪法保卫局[23]负责实施。德国开始进行整肃，它追踪可疑的双重间谍，并计划对驻柏林的美国外交使团以及与美国有情报合作的公司实施管控。德国军事情报部门[24]也调整了与盟友共事的方法。德国联邦情报局一名特工疑似自2012年以来为美国中央情报局工作，被遣送美国；一名在美国驻柏林使馆工作的间谍也受到了调查。

但德国的抗议只是门面功夫。欧洲研究所德国研究中心主任弗拉迪斯拉夫·贝洛夫评论道："这种叮咬是媒体的作为，他们必须保持警惕，而这些不得已的措施对美国与德国之间或美国与欧盟之间关系的战略意义不产生任何影响，并且很快就会被遗忘。"自20世纪50年代末以来，德国是北约和欧盟的成员国，它非常和谐地融入了美国主导的跨大西洋关系体系。[25]但柏林是否有不可突破的底线？2014年6月，德国政府终止与总部位于美国的威瑞森公司的长期合同，转而与部署了数字盾牌的德国电信合作。德国电信在"程函"项目声称结束之后是否转变了战略？

跨大西洋贸易与投资伙伴协定谈判遇冷

同一时期，法国总统在获悉本国公民和欧洲外交网络受到大规模监控后，建议欧洲伙伴国推迟与美国的贸易谈判。奥巴马试图平息这场纷争，承诺美国将应要求提供所有相关信息。毕竟，"全世界的情报机构都在搜集媒体未发表的信息"。[26]欧盟委员会主席巴罗佐和欧洲理事会主席赫尔曼·范龙佩陷入了尴尬的沉默。德国认为美国令人无法容忍的行为损害了美欧跨大西洋贸易与投资伙伴协定（TTIP）[27]谈判。卢森堡外交大臣让·阿塞尔博恩（Jean Asselborn）认为，“美国显然应该多多监控其情报部门，而非其盟友”。他补充说，情报活动的依据是“打击恐怖主义，但欧盟及其外交官员并非恐怖分子”。[28]欧盟议会绿党议员丹尼尔·科恩－本迪特（Daniel Cohn-Bendit）主张中止谈判，直到2011年启动数据保护谈判并与美国达成协议之后再恢复磋商。欧洲议会议长马丁·舒尔茨（Martin Schulz）则表示“对美国当局在欧盟办事处开展间谍活动一事感到担忧和震惊”。这种“克格勃式”的行为或将“严重损害欧盟与美国之间的关系”。[29]他也呼吁暂停TTIP谈判，因为“伙伴关系必须以信任为基础”。

英国作为欧盟成员国兼美国国家安全局的合作伙伴，不可避免地成为事件的相关方和仲裁者。它选边站队，阻止任何协调，理由是间谍事件不能在欧洲层面上进行处理。由于英国的立场，欧盟的意见未能统一。2013年7月8日，TTIP谈判恢复，这暴露了欧洲在“保护公民自由权”上的无能为力。[30]

2013年秋，美国国务卿约翰·克里（John Kerry）在访问波兰时呼吁欧洲“不要将间谍活动和贸易活动混在一起”。他首次承认“美国国家安全局的监视项目太过出格了”，但是“对间谍活动的指控不应阻碍欧盟与美国之间的谈判，这一合作伙伴关系的达成将创造出地球上最强大的经济力量之一”。[31]波兰外交部部长拉多斯瓦夫·西科尔斯基（Radoslaw Sikorski）做出了意料之中的表态：波兰与美国之间军事工业关系紧密，波方“支持该协议”。克里在不久后宣称：他和总统都不了解国家安全局的技术及自我管理能力。

像“梯队”事件一样，斯诺登事件和TTIP谈判体现了欧洲国家之间的拉锯式关系。某些国家，如德国，与美国情报部门有着长期的秘密合作；法国虽然较为自主，情况也大抵如此；英国和波兰则玩弄两面派手法。这些因素非常不利于欧洲国家做出决定，而商业利益的卷入也使问题变得更加复杂。高举打击恐怖主义的旗帜能够凝聚各方力量，但不能降低各方对主权的敏感和欲望。

虽然欧洲属于高级战略目标，美国国家安全局却不会因此而忽视了南美。

愤怒而记仇的迪尔玛·罗塞夫

在国际舞台上，奥巴马曾有一位能够倚赖的“朋友”——巴西总统迪尔玛·罗塞夫。2011年上任后，罗塞夫一改前任卢拉时代对美国的冷淡态度，两国关系回暖。前总统卢拉是劳工党领袖，他拒绝对美妥协，转而与中国、印度和非洲国家合作，他还曾邀请伊朗总统艾哈迈迪-内贾德。迪尔玛·罗塞夫则与德黑兰保持距离。奥巴马访问了巴西，而罗塞夫也计划回访。然而2013年9月17日，罗塞夫取消了访美日程。她在一份简短声明中谴责美国“拦截巴西公民、企业和政府成员的通信”，“侵犯了巴西国家主权和公民个人权利，违背了友好国家间民主共存的原则”，[32]双方之间的信任转眼烟消云散。迪尔玛·罗塞夫对于巴西政府、外交系统和工业部门遭受大规模监控感到越来越厌恶。2013年9月底，她在联合国大会上直陈美国国家安全局的滥权行为。[33]美国对友国的干涉成为靶心。罗塞夫掷地有声地抨击道，监听行径是“美国安全部门唯我独尊”的表现，违反了国际法律，对“国家主权”和“友国关系”造成“无法容忍的伤害”。“一个国家的安全权利永远不能通过侵犯另一个国家公民的基本公民权利来获得”，“辩称这种监听是为了保护各国免于恐怖主义的说法是站不住脚的”，而且，“巴西有保护自己的手段”。巴西不能容忍专制主义或对个人自由权的任何侵害。罗塞夫总统呼吁联合国对此实施管控，构建一个多边的、全球的、合法的互联网治理体系。“网络空间”不应被用作“战争武器，用来侦察、破坏和攻击其他国家的系统和基础设施”。奥巴马反应强烈，反驳道：“美国已开始审查情报搜集手段，目标是解决美国及其盟国国家安全的合法性问题，同时尊重每个人都渴望的私人权利。”

该事件的影响还超出了外交范畴，随后不久，巴西冻结了与美国关于购买多用途战机的贸易谈判，转而与瑞典签订了合同。[34]此外，迪尔玛·罗塞夫还考虑强制谷歌和脸书等美国公司将数据中心设置在巴西，纳入本国个人数据的管辖范围。罗塞夫的反应点燃了关于互联网治理的讨论，美国国家安全局在这几个月里对此越来越担忧。[35]

任何情况都不能让奥巴马政府放弃获取盟国的情报。朝秦暮楚是国际关系的常态，今日之友可以是明日之敌。美国情报部门通过监控欧盟的外交使团与代表处能够掌握欧盟成员国之间的分歧所在。根据2013年一份从一（最高利益）至五（低利益）的优先等级划分表，它们首先关注的是稳定性等经济问题以及贸易和对外政策，前者被列为第一等级，后两者被列为第三等级。能源安全、粮食问题和技术创新则屈居第五等级。[36]

美国“实力突出，尤其是在经济领域，但其霸权日益受到合作伙伴、朋友、对手的质疑和挑战”。[37]这也是为何美国国家安全局必须有“全景式监视”[38]的雄心，覆盖所有网络、所有电话和数字通信以及所有电子和人类大脑，尤其是深入国际经济关系的核心。

4
经济间谍

在危机、结盟和竞争并存的全球背景下，各国政府致力于发展科技和挖掘工业潜力，并通过保障外汇和就业提升商业打击力量，竭力保证本国的经济实力。美国国家安全局怀揣技术领先和信息霸权的雄心，努力为美国的外交和经济利益而奋战。它虽是一个权力工具，但已成为与资本主义工业密切相关的庞大国有机构。它根据面临的形势或障碍，凭借高超的侦察能力发现猎物，是经济战争、渗透行动、市场围剿、科学文化空间争夺无可辩驳的有效工具。[1]

近 20 多年来，全球经济竞争异常激烈。20 世纪 80 年代末，美国公司遭遇日本企业出人意料的咄咄攻势，于是在情报机构的支持下，开始了经济间谍活动。那个时期的情报机构虽然深陷身份危机，却拥有布什政府尤其是克林顿政府的支持。美国政府一直都有普及美式民主和自由的抱负。克林顿政府在本国推行攻守兼备的双面经济情报政策[2]，同时，承认经济情报合法，因为美国坚称外国政府不尊重竞争规则，给予本国企业补贴或提供外交或商业援助。2000 年 3 月，在 1993 年 2 月至 1995 年 1 月期间担任中央情报局局长的詹姆斯·伍尔西（James Woolsey）冠冕堂皇地向《华尔街日报》解释道，美国监视盟友是因为盟友技术欠缺，从事贿赂活动。[3] 大规模杀伤性武器的扩散是又一危险，美国对此采取了经济制裁和禁运。一些监听事例可以证明："大耳朵"系统正在全效运转。[4]

工业目标与工业问题

美国国家安全局监视与国际协议谈判相关的国家。加拿大前情报人员简·肖滕（Jane Shorten）曾透露，墨西哥代表在北美自由贸易协定（NAFTA）[5] 磋商期间受到了监听。1993 年法国代表团参加关税及贸易总协定（GATT）谈判时也有相同的遭遇，一架"猎鹰"军用飞机监听了当时的法国外交部部长阿兰·朱佩（Alain Juppé）与其办公室成员未加密的讨论。1995 年，丰田和日产的高管在谈判日本汽车进口关税和配额期间受到了监听，比尔·克林顿特使米基·坎特（Mickey Kantor）在国家安全局的帮助下，获得了谈判的绝杀武器——日本车辆的排放标准。情报部门辩称，它们的活动只是为了确保遵守禁运规定，发现对美国公司不公平的贸易行为。据称，"梯队系统"还拦截了一场视频会议，并将内容转交给通用汽车公司，这家汽车巨头凭此证明了其前高管伊格纳西奥·德·洛佩兹（Ignacio de Lopez）携带商业秘密转投大众汽车公司的罪行。1994 年 1 月，法国总理爱德华·巴拉迪尔信心满满地飞往利雅得，计划与沙特阿拉伯签下 60 亿美元的合同，标的是武器装备和欧洲空中客车等民航飞机的销售和维护。但美国国家安全局的“Silkworth”（丝值）项目拦截了欧洲财团、沙特阿拉伯国家航空公司和沙特政府之间的通信。最终，空客公司被指滥用影响力，波音公司赢得了合同。1994 年，雷神公司打败法国汤姆森公司（Thomson-CSF），拿下了价值 14 亿美元的“亚马逊监视系统”合同（Amazon Surveillance System，Sivam）。这一过程中，雷神公司得到了美国商务部的支持。据称，比尔·克林顿通过国家安全局获知了汤姆森公司贿赂巴西官员的金额，于是亲自与巴西当局交涉，扭转了局势。值得注意的是，雷神公司还负责“糖林”卫星监听站的维护和相关工程。

国家安全局拦截通信数据并共享给中央情报局，筛选出的商业信息被送往商务部，其专业部门会对数据进行处理，并在隐去来源后将有用信息通报给美国公司。詹姆斯·克拉珀声称，“美国收集外国情报，而其他各国政府亦是如此，目的是确保公民安全，保护本国公民与全球盟友的利益，但我们没有凭借对外情报能力窃取外国企业的商业秘密，将其提供给美国公司，提高美国的国际竞争力。”[6]

相互交织的政治和经济问题

经济战具有全面性，国家和个人利益均牵扯其中。政府、企业、非政府组织、平民、媒体等，所有人都在关注它，打击恐怖主义、核扩散、有组织犯罪、洗钱、非法贩运（如毒品）等都可用于掩盖其他利益。2009 年 6 月，获取特定情报行动办公室的员工拦截了墨西哥内政部的电子邮件，该行动属于“白人”（Whitemale）监视项目，任务是监控由墨西哥蜂窝电信网络传送的电话和信息，了解墨西哥的毒品贩运和企业活动。几个月后的 2010 年，国家安全局拦截了墨西哥总统费利佩·卡尔德龙及其内阁的信息。2013 年 10 月，巴西环球电视台（Globo）报道，2012 年 12 月当选墨西哥总统的恩里克·培尼亚·涅托及其 9 名合伙人在竞选期间遭到美国人窃听。电话和成千上万的文字信息被存储到“碟火”（Dishfire）数据库中。此次监控有数个战略目标，依次是贩毒信息（第一级），墨西哥领导层（第二级），经济稳定性、军事能力、人权等信息（第三级），反间谍活动（第四级）。[7] 最终，奥巴马承诺调查和惩罚责任人，墨西哥就此罢休。然而，巴西总统迪尔玛·罗塞夫则不似这般温和。2013 年夏，她发现巴西居民和过境人员、企业以及她本人都受到美国国家安全局的监控。[8]10 年间将近 23 亿条巴西电话和电子邮件信息被拦截，国家安全局监控了国企巴西石油公司（Petrobras），所截获的情报肯定包括外国勘探许可项目和巴西巨大的海上石油储备。

2007 年美国的 USSS 文件[9] 规定了信号情报搜集的优先战略任务。文件中强调了能源安全的重要性，[10]将其列为“第 L 项任务”。此项情报任务的目标是截获能源供应威胁以及相关国家（伊拉克、沙特阿拉伯、委内瑞拉、伊朗、俄罗斯和尼日利亚）信息。美国国家安全局和英国政府通信总部于 2008 年起成功渗入石油输出国组织（OPEP）的计算机网络，监视了该组织的成员国。国务院和能源部由此得以了解该组织幕后的谋划，更好地预判趋势。2013 年，美国对沙特阿拉伯石油的依赖程度有所下降，然而石油输出国组织仍然是目标之一，但不再是高度优先。[11]

美中之间的数字冷战

2007 年的战略任务清单列出了监控目标国家，[12]并在第 J 项任务中述及了新型战略技术。信号情报应能保护关键技术[13]以及军事、经济和社会效益。2013 年 10 月，法国证实，美国国家安全局监控法国企业，重点目标之一是全球主要的电缆、路由器和数据中心制造商——美法联合集团阿尔卡特－朗讯公司。[14]

在经济核心领域，某些网络攻击的背后是监控、窃听和操控技术。斯诺登事件对美国电信和计算机行业相关企业产生了切实的影响，外国公司则因此获利。例如，网络设备制造商思科公司报告称，在中国和墨西哥的销售额下降 18%，在巴西的销售额下降25%，在俄罗斯的销售额下降30%。[15]2013年，信息技术及创新基金会[16]预计，活跃于云计算领域的美国公司在未来3年内或将损失215亿至350亿美元的收入。[17]

根据斯诺登泄露的信息，中国确信其通信系统正受到美国的监视。2013年6月，中国的华为、大唐和中兴公司发现，美国国家安全局入侵互联网路由器并访问了数千台电脑。不久之后，中国移动（拥有7.35亿用户）、中国联通（拥有2.58亿用户）和中国电信（拥有1.72亿用户）获悉，美国国家安全局监听了电话通信并窃取了短信数据。[18]一直以来，中国常常被指责开展网络间谍活动，而美国则公开宣称不搜集经济情报，俨然一副受害者形象，而这事使山姆大叔在国际社会上的信誉瞬间崩塌。

在工业方面，美国政府对中国公司施加了各种商业限制，比如美国思科公司的两家竞争对手——华为和中兴就受到了这种待遇，它们被指通过后门程序开展间谍活动，[19]但事实上，美国情报部门常常针对中国，美国国家安全局曾渗透到华为总部的计算机系统，并窃听其公司高层信息。[20]美国国家安全局入侵了该公司深圳总部的服务器。此外，通过该公司销往第三方的设备也能轻易地实施监控。国家安全局挖出了中国的重要客户，[21]他们往往避开美国的技术，是美国的高优先级的监视目标[22]。

2014年3月，在距离中国国家主席习近平访问欧洲数日之时，米歇尔·奥巴马与其女儿出于人道主义目的，向《纽约时报》透露，中国电信和互联网巨头华为公司是美国国家安全局策划入侵的对象，而前者常常被怀疑通过其出售的路由器开展网络间谍活动。《明镜》和《世界报》转载了此报道。习近平在海牙核安全峰会上与奥巴马会面，中国外交部发言人洪磊也敦促美国停止这种入侵行为并给予明确的解释。[23]中美双方陷入了不断升级的“数字冷战”之中。[24]面对北京的抗议，奥巴马政府声称美情报行动仅是出于国家安全这一正当目的。[25]

美国国家安全局感兴趣的当然还有其他领域。信号情报工作往往需要满足外交、政治、军事、经济、科学、工业、社会乃至反情报等多个问题交织产生的需求。目标清单无穷无尽，有时甚至令人惊讶。全球性监视无法停止，2008 年至 2011 年，美国国家安全局和英国政府通信总部锁定的对象包括了 60 多个国家的上千个组织或个人[26]。全球局势紧张，竞争加剧，企业网、云计算、自携设备（BYOD）、社交网络发展迅速，网络活动激增，这些都将可能导致间谍活动的进一步泛滥，经济领域尤其如此。间谍活动具有高入侵性，不尊重联盟协议，损害外交关系，对互联网治理构成了挑战。

5 互联网治理

全球没有任何一个中央政府专门负责管理互联网，但美国享有实际的领导地位，部分是历史原因，部分则在于地理集聚优势。互联网行业的关键参与者（如互联网名称与数字地址分配机构 ICANN）汇集于此。[1]GAFA（谷歌、苹果、脸书、亚马逊）以及其他许多美国公司，如思科、IBM、太阳微系统公司、美国在线、微软以及数据挖掘巨头、数据库聚合服务商、互联网服务运营商和提供商等主导着互联网和计算机行业。互联网基础设施也大多位于美国境内，成为通信拦截的有利条件。互联网本应是一个开放的系统，推崇民主，但它却被变成绝妙的监控工具。大数据的出现为情报部门和互联网巨头大规模收集数据提供了便利。互联网成为攻击、窃取、发声、操纵的场所，放大了弱点和缺陷。美国对互联网实施集中控制，宽容度越来越低，受到了世界其他地区的质疑。

互联网碎片化：主权主义和贸易战略

20世纪90年代即已出现零星的举措。早在1993年，北京就希望建设互联网基础设施，以配合经济的发展，而不损害国家安全或弱化对国内的控制。中国认为，互联网是强大的宣传工具，但对于反情报和内部安全而言又是一种危险源，于是采取了一系列措施对电信企业进行规范和监督。20世纪90年代末，中国政府计划构建一座网络长城，即“金盾工程”，目标是监管其激增的互联网用户的上网和通信信息。这一互联网监控和审查项目[2]由中国公安部负责管理，目标是使用本土工具塑造符合本国文化、能够自我管理的中国化互联网，例如推行百度（中国版谷歌）、腾讯QQ（即时通信）或微博（中国版推特）等工具。1998年，中国实施光纤通信计划，以更有效地应对情报入侵和拦截。[3]中国一步步建立起技术主权，保护了本国的安全目标与政治经济利益。2015年，中国欧盟商会副主席斯蒂芬·赛克（Stefan Sack）表示担心：“中国互联网正在变成一个巨大的内联网。”[4]

2005年突尼斯信息社会世界峰会之后，互联网治理的战斗正式打响。2012年11月，俄罗斯建立起国家互联网过滤系统，能够在24小时内关闭黑名单上的网站。俄当局利用斯诺登事件，在全国范围内整顿Gmail（谷歌邮箱）和脸书平台，强行加上域名后缀“.ru”。自2014年9月1日起，如服务器上有俄罗斯公民个人数据通过，互联网公司，无论属于本国抑或外国，都负有将服务器设置在俄罗斯境内的法律义务。这种“地方主义”的做法与互联网的全球目标背道而驰，很可能引起外国运营商的恐慌并增加国家基础设施建设的成本。但这一做法不仅使俄情报部门获得了探求已久的情报入口，还诱发了效仿的趋势（德国、瑞士等）。

2012年12月，在国际电信联盟（ITU）[5]的多边会议上，反对美国主导全球互联网治理的声音高涨。俄罗斯明确表态，考虑赋予联邦安全局[6]更多权力以阻止外国的渗透。莫斯科试图说服其他国家将一直以来由ICANN承担的网络关键功能管理事务移交给国际组织，例如国际电信联盟，但该组织中发挥核心作用的似乎就是俄罗斯。它建议“如电信服务被用于干涉他国内政，破坏他国主权、国家安全、地区统一和公共安全，或者泄露敏感信息，则应限制对互联网的访问权限”。89个国家投票赞成俄罗斯的提案。美国、西欧国家、澳大利亚、加拿大则表示反对。

与此同时，由俄罗斯和苏联解体后的一些卫星国组成的集体安全条约组织[7]正就信息安全问题进行辩论。前一年，哈萨克斯坦提出了建议：成立网络警察联盟，建立电子壁垒、将“电子主权”的概念纳入国际法。随后，一系列举措以反恐、反分裂和反极端主义为名推出，特别是封杀相关网站。各国都加强了监控，包括无许可令的通信拦截。冷战期间，苏联大部分时间都成功守住了信号情报的安全。时至今日，美国国家安全局同样担心采用了俄罗斯技术的数字网络会封闭访问入口。[8]

互联网世界因各国主权主义和贸易战略而分裂，而斯诺登事件不仅引起了各国对美国的轮番质疑，还加速了互联网的碎片化。

美国国家安全局：网络主权争斗的核心

巴西总统迪尔玛·罗塞夫还在继续着2013年的讨伐，成为抗议活动的领袖。为了增强巴西的自主性，她再次发起网络民法运动（Marco Civile da Internet），这一运动有利于促进网络的国际中立性和建设分布式的基础设施，同时也尊重人权。金砖国家不得不进行投资，与欧盟成员国尤其是西班牙企业合作建设海底光缆。[9]2014年，各国的互联网行业参与者一致同意遵守“互联网治外法权”原则以及共同治理理念。[10]根据该理念，互联网行为和用户的多样性将由监管和标准化机构代表。网络是人类的共同利益，必须保护它免受国家以及个人行业参与者私念的影响。[11]尽管达成了原则性共识，美国与其他国家之间、欧盟成员国之间的紧张关系和争议却无缓解之势，各国的愿景并不一致或者说并不明朗。[12]

辩论还远未结束：虽然互联网具有天然的全球性倾向，但各国是否能考虑接受美国的单边主义？互联网是否应由主导全球市场并坚持维护既得特权的巨头掌管，或是属于所有人？在这种情况下，互联网是否能够由联合国或其他机构进行监督？美国政府有意支持本国的互联网企业，另一边中国则极力谴责美国的数字资本主义。在 2014 年 6 月举行的 77 国集团（G77）峰会上，[13]中国呼吁信息和通信技术包括社交网络等的使用必须符合国际法，要求停止损害各国及其侨民利益的域外大规模监视活动。

各国和各地区立场的逐渐强硬或将瓦解信号情报拦截能力。互联网的碎片化将赋予某一封闭区域的掌控者更大的审查权力，美国国家安全局对此深感担忧，因为一个四分五裂、壁垒林立的网络将使美国国家安全局的工作更加复杂。但无论采取何种手段，它都必须确保能够一如既往地访问基础设施和信息系统，因此，该局的特别行动部门——获取特定情报行动办公室将被迫执行更多高风险的行动。形势确实令人担忧：各国都在强化安全和法律措施，以捍卫本国经济利益，同时互联网的重心也逐渐转移到拥有全球最多互联网用户的中国。

许多互联网用户认为，新型治理模式必须重建网络安全性，恢复信任，强化互联网的统一性。但占据主导地位的美国却丝毫不愿退让，可以预见，美国国家安全局的“大耳朵”将比以往任何时候更为活跃，目标也将覆盖所有争夺网络主权的正规军和杂牌军。美国通过加强监控，能够更好地扩大影响，约束、劝诱或降服任何潜在的抗衡力量，但这种状态正受到挑战：美国的主导地位正在下降，而网络空间军事化的风险却在增加。

6
网络情报

藏己知彼

情报是维护国家安全的保障，能够帮助决策者制定政策和预判未来事件。信号情报活动提高了告警能力，有助于决策者观测新趋势、偶发行动和敌对个体（黑客、恐怖分子、贩毒者等），但情报活动无疑会在互联网上留下痕迹。这些隐藏于网络深层空间的敌人深谙信息战的原则，成为国家安全局面临的棘手难题。长期以来，美国对非对称网络空间攻击一直采取守势，但它已认识到长此以往将对现实世界构成威胁。因此，美国网络司令部近年来采取了进攻战略，这一战略比以往任何时候都更强调情报和反情报的重要性。

难以预估的威胁

2014年9月中旬，国家情报总监詹姆斯·克拉珀向《华盛顿邮报》[1]记者大卫·伊格纳修斯（David Ignatius）总结了新国家情报[2]战略的要素。他明确指出，新国家情报战略需能应对威胁的极端多样性，其优先目标是网络情报和反情报。境外情报组织，无论是国家性质抑或非国家性质，当它们致力于获取与国家安全相关的信息时，对于美国而言就代表着逐步升级的威胁。评估一项威胁是困难的，且有误评的风险，克拉珀承认他和分析师曾高估了伊拉克军队的战斗能力，却又低估了伊斯兰国家的决心。这一错误预判与越战时期的情形相似。当时的情报部门低估了北越的实力，而北越则高估了南越。同理，分析师也很难判断奥巴马针对“伊斯兰国”组织的“少占资源”（Small-footprint）战略[3]的意义和结局。克拉珀认为，“伊斯兰国”是对美国国土安全的又一长期威胁。除此之外，中国的战略意图始终不透明，且令人担忧的是，中国已实现军事现代化，包括航空和网络领域；俄罗斯也在不断扩大影响力，损及美国利益，普京的意图难以捉摸。克拉珀最终总结道，自己就像指挥着一艘进水的舰艇，情报机构必须根据商业和战略联盟来调整情报搜集工作。[4]这位尖刻的情报掌门人强调，情报部门将确保国家的安全，提供前瞻性的情报，不掀起风浪也不侵犯美国或外国公民的隐私，他将这一功绩称为“无污点采集”（Immaculate Collection）。网络情报还是一个雷区：任何关于网络攻击的指控都可能导致外交风暴，甚至引发冲突。

美国国家安全局背负的国家安全任务变得越来越复杂。在信号情报、数据与系统安全等传统任务上，它必须始终掌握主动权，此外还需执行攻击、篡改、破坏、封锁、反情报、施加影响等新任务。所有这一切当然还应在最保密的条件下实施，对于这一拥有数万雇员以及众多分包商和合作伙伴的情报机构而言，这无疑是一大挑战。

比利时电信事件：渗入系统窃取数据

比利时电信事件堪称教学案例。美国国家安全局和英国政府通信总部致力于探求系统和信息流的访问入口，以监视欧洲乃至全球时局。2013 年 6 月，比利时电信运营商——比利时电信（Belgacom）在其计算机系统中识别出恶意软件。2011 年 3 月，查毒网站 VirusTotal 首次报告了这个可怕的恶意软件。[5] 比利时电信公司部分由国家持有，对用户系统被入侵一事毫不知情，而其用户包括欧盟委员会、欧洲议会、欧洲理事会等重要机构。一项内部调查描绘了受感染的过程：根据斯诺登泄露的文件，美英情报部门使用了一种极其复杂的恶意软件——“雷金”（Regin）[6]，“雷金”伪装成微软软件，对受感染的系统实施高级网络攻击并窃取数据。2010 年，英国政府通信总部诱骗比利时电信公司的工程师进入虚假的领英页面，并在其计算机内植入恶意软件，英国情报人员借助恶意软件得以控制该公司的系统[7]。这种恶意软件非常隐秘，其模块化设计能够实现分段渗透，因而难以被发现。某些病毒可追溯至2003年，在被发现之前已感染了欧盟网络数月之久。2014年秋，恶意软件已经感染了俄罗斯、沙特阿拉伯、墨西哥、爱尔兰、比利时和伊朗的企业、行政部门和研究机构。[8] 美国国家安全局尤其关注比利时电信国际业务子公司BICS（Belgacom International Carrier Services），该公司为全球多家电信运营商提供服务，且经营着海底光缆。美国国家安全局试图借此拦截叙利亚、也门和阿富汗的互联网和电话通信。[9] 美国国家安全局正处于暗战的最前沿，这是一场比冷战还要复杂的战争。

7
主宰网络空间

电子战

战争和情报在本质上发生了变化，战场已蔓延至网络空间。在极度混杂的世界，信息成了外交官员、政界人士、军人、商人、平民、海盗握有或寻求的一种武器。

海湾战争是电子战的试验场。自 20 世纪 90 年代以来，军事战略思想的重点是信息战，即“抓住敌方的信息、信息程序、信息系统和信息网络，同时保护己方的信息、信息程序、信息系统和信息网络，以此获取信息优势的一系列行动”。[1] 信息载体及其负载的信息是贪欲和权力追逐的目标，信息是一种攻守兼备的武器，能够确保在战略和战术上的优势。

美国军官在老布什政府时期的国防部长迪克·切尼的推动下，很早就认识到信息和通信技术的进步从根本上改变了战争的性质，军事观念逐渐发生了改变。[2] 信息为情报工作或军事打击提供高精度的数据，从此在军事领域占下一席之地。与此相关的是信息战[3]、电子战、C3I 系统[4]（即指挥 Command、控制 Control、通信 Communications 及情报 Intelligence）。电子情报的获取和传播几乎是瞬时的，大大缩短了观察—决策周期。军事装备相互融通，军队组织结构逐步现代化。孤立战场不再存在，冲突地区成为一个整体，部队不再被分隔。杀敌于千里之外成为现实，战士可以远离战场，取而代之的是远程巡航导弹、无人机和远程电子战等手段。“零战士”“零死亡”是技术的胜利，历史学家爱德华·卢特瓦克（Edward Luttwak）称之为“后英雄主义战争”。[5] 美国在陆、海、空、天均部署了硬实力，毫无疑问，它还希望控制第五个空间——网络空间，牢牢守住技术优势。

从技术领先到掌控信息

美国国防大学颇具影响力的马丁·利比基（Martin Libicki）教授将网络战[6] 的观点概念化，他将“指挥和控制战、情报战、电子战、心理战、网络战”进行了区分。[7] 全面战争以及以对手间差异为考虑重点的制信息权的观点逐渐普及，[8] 美国国防部在《2020 年联合构想》（Joint Vision 2020）文件中就述及了全面制信息权。[9]

面对改变其内部管理模式的新学说和新思想，五角大楼和国家安全局与企业一样，也做出了相应的转变。国家安全局调整了其做法，它通过确保技术优势，掌握并保持对信息的控制。此外，该局认识到任何机器背后都是做决定的人，因此广泛采取了另一种形式的操控[10]，扩大对信息流、实体和个人的控制。网络空间是信息战（利用、破坏敌方和保护己方的信息）的沃土。在源头处，情报可用于抵御攻击和检测系统漏洞，对于识别攻击者或目标以及了解其运作模式至关重要。此外，情报还能用于操纵对手，但恐怖分子、罪犯、极端主义组织、激进组织和网络积极分子也善于在网络开展活动，因而斗争也更为复杂。因此，面对在物理（设备）、虚拟（软件/程序）和心理层面你来我往的网络战，国家安全局力求始终占据先机。[11]

保护关键基础设施

当今世界的冲突呈现常态化和隐蔽化趋势。在此背景下，美国充分意识到自身的脆弱性，并做好了应对战略信息战的准备。军事、行政和经济系统高度依赖于这一全球化的网络空间，对于国家安全局而言，关键是保护敏感基础设施，提炼对政府不可或缺的危机情报，为此甚至可与私营部门合作。[12]

2009 年，时任黑客部门[13]负责人的基思・亚历山大告诫道："美国的经济、关键基础设施以及众多军事行动都有赖于不受阻碍地进入网络空间。对于美国利益而言，维护 21 世纪网络空间的行动自由就如同捍卫 19 世纪的海上航行自由和 20 世纪的航天航空自由。"[14]这个黑客团队是米德堡的核心，其天然使命是保护和捍卫五角大楼的网络系统，规划、协调和实施网络空间中的信息攻防行动，以及监督计算机网络的绝密攻击行动。“极客”基思认为有必要进一步推进这个统一军事指挥部的改革[15]，他的想法获得了认可。[16]

海军上将迈克尔·罗杰斯出任国家安全局局长和网络司令部司令后不久就提出，需要在检测和保护敏感基础设施上投入更多的时间。他赞成一项法律修订案，指出与私营企业并肩作战和协同合作在某种程度上对维持安全是至关重要的，因为极端主义组织与美国已是水火不容。事实上，情报部门已成功预警和挫败了多次袭击行为，但始终不会对外公开，这是它们不变的职责。[17]

8

战斗进行中

美国网络司令部和未来数字战争

2010年，已指挥着国家安全局数千名特工的基思·亚历山大在西点军校的两位校友——中央情报局局长大卫·彼得雷乌斯（David Petraeus）和参谋长联席会议主席马丁·登普西（Martin Dempsey）的支持下，又获得了一支由海陆空三军数千人构成的新力量。[1] 他成为新战争机器——网络司令部的掌门人，终于获得了践行其制信息权观点的机会。网络司令部[2] 实际上是一个联合作战指挥部，隶属于美国战略司令部。

前国防部副部长威廉姆·J. 林恩三世（William J. Lynn III）参与制定了新网络安全战略，其观点是必须从总结经验和编写遇袭报告中醒来，转向预判和进攻型战略[3]。从此，守护国防部网络系统的网络防护部队又添加了“战斗部队”，后者的任务是提高美国军事指挥中心在全球范围内的网络技术水平，甚至是开展进攻性行动。它们做好了准备，必要时将在网络空间中实施各类军事和反恐行动，打击由国家层面支持的网络攻击。其指挥链是唯一且自上而下的，从美国总统到国防部长，随后是战略司令部司令，之后通过网络司令部司令，下达到分布于全球的各个美军单位。此外，网络司令部还承担网络安全板块的培训工作。

网络司令部除了军事防护职能外，还承担着维护国家安全的使命。[4] 它负责保护敏感网络和基础设施所依赖的信息系统（电子网络、能源、大坝、核电站、金融网络、机场、运输等）。网络司令部总部驻有联邦调查局、国土安全部、司法部、国防信息系统局[5] 的办公代表，此外还有情报部门和相关政府机构的联络官。

为了打赢未来的数字战争，[6] 国家安全局不断武装自我，并获得了“五眼联盟”的支持。获取特定情报行动办公室的数字狙击手负责实施礼貌雨计划（Politerain），该计划后来发展出多个程序。例如，激情波尔卡程序（Passionatepolka），能够远程围堵对方电脑的网卡；狂战士程序（Berserkr），可以在对方电脑里植入后门程序，干扰服务器；仓火程序（Barnfire），则能够攻击敌方政府网络中央服务器的出入口基本系统。这些项目的目的不仅仅是实施监控，还是使计算机网络瘫痪，以封锁、扰乱或破坏关键基础设施。2013 年，国家安全局分别为网络攻击行动和非常规解决方案申请10亿美元和3 200万美元的预算。

从军事角度上看，数字战争的第一步是监控互联网，随后两步是发现漏洞和植入恶意软件，渗入系统。第四步是实现控制，即能够控制或摧毁系统和网络。战争的最终目标是实时掌控，这种网络空间军事化的做法干扰了经济和民用领域，且可能将互联网变成丛林。超级大国及其情报机构能够在这个丛林中不遇阻碍、不被发现、不受惩罚地展开行动。[7]

“奥运会”

某些专家认为网络战的提法太过激进，但又如何更准确地定义网络攻击激增的现象呢？2006年，布什总统拒绝了一道双选题，他既不愿与伊朗开战，也不肯接受伊朗拥有核弹的事实。于是，美国战略司令部司令詹姆斯·卡特赖特（James Cartwright）将军建议针对伊朗纳坦兹的铀浓缩工厂实施网络攻击，这种攻击的结果与意外故障相似，所以侵入行动不易被察觉。一支小型网络部队已准备就绪。国家安全局的任务并非发动战争，它只负责情报和反情报工作。一组计算机代码首先被开发出来，这组代码一旦植入目标站点的计算机，操作员便可获得一个运行示意图。这个“信标”会将基础设施及其日常工作的信息发送给国家安全局。侦察操作完成后，恶意软件便可感染工厂的数据采集与监视控制系统（SCADA）[8]，该系统是西门子公司开发的，用于操纵和控制伊朗核设施离心机。但伊方工程师已为这些站点做好了安全防护，且计算机处于物理隔离状态，不与包括互联网在内的任何网络连接。然而，国家安全局在中央情报局的帮助下，通过与8200部队等以色列相关机构合作，成功进入这些系统。这场网络攻击在奥巴马总统任期内仍在继续，尽管奥巴马对技术细节不感兴趣，但他仍然参与了行动的规划和跟踪。这一代号“奥运会”的网络破坏计划毫无疑问属于机密任务，但其所用的恶意软件却因失误流传到互联网上。2010年6月，安全公司卡巴斯基实验室报告了一种被黑客称为“震网’（Stuxnet）的蠕虫病毒。尽管如此，奥巴马命令继续攻击，几个月后伊朗终于明白了其设施故障原因所在，伊朗军方因此于2011年筹建了自己的网络战部队（Cybercorps）。[9]

2012年8月，沙特阿拉伯阿美石油公司3万台电脑受到感染。美国在这个事件背后发现了德黑兰的影子，不久后就明白伊朗已经吸取了“奥运会”行动的教训，[10]正不断地提高网战能力。这一切都是美伊之间爆发网络战争（进攻与反攻）的征兆，但敌人可不仅仅只有伊朗，中国、俄罗斯、朝鲜也在行动。美国企业和政府机构经常提出抗议，并为此买单。网络攻击常常会给美国造成数千亿美元的损失，而操纵攻击的组织或国家则能因此获利。问题还不只如此，2014年9月，迈克尔·罗杰斯声称，虽然没有证据表明“伊拉克和黎凡特伊斯兰国”在资助网络攻击活动，但并不能排除这一网络威胁。目前，“不可逾越的红线”形成的威慑和认知都集中于核威胁领域，而非网络空间。[11]

狩猎黑客

除境内的军事威胁外，美国还需应对其他敌对势力。傲慢的美国，盛气凌人的美国国家安全局，激起了各种形式的黑客行为主义，这一现象还随着信息和通信技术的发展而不断扩散。面对平民黑客、专家和被压迫群体的声援者，国家安全局及“五眼”合作伙伴努力阻击他们的行动，有时甚至顺水推舟加以利用。

得益于云计算的兴起，“五眼”情报机构的操作员们能够自由访问个人数据和专业数据，必要时还有充分的时间进行破译，但加密系统在黑客群体的推动下，确确实实成为令人头疼的存在。[12]主宰秘密无论在过去抑或未来始终是密码分析专家面临的挑战，但这不妨碍他们偶尔放松：每逢圣诞节前，“五眼”情报团队都会玩一款名为“Kryptos Kristmas Kwiz”的游戏，一起解决数字和字母难题。

数字时代带来的不只有便利，随着光纤网络的普及，国家安全局在监视互联网用户时遇到了各种软件屏障。黑客群体站在自由主义抗争的最前沿，通过散发各类电脑工具来破坏专制国家的各种操控系统。电子公社（Telecomix）和“匿名者”等黑客组织提供免费的匿名工具，帮助受到政府审查、处于危险境地的互联网用户。2014 年秋，电子前线基金会和国际特赦组织推出免费的“反间谍”工具——Detekt，这款工具能够扫描计算机并发现监控程序，并锁定网络罪犯、某些政府机构或警察部门所传播的特洛伊木马病毒。伽马国际（Gamma International）、黑客团队（Hacking Team）和其他许多商业实体也推出了此类程序或产品，销往沙特阿拉伯等国家。[13]

美国国家安全局、英国政府通信总部和加拿大通信安全局追踪入侵电邮账户的黑客，将其成果[14]据为己用，其监控重点是以外交使团、摄影新闻人士、印度海军、中亚外交官员、驻阿富汗欧洲记者为对象的政府黑客或自由黑客[15]。这些黑客攻击的复杂程度很高，其背后很可能有某个国家的资助。美英加三国的情报机构密切关注已暴露行踪的黑客所采用的方法，努力探明本国政府数据是否已遭窃用。它们还考虑更好地利用开放资源和黑客之间的聊天内容，以加强对博客和推特的掌控。英国政府通信总部实施“可爱马”项目（Lovely Horse），监视和检索黑客在推特和其他社交网络上的讨论。《拦截者》刊登的一篇文章[16]列出了主要的监控目标：“匿名者”组织、后来成为安全顾问的著名黑客凯文·米特尼克（Kevin Mitnick）、谷歌员工、安全研究人员、美国国家安全局前雇员、空军前情报官员、法国安全公司VUPEN。毫无疑问，完整清单远不只这些。在网络王国，战术往往是难以捉摸的，反信息入侵行动尤其如此。

影响力行动：欺骗和操纵

掌握信息的传播是一种灵活的战略，需要对保密的分寸拿捏得当；遭受的攻击和发动攻击的能力应极少暴露于人前；任何线索都不可走漏，以防被对手用于构建防御手段。斯诺登触犯了这一规则，被指控危害美国国家安全，但有些人却赞成有控制地透露信息，认为此举能够暗示自身实力，达到威慑的目的。政府网络攻击策略的设计者之一詹姆斯·卡特赖特认为，“秘密之事成不了威慑手段”。从这个角度来看，斯诺登似乎发挥了积极的作用。美国的敌人会根据斯诺登泄露的信息衡量美国的网络实力，因此在实施攻击之前不得不三思而后行，但官方的说辞是不会提到这一点的。[17]

美国国家安全局和英国政府通信总部在认知战方面也是不甘沉寂。格伦·格林沃尔德与美国全国广播公司（NBCNews）合作，对英国情报机构监控互联网的卑鄙伎俩进行了调查。英国政府通信总部监控 YouTube 和博主，并使用分布式拒绝服务（DDoS）[18]武器攻击“匿名者”等组织，而 DDoS 的攻击却是英国政府通信总部指责这些组织的理由之一。英国政府通信总部使用先进技术[19]，欺骗目标，对目标实施打击或植入破坏性病毒。其手段不仅限于此，2014 年 2 月，格林沃尔德在《拦截者》上刊文对英国政府通信总部的秘密部门——联合威胁研究情报组的一份文件发表评论。这份文件详述了欺骗使用的技术[20]，是网络秘密行动的训练说明。格林沃尔德指出，渗透、操纵、歪曲的侵入性活动损害了互联网的整体性。英国政府通信总部最常用的战术之一是散布虚假信息，损害目标者的声誉[21]，即在网上发布虚假的言论或谎话连篇的博客，在论坛上发布针对目标的负面信息；在社交网络上上传修过的照片；给目标的同事、邻居或朋友发送电子邮件和短信。在线秘密行动[22]采用各种各样的手段，如4D策略[23]，在现实或网络世界制造各类诋毁目标的事件。联合威胁情报研究组或是歪曲、影响信息内容，或是对信息载体实施攻击（技术干扰[24]）。这些技术受心理学和其他社会科学的启发，其基本手段是谎话连篇、分析个人关系网络、操纵个人行为等，核心概念是“领导者”、信任、服从、一致。任何人都可能成为目标，即使与恐怖主义没有联系，即使不会构成军事或政治威胁，也无一例外。2008年，哈佛大学法学教授、奥巴马的亲密顾问凯斯·桑斯坦（Cass Sunstein）提出使用卧底特工，从认知层面渗透网上团体、网站以及活动分子组织。令人难以置信的是，白宫于2013年12月任命桑斯坦为委员会成员，负责评估国家安全局工作并提出改革建议。

国家安全局负责着众多行动，它比以往任何时候都更需要说服计算机和互联网巨头进行合作。但是谷歌、雅虎和其他许多公司却动摇了，它们合作不积极，在参与网络安全项目上变得更为保守。[25]然而，打击网络威胁和发展攻击性网络武器需要采取全面和跨学科的方法，公共和私营部门之间的合作已成为战略性选择。

9
旗鼓相当的对手

面向未来

作为总揽大权的哨兵，美国国家安全局孜孜不倦地扫描着深层网络空间，寻找任何潜在的同步或异步攻击的迹象。虽然其使命是自我保护，确保政府系统和敏感基础设施的安全，但它走出太远了。情报战、电子战、对决策和指挥系统的攻击、意识战、个人战等所有这些复杂交错的未来战争都使美国不再如过去那样局限于防守。

国家安全局的信号情报单位和网络战士锤炼着硬件、软件和语义武器[1]，攻击各种类型的系统，包括国家和非国家的、军事和民用的、集体和个人的。他们将网络空间，更广泛来说是信息圈，变成行动的舞台。他们是技艺高超的黑客，能够跨越安全壁垒，如遇无法解决之事，则可让位于中央情报局实施高成本的传统秘密行动。网络世界在某种程度上已趋于军事化，然而斯诺登的泄密似将动摇这个世界的权力关系，提振对手的韧性，给国家安全局带来战术上的难题。

国家安全局在追求统治地位的过程中，还必须警惕任何技术落伍的问题。它也必须处在译码技术的最前沿，因为任何无法破解的加密系统都是障碍。总而言之，它总是投身于创新之战。

有线通信之战是又一场影响行动自由的战争。中国已建成全球最大的量子通信网络，连接北京和上海，全长 2 000 余公里[2]（该量子通信网络已于 2017 年投入使用——译者注）。它通过“量子密码学”手段，能够实现通信的“不可破解”，这一技术成就证明北京在研发方面的努力。中国所展示出来的实力或将颠覆互联网的地缘政治。至 2030 年，这个目前主要用于政府和军事的网络将扩展到全球范围，这对于美国国家安全局而言将是一场噩梦。与此同时，实施光纤电缆设备普及战略的国家、追求自主性的数据传输基础设施运营商以及试图规范光缆设备的机构早已使美国国家安全局应接不暇。例如，巴西计划通过葡萄牙的新海底光缆将基础设施与欧洲连接起来，但它首先将思科公司的技术排除在外，而很可能与中国的华为公司达成协议。山姆大叔时刻面临着战争的风险，可以猜想，他不能始终保持观望和不作为的态度，冷眼旁观巴西、中国、俄罗斯及欧洲其他国家等竞争对手的起伏骚动，且不去考虑其他致力于规范数字通信和加强自主性的国家。

无论是何种性质的信息战（利用、破坏敌方信息或保护己方信息），网络武器的目标均是最大限度地发挥美国的技术优势，同时支持作战和战术行动。网络技术和无人机作为美国军事武器库的一部分，其发展顺应了奥巴马总统推行的“少占资源”战略。这些武器的用途是支持常态化、有针对性的隐秘战争，规避高成本且不得人心的漫长冲突。它们能够取代派遣到敌对国家的特种部队，或者至少能够支持他们的行动，但无人机等致命武器的使用是存在争议的。白宫显然不愿意讨论这些问题，推崇“全知全能”的迈克尔·罗杰斯向其网络战士贯彻进攻性战略，奥巴马对该战略始终不予评论，只是承认了情报服务的重要性以及加强本国公共和私人计算机系统以抵御外部攻击的必要性。然而在 2012 年 11 月，奥巴马签署了一项绝密总统令，命令五角大楼及相关机构做好在全球范围内发起激进攻击性网络安全行动的准备。国家安全领域的高级官员和政府官员接到命令——“准备一份美国网络战的潜在海外目标名单”。[3]

美国作为一个国家，以维护国家安全和国际安全的名义，“垄断了合法使用武力的权力，并在暗中准备使用这一权力”。强势输出的文化战略塑造了异质和不平等的国际体系。面对这一国际体系，为达目的的美国努力维持主导地位，并强推其“现实主义”观念。[4]那么，与公民社会产生严重分歧的美国国家安全局能否证明自己是为了捍卫民主价值呢？

各国越来越深刻地意识到网络力量有赖于防御能力和进攻能

力之间的平衡以及抗冲击能力和破坏能力之间的平衡。于是，它们摆脱了严苛的军事思维，与众多或大或小的地方机构和公司合作设计了多种系统，但这些系统本身缺乏安全性。运营商往往成为全球性攻击的切入点，或将损害国家利益和公民社会。战略与国际研究中心[5]高级会员詹姆斯·刘易斯（James Lewis）指出，在网络安全问题上，美国考虑得更多的是症状而非根源，[6]因此，其防御措施对于高明的对手而言是脆弱的。世界各国与经济已离不开网络空间。有鉴于此，刘易斯敦促各国与各大型公司展开合作，就相关标准和规则达成一致意见，以提高网络安全，确保数字经济支柱的稳定性，这必然会造成诸多棘手问题，如互联网治理、美国在网络安全方面的规范性领导力、国家安全局影响力的扩大等。

对俄罗斯间谍和网络系统的恐惧

2013 年 12 月，美国国务卿约翰·克里与爱沙尼亚外长签署了一项网络防御合作协议，目标是优化信息通信基础设施，提高开放性、安全性和可靠性。爱沙尼亚曾于 2007 年遭受大规模网络攻击，后成为公认的倡导网络安全和互联网自由的领导者。[7]面对如俄罗斯这样一个国家的咄咄之势，网络联盟将成为一个战略性选择。2013 年 9 月 5 日至 6 日，二十国集团领导人第八次峰会在俄罗斯圣彼得堡举行。与会者收到了莫斯科赠送的小礼品，其中就包括一个 U 盘。意大利媒体认为这是被植入了木马的礼物，于是，欧洲理事会主席范龙佩要求对礼物进行分析。据称检测到了漏洞，此外，手机充电线也被怀疑动了手脚，目标是监视电子邮件和短信。[8]

2000 年，弗拉基米尔·普京（Vladimir Poutine）上台。为了应对原苏联加盟共和国的独立、车臣恐怖主义的兴起、有组织犯罪与非法贩卖活动的蔓延等众多新威胁，普京重建了俄罗斯情报系统。[9]

苏联在冷战期间构建了一个强大的意识形态化情报和安全系统，这个系统高度集权，同时又拥有无所不至的触角，但它在 1991 年随着苏联解体而分崩离析。预算和人员编制遭到压缩，令人生惧的克格勃被切分成若干部门，以方便新政权的掌控。俄罗斯联邦安全局[10]负责内部安全和反间谍事务，前身为克格勃第一总局的俄罗斯对外情报局负责对外情报工作，在俄罗斯各驻外使领馆或商务处均派驻有代表。俄罗斯联邦安全局控制着整个谍报人员和常驻外交代表网络，它直接对联邦总统负责，局长为部级干部。俄罗斯联邦国家通信与信息局（FAPSI）[11]负责电子情报工作和通信安全工作，该局在俄罗斯进行电话窃听，并协助国家行政机关保护计算机系统，它还负责保障总统和核部队之间的常态化通信，共有 12 000 名员工。

此外，俄联邦武装部队总参谋部情报总局（又称格鲁乌，GRU）[12]是电子情报的重要提供者，格鲁乌负责收集策划和实施作战行动所需的军事情报。1996 年，《俄罗斯联邦国外情报法》出台，根据该法案，格鲁乌负责监测政治、工业、科研、生态等各类问题，这些问题从此与防务挂钩。该局拥有12 000名员工，分布于各军兵种中，细分为数个部门，其中一个部门负责密码技术。格鲁乌管理位于古巴的卢尔德斯监听站近40年，该监听站建于1964年，于2001年关闭，其任务是拦截美国卫星通信和电话通信，例如监视位于佛罗里达州卡纳维拉尔角的航天中心。俄罗斯在尼加拉瓜、越南、也门以及驻外使领馆也设有类似的监听站，卢尔德斯监听站还曾由中国负责了一段时间。[13]2014年7月11日，弗拉基米尔·普京和劳尔·卡斯特罗在美国强烈反对的情况下达成协议，重启了卢尔德斯监听站。[14]

近年来，克里姆林宫致力于提高电子监视的实力，共有7所侦察和安全机构依法负责拦截电话通信和电子邮件。[15]俄罗斯联邦安全局能够通过地下电缆直接连接到互联网服务提供商和电信运营商，它们被强制安装了行动－侦察活动（SORM）系统。莫斯科对不肯就犯者给予严厉惩罚。俄罗斯通信和媒体监管部门（Roskomnadzor）应联邦安全局的要求，向持反对意见的运营商发出警告：如拒不履行义务，将没收营业执照。2011年至2012年，国家杜马议员、反对派领导层的手机遭到窃听，他们的私人对话被放到了互联网上。SORM系统理所当然地被秘密部门利用来监听普京的反对者，这些行径在2012年秋被公之于众，但是俄罗斯最高法院裁定监视叶卡捷琳堡地区反对派领导人马克西姆·佩特林（Maxim Petlin）的活动是合法的，因为他被指控参加极端主义行动，煽动公民反对俄罗斯安全部门的扩张。在“阿拉伯之春”之后，俄罗斯安全部门配备了新软件，强化了对“接触网”（VKontakte）和“同班同学网”（Odnoklassnili）等不愿与当局合作的社交网络的监控。

克里姆林宫致力于依托区域联盟，打造一个更广泛的网络安全体系。独立国家联合体（Commonwealth of Independent States）拥有一套分析研究系统，即“语义档案”（Semantic Archive）。该系统由20多名俄罗斯程序员开发而成，由俄罗斯商业分析解决方案公司（Analytic Business Solutions）负责生产，它能够处理各类数据、媒体档案、在线资源、博客和社交网络，加以分析并总结出数据之间的联系。目标者就这样被识别出来，连带的还有目标者的活动情况与关系网络。“语义档案”和其他等效系统依据的是开放性资源，对脸书和推特等封闭账户无法实施监控。

俄罗斯间谍系统的高效率使美国心生畏惧。2013年，美国国务院外交安全局向计划赴俄观看索契奥运会的美国人发出警告：SORM系统具有危险性，同时还发布了预防网络间谍的行动指南。

普京与其身边的克格勃旧同事极为重视情报工作和安全事务以及对互联网及其生态系统的掌控。由于不受议会牵制，他们能够随心所欲地主导内部和外部事务，但这些做法并不符合西式民主的标准。

2014年1月30日，詹姆斯·克拉珀向参议院情报委员会宣称，俄罗斯即将参照美国做法，设立网络司令部。美国在互联网领域的利益从此面临更加严峻的威胁，中国和俄罗斯成为美国主要对手。[16]2014 年，俄罗斯创办了精密设备制造联合集团，其主营业务就是为军队提供现代化的远程通信、无线电电子战和作战管理系统。[17]

外界所熟知的第一起由一国针对另一国发动的网络攻击事件，始作俑者是长期被视为最具侵略性、后被中国赶超的俄罗斯。尽管没有真凭实据，莫斯科仍被指控于 2007 年和 2008 年分别对爱沙尼亚和格鲁吉亚实施了网络攻击，针对格鲁吉亚的攻击还成了俄格冲突的序幕。早在 20 世纪六七十年代，苏联就已开始思考网络手段对军事的贡献，但俄罗斯的提法不是网络战略，而是信息场和信息战。它注重意识战，开发先进的硬软件，同时依靠为数众多的网络黑客，以此控制网络流传的信息。[18]

卡巴斯基等安全厂商与俄罗斯政府之间存在政治关联的怀疑始终存在，[19]这家公司的多位领导与俄军方及克格勃保持着联系，在揭露间谍行动上多针对美国，而较少波及俄罗斯。[20]卡巴斯基根据关于“震网”病毒的报警，在 2015 年 2 月 16 日做了进一步披露，它同时还发现了尖端网络黑客组织——“方程式”，其活动迹象可追溯至 1996 年，受害者超过 500 多人，[21]分别来自 30 个国家。[22]其成员所使用的恶意软件以及渗透、侦察、攻击、潜伏等方法使外界怀疑该组织与美国国家安全局存在密切联系。[23]卡巴斯基并非孤例，例如，美国网络安全公司 Crowd Strike 和 Fire

Eye 就更多地关注俄罗斯和中国的网络间谍活动，而较少涉及美国的行动。

俄罗斯的网络系统、军方与国家紧密相关，因而俄罗斯成为当前与未来网络冲突的强势参与者，而化身网络巨龙的中国也同样令人不安。

令人生惧的中国情报机构

中国拥有非常强大的电子情报系统。其于 20 世纪 30 年代初在延安创建了中国人民解放军的前身——中国工农红军的第一所通信学校。鲜为人知的无线电通信战在长征中发挥着决定性的作用。1986 年 3 月，邓小平批准“863”计划，以减少中国与西方在防务、航空航天、信息技术、激光技术、自动装置、能源和新材料等尖端技术上的差距。1982 年，邓小平提出了“军民结合，平战结合，军品优先，以民养军”的原则。[24]

中国情报部门有一套完整的部署体系，综合了先辈的主导性管理战略、整体进攻态势掌握策略以及信息技术，包括战时形态分析。2013 年 11 月，中国决定设立中央国家安全委员会，赋予其集中管理信息交流、协调情报和安全部门行动的必要权力。它直接向中央政治局、中央政治局常务委员会负责，自 2014 年 1 月起由中华人民共和国主席、中共中央总书记习近平任委员会主席。它统筹 3 个文职部门（外交部、公安部和国家安全部）、海陆空三军、武警部队和两个中央委员会。[25]

中国国家安全部负责对外安全情报工作，中国公安部负责监管中国互联网，而国家对电信行业的集中管控为其提供了便利。[26]公安部于2000年决定启动“金盾工程”。[27]斯诺登泄密事件使中国公安部加强了警戒，它于2013年6月建立了一个新部门，负责网络安全。

与此同时，中国人民解放军也建立了网络行政体系，负责利用信息进行网络防御和网络攻击。

20多年来，中国人民解放军一直采取进攻的态势，拥有海空侦察手段，如侦察机。中国海军在通信领域的现代化发展当归功于邓小平。

中国信息战理论本身已令人生畏，又从美国制信息权和硬实力/软实力/巧实力等概念中得到启发，吸取了其中某些原则，还借鉴了俄罗斯主义、毛泽东游击战理论[28]、古代谋略[29]、围棋思想（地盘争夺，围剿战略等）。通过取长补短，中国丰富了自己的理论，并将其应用于网络空间之中。它能够利用这个机会，投身现代化，加快信息交流，甚至更具雄心，决意确立网络主权，捍卫国家安全。为了应对潜在的网络战风险，中国已经提前设计好了战时、平时、危时的进攻和防御的战略战术。由于占据信息优势，中国的作战方式得到强化，它能够利用信息，更好地对敌人实施吓阻、攻击、反击，迫使其不战而降。当敌对势力发动心理战并试图引导舆论时，中国就能启动网络防御战，阻止敌对势力使用互联网实施攻击。[30]

1995年，中国信息战理论的先驱研究者之一王普丰将军提出了实施纵深打击和“超越地平线”攻击以瓦解敌人抵抗意志的观点。除了在战场上掌握信息优势的信息战外，他还将“全面战争”理论化，提出信息技术与战略战争、电子战、导弹战、情报战的结合。他认为，中国军队必须加快信息化步伐，才能使“部队在这场无战线的战斗中获取速度性、机动性、敏捷性和纵深打击能力”，因为关键并不仅在于火力，还在于必须能够先于敌人掌握信息，并实施更快的行动与更精确的打击。[31]

1991 年，中国开始建设军民共用的基础设施，数百万普通民众能够利用这些设施防御任何类型的攻击，维护国家安全为国家利益服务，这就是所谓的“人民战争”。乔良少将和王湘穗大校[32]曾引用全面战争的概念，他们诠释了一种新的战争艺术——“超限战”，即综合一切军事和非军事的手段，以实现最终目的。

中国曾明确表明其打击恐怖主义的立场，并在法律层面上允许中国收集、审查本国境内外国技术公司的敏感数据，这些公司须提供加密密钥，同时存储用户数据的服务器必须设置在中国境内。继谷歌之后，微软、思科等巨头都担心被排除在中国这个全球最大互联网市场之外。奥巴马敦请中国取消这项法律，他认为，中国应该吸引美国企业，而非打击它们的积极性。但中国外交部发言人反驳称：“这属于中国内政。”[33]

在防御方面，中国很早就监管了互联网，确保加密系统不被侵犯，信息传输不受检测。在进攻方面，中国坚持影响力战略的同时，投身于黑客入侵、渗透外国网站或系统的全球战役中。早在 2000 年，中国政府就通过其网络宣传管理部门、新华社和中国人民解放军，使用万维网进行宣传。

2013 年，美国公布了一份关于中国黑客对美国武器装备计划渗透情况的报告，目的是在中美谈判期间向北京方面施加压力。中国此前曾宣布成立一个网络安全事务办公室，同时表示希望能与美国国务院网络事务协调员办公室展开合作。[34]

中国的目标是打造一个以本国为中心的网络空间，以解除国内政策和经济政策的隐患。这条网络巨龙采取机会主义的结盟手段，构建自身的战略实力。正如法国作家罗杰·法利戈（Roger Faligot）指出，“美国在 1990 年切断与中国在信号情报上的合作可能不是一个好的做法”。中美关系的突然转向令人吃惊，但也体现了中国始终做着两手准备。

伊朗和朝鲜令人担忧的网络空间能力

事实上，并非仅有美俄中三国采取战略进攻态势且具备攻击性网络空间能力。伊朗很可能是世界第三大网络强国，它控制着至少 16 000 台境外电脑，其网络团队凭此攻击了美国约 2000 个商务部门。其还在土耳其的支持下，打击美国、加拿大、以色列，将目标锁定相关政府机构和信息科技企业。[35]

朝鲜也是一个强大得令人生畏的对手。美国联邦调查局认为，2014 年 11 月 24 日索尼影业所遭到的攻击毫无疑问是由朝鲜发动的，此次袭击所用的计算机工具与 2013 年 3 月韩国多家大型银行及媒体所受攻击时的相同。据韩国知晓消息的人士称，朝鲜于2012年8月根据金正恩的指示创建了战略网络司令部，为朝鲜人民军总参谋部侦察总局提供支持，后者成立于2009年，同时还是朝鲜网络战的核心机构。战略网络司令部共有1 200多名黑客为国家提供服务，已实施了多次大规模的攻击行动，如2009年韩国总统府和国会以及美国财政部和国土安全部的黑客袭击事件。金正恩还增加了网络战部门的编制人数，从3 000人扩编至6 000人。此外，培训上也获得了大量投入。初等教育中最优秀的学生一进入中学以及随后的大学，便可获得先进的计算机培训。他们在毕业后一般会进入政府部门，为国效力。[36]

以色列的攻击性网战系统

作为临时性盟友，以色列对于美国而言同样构成威胁。以色列的网战系统，特别是8200部队，具有很强的活跃性和进攻性。一方面，众多的高级专家、尖端的科学技术和巨额的财政支持使以色列的网战系统具备了高超的军事和经济间谍行动能力；另一方面，为应对众多的攻击和使网络瘫痪的企图，特拉维夫也注重发展网络空间防御能力，为该目标进行了相应的部署。2010年，以色列国防军（Tsahal）设立C41司令部，负责保护通信和计算机系统的安全，其首要任务之一就是防止军事通信在战时受到诸如伊朗等敌国的干扰。加密与信息安全中心（Matzov）负责“保护以色列军队的网络系统，确保以色列军队、国家安全局（Shin Beth）、情报和特殊使命局（Mossad）的加密系统安全，以及大型国家能源运营商的安全”。[37]以色列国防军还设有一个部门，负责加强国防系统安全并发展军事防务系统与高科技公司之间的关系。在文职系统层面，以色列于2011年成立了直属于总理办公室的国家网络局，负责“提高民间机构的网络防御能力以及加强军队与高科技公司之间的合作”。此外，以色列与朝鲜一样，鼓励年轻人参加计算机网络课程，成百上千的操作员曾接受过以色列国防军的培训。但必须指出的是，以色列的对手（如哈马斯、伊朗、黎巴嫩真主党等）在这个领域也非常活跃。

法国网络空间实力的加强

法国在很早以前就已十分注重保护信息和计算机系统[38]，然而这种做法无疑影响了法国对网络空间战略层面的认识。尽管如此，法国仍然取得了某些进步，例如议员罗马尼（2008年）与波克尔（2012年）的报告、2008年和2013年的《国防与国家安全白皮书》、成立国家信息系统安全局（ANSSI）、任命总参谋部网络防御官等。但与德国和英国相比，法国在该领域的资源投入仍显不足。于是，法国尝试发展双边合作关系。防御性网络作战分析中心（CALID）负责人海军准将库斯蒂利埃（Coustillière）于2011年7月1日警告称，必须防备“具备高端情报能力的重要机构”的不良企图。国家信息系统安全局局长帕特里克·帕利洛（Patrick Pailloux）也发出了同样的警告。根据他们所设想的灾难情景，第一阶段是一场信息战（利用社交网络散布谣言、煽动抗议，对政治机构网站发动DDoS攻击，然后对脆弱的局域网实施攻击）；第二阶段是对关键设施发动攻击，使安全部门应接不暇，从而破坏社会稳定；第三阶段指向更复杂、更具潜在致命性的攻击行动。[39]从突遇袭击的角度考虑，网络犯罪、动摇颠覆、蓄意破坏、网络间谍行动等不良企图都是需要时刻警惕的。让-玛丽·波克尔（Jean-Marie Bockel）指出，“我们如果不了解攻击方式且不具备一定的威慑能力，那么我们就无法保护自己。”[40]地缘政治家奥利维耶·肯普夫（Olivier Kempf）认为，法国“尽管存在一些缺陷，但体现出一种强大的国家存在和相对完整的部署，且法国始终在追求一种独立性”。法国终于明白，“网络已经成为21世纪的主要力量之一”[41]，这一点已成为大多数国家的绝对共识。

数字世界影响现实世界，为各国及其黑客部队提供了广泛的机遇。情报机构深入各国所力保的主权和安全重地——网络系统的核心，通过现代化的活动，证明了以信息战原则为基础的情报工作及其成果是国际关系和国家关系的重要武器。美国国家安全局决意主宰这个信息圈，但它始终神秘莫测，并不惜以任何代价消除所遇到的障碍。实际上，字节战和算法战仅是其中一面，各国、各机构之间以及个人之间的权利和自我利益之争也是不容忽视的。

但这种战争状态无法回避一个基本问题：我们的个人数据和信息被用于何处？迈克尔·罗杰斯很少表态，其讲话内容大多保密，对未来的看法也是三缄其口。从以往的情况看，罗杰斯并非改革派，他认为必须迅速梳理所有数据记忆库，以识别出一切恐怖主义网络。[42]

结束语
美国国家安全局仍是秘密武器

“第三次世界大战将是一场游击式信息战，军民不加区分地参与其中。”

赫伯特·马歇尔·麦克卢汉（Herbert Marshall Mcluhan）

传播理论家[1]

“如果你需要哪个哈佛人的信息，问我就行。我有超过4000个电邮地址、照片、邮政地址、用户名……人们把这些信息交给我，我不知道这是为什么。他们信任我，这群笨蛋。”

马克·扎克伯格（Mark Zuckerberg）

脸书创始人[2]

“防祸于先而不致于后伤情。”

孔子[3]

结束语　美国国家安全局仍是秘密武器

自1952年美国国家安全局成立以来，世界变得越来越复杂，该局随之更加重视外交情报和对外政策。美国擅取了自由开展间谍活动的权力，以满足其在全球范围内推行其价值观的狂妄野心。其另一个更务实的目标是在捍卫国家安全和全球安全的正义旗号下，不惜一切代价捍卫本国利益。1945年4月，在富兰克林·罗斯福的坚持下，来自50个国家的代表齐聚旧金山共议世界和平这一伟大命题，接待地点是旧金山歌剧院。美国情报人员因而能够轻易地监视各国代表，拦截他们的通信。代表们的电报遭到实时破译，然后发送给美国谈判代表。[4] 对于70年后的巴拉克·奥巴马及其团队而言，信号情报对于主导国际或双边谈判依然至关重要。俄罗斯、中国和古巴是必须监视的目标，巴基斯坦被称为“无法破解的目标”，朝鲜被认为难以窥探。华盛顿的首要任务之一就是探明金正恩的真实意图，评估朝鲜的核计划和导弹计划。美国国家安全局的分析师们不得不面对一个越来越不稳定的世界。交流互通的加速、信息和通信技术的爆炸、媒体影响力的普及推动了全球合作联盟关系的重组。各国政府朝秦暮楚，迅速地变换着面孔：今天是盟友，明天可能就是敌人；现在犹豫不决，未来却又坚定不移。外交官和战略家都非常清楚：情投意合不会是永远不变的。美国国家安全局深信这一点，因此全速开动机器和大脑，目标是为美国提供各种具有战略意义和预判价值的信息。高级军官、政府官员、操作员肯定留恋那个相对有序和舒适的两极世界，因为现今的世界各类威胁复杂交错，识别威胁变得更为复杂。来自国家层面的威胁或以军事力量和硬实力等传统模式，或以更加狡诈的形式，气势汹汹而来。许许多多的组织和个人拥有影响其他国家及其国民安全的力量，但它们的利益目标复杂多样，其意图对部分人而言可以是人道的，而对另一群体而言却可能残忍粗暴，难以一言蔽之。而公民本身也有权通过社交网络采取强有力的单独行动或协同行动。鉴于这一形势，通过直接行动或与其他部门合作来满足客户情报要求的美国国家安全局变得至关重要。

国家安全局受五角大楼的领导，遵守着基本的军事原则：工作效率、情报搜集和通信安全。美国首条远程电报线路铺设于南北战争期间，在二战和冷战期间，远程通信技术取得实质发展。此后，加密、解密和监视技术的应用已不分战时与平时。自成立以来，美国国家安全局始终致力于信号情报和反情报工作，确保决策和指挥系统的安全，此外还必须不断自我革新。传统的对称冲突已让位于骚扰战、伏击战、恐怖主义行动、城市游击战以及电子战和数字战。冲突地区的指挥官和战斗人员更加倚重作战情报和战术信号情报。美国国家安全局在越南战争、阿富汗战争和伊拉克战争期间受到严峻考验，发展出机动性很强的通信拦截和传输能力，但敌人亦不好对付，他们难以捉摸，往往消息灵通，善于挫败监听计划，有时甚至会使用传统的反制措施，如使用猎鹰来反击。在冲突地区，加密和保护己方的电子通信，同时拦截和破解敌方的信息对于战争结果具有决定性的作用。然而，先进的信号情报技术并不能保证系统性的高质量情报工作，可靠的局势分析、监控情报和事件预判还需依赖高素质的语言专家和分析师。同时，战区往往还有非军事人员，包括人道主义非政府组织或私人准军事组织，情报工作因此也更加复杂。例如，为了验证在推特上流传的信息，美国国家安全局、英国政府通信总部、德国联邦情报局通过监听俄罗斯指挥中心之间的通信，确认了在乌克兰有400名私人安保公司——“学院”（Academi）的雇佣兵。“学院”公司的旧名——“黑水”（Blackwater）更广为人知。这些曾在恶劣的条件下受过训练的雇佣兵与乌克兰士兵和警察并肩作战，在斯拉维扬斯克飞地周围协调和指挥对抗亲俄分裂分子的游击战行动。[5] 社交媒体对战争场景的宣传能够提供有用的信息，但如果社交媒体被敌对黑客所控制，用于发动进攻，情况则会变得十分棘手。此外，许多敌对黑客迷失在最激进的极端主义中，网络成了他们散布威胁信息或宣传布道的场所。怀有敌意的移民甚至嵌入了社会的心脏。

由于行动域（陆地、海洋、空域、以太网、网络）的影响，战争日趋复杂，不再受限于地理区域。政府人员、雇佣军、罪犯、恐怖分子、各种反对者一旦进入网络空间并畅游其中，风险就会成倍增加。迈克尔·罗杰斯身为美国网络司令部、中央安全局和国家安全局的掌门人，必须肩负与其诸位前任同样的使命，研判未来的电子战，制订反击和攻击行动计划，确保国家安全。其麾下数万名部属的任务是有效实施拦截通信、侦察、电子谍报和反谍报活动，确保军政通信和信息系统的安全，保护国家重要基础设施。敌人可能出现在境内、境外、网络空间，无处不在。国家安全局在网络安全方面的首要行动目标是提供高质量的情报服务，以检测、预防、弱化、抵御攻击，防止信息或系统遭到篡改或破坏。对关乎国家利益的敏感基础设施的控制系统实施攻击能够使一个国家、一个经济体、一个社会陷入瘫痪。罗杰斯认为，网络威胁与日俱增，攻击者不仅要干扰系统，还想长期影响这些网络系统。[6] 某些攻击者与国家势力如伊朗、俄罗斯、中国等有千丝万缕的联系。如 2015 年初，美国公开谴责朝鲜袭击索尼影业。国家安全局还十分关注在美国和英国设有子公司的巴基斯坦信息安全咨询公司 Tranchulas，该公司自称“正义黑客”，宣称自己修补了计算机系统的漏洞，而非制造漏洞。但 Tranchulas 为巴基斯坦当局提供信息基础设施安全防御的咨询服务，两者之间的密切关系令人担忧，该公司似乎还与印度军事管理和组织部门的计算机系统中毒事件相关。[7]

超级大国美国为获取情报的主导优势，投入了巨大的资源。为契合政府的重大关切，情报机构 2013 年预算草案侧重于五项任务：政治、经济和社会预警情报任务获拨 201 亿美元，用于服务政治和军事决策者以及民事当局；常常被引为行动旗号的反恐任务获拨172亿美元，仅排在第二位；反大规模杀伤性武器扩散任务获拨67亿美元；网络行动任务获拨43亿美元；反间谍事务获拨38亿美元。[8]

2014年4月，巴拉克·奥巴马在出访马尼拉期间成功延续了美菲两国于1951年结成的政治和军事联盟。[9]菲律宾是美国的传统盟友，面对在亚太地区影响力较强的中国，美国愈加希望留住这一盟友。2014年5月8日的《世界报》透露“美国国家安全局的名单上出现了两名菲律宾要员的地址”，然而“这两个人的履历似乎对华盛顿无丝毫威胁”。相反地，他们捍卫着与前殖民者模式非常相近的体制，其中一位是2010年当选菲律宾副总统的杰乔马·比奈（Jejomar BINAY），比奈是经济界人士，曾长期担任大马尼拉地区商业中心——马卡蒂市的市长；另一位是内务与地方政务部长曼努埃尔·罗哈斯（Manuel Roxas），他曾是参议员和商业银行家，此前反对与中国签订公共事务合同，尤其是涉及电信领域的合同。

《世界报》还描述了另一个例子，主要涉及工业间谍。大型企业和社团会定期在名胜区举办研讨会，美国国家安全局常常利用这一机会实施监视，例如在洪都拉斯特拉市的恩塞纳达度假村举办的研讨会。此次研讨会的与会者主要包括农产品加工、卫生健康、制药等行业的高管以及气候变化专家，此外还有许多来自拉丁美洲的参会者，如洪都拉斯宝马子公司的老板，以及阿斯利康、阿索法玛、法国拉法基集团等跨国公司的高管。[10]主办方在接待设施上采用了各种技术，为与会者提供便利。美国重点监视了科学家和科研机构，如位于意大利的里雅斯特的国际理论物理中心[11]，该中心将帮助巴基斯坦建设国家核研究中心。

任何可能直接或间接威胁美国安全或阻碍其科技或经济野心的个人或组织，都是信号情报工作关注的对象。尽管会有某些勇敢的人站出来指责美国国家安全局滥用职权，但它的全球监视网络笼罩着一切，无一漏网。它以军事和安全目标为由，大肆实施经济间谍活动，甚至还监视公民。

国家安全局是一个与时俱进的组织，其使命任务已有了进一步发展，但面对日益复杂的环境以及内外部的限制，它不得不妥协，尊重美国宪法和法律，并向国会报告。它与设定其发展方向的白宫和国防部关系密切。它必须让客户满意，为他们提供信号情报，或提供密码技术和信息安全保障。美国公民是该局的间接客户，他们所要求的是安全。国家安全局还必须与外国长期或临时合作伙伴处理好关系，它还需要寻找资源，解决人才与资金问题。此外，为了求得生存与保证效率，国家安全局还必须高度重视创新，它还有众多实力雄厚的供应商，同时还招募了数千名敏感度不一的军人和文职人员。尽管来自私营部门的竞争十分激烈，但它仍然必须努力去吸引尖端人才，有许多雇员以为国效力为荣。格伦·格林沃尔德引用了国家安全局一名资深黑客和科研人员的内部演讲，他介绍了美国在全球监视中必须占主导地位的3个动机：国家利益、金钱、自我。他说道："哪个国家不希望世界变得更好……至少是对自己而言。"美国通过制定标准和规范，主导和塑造着网络世界，谋取了巨大的权力和影响力，并享受着由此产生的丰厚利润。[12]

防务和防务咨询公司以及私营监视部门是此过程中的首批受益者。“9·11”事件后，这些单位的实力变得十分雄厚，它们致力于用自己的技术去撬开利润丰厚的市场。在爱国主义和实质利益的双重驱动下，它们不断开发安全技术，并将之推向市场，同时也为全方位的多媒体监控提供了便利。它们与国家安全局合作，共同投资认知科学和预测科学领域的研究。美国国家安全局非常依赖于这个强大的私营系统，系统中的关键人物与权力圈、情报部门，甚至是外国情报部门都保持着非常紧密的联系。公众需要对它们保持警惕，以维护数字时代的民主。

国家安全局已习惯于与电信运营商和互联网服务提供商打交道，不管是愿意合作的还是趋于保守的。但自2013年以来，这种关系逐渐冷却了下来。2015年初，微软、苹果、雅虎、脸书、推特、维基百科等40多家高科技公司和协会向国会和奥巴马政府发出一封公开信[13]，要求不再延续对国家安全局大规模收集电话和计算机元数据的授权。奥巴马总统于2015年6月签署了《美国自由法案》。该法案将在确保国家安全的同时，更好地保护美国公民的自由权。但谁能保证该法案的落实？世界上其他公民的境遇又将会是如何？

自《英美协议》达成以来，国家安全局以纳入和排除为原则展开行动。掌握数据和信息者在交流中占据上风，而且还能为自己谋取利益。未能控制信息的国家则盲目而脆弱，因此，获取全球资讯，剥夺对手获取信息的能力，甚至操纵信息，至关重要。有鉴于此，某些国家开始致力于自主研发，以逐渐摆脱对美国的依赖。

收集电子情报和卫星图像是风险较低、不损声誉的系统性数据收集技术手段，兹比格涅夫·布热津斯基指出，这种手段有别于间谍活动，间谍活动在传统意义上是招募特工，这种搜集情报的方式往往导致丑闻发生，极大地损害了与友好国家的关系。[14]他认为，所有国家都在开展间谍活动，所有国家都藏有激怒合作伙伴的秘密。那么，为什么具备强大科技实力的国家安全局要低调行事呢？许多人，尤其是政治人物，始终不明白沉默是金的道理，使用私人信箱处理公事的希拉里·克林顿就为此付出了巨大的代价。布热津斯基还认为，美国身负全球责任、关切全球利益，所以它希望成为“超级情报大国”是很自然的。确实如此，但为何要采用系统化入侵的秘密技术手段，而且还将其当作外交和经济工具呢？很多新入编的中央情报局秘密特工不再是人，而是一个个植入电脑的补丁。这些恶意软件能够渗入网络或入侵藏身于壁垒森严之处的机器。取代人工的技术和软件正在一点点吞噬着全球的电子隐私，将这种高度复杂的间谍活动推向了极致。

美国国家安全局必须密切关注网络空间的敌人，实施全方位的监控：从国家元首到恐怖分子、从律师到激进分子、从非法商贩到网络黑客，从公民到企业主。它向元数据和通信发起攻击，永不满足地吞噬着元数据：何人在何时何地使用何种机器与何人通话了多久，所有的细节它都想知道。国家安全局还能查看电子邮件及其附件、监听电话和在线聊天、查阅浏览和搜索历史记录、通过后门软件窃取计算机数据、追踪网络空间的敌军、通过情报蜘蛛网实施激进的计划。

这种大规模数据收集活动使国家安全局濒临技术混乱的边缘。它在技术和人力上力不从心，难以存储，甚至难以暂时存储和分析所有数据，且大多还是加密数据。密码技术最初是一种隐秘的技术，主要是外事和军方人员在使用。经过20年的发展，它已经变得十分普及，成为国家安全局的心头大患，例如来自黑客和相关协会的反抗，它们最早采用密码技术来确保通信安全。国家安全局已意识到人才在这场争斗中的关键作用，开始制订和实施网络技术培训计划。

国家安全局虽然难以处理所有数据，但它希望始终把控着数据的访问入口。面对各国互联网和光纤技术的发展和普及，它不得不寻求与全球电信运营商和有线通信运营商展开合作。[15]

它深刻意识到未来威胁将严重阻碍其情报活动，因此希望借助计算机专家、信息专家、电子专家、物理学家、心理学家、神经学家和语言学家，以内部建设和分包合作的方式，应对这场不断升级的技术挑战。然而人才流失的风险一直存在，某些专家会厌烦部门的滥权行动，某些甚至会变节或者被条件更为优渥的私营部门所吸引。但是，一些科技开拓者过度的自我意识确实大大推进了技术的进步。国家安全局和社会之间最严重的脱节并非仅仅出现于科幻小说中，我们能够想象这样一个失控的情报机构吗？它由机器大军统治，人工智能优于人类智慧。“技术奇点”[16]或许将不是一个空想。人类社会是否已做好接受这一事实的准备？苹果公司的联合创始人史蒂夫·沃兹尼亚克也表达了同样的担心：“计算机将接替人类。”[17]国家安全局的行政和技术官员是否会考虑这样的问题？如果机器人获得控制权，掌握了地球上所有的个体包括政治、军事和情报等相关人员的信息，世界又将会怎样？

数字技术的进步在短时间内已制造了一个互不信任的氛围，2013 年以后，这种氛围变得更加浓厚。公众反对情报机构以公众利益为名隐秘行事，将公众蒙在鼓里。但奥巴马政府和迈克尔·罗杰斯却认为，情报工作必须完全保密，信息的泄露会影响防御能力，进而破坏国家安全以及与其他国家的关系。当然，国家安全局局长偶尔也会试图通过接近记者来提高部门的透明度，以获取美国公民的信任，但这些绝无仅有的举措只是简单的公关策略。当接到国会听证会传召时，作为军人的国有安全局局长往往会以危及国家安全为借口洗脱自己。“我不能多说”，布热津斯基如是说。然而，自斯诺登泄密事件发生后，国会的压力大大增加。奥巴马要求解密某些秘密文件，在法律框架内向公众通报国家安全局的任务及运作情况，但他也公开强调，保密是情报机构的内在要求，完全透明工作就无法开展。[18]当然，奥巴马承诺加强立法工作，但信息技术和美国公民对数字世界的依赖显然发展得更快。2014 年 1 月 17 日签发的第 28 号总统政策指令（PPD-28）[19]明确规定，信号情报搜集必须具有宪法和法律的授权与引导，必须考虑到公民权利和公民自由。信号情报收集仅可用于满足外国情报或反情报需要，不可用于打击批评者和反对者，或出于种族主义或歧视目的，也不得用于支持美国企业的商业利益。维持个人自由和国家安全之间的平衡是可能实现的，一可限制数据的收集，二可根据数据的敏感度、存储量、收集方法与原因等限制数据的获取和使用。至少官方说辞如此。

公众始终无法获得一个满意的答复。难道是公众的问题不够合理？没错，情报部门需要保密，但国家安全局究竟是如何处置个人数据的？它在什么条件下以什么形式将个人数据发送给了什么人？个人数据是如何被存储和删除的？一个老实的公民究竟需要哪些具体的担保才能不被列入黑名单？这些数据是否安全，是否只有授权人员能够访问，而不会落入不负责任的雇员或分包商手中，甚至是被黑客恶意利用？当公民因此而面临压力、勒索、操纵或歧视风险时，能寻求哪些援助？

自由与安全之间难以取得平衡使公民社会与国家政府之间出现了一个根本的矛盾。这场经典辩论蔓延到了网络空间——一个为集体行动提供了无限可能的场所。在此背景下，斯诺登事件很可能“重新定义情报部门的优先使命，使其脱离所有民主辩论”，而抗议者则将背负破坏“民主国家基础的风险，尽管他们的个人自由权是历史发展所赋予并获得统治者认可的”。因此，在真实威胁与感知威胁之间必须找到“社会共识”，[20]目前可行的措施必须是合乎情理且能够获得公民与行政、司法和情报当局的一致认可。顾此失彼肯定不是解决方法，而选择绝对透明或绝对保密更不是解决之道。

美国国家安全局打着捍卫民主和公民自由的旗号，应对着各种各样的敌对行为，它陷入了形象之战，并捆绑了奥巴马政府。这场激烈的辩论具有法理基础，但却隐藏着更多潜在的风险。政治与情报之间的权力关系抛出了一个关键问题：谁在利用谁？如果美国落入独裁者或极端主义军政府手中，会有什么结果？此外，蔓延全球的私人极权体系也可能构成威胁。作家乔尔·德·罗斯奈（Joël de Rosnay）所说的"信息资本主义者"（Infocapitaliste）[21]迅速扩散，他们或与军工联合体的尖端企业合作，或与外国合作伙伴结成引人非议的联盟，开展秘密或可疑的任务。他们常常誉满天下，轻而易举地推广自己的技术。他们熟谙入侵性营销技术，深耕社交网络，不断收集所有用户的特征，操纵广告的所有符号学代码，并将数据库出售给受价者。他们是信息战中的专家，畅游于云谲波诡的权力圈、媒体圈，周旋于商务外交以及各类商务谈判、标准制定谈判、知识产权谈判中。除系统可能遭受黑客入侵外，他们不会受到任何处罚。他们让人们信任其安全解决方案，相信他们是造福于民的。数字社会的发展以及民众对数字世界的依赖可能进一步刺激他们对权力的欲望。谷歌在华盛顿拥有很强的影响力，是2012年奥巴马总统竞选中仅次于加州大学和微软公司的第三大贡献者，[22]它主要投资于健康和国防等领域。国会被这个高科技巨头的游说者和情报部门的前雇员们渗透。当人们发现这样一个国会在负责讨论《美国爱国者法案》和信息共享的相关改革时，难道不应心生不安吗？[23]

在强烈谴责美国国家安全局前，每个人是否都应考虑一下自己的上网习惯，在互联网上提交个人信息时，是否应采取一个更负责任的态度？2015 年，法国通过新情报法案，法国民众也开始意识到隔墙就是美国的“大耳朵”。但是如果只抱怨不行动又有何用，尤其是当前黑客犯罪群体的实力与数量也在迅速膨胀，情况更是不容乐观。职业机构与私营部门之间的互通合作增加了经济间谍活动的风险，每个人都可能在毫不知情的情况下成为国家和竞争企业精心策划的政治或工业黑客行动的棋子。国家安全局在这方面非常活跃，同时在地缘政治领域也未曾放松，它不顾一切紧盯着中国、俄罗斯、以色列、朝鲜和伊朗，而这些国家似乎在网络空间能力上也并不需要畏惧美国[24]，它们拥有千锤百炼的黑客和令人生畏的情报部门。未来世界是否会发生灾难性后果，抑或相互威慑，达到平衡？

尽管爱德华·斯诺登窃取和曝光了许多文件，但全球各国的民众还是继续漠视着网络空间军事化以及许多其他隐秘的问题。美国国家安全局比以往任何时候都更加渴望实现技术领先和信息控制，但它并非孤军奋战。其竞争对手兼合作伙伴——中央情报局不久前完成重组并借机创建了数字创新部[25]，专门负责占领网络间谍技术的最前沿。某些人认为这是美国情报界竞争加剧的表现，而其他人则认为这是美国当局长期推动的跨部门合作以及信号情报和人工情报的良性融合。现行体制是否会更有效率呢？

斯诺登事件将作为一场危机被情报界的历史记录，但也仅是其中的一场而已。美国国家安全局身披坚硬的铠甲，它是美国政府的武器，其存在的必要性并未受到质疑，但它是否能够在最严厉的批判声中重获信任，是否还能为美国政府及其合作伙伴提供他们所期待的用于保护未来世界的最终情报？

注　释

序　言

1. Glenn Greenwald, *Nulle part où se cacher*, Paris, Lattès, 2014, p. 20.
2. Christopher Drew, Scott Shane, "Résumé Shows Snowden Honed Hacking Skills", The New York Times, 4 juillet 2013; Peter Maass, "How Laura Poitras Helped SnowdenSpill His Secrets", The New York Times, 13 août 2013; Julian Borger, "Edward Snowden's Choice of Hong Kong as Haven is a High-Stakes Gamble", The Guardian, 9 juin 2013.
3. 美国《1917 年间谍法》。
4. 这一协商过程使报纸得以证明自身并无通过发表高度涉密文章来破坏国家安全并逃避犯罪意图指控的企图。(G. Greenwald, *Nulle part où se cacher*, op. cit. ,p. 92.)
5. "棱镜"计划是一项通过由 9 家美国服务提供商和互联网服务提供商的服务器进行大规模直接收集数据的项目。
6. G. Greenwald, "NSA Collecting Phone Records of Millions of Verizon Customers Daily", *The Guardian*, 6 juin 2013; "Anger Swells after NSA Phone Records Court Order Revelations", *The Guardian*, 6 juin 2013; Anne Gearan, "No Such Agency Spies on the Communications of the World", *The Washington Post*, 6 juin 2013.
7. G. Greenwald, Ewen MacAskill, "NSA Prism Program Taps in to User Data of Apple, Google and Others", *The Guardian*, 6 juin 2013; Barton Gellman, Laura Poitras, "US, British Intelligence Mining Data from Nine US Internet Companies in Broad Secret-Program", The Washington Post, 6 juin 2013.
8. G. Greenwald, E. MacAskill, L. Poitras, "Edward Snowden. The Whistleblower behind the NSA Surveillance Revelations", *The Guardian*, 9 juin 2013.
9. Adam Geller, Brian Witte, "NSA Leaker Edward Snowden's Life Surrounded by Spy-

craft", Associated Press, 15 juin 2013, www. masslive. com; Antoine Lefébure, *L'AffaireSnowden. Comment les États-Unis espionnent le monde*, Paris, La Découverte, 2014.

10. Joe Mullin, "NSA Leaker Ed Snowden's Life on Ars Technica", www. arstechnica. com, 13 juin 2013.
11. Christopher Johnson, "Chatting about Japan with Snowden, the NSA Whistleblower", *The Japan Times*, 18 juin 2013.
12. 机密工作许可是授权接触受保护机密文件的程序, G. Greenwald, E. MacAskill, L. Poitras, "Edward Snowden. The Whistleblower behind the NSA Surveillance Revelations", art. cit.
13. Kitetoa, "Booz Allen & Hamilton: un accès privilégié aux petits secrets militaires-américains", https: //reflets. info, 19 juin 2013.
14. James Bamford, The Shadow Factory. *The Ultra-Secret NSA from 9/11 to the Eavesdroppingon America*, New York, Anchor Books, 2008.
15. Kevin Poulsen, "Snowden's First Move Against the NSA Was a Party in Hawaii", *Wired*, 21 mai 2014.
16. Paul Lewis, Karen McVeigh, "Edward Snowden. What We Know about the Sourcebehind the NSA Files Leak", www. theguardian. com, 11 juin 2013.
17. G. Greenwald, "Dix jours à Hong Kong", *Nulle part où se cacher*, *op. cit.*, p. 59-130.
18. L. Poitras, Citizenfour, Praxis Film, 2014, Black Out, 2015, 114 min.

引　言

1. Computer Network Operations (CNO), www. nsa. gov.
2. Olivier Chopin, *Pourquoi l'Amérique nous espionne*, Lille, Hikari, coll. "Enquête d'ailleurs", 2014, p. 22-24.
3. Intelligence Squared US New York, "The Cyber War Threat Has Been Grossly Exaggerated", 8 juin 2010, p. 7, www. intelligencesquaredus. org.
4. 参见第二部分第6章。
5. "梯队系统"(ECHELON)通常指美国国家安全局实施的全球综合通信情报监视系统，合作单位包括参与《英美协议》各国的信号情报机构，即英国政府通信总部、加拿大政府通信安全局、澳大利亚国防信号局和新西兰政府通信安全局。这原是一项始于20世纪80年代初的窃听计划的称号。

6. 全球反恐战争（Global War on Terrorism），由布什政府发起，接任的奥巴马政府进一步推进了该计划。

7. François-Bernard Huyghe，“Qu'est-ce que la guerre de l'information ?”，www. huyghe. fr.

8. O. Chopin，“Les démocraties après Snowden：l'exigence de la transparence”，France Culture，31 janvier 2014，www. franceculture. fr；J. Bamford，“NSA Snooping Was Only the Beginning. Meet the Spy Chief Leading Us Into Cyberwar”，*Wired*，12 juin 2013.

第一部分

引 子

1. “*They're your friends today and they're your enemies tomorrow*，*and when they're on your side find out as much as you can about them because you can't when they become your enemy*”（J. Bamford，The Puzzle Palace. A Report on America's Most Secret Agency，New-York，Penguin Books Ltd，1983，p. 65）.

2. “*It would be extremely valuable if we could break the Soviet codes*”（J. Bamford，*Body of Secrets. Anatomy of the Ultra-Secret National Security Agency from the Cold War through the Dawn of a New Century*，New York，Anchor，2002，p. 356）.

3. “*It was the whole net by which we move*，*use*，*abuse*，*process-everything we do with information here at Fort Meade went down. Everything*！［…］*The NSA Headquarters wasbrain-dead*［…］. *We were dark*”（J. Bamford，Body of Secrets，op. cit.，p. 452；J. Bamford，*The Shadow Factory*，*op. cit.*，p. 34-35）.

美国国家安全局的前身（1919年至20世纪30年代）

1. “Pearl Harbor. The Black Chamber”，www. nsa. gov.

2. 勿将密码部门军事情报处第八科与英国军情八处混淆。后者为英国电信情报局（RSS）的代号，1946年成立，隶属于英国政府通信总部，负责传输领域的情报工作。

3. “The Many Lives of Herbert O. Yardley”，www. nsa. gov.

4. 提交给戴维·萨蒙（David Salmon）的报告《美国外交密码的解决方案》（*Solution of America Diplomatic Codes*）。

5. J. Bamford，*The Shadow Factory*，*op. cit.*，p. 162-163.

6. 《美国黑室》(*La Chambre noire américaine*)。
7. J. Bamford, *The Puzzle Palace*, *op. cit.* ,p. 20-21.
8. 威廉·弗里德曼(William Friedman),又名沃尔夫·弗里德曼(Wolf Friedman),于1914年在伊利诺伊州一个遗传学实验室开启职业生涯。该实验室由一名上校负责,弗里德曼在此为国务院和司法部门破译信息,自1917年起,同时为战争部服务。作为公认的密码学家,他还负责培训工作。
9. Signal Corps's Code and Cypher Section. Voir J. Bamford, *The Puzzle Palace*, *op. cit.* , p. 47-48.
10. 弗兰克·罗列特后来参与创建D科,该科于1978年成为特殊情报搜集处(SCS)。20世纪50年代初,武装部队安全局-国家安全局(AFSA-NSA)局长拉尔夫·卡奈因(Ralph Canine)要求原本负责信号情报的罗列特放弃现职,改为负责加密工作(通信安全COMSEC)。热衷于密码分析的罗列特对此感到不悦,因而毫不犹豫答应了艾伦·杜勒斯(Allen Dulles,1953年2月至1961年11月担任中央情报局局长)的要求,加入了中央情报局。杜勒斯不堪忍受国家安全局这个竞争部门的傲慢态度,希望在本单位内创建一个"小型国安局"。5年后,罗列特重返国家安全局。D科转由威廉·哈维接管。这位兢兢业业的老兵长期以来一直维护着中央情报局与其对手之间的联系,并于1954年领导了"柏林隧道"秘密行动(中央情报局称为"黄金行动",英国政府称为"跑表行动"),成功在苏联占领区挖掘了一条隧道,用于截取驻柏林苏军总部的信息。美国国家安全局很快被邀加入,因为信息量过大,中央情报局和军情六处难以全部承担。事实上,双面间谍乔治·布莱克(George Blake)在该行动启动前已警告苏联,但是苏联方面忽视了该警告,没有采取应对措施。柏林隧道最终于1956年保养时发现。哈维启动ZR / Riffle行动,旨在找出能窃取外国密码之人,夺取加密材料和破坏加密机。他招募了多名"黑袋"(black bag)专家,他们能够渗入外交部门,安装设备和拍摄密码文件(J. Bamford, *Body of Secrets*, *op. cit.* ,p. 477-480)。
11. Ibid. ,p. 1-3; J. Bamford, *The Puzzle Palace*, *op. cit.* ,p. 51.
12. OP-20-G科为美国海军通信情报组织,亦称N站,首任科长为海军上校萨福德(Safford)。该组织集结了多名杰出的译码专家,如约瑟夫·罗克福(Joseph Roquefort)。罗克福原任设于瓦胡岛的夏威夷情报站STATION HYPO站长,后接任萨福德,成为OP-20-G科负责人。受其指示,艾格尼丝·迈耶-德里斯科尔(Agnes

Meyer-Driscoll）自1920年起协助突破了日本所有密码，其中就包括了著名的日本海军JN25密码。

13. “Pearl Harbor ! Ce que l'on n'a jamais osé vous dire”, *Aventures de l'histoire de la mer*, n° 1, 7 décembre 2001, p. 20-45.

美国国家安全局的诞生（1941—1952年）

1. 这一共识涉及的主要领导人包括英国首相温斯顿·丘吉尔、英国情报机构军情六处处长斯图尔特·孟席斯（Sir Stewart Menzies）爵士、美国陆军参谋长乔治·马歇尔将军以及陆军情报官员卡特·W. 克拉克（Carter W. Clarke）准将。
2. 这份日刊通过多种手段方才取得，因此得名“魔术摘要”（Magic Summary）。
3. 自1942年夏，信号情报处先后被命名为信号情报科（Signal Intelligence Service Division）、信号安全科（Signal Security Division）、信号安全支队（Signal Security Branch）和信号安全处（Signal Security Service）。
4. J. Bamford, *The Puzzle Palace*, *op. cit.*, p. 63-64.
5. Matthew M. Aid, *The Secret Sentry. The Untold History of the National Security Agency*, New York, Bloomsbury Press, 2010 (1re éd., 2009), p. 4-5.
6. *Ibid.*
7. J. Bamford, *Body of Secrets*, *op. cit.*, p. 9-21.
8. M. M. Aid, *The Secret Sentry*, op. cit., p. 10.
9. Armand Mattelart, *La Globalisation de la surveillance: aux origines de l'ordre sécuritaire*, Paris, La Découverte, 2007, p. 70-71.
10. Central Intelligence Agency (CIA).
11. Director of Central Intelligence (DCI).
12. 联邦调查局怀疑武装部队安全局中研究苏联问题的语言学家威廉·威斯班德（William Weisband）是共产主义间谍。据称，他曾经将美国的破译行动泄露给苏联。威廉·威斯班德，埃及籍，曾在通信兵团任职，后以语言学家身份加入武装部队安全局。在阿灵顿工作时，他被怀疑从事间谍活动，将“维诺那计划”行动的破译信息泄露给苏联。作为共产党人，他积极打听收集各种小道消息，且交游广阔。威斯班德被逮捕后拒绝认罪，最终被处以1年有期徒刑。出狱后留在美国，成为公车司机，直到最后去世。

13. Armed Forces Security Agency（AFSA）.
14. Joint Chiefs of Staff（JCS）.
15. National Security Agency，"Cryptologic Almanach 50th Anniversary Series，Rear Admiral Earl Everett Stone. A Convert to Cryptologic Centralization"，DOCID 3575729，www. nsa. gov.
16. "Fight of Survival. The Creation of the National Security Agency"，in M. M. Aid，*The Secret Sentry*，*op. cit.*，chap. 3，p. 41-44.
17. National Security Agency，"60 Years of Defending Our Nation"，www. nsa. gov/about/cryptologic_ heritage/60th/book/NSA_ 60th_ Anniversary. pdf.
18. 《布朗内尔委员会报告》。
19. National Security Council Intelligence Directive（NSCID），n° 9，"Communications Intelligence Activities"，24 October 1952.

《英美协议》（1946 年）

1. 通常被称为阿灵顿会堂（Arlington Hall），此部门后更名为信号安全局（SSA）。
2. 参见第一部分第 4 章。
3. Duncan Campbell，"GCHQ and Me. My Life Unmasking British Eavesdroppers"，*The Intercept*，3 août 2015.
4. 汉斯 - 提罗 · 施密特从事间谍行动时曾化名 Asché。
5. Paul Paillole，Notre espion chez Hitler，Paris，Robert Laffont，1985；Anthony Cave Brown，*La Guerre secrète*，*Paris*，*Pygmalion*，*1981*；*Simon Singh*，*Histoire des codes secrets*：*del'Égypte des pharaons à l'ordinateur quantique*，Paris，Lattès，1999.
6. BRUSA 为 British-US Communications Intelligence Agreement 的缩写，译为英美通信情报协定。
7. 战后英联邦信号情报组织（Postwar Commonwealth SigInt Organization）。
8. "UKUSA Agreement Release 1940-1956"，www. nsa. gov.
9. 肖尔湾接收站目前还参与了美国"X 关键得分"（X Keyscore）情报收集计划。
10. Desmond Ball，*Signals Intelligence in the Post-Cold War Era. Developments in theAsia-Pacific Region*，Institute of Southeast Asian Studies，1993，p. 63.
11. 该监听站位于"海军接收站 2"基地（Navy Receiver2）附近。

12. Eorsat 是 Electronic Ocean Reconnaissance Satellite 的简称。
13. *Ibid.* ,p. 22-25.
14. *Ibid.* ,p. 214.
15. Philippe Rivière, "Le système Échelon", *Manière de voir*, n° 46, juillet 1999, p. 40-42.
16. White Anglo-Saxon Protestant.

危机时期与反共斗争（1943—1989 年）

1. Pierre Melandri, Histoire des États-Unis. 1. L'ascension（1865-1974）, Paris, Perrin, coll. "Tempus", 2008, p. 407.
2. National Security Agency, "60 Years of Defending Our Nation", op. cit. ,p. 12; Patrick D. Weadon, "SigInt and COMSEC Help Save the Day at Pusan", National Security Agency. Historical Document, 15 janvier 2009, www. nsa. gov/public_ info/declass/korean_ war/sigint_ comsec. shtml.
3. 美陆军称其为 Converter M-134，海军称其为 CSP-888/889。
4. P. D. Weadon, "SigInt and COMSEC Help Save the Day at Pusan", art. cit.
5. M. M. Aid, *The Secret Sentry*, *op. cit.* , p. 45-47; "5 mars 1953, mort de Staline", www. herodote. net, 8 décembre 2011.
6. M. M. Aid, *The Secret Sentry*, *op. cit.* ,p. 45-47; "17 juin 1953: insurrection ouvrière à Berlin-Est", www. herodote. net, 11 octobre 2012.
7. 苏伊士运河事关石油供应安全，对于英法两国经济的发展具有战略意义。纳赛尔主张反殖民主义和帝国主义，推崇第三世界主义、社会主义、民族主义和阿拉伯主义，因此被法国视为威胁。
8. M. M. Aid, *The Secret Sentry*, *op. cit.* ,p. 49.
9. J. Bamford, *Body of Secrets*, *op. cit.* ,p. 356-357.
10. National Security Agency, "60 Years of Defending Our Nation", op. cit. ,p. 18.
11. Project Homerun, www. spyflight. co. uk; J. Bamford, *Body of Secrets*, *op. cit.* ,p. 30-38.
12. 美国最后一位驻古巴的海军武官约瑟夫·弗洛伊德（Joseph Floyd）海军中校。
13. J. Bamford, Body of Secrets, op. cit. ,p. 64-91.
14. Alexandre S. Duplaix, Peter Huchthausen, *Guerre froide et espionnage naval*, Paris, Nouveau Monde Éditions, 2009, p. 193.

15. M. M. Aid, *The Secret Sentry*, *op. cit.*, p. 60.
16. Army Security Agency (ASA).
17. 德索托巡逻行动(De Soto)。
18. 作战安全理论(OPSEC):根据该理论,军事行动负责人必须遵守某些基本的作战安全原则,以确保操作的正确性。
19. National Security Agency, Central Security Service, "Purple Dragon. The Origin and Development of the United States OPSEC Program", *United States Cryptologic History*, series VI, vol. II, 1993.
20. National Security Agency, "60 Years of Defending Our Nation", op. cit., p. 35-37; J. Bamford, *Body of Secrets*, *op. cit.*, p. 337.
21. *Ibid.*; A. Lefébure, *L'Affaire Snowden. Comment les États-Unis espionnent le monde*, *op. cit.*, p. 91-93; A. Mattelart, André Vitalis, *Le Profilage des populations: du livret ouvrier au cybercontrôle*, Paris, La Découverte, 2014, p. 93.
22. J. Bamford, *Body of Secrets*, *op. cit.*, p. 184-239.
23. Matthew Carle, "Operation Ivy Bells", www. military. com.
24. 20 世纪 90 年代后期,该中心经肯尼斯·米尼汉(Kenneth A. Minihan)改革,更名为国家安全监控中心(National Security Operation Center, NSOC)。

早期的丑闻(20 世纪 60 年代至 70 年代)

1. National Security Agency, "60 Years of Defending our Nation", *op. cit.*, p. 61.
2. 美国国家安全局平等就业机会与多样性办公室(Equal Employment Opportunity and Diversity)负责制定相关战略,旨在营造和维护多样化的文化氛围,尊重员工,量才而用,不考虑出身。"EEO and Diversity", 15 janvier 2009, www. nsa. gov.
3. *Ibid.*, p. 60.
4. J. Bamford, *Body of Secrets*, *op. cit.*, p. 429-431.
5. 尼克松的幕僚查尔斯·休斯顿(Charles Huston)被任命为白宫驻跨部门情报委员会(ICI)的联络官。该委员会由时任联邦调查局局长的埃德加·胡佛(Edgar Hoover)主持。根据尼克松总统的要求,休斯顿在胡佛的副手威廉·沙利文(William Sullivan)的帮助下,撰写了一份题为"休斯顿计划"的报告,但沙利文不赞成该计划,他请求总检察长约翰·米切尔(John Mitchell)撤回该报告。尼克松让步了，但是盖勒和托德拉却愤愤不平，对他们来说，监视行动只能强化，没有任何理由可阻挡前进的脚步。

6. *NSA Contributionto Domestic Intelligence.*
7. 宪法第四修正案是美国人权法案的十项修正案之一，它保护公民不受无凭据的搜查和扣押，要求进行搜查时，必须依据真凭实据开具的令状。
8. “混沌计划”（Operation CHAOS 或 Operation MHCHAOS），MH 表示该计划是在全球范围内进行的。
9. M. M. Aid，*The Secret Sentry*，*op. cit.* ,p. 153-154.
10. William Colby，*30 ans de CIA*，Paris，Presses de la Renaissance，1978，p. 367-427. Trad. *d'Honorable Men. My Life in the CIA*，New York，Simon and Schuster，1978.
11. Musso：Manual of US SigInt Operations.

技术进步与新的威胁（20 世纪 40 年代末至 90 年代）

1. RAMS：Rapid Analytical Machines；J. Bamford，Body of Secrets，op. cit. ,p. 580-581.
2. 未来的海军安全大队。
3. Eniac 为 Electronic Numerical Integrator Analyser and Computer 的简写。
4. J. Bamford，*Body of Secrets*，*op. cit.* ,p. 580-581.
5. Richard Bernard，“Electronic Intelligence（EllInt）at NSA”，2009，www. nsa. gov.
6. 高级研究计划局（ARPA），英文全称为 Advanced Research Projects Agency，后于名称中加入“Defense”一词，成为国防高级研究计划局（DARPA）。
7. National Reconnaissance Office，“History of the Poppy Satellite System，NRO Approved for Release”，6 juin 2012，www. nro. gov/foia/docs/History% 20of% 20Poppy. PDF；Dwayne A. Day，“A Flower in the Polar Sky. The Poppy Signals Intelligence Satellite and Ocean Surveillance”，The Space Review，28 avril 2008.
8. 银河辐射与背景计划（Galactic Radiation and Background）于 1998 年解密。
9. 空间与导弹分析中心（Space and Missile Analysis Center）。
10. 国防部特种导弹和太空中心（Defense Special Missile and Astronautics Center）。
11. J. Bamford，*Body of Secrets*，*op. cit.* ,p. 502.
12. 在专业术语中，硬件主要是各种物理装置的总称，软件指计算机程序、规程、规则等。

13. M. M. Aid, *The Secret Sentry*, *op. cit.* ,p. 171-172.

14. *Ibid.*

15. 1984 年至 1985 年冬，福勒卷入了预算之争。里根政府的财政向国家安全局倾斜，影响了社会事业的发展。民主党人和部分共和党人日渐不满，他们谴责日益增长的财政赤字，敦促国防部长卡斯珀·W. 温伯格（Caspar W. Weinberger）削减国家安全局的开支。于是，温伯格把国家安全局问题摆上了国会。福勒面对国会与五角大楼，掷地有声地回顾起以往财政限制对情报收集与分析质量所产生的严重后果，温伯格完全不欣赏他的反对意见，且可能施压导致他提前离职。

16. 1986 年，苏尔特湾地区再起冲突，国家安全局严密监控该地区。利比亚两艘导弹巡逻艇遭到毁坏后，卡扎菲决心予以报复（见下文柏林一家夜总会的袭击事件）。

17. 苏尔特湾事件发生后，国家安全局截获了卡扎菲与埃塞俄比亚血腥独裁者马里亚姆·海尔·门格斯图（Mengistu Haile Mariam）的对话。对话中，卡扎菲发誓要报复，让里根送命。

18. “Les erreurs de navigation de la Korean Airlines”, “Les corps introuvables et les crabes géants”, “Le verdict des boîtes noires”, in A. S. Duplaix, P. Huchthausen, *Guerre froide et espionnage naval*, *op. cit.* ,p. 338-345.

19. 1983 年 12 月，美国国防部长和苏联克格勃主席签署了一份秘密备忘录，内容涉及黑匣子的分析报告。后来，鲍里斯·叶利钦（Boris Eltsine）总统为改善俄罗斯的形象，下令公开该备忘录。这一备忘录促成一种观点：美国情报部门蓄意入侵，进行政治挑衅，以获得发展防空系统和数据收集系统的理由。美国方面，罗纳德·里根指责苏联的野蛮行径。从国家安全局将部分截听内容公之于众证明苏联事前已了解到袭击目标为平民。此外，1992 年 10 月，俄罗斯《消息报》公布了五份秘密文件，证明 KAL-007 航班的飞行员未收到任何警告。事发后，美苏双方部署大量装备寻找黑匣子。韩国请求美国和日本反对苏联在国际水域打捞飞机的企图。美日联合搜寻队游弋于莫涅龙岛北部和西北部地区；苏联则由太平洋舰队司令弗拉迪米尔·西多罗夫（Vladimir Sidorov）上将负责指挥搜索行动，动用了蛙人、军舰、民船、商船。10 月 20 日，苏联在距离其领海边界线约 5 海里处的国际水域找到了残骸。苏联秘密取回黑匣子，然后假装在日本海继续搜寻，以此误导美国人，扰乱美舰的行动。

20. 枪手行动（Operation GUNMAN）。

21. COINS：社区在线信息系统（Community Online Informations System）；SOLIS：信号

情报在线信息系统（SigInt OnLine Information System）。

22. Alain Gresh, Dominique Vidal, “Le scandale de l'Irangate”, Le Monde diplomatique, mars 2015. 1984 年 10 月，美国国会禁止支持尼加拉瓜的军事或准军事行动，但里根政府的成员偷偷向伊朗出售武器，并用其收益资助尼加拉瓜反政府武装颠覆桑地诺政府。里根政府企图以此推翻一个被视为共产主义的政府。这是在伊朗释放人质背景下发生的复杂事件。此外，尼加拉瓜反政府武装还涉嫌贩毒。
23. J. Bamford, *Body of Secrets*, *op. cit.*, p. 392-393.
24. National Security Agency, “60 Years of Defending Our Nation”, *op. cit.*, p. 73.
25. 电信执法国际研讨会（International Law Enforcement Telecommunications Seminar, ILETS）。

一个时代的结束（20 世纪 90 年代）

1. 微波是以光速传播的电磁波，其用途包括卫星传输、无线传输、移动电话、雷达等。
2. M. M. Aid, *The Secret Sentry*, *op. cit.*, p. 192-195.
3. William Studeman, “USN (Ret.)”, www.insaonline.org; M. M. Aid, *The Secret Sentry*, *op. cit.*, p. 187-188.
4. *Ibid.*, p. 187-188.
5. National Security Agency, “60 Years of Defending Our Nation”, *op. cit.*, p. 83.
6. M. M. Aid, *The Secret Sentry*, *op. cit.*, p. 199.
7. J. Bamford, *Body of Secrets*, *op. cit.*, p. 423-427.
8. J. Bamford, *The Shadow Factory*, *op. cit.*, p. 301-302.
9. 迪克·切尼于 1989 年 3 月至 1993 年 1 月担任老布什政府国防部长，2001 年 1 月起任小布什政府副总统。
10. 固守高位多年的文职官员思想僵化，反对改变，任用亲信，而某些军人则焦躁地等待着下一次职务分派，结果却只能二、三或四年地呆在不需要多少专业技能的职位，这一切都不利于革新。
11. Conseil économique national.
12. 阿尔·戈尔于 1993 年至 2001 年担任克林顿政府副总统。
13. 罗伯特·斯蒂尔是公开源代码解决方案公司（Open Source Solutions, Inc.）的董事长。为了支持旨在提高开源能力的政策，他于 1990 年发起了一场改革运动。

14. Open Source Solutions, Inc. International Public Information Clearinghouse, "Premier symposium international sécurité nationale et compétitivité nationale. Extraits", McLean, VA, 1er-3 décembre 1992.

15. Joseph S. Nye, Bound to Lead. *The Changing Nature of American Power*, New York, Basic Books, 1990; J. S. Nye, William A. Owens, "America's Information Edge", *Foreign Affairs*, vol. LXXV, n° 2, mars-avril 1996, p. 20.

16. *11-Septembre, rapport de la commission d'enquête*, Paris, Éditions des Équateurs, 2004, p. 397.

17. Aum Shinrikyō.

18. 该电话是本·拉登的手下齐亚德·哈利勒（Ziyad Khalil）在美国为其购买的，号码为 00873-682-505-331。

19. M. M. Aid, The *Secret Sentry*, *op. cit.*, p. 204-206.

20. 肯尼斯·米尼汉以"一个团队，一个任务"（One Team, One Mission）的口号开始整合国家安全局/中央安全局的工作。他还将 1996 年 10 月 17 日定为未来日（Future Day），让所有雇员在这一天思考未来可能面临的挑战。此外，国家安全局聊天室的成立则首次将局长与全体员工联系起来。

21. 内布拉斯加州民主党参议员罗伯特·克里（Robert Kerrey）和亚拉巴马州共和党参议员理查德·谢尔比（Richard Shelby）共同主持了一项关于情报部门的调研。一个技术咨询小组参与了该调研，该咨询小组由多名知名人士组成，包括美国企业的科研与技术负责人，如乔治·斯皮克斯（George Spix，微软），布兰·费伦（Bran Ferren，华特迪士尼公司）、劳伦斯利弗莫尔国家实验室核物理学家洛厄尔·伍德（Lowell Wood）等。

22. US Government Printing Office. Washington, "Special Report of the Select Committee on Intelligence United States Senate, January7, 1997 to October 21, 1998", 106th Congress, 1st Session, Senate, Report 106-3, 3 février 1999, p. 33-35, www. intelligence. senate. gov/pdfs /1063. pdf.

23. Seymour M. Hersh, "The Intelligence Gap. How the Digital Age Left Our Spies out in the Cold", The New Yorker, 6 décembre 1999.

24. Very Small Aperture Terminal：甚小口径天线地球站，是一种双向卫星通信技术，通过抛物面天线，将信号反射到平流层以外。

25. “One Hundred Days of Change”.
26. J. Bamford, *Body of Secrets*, *op. cit.*, p. 106.
27. 安全终端设备（Le Secure Terminal Equipment），用以取代保密电话设备（STU-III）。
28. J. Bamford, *Body of Secrets*, *op. cit.*, p. 451-454.
29. *Ibid.*
30. 工时是度量单位，对应一个人在一小时内的工作量。
31. Groundbreaker contract 革新者计划。
32. “Lockheed Martin vous suit-il partout ? Ou comment un géant de l'armement est devenu le nouveau Big Brother”, Polemia, 27 janvier 2011, http://archives.polemia.com/article.php?id=3451.
33. M. M. Aid, “Inside the NSA. Peeling Back the Curtain on America's Intelligence Agency”, The Independent, 13 juin 2013, www.matthewaid.com.
34. M. M. Aid, *The Secret Sentry*, *op. cit.*, p. 213.
35. “Statement for the Record of NSA Director Lt Gen Michael V. Hayden, USAF”, House Permanent Select Committee on Intelligence, 12 avril 2000, www.nsa.gov; “Viewgraphs of Lt Gen Michael Hayden, USAF Director, NSA/Chief, CSS”, House Permanent Select Committee on Intelligence, 12 avril 2000, www.fas.org.
36. J. Bamford, *The Shadow Factory*, *op. cit.*, p. 35-38.
37. 国家调查委员会由埃莉诺·希尔（Eleanor Hill）协调，希尔对参议院情报委员会与众议院情报委员会负责。参议院情报委员会由佛罗里达州民主党参议员、绰号“鲍勃”（Bob）的丹尼尔·罗伯特·格雷厄姆（Daniel Robert Graham）主持；众议院情报委员会由共和党人、未来的中情局局长波特·约翰斯顿·戈斯（Porter Johnston Goss）主持。
38. Joint House/Senate Intelligence Committee Hearing, “Joint Investigation into September 11th. Ninth Public Hearing”, 17 octobre 2002, www.fas.org/irp/congress/2002_hr/.
39. “Statement for the Record by Lieutenant General Michael V. Hayden, USAF Director, National Security Agency/Chief, Central Security Service before the Joint Inquiry of the Senate Select Committee on Intelligence and the House Permanent Select Committee on Intelligence”, 17 Octobre 2002, www.fas.org/irp/congress/2002_hr/101702hayden.html.
40. 人年是度量单位，对应一个人在一年内的工作量，该单位常用于科研合同和项目中。

41. Propos d'un agent du FBI cités par John Schwartz, "Ideas & Trends. Too Much Information, Not Enough Kwowledge", The New York Times, 9 juin 2002.

42. Michael B. Mukasey, "How a Bagram Detainee Foiled the Euro Terror Plot", *The Wall Street Journal*, 8 octobre 2010.

43. 2007 年，时任中央情报局局长的海登主动解密了多份重要文件，其中包括了一份自爆"家丑"的文件，共 750 多页，内容涉及中情局的活动。

第二部分

引　子

1. "*Intelligence is the first line of defense.*" "*Never before has the IC been called upon to master such complexity and so many issues in such a resource-constrained environment*" (FY2013 Congressional Budget Justification, National Intelligence Program Summary, vol. I, www. cryptome. org).

2. "*I hope you do not expect to learn anything about our ops any time soon. The reason this stuff is so secret is that it would scare the pants off a lot of people… It's just safer and politically expedient for everyone to remain blissfully ignorant*" (M. M. Aid, "Inside the NSA. Peeling Back the Curtain on America's Intelligence Agency", art. cit.).

3. "*All the material you deal with, the code words and all, becomes part of you. I'd find myself dreaming in code. And to this day when I hear certain TOP SECRET code words something in me snaps*" ("US Electronic Espionage. A Memoir", interview de Winslow Peck [pseudonyme], Ramparts, vol. XI, n°2, août 1972, p. 35-50, www. cryptome. org/jya/nsa-elint. htm; "L'espionnage électronique des États-Unis: un rappel [Ramparts, 1972] via WikiLeaks", Le Grand Soir, 1er novembre 2014, www. legrandsoir. info).

永不知足的间谍机构

1. 英语为 SigInt (Signals Intelligence)。

2. Electronic War (EW).

3. 分别为 Communications Intelligence (ComInt), Electronic Intelligence (ElInt) 和 Telemetry Intelligence (TelInt)。

4. Winslow Peck (pseudonyme), "US Electronic Espionage. A Memoir", art. cit.

5. Directive 5200. 24. United States. Department of Defense, "National Security Agency and

the Central Security Service", 23 décembre 1971.

6. Mission, www. nsa. gov.

7. Cora Currier, G. Greenwald, Andrew Fishman, "US Government Designated Prominent Al Jazeera Journalist as "Member of Al Qaeda"", *The Intercept*, 8 mai 2015.

8. DNI.

9. 美国国家情报总监的职能包括为总统府、国家安全委员会和国土安全部提供国家安全方面的建议，协调17个情报机构的活动，监督和指导国家情报计划的实施。该职位是根据《2004年情报改革与预防恐怖主义法》设立的。时任国家地理空间情报局局长的詹姆斯·克拉珀在设立该职务中做出了贡献。

10. National Intelligence Strategy (NIS).

11. Office of the Director of National Intelligence, "The National Intelligence Strategy of the United States of America", septembre 2014, www. dni. gov.

12. Office of the Director of National Intelligence, "DNI Unveils 2014 National Intelligence Strategy", News Release, 17 septembre 2014, www. dni. gov.

13. David Ignatius, "James Clapper Manages the Secret Empire", *The Washington Post*, 23 octobre 2013.

14. Office of the Director of National Intelligence, "Intelligence Community Directive 204, National Intelligence Priorities Framework", 2 janvier 2015, www. fas. org.

15. "United States SigInt System. January 2007 Strategic Mission List", www. eff. org.

16. 更多详细信息，请参阅"NSA's Legal Authorities", 30 septembre 2015, www. electro-spaces. blogspot. fr.

17. "人民的人身、住宅、文件、财产不受无理搜查和扣押的权利，不得侵犯。除依据可能成立的理由，以宣誓或者宣言保证，并详细说明搜查地点和扣押的人或物，不得发出搜查和扣押状。"

18. USA PATRIOT Act 为"Uniting and Strengthening America by Providing Appropriate-Tools Required to Intercept and Obstruct Terrorism Act of 2001"的简称，中文意义为"使用适当之手段来阻止或避免恐怖主义以团结并强化美国的法律"。取英文原名的首字缩写成为"USA PATRIOT Act"，而"patriot"也是英语中"爱国者"之意。

19. 215条名为"Access to records and other items under the Foreign Intelligence Surveillance Act"，即根据《外国情报监控法案》获取记录和其他物品。

20. 根据《美国自由法案》，相关部门应有合理明确的怀疑，才可要求电信运营商提供与外国势力或国际恐怖组织有联系的嫌疑人的元数据，同时必须有外国情报监控法庭开具的令状，不属于外国情报的信息必须立即销毁。
21. Comité permanent de contrôledes services de renseignement et de sécurité, Bruxelles, *Rapport d'activités-Activiteitenverlag 2013*, Intersentia, Anvers, 24 juillet 2014, p. 147-148.
22. 50 US Code §1802-Electronic Surveillance Authorization without Court Order; Certification by Attorney General; Report to Congressional… Compensation of Communication Common Carrier; Applications; Jurisdiction of Court, Legal Information Institute, 50 US Code, www. law. cornell. edu.
23. *Ibid.*
24. *Ibid.*
25. G. Greenwald, *Nulle part où se cacher*, *op. cit.* ,p. 182. 从办公地点上看，相比于具有真正监督权的独立法庭，外国情报监控法庭更确切而言是一个行政部门。
26. 该行政命令名为《美国情报活动》，政界称之为第1223号行政命令。
27. 美国中央情报总监（Director of Central Intelligence，DCI）一职从1946年至2005年由中情局局长担任，是美国总统和国家安全委员会的高级顾问，同时据称是各机构情报活动的协调人。
28. 2003年的第13284号行政命令与2004年8月27日的第13335号行政命令对该条款进行了修订，题为“加强对情报机构的管理”，将新威胁纳入其中。
29. Comité permanent de contrôle des services de renseignement et de sécurité, Bruxelles, *Rapport d'activités-Activiteitenverlag*, *op. cit.* ,p. 145.
30. Éric Denécé, *Renseignement et contre-espionnage*: *actions clandestines*, *technologies*, *services secrets*, Paris, Hachette, 2008, p. 82-84.
31. Kim Zetter, “NSA Whistleblower. Grill the CEOs on Illegal Spying”, *Wired*, 26 janvier 2009.
32. D. Ignatius, “James Clapper Manages the Secret Empire”, art. cit.
33. “Des rapports des services de renseignement américainsaltérés pour plaire à Barack Obama”,*Renseignor*, n° 890, 13 septembre 2015.
34. The Brookings Institution (Washington DC), Cameron F. Kerry (Moderator), Robert S. Litt (General Counsel ODNI), “US Intelligence Community Surveillance One Year

after President Obama's Address", 4 février 2015, www. brookings. edu.

非比寻常的密码机构

1. 艾伦·图灵是杰出的数学家和密码学家，他领导的科研小组在二战期间为英国盟友破译了许多德国加密信息，尤其是由恩尼格玛密码机编制的信息。
2. 参见第一部分第6章。
3. National Security Agency, "60 Years of Defending Our Nation", *op. cit.* ,p. 53.
4. 武装部队的密码服务部门构成：美国舰队网络司令部，美国海军陆战队情报主任，美国陆军情报与安全司令部，美国空军情报、监视、侦察局，美国海岸警卫队情报副助理指挥官。
5. S. M. Hersh, "The Intelligence Gap. How the Digital Age Left Our Spies out in the Cold", art. cit.
6. 在称为"不对称"的公钥系统中，加密者和解密者使用不同的密钥。
7. RSA加密算法是一种非对称加密算法，广泛应用于电子商务和互联网的数据交换。它共有一对密钥（整数），一把用于加密的公钥密钥和一把用于解密的私钥。两把密钥都由同一个人X创建。他向通信另一方发送用于加密信息的公钥，自己保存用于解密的私钥。通过这种RSA加密原理，Y也可以向X发送一把对称的密钥。通过这一方法，X与Y之间可以实现机密数据的交换。(RSA加密算法，可查阅 www. wikipedia. org)。
8. Joan Gómez, "Un secret de polichinelle: la cryptographie à clé publique", *Codage et cryptographie: mathématiciens, espions et pirates informatiques*, Paris, RBA, 2013, p. 99-112.
9. S. M. Hersh, "The Intelligence Gap. How the Digital Age Left Our Spies out in the Cold", art. cit. ,p. 8.
10. Franck Leroy, *Surveillance: le risque totalitaire*, Arles, Actes Sud, 2014, p. 36-39.
11. 行动代号：差分工作组（Workgroup Differential）。
12. Amiral Jean Marguin, *Sécurité des systèmes d'informations: dépendance et vulnér-abilités*, délégation aux Affaires stratégiques, ministère de la Défense, février 2000
13. "The Case for Elliptic Curve Cryptography Background", www. nsa. gov.
14. S. Singh, "Pretty Good Privacy", in Histoire des codes secrets: de l'Égypte des phara-

ons à l'ordinateur quantique, op. cit. ,p. 365-396.

15. *Ibid.*

16. James Ball, J. Borger, G. Greenwald, "Revealed. How US and UK Spy Agencies Defeat Internet Privacy and Security", www. theguardian. com, 6 septembre 2013.

17. 美国国家标准与技术研究院隶属于美国商务部，该研究院成立于 1988 年，取代于 1901 年成立的美国国家标准局。

18. Nicole Perlroth, "Government Annonces Steps to Restore Confidence on Encryption Standards", *The New York Times*, 10 septembre 2013.

19. F. Leroy, *Surveillance: le risque totalitaire*, *op. cit.* ,p. 48.

20. *Ibid.* ,p. 42-43.

21. *Ibid.* ,p. 43.

22. *Ibid.* ,p. 45 et 99.

23. "Compromise Needed on Smartphone Encryption", The Washington Post, 3 octobre 2014.

24. Damien Leloup, "Le cryptanarchiste allemand et l'ancien cadre du CAC 40 alliés contre la NSA", www. lemonde. fr, 16 septembre 2014.

25. "Tails, l'outil détesté par la NSA, qui veut démocratiser l'anonymat en ligne", www. lemonde. fr, 20 novembre 2014.

26. F. Leroy, *Surveillance: le risque totalitaire*, *op. cit.* ,p. 45 et 99.

27. www. nsa. gov (consulté le 18 novembre 2015).

28. "Global Cryptologic Dominance through Responsive Presence and Network Advantage".

29. National Security Agency, "*60 Years of Defending Our Nation*", *op. cit.* ,p. 59.

30. *Ibid.* ,p. 53.

巨大的蜘蛛网

1. Regional Security Operations Centers (RSOC).

2. 太平洋司令部（CINCPAC）是位于珍珠港以北史密斯军营的指挥中心，任务之一是统筹太平洋地区的信号情报活动。1995 年，夏威夷远程操作站发展为区域安全行动中心（RSOC），同年，国家安全局的部分工作转移至该中心。

3. M. M. Aid, "NSA Expanding Its Facilities", 28 janvier 2012, www. matthewaid. com.
4. J. Bamford, "The NSA is Building the Country's Biggest Spy Center (Watch What You Say)", *Wired*, 15 mars 2012; Henry Kenyon, "Works Commences on $1B NSA Spy Center", www. defensesystems. com, 7 janvier 2011; Siobhan Gorman, "Meltdowns Hobble NSA Data Center", The Wall Street Journal, 7 octobre 2013.
5. 犹他数据中心也称情报体系综合性国家计算机安全计划数据中心（Intelligence Community Comprehensive National Cybersecurity Initiative Data Center）。该中心耗资32亿美元，其中约12亿美元用于建设，访问控制系统投资970万美元，防护设施支出约1 000万美元。
6. 雷达天线罩：用于保护天线免受恶劣天气和侦查的不透水防护罩，可掩饰天线的方向。
7. "La NSA", *Intelligence Online*, 10 avril 2013.
8. 曼威斯山监听站又称F83站，项目8313。
9. "Menwith Hill and GCHQ Eavesdropping Facilities Coordinating Intelligence of US Drone Attacks", 7 octobre 2012.
10. "梯队系统"通常被定义为美国与英国、加拿大、澳大利亚和新西兰四个盟国建立的情报系统。该系统在《英美协议》的框架下（参见第一部分第3章），拦截通信并交换信息。"梯队"取名自一个监听项目。
11. 锁眼-9卫星（KeyHole 9）或KH-9系列卫星，制造于20世纪70年代至80年代，代号"六角"（Hexagon），绰号"大鸟"（Big Bird）。
12. 杰拉尔顿站的正式名称为澳大利亚国防卫星通信站（Australian Defence Satellite Communications Station）。
13. 香港三大地理分区之一。
14. Roger Faligot, *Les Services secrets chinois: de Mao aux JOf*, Paris, Nouveau Monde Éditions, 2008, p. 498-500
15. 怀霍派站代号为NZC333或FLINTLOCK（燧发枪）。
16. 三泽站，代号USF-799。
17. La Chine cherche également à installer des infrastructures d'écoute pérennes en mer d'Arabie ("Guerre des écoutes en mer d'Arabie", *Intelligence Online*, n° 680, 16 janvier 2013).
18. 登陆线缆：海底电缆的终端，由海底电缆敷设船敷设于海底，工作人员从深水区沿海岸将它们拖往传输中心，即登陆点或登陆站。

19. G. Greenwald, *Nulle part où se cacher*, *op. cit.* ,p. 134.

20. 每个信号情报活动代号都有一个国家代码（美国 US、英国 UK、加拿大 CA、澳大利亚 AU、新西兰 NZ 等），后面跟着一个字母，代表管理该情报设施的部门（A：空军；C：文职；D：支队；F：以文职人员为主的混合指挥机构；J：以军人为主的混合指挥机构；M：陆军；N：海军），最后是一个独有的号码。如果情报设施由私营合作伙伴管理，则可以加上计划的名称。参阅“信号情报活动代号（SIGIDs）”，http：//electrospaces. blogspot. com/p/sigint. html，2015 年 7 月 17 日更新，2015 年 8 月 5 日查阅。

21. STE：Secure Terminal Equipment，安全终端设备，比保密电话设备（STU-III）技术更加复杂安全。

受保密禁令庇护的组织

1. 1956 年，国家安全局按地理位置进行第一次重组：A 组负责监视苏联；B 组负责监视共产主义国家，包括亚洲相关国家和古巴；G 组负责世界其他区域。1960 年，该局进行调整，理顺支持性服务和不同方向（技术、信息系统安全、规划：政策和计划）。1997 年，M 组（地缘政治和军事情报）和 W 组（全球问题和武器系统情报）成立。2001 年，国家安全局再次重组，成立了两个特设部门，信号情报部（Signals Intelligence Directorate，SID）和信息保障部（InformationAssurance Directorate，IAD）。

2. Marc Ambinder，“What the NSA's Massive Org Chart（Probably）Looks Like”，www.defense-one. com，14 août 2013.

3. “我们不会去审核一份很大程度上基于猜想的图表”，国家安全局发言人给马克·安宾德的回应。

4. 杰夫·里切尔森（Jeff Richelson）、詹姆斯·班福德（James Bamford）、比尔·阿金（Bill Arkin）、马修·埃德（Matthew Aid）。

5. “NSA's Organizational Designations”，10 janvier 2014. Disponible sur www. electrospaces. blogspot. fr.

6. S2 下设多个部门，如，S2C42 负责处理涉及西欧和国际安全战略伙伴的事务。

7. M. M. Aid，“Inside the NSA. Peeling Back the Curtain on America's Intelligence

Agency", art. cit.

8. DEFCON 黑客大会始于 1992 年（译者注：原文为 1972，应该有误），每年均能吸引最优秀的黑客专家参会。

9. "U//FOUO Interview with a SID "Hacker" . Part 2. Hacker Culture and Worker Retention", SIDtoday Editor, 13 juillet 2012. Disponible sur www. cryptome. org.

10. 漏洞利用是一种利用安全漏洞的程序元素。

11. Louis Adam, " "Aurora Gold": quand la NSA écoute les réseaux mobiles", ZDnet. fr, 8 décembre 2014, selon Target Technology Trends Center Support to WPMO (2011), disponible sur https: //firstlook. org.

12. "NSA-CSS Threat Operations Center, Overview", disponible sur www. itlaw. wikia. com.

13. J. Bamford, *Body of Secrets*, *op. cit.* ,p. 502.

14. M. M. Aid, "Inside the NSA. Peeling Back the Curtain on America's Intelligence Agency", art. cit.

15. "Embassy Espionage. The NSA's Secret Spy Hub in Berlin", *Spiegel Online Inter-national*, 27 octobre 2013.

16. B. Gellman, Greg Miller, "Black Budget Summary Details US Spy Network's Successes, Failures and Objectives", *The Washington Post*, 29 août 2013.

17. *Ibid.*

18. Federation of American Scientists, Intelligence Resource Program, Intelligence Budget Data, 2 février 2015, www. fas. org; Office of the Director of National Intelligence Program, " DNI Releases Budget Figure For 2015 National Intelligence Program ", communiqué de presse n° 24-15, 30 octobre 2015; US Department of Defense, Department of Defense Releases, " Budget Figure for 2015 Military Intelligence Program ", communiqué n° NR-416-15, 30 octobre 2015.

19. "FY 2013, Congressional Budget Justification National Intelligence Program Summary", février 2012, http: //cryptome. org/2013/08/spy-budget-fy13. pdf.

20. M. M. Aid, "Inside the NSA. Peeling Back the Curtain on America's Intelligence Agency", art. cit.

21. 美国特别联络官（SUSLO），英文是在 SUSLO 后加上驻地首都的名称。例如，美国驻伦敦特别联络官为 Special US Liaison Officer, Londres (SUSLOL)；美国驻渥太华特别联络官为 Special US Liaison Officer, Ottawa (SUSLOO)。

22. 2002 年 828 人，2003 年 1 125 人，2004 年 1 500 人。
23. “NSA”，www. wikipedia. org，d'après Thomas R. Johnson，*American Cryptology during the Cold War*（*1945—1989*），3 vol. ，National Security Agency，Series VI，vol. V，United States Cryptologic History，1995；M. M. Aid，The Secret Sentry，op. cit. ，p. 190；J. Bamford，The Shadow Factory，op. cit. ，p. 199.
24. *Counterterrorism.*
25. “Opening Statement of Gen. Keith B. Alexander，Director，NSA before the Senate Committee on the Judiciary”，2 octobre 2013，https：//fas. org.
26. “La NSA”，*Intelligence Online*，n° 708，19 mars 2014.
27. “Minnie McNeal Kenny”，15 juin 2009，www. nsa. gov.
28. 美国公职人员最高薪级（参见美国联邦政府公职人员适用的待遇标准，普通等级 General Schedule）。
29. National Intelligence Distinguished Service Medal，国家情报杰出服役勋章。
30. S. M. Hersh，“The Intelligence Gap. How the Digital Age Left Our Spies out in the Cold”，art. cit.
31. Aram Roston，“Exclusive. Key NSA Official Has Another Business at Her Home”，www. buzzfeed. com，17 octobre 2014；“Wife. NSA Official. Husband. Exec at Firm Seeming to Do or Seek Business with NSA”，www. buzzfeed. com，19 septembre 2014.
32. Murtaza Hussain，“Powerful NSA Official Potentially Self-Dealing with Defense Contractor”，The Intercept，19 septembre 2014.
33. “Biography of NSA Director of Signals Intelligence”，www. matthewaid. com/post/50504323013/biography-of-nsa-director-of-signals-intelligence.
34. “New N° 2 at NSA SigInt Directorate”，3 mai 2012，www. matthewaid. com.
35. J. Bamford，*Body of Secrets*，*op. cit.* ，p. 578-579.
36. J. Bamford，*The Puzzle Palace*，*op. cit.* ，p. 158-160.
37. “*You are a Security Target*”，“*Safeguard，classified information*”，“*You don't have to go to extremes… Just don't talk*”.
38. International Regulation on SigInt.
39. *Ibid.* et J. Bamford，*Body of Secrets*，*op. cit.* ，p. 489-490. 获“绝密”授权的员工配发蓝色胸卡；获“绝密密码”完全授权、可进入超高安保级别的高度敏感场所的员工配发绿色胸卡；未获授权或失去授权、只能进入公共区域的员工配发红色胸卡；外国机构驻国家安全局代表等外部人员配发黄色胸卡；高信任度的分包商及其他仅需临时有限授权（Limited Interim Clearance）的人员配发灰色胸卡。此外，特权访客配发 PV 胸卡（Privileged Visitor）；未授权访客配发描红的大写 V 卡，陪同人员配发 E 卡（Escort）；国家密码术学校的学生配发绿松石色镶边的胸卡，前局长和前副局长配发红蓝条纹镶边的胸卡。

40. 安全员可以添加专用标签，例如，“国家安全局摄影师”，或者根据敏感性和收件人需要在邮递员胸卡上加上标注：“限制性投递”（Restricted Delivery）、“唯一投递地址”（Deliver to Addresses Only）、“邮政局长：请勿投递至美国民事邮政局服务区域以外的地区”（Post-Master. Do Not Forward Outside Areas Served by US Civil Post Offices）。

41. Sensitive Compartmented Information（SCI），敏感隔离信息。

42. 子类别中，“Gamma”信息涉及由四个字母的代码进行标识的高度敏感通信，例如，TOP SECRET//SI-G GUPY（绝密//特别情报 - GUPY）。

43. 例如，所有获得“SI-Clearance”授权的人都可以访问与信号情报电子探测相关的 Umbra 绝密项目，但不一定有权访问 Ruff 绝密文档（来自卫星的图像），后者需要“TK-Clearance”授权。

44. 例如，文件代码可为 Top Secret//SI//Noforn。博客 www. electrospaces. blogspot. fr 通过列举许多程序和代码的名称，更为详细地向读者展示了美国的文件密级分类系统。请参阅“The US Classification System”，www. electrospaces. blogspot. fr，2013 年 9 月 13 日。

背 叛

1. Cryptologic Almanac 50th Anniversary Series. NSA Betrayers of the Trust，Cryptome，DOCID：2399347，27 août 2011，http：//cryptome. org/0005/nsa-betrayed. pdf；“1960s，Decade of Change”，NSA. *60 Years of Defending Our Nation*，*op. cit.*，p. 29-30.

2. Winslow Peck（pseudonyme），“US Electronic Espionage. A Memoir”，art. cit.

3. 无线电测向是测定无线电波来波方向的过程。该技术用于定位潜在的敌方发射台。

4. Committee for Action/Research on the Intelligence Community.

5. Adrian Chen，“After 30 Years of Silence，the Original NSA Whistlebower Looks Back”，www. gawker. com，12 novembre 2013.

6. 派克委员会属于议会委员会，1975 年 7 月至 1976 年 6 月负责调查中央情报局、联邦调查局和国家安全局所开展的具有非法嫌疑的活动。

7. D. Campbell，Surveillance électronique planétaire，Paris，Allia，2001，p. 37.

8. 该事件引起的诉讼在英国司法史上被称为 ABC 案（ABC Case）。

9. D. Campbell，“GCHQ and Me. My Life Unmasking British Eavesdroppers”，art. cit. 10. “Le puzzle：rapport sur l'agence la plus secrète des États-Unis”.

10. “Le puzzle：rapport sur l'agence la plus secrète des États-Unis”.

11. “象栏”（AN / FLR-9）是建于冷战期间的巨型雷达天线网，用于监听最主要的目标。

12. J. Bamford，“The NSA and Me”，The Intercept，2 octobre 2014.

13. 2001 年出版“Body of Secrets. Anatomy of the Ultra-Secret National Security Agency-from the Cold War through the Dawn of a New Century”（国内译名《秘密机构：美国国家安全局揭秘》）和 2008 年出版的“The Shadow Factory”（《影子工程》）。

14. Bo Elkjaer，Kenan Seeberg，“Interview. Margaret Newsham. Echelon Was My Baby”，EkstraBladet，17 novembre 1999，http：//cryptome. org/echelon-baby. htm.

15. D. Campbell，“Somebody's Listening”，New Statesman，12 août 1988，www. cryptome. org.

16. *Ibid.*

17. S. M. Hersh，“The Intelligence Gap. How the Digital Age Left Our Spies out in the Cold”，art. cit.

18. 罗素·泰斯曾在空军服役，从事信号情报工作。他从空军退役后，成为分包商，为国防情报局工作，泰斯后来加入国家安全局。

19. K. Zetter，“NSA Whistleblower. Grill the CEOs on Illegal Spying”，art. cit.

20. *Ibid.*

21. 环球同业银行金融电信协会（Society for Worldwide Interbank Financial Telecommunication，SWIFT）。

22. 一档美国电视节目，内容涉及时事新闻、分析、意见表达等，以英语和西班牙语播出；“Whistleblower. The NSA is Lying-US Government Has Copies of Most of Your Emails”，Democracy Now，20 avril 2012；“National Security Agency Whistleblower William Binney on Growing State Surveillance”，Democracy Now，20 avril 2012；“Detained in the US Filmmaker Laura Poitras Held，Questioned Some 40 Times at US Airports”，Democracy Now，20 avril 2012；“More Secrets on Growing State Surveillance. Exclusive

with NSA Whistleblower, Targeted Hacker", Democracy Now, 20 avril 2012.

23. Anne Gearan, "No Such Agency Spies on the Communication of the World", art. cit.

24. Shane Harris, "The Cowboy of the NSA", Foreign Policy, 9 septembre 2013.

"梯队"事件

1. Jean-François Loewenthal, "Le réseau Échelon", *Renseignement & Opérations spéciales*, n° 7, mars 2011; É. Denécé, *Renseignement et contre-espionnage*, *op. cit.*, p. 183; *Claude Delesse*, *Échelon et le renseignement électronique américain*, Rennes, Éditions Ouest-France, 2012, p. 75.

2. "Échelon: mais quel espionnage industriel ?", http://tempsreel.nouvelobs.com, 24 février 2000.

3. 第一份报告由苏格兰记者邓肯·坎贝尔撰写，内容是世界范围内的通信情报活动；法国数学家、柏林工业大学教授弗兰克·勒普雷沃斯特（Franck Leprévost）负责研究技术问题；英国律师克里斯·艾略特（Chris Elliott）负责研究法律问题；帕特雷研究事务所的尼科斯负责研究经济问题。（Franck Leprévost et Bertrand Warusfel, "Échelon: origines et perspectives d'un débat transnational", Annuaire français de relations internationales, vol. II, 2001, p. 865-888.）

4. 1996 年，在媒体流言和英国议员格林·福特（Glyn Ford）提案的刺激下，欧洲议会科学技术方案评估委员会（Scientific and Technological Options Assessment）委托第三方进行调查，内容涉及"政治控制的技术评估"。调查结果证实了邓肯·坎贝尔和新西兰调查记者、研究员尼基·海格（Nicky Hager）关于国家、组织、企业受到大规模监视的披露。这份半官方文件首次证实了"梯队系统"的存在，文件中提到，"梯队系统"是《英美协议》情报系统的一部分，但该系统与冷战期间开发出的大部分电子间谍系统不同，它主要针对的是非军事目标：几乎所有国家的政府、组织、企业。"梯队系统"对通信信息实施无区别大规模拦截，然后使用 Memex 等人工智能工具提取有用的数据。（Franco Piodi et Iolanda Mombelli, Service de recherche du Parlement européen, "L'affaire Échelon. Les travaux du Parlement européen sur le système global d'interception (1998 – 2002)", Étude: série sur l'histoire du Parlement européen, PE 538.877, octobre 2014; Steven Wright, "An Appraisal of Technologies of Political Control", InterimStudy, Working Document for the

STOA Panel, EuropeanParliament, Directorate General for Research, PE 166 499/Int ST, Luxembourg, 19 janvier 1998.)

5. European Parliament, Scientific and Technological Options Assessment (STOA), "Development of Surveillance Technology and Risk of Abuse of Economic Information", 1999.

6. 英国情报系统还包括国防情报组(Defence Intelligence Staff)和著名的特种空勤团(Special Air Service)。前者负责军事情报;后者负责准军事秘密行动,隶属于国防部。安全部门包括负责内部安全的安全局(Security Service,即军情五处)、严重及有组织犯罪调查局(Serious Organised Crime Agency)和政治保安处(Special Branch)。

7. 曼威斯山英国皇家空军,代号 F83。

8. 英国政府通信总部的历史可追溯至一个世纪以前,其前身是英国海军部和陆军部的情报拦截和密码分析部门,分别为海军部的 NID 25(即 40 号房间,40 OB)和陆军部的 MO5b(即后来的军情 1B 处,MI-1b)。这两个部门于 1919 年合并组成了政府代码及加密学校(Government Code and Cypher School,GC&CS),起初受海军领导,于 1922 年改由外交部管理。(TheNational Archives,"Operational Selection Policy OSP 28, Government CommunicationsHeadquarters and Its Predecessors", janvier 2006, www. nationalarchives. gov. uk.)

9. "Télégramme Zimmermann", fr. m. wikipedia. org.

10. J. Bamford, *The Puzzle Palace*, *op. cit.*, p. 483.

11. "GCHQ Revealed. Inside Her Majesty's Listening Service", *Spiegel Online International*, 27 février 2014.

12. 英国电信(BT)代号 Remedy;威瑞森通信(Verizon Business)代号 Dacron;沃达丰(Vodafone Cable)代号 Gerontic;环球电信(Global Crossing)代号 Pinnage;Level 3 通信代号 Little;Viatel 公司代号 Vitreous;Interoute 公司代号 Streetcar。

13. 这就是亚欧 3 号国际海底光缆(SEA-ME-WE 3)的例子。该电缆由比利时电信公司部分持有,连接了比利时的奥斯坦德与英国的贡希利镇,但从欧洲到日本段也有许多其他登陆点,如在沙特阿拉伯、马来西亚和中国的登陆点。

14. *Ibid.*, p. 169.

15. A25:负责境外间谍活动的部门。

16. Martin Bright, Ed Vulliamy, Peter Beaumont, "Revealed US Ditty Tricks to Win Vote on Iraq War", *The Observer*, 2 mars 2003.

17. M. Bright, "Katharine Gun. Ten Years on What Happened to the Woman Who Revealed Dirty Tricks on the UN Iraq War Vote?", The Guardian, 3 mars 2013; A. Lefébure, *L'Affaire Snowden. Comment les États-Unis espionnent le monde*, *op. cit.* ,p. 193-194
18. 加拿大通信安全局前身为国家研究委员会通信处（CBNRC），官网地址：www. cse-cst. gc. ca.
19. 波塞马耶尔于 2015 年 2 月 9 日担任局长。
20. 《隐私法》《刑法》《加拿大权利与自由宪章》以及国防部长的指令。
21. Canada's Cyber Security Strategy.
22. James Littleton, Target Nation. Canada and the Western Intelligence Network, Toronto, Lester & OprenDennys, 1986.
23. Mike Frost, *Michel Graton*, *Spyworld. How CSE Spies on Canadians and the World*, Toronto, Seal/McClelland Nantam, 1995.
24. J. Littleton, *Target Nation. Canada and the Western Intelligence Network*, *op. cit.* ; M. Frost, M. Graton, *Spyworld. How CSE Spies on Canadians and the World*, *op. cit.*
25. B. Elkjaer, K. Seeberg, "We Listened in on Amnesty International and the EU", *Ekstra Bladet*, 21 mars 2000.
26. B. Elkjaer, K. Seeberg, "We Spied on Companies and Heads of State", *Ekstra Bladet*, 23 mars 2000, www. cryptome. org.
27. 该文件是在 2012 年的信号情报发展大会（SigDev 2012）上提交的，内容提及加拿大奥林匹亚网络知识引擎。
28. G. Greenwald, *Nulle part où se cacher*, *op. cit.* ,p. 170-173.
29. *Ibid.*
30. 澳大利亚信号局，此前称国防信号局（DSD），于 2013 年 4 月改为现名。
31. 澳大利亚地理空间情报组织，原名为国防图像和地理空间组织（Defense Imagery & Geospatial Organization）。其他情报机构包括负责外国情报的澳大利亚秘密情报局（Australian Secret Intelligence Service）、负责国内安全情报的澳大利亚安全情报组织（Australian Security Intelligence Organisation）和国家评估办公室（ONA）。2014 年 11 月，网络安全行动中心改组为澳大利亚网络安全中心（Australian Cyber Security Center）。
32. 澳大利亚信号局官网：www. asd. gov. au.
33. 参阅 1999 年 3 月 16 日（堪培拉）国防信号局局长致罗斯·库尔哈特（Ross

Coulthart）的信，可在 www. cryptome. org 上查阅。

34. 美国政府绝密敏感隔离情报安全许可（US Government Top Secret Sensitive Compartmented Intelligence Security）。
35. David Rosenberg, Inside Pine Gap. The Spy Who Came in from the Desert, Hardie Grant Books, 2011.
36. G. Greenwald, *Nulle part où se cacher*, *op. cit.* ,p. 173.
37. James Risen, L. Poitras, "Spying by NSA Ally Entangled US Law Firm", *The New York Times*, 15 février 2014.
38. *Ibid.*
39. 新西兰政府通信安全局的官网：www. gcsb. govt. nz。
40. *Ibid.*
41. 新西兰情报系统还包括其他单位和两个主要部门：负责外国情报和国家安全的新西兰安全情报局（New Zealand Security Intelligence Service）与负责为总理和内阁撰写分析报告的国家评估办公室（National Assessments Bureau）。
42. N. Hager, *Secret Power. New Zealand's Role in the International Spy Network*, Nel-son, Craig Potton Publishing, 1996. Disponible en texte intégral sur：http：//www. scridb. com/doc/15840049/Secret-Power.
43. 专攻无线电截听的唐伊莫阿纳站（NZC-3332）和怀霍派站（NZC-333）。这两个监听站都分别配备了一台"词典"计算机，能够根据政府通信安全局或美国国家安全局、英国政府通信总部、澳大利亚国防信号局、加拿大通信安全局创建的关键字列表进行自动截听。
44. N. Hager, *Secret Power.* New Zealand's Role in the International Spy Network, op. cit.
45. 记者瑞恩·加拉格尔（Ryan Gallagher）和尼基·海格（Nicky Hager）于 2015 年在《拦截者》（*The Intercept*）上发表文章，对斯诺登提供的文件进行评论。这些文章中指出了英国政府通信安全局行动上的转向。英国政府通信安全局局长亚戈什女士拒绝对行动相关的问题进行评论，她认为所有的行动都是在法律允许的情况下实施的。
46. Ryan Gallagher, Nicky Hager, "New Zealand Spies on Neighbors in Secret "Five Eyes" Global Surveillance", The Intercept, 4 mars 2015, https：//firstlook. org; Ryan Gallagher, Nicky Hager, "Documents Shine Light on Shadowy New Zealand Surveillance Base", The Intercept, 7 mars 2015; Ryan Gallagher, Nicky Hager, "Snowden Files.

Inside Waihopai's Domes", Sunday Star Times, 8 mars 2015, www. stuff. co. nz. Latentthreat 将监听卫星的数据分类为个体通信；Legalreptile 收集信息内容和通话数据；Semitone 监视传真和语音信息；Fallowhaunt 拦截通过 VSAT 卫星传输的通信；Juggernaut 处理来自移动电话呼叫的监听信息；Lopers 和 Surfboard 截听电话呼叫；Xkeyscor 收集互联网数据和网民的上网习惯（Ryan Gallagher, Nicky Hager, Documents Shine Light on Shadowy New Zealand Surveillance Base, art. cit.）。

47. *Dirty Politics.*

48. G. Greenwald, R. Gallagher, "New Zealand Launched Mass Surveillance Project While Publicly Denying It", The Intercept, 15 septembre 2014; "Snowden, Assange et Kim Dotcom réunis pour renverser les élections", www. numerama. com, 15 septembre 2014.

骇人听闻的监听项目

1. *Secret Sentry.*

2. M. M. Aid, *The Secret Sentry*, *op. cit.*, p. 287.

3. "恒星风"计划的秘密代号为 Ragtime。

4. B. Gellman, "US Surveillance Architecture Includes Collection of Revealing Internet, Phone Metadata", *The Washington Post*, 15 juin 2013.

5. G. Greenwald, *Nulle part où se cacher*, *op. cit.*, p. 131-133.

6. S. Gorman, Jennifer Valentino-Devries, "New Details Show Broader NSA Surveillance Reach", Wall Street Journal, 20 août 2013; K. Zetter, "What We Know about the NSA and AT&T's Spying Pact", Wired, 17 août 2015; G. Greenwald, *Nulle part où se cacher*, *op. cit.*, p. 149-154.

7. Corporate Partner Access.

8. US-984.

9. M. M. Aid, "The NSA-AT&T Fairview. Global Fiber-Optic Intercept Program Based in the US", 1er septembre 2015, www. matthewaid. com, citant Peter Koop, "Fairview: Collecting Foreign Intelligence inside the US", 31 août 2015, www. electrospaces. blogspot. fr.

10. US-990.

11. G. Greenwald, *Nulle part où se cacher*, *op. cit.*, p. 151.

12. US-983.

13. 美国西部的 Tahoe 和 Sun Valley，南部的 Whistler，东部的 Killington、Copper - mountain 和 Maverick。

14. 西海岸的 Breckenridge 和东海岸的 Quailcreek。

15. Emily Heil, "What's the Deal with NSA's Operation Names?", *The Washington Post*, 23 octobre 2013; "The NSA-AT&T Fairview. Global Fiber-Optic Cable Intercept Program Based in the US", art. cit.; P. Koop, "Fairview. Collecting Foreign Intelligence inside the US", art. cit.

16. SSL，即 Secure Socket Layer，译为安全套接层，是一种支持多项安全服务的安全通信协议。

17. "棱镜"计划是资源型、集成化、同步化、管理型的规划工具，代号 US-984XN。

18. G. Greenwald, Nulle part où se cacher, op. cit., p. 161.

19. *Ibid.*, p. 154-167.

20. *Ibid.*, p. 159-160.

21. *Ibid.*, p. 166.

22. E. Billaudaz, "Comment la NSA infiltre secrètement les serveurs de Google et Yahoo!", Le Monde, 31 octobre 2013; B. Gellman, Ahshkan Soltani, "NSA Infiltrates Links to Yahoo, Google Data Centers Worldwide, Snowden Documents Say", The Washington Post, 30 octobre 2013; B. Gellman, Matt DeLong, "How the NSA's MUSCULAR Program Collects too much Data from Yahoo and Google", The Washington Post, 30 octobre 2013.

23. G. Greenwald, Spencer Ackerman, "How the NSA Is Still Harvesting Your Online Data", The Guardian, 27 juin 2013.

24. Comité permanent de contrôle des services de renseignement et de sécurité, Bruxelles, *Rapport d'activités-Activiteitenverlag*, *op. cit.*, p. 139.

25. Ryan Devereau, G. Greenwald, L. Poitras, "DATA Pirates of the Caribbean. The NSA is Recording Every Cellphone Call in the Bahamas", *The Intercept*, 19 mai 2014.

26. B. Gellman, A. Soltani, 《NSA Surveillance Program Reaches "Into the Past" to Retrieve, Replay Phone Calls》, *The Washington Post*, 18 *mars* 2014.

27. "Adding a Country to MYSTIC Efforts Mentioned", www.washingtonpost.com, 18 mars 2014.

28. The White House, Office of the Press Secretary, "Presidential Policy Directive/PPD-

28. Signals Intelligence Activities", 17 janvier 2014, www. whitehouse. gov.
29. R. Gallagher, G. Greenwald, "How the NSA Plans to Infect Millions of Computers with Malware", *The Intercept*, 12 mars 2014.
30. *Ibid.*
31. R. Gallagher, G. Greenwald, "How The NSA Plans to Infect Millions of Computers with Malware", art. cit.
32. "The NSA and GCHQ's Quantum theory Hacking Tactics", The Intercept, 12 mars 2014.
33. Quantum-Insert、Quantumbot 负责僵尸网络（botnets）；Quantumdns、Quantumsquirrel、Quantumsky 负责阻止目标进入某些网站；Quantumcopper 阻止某些文件的卸载；Quantumhand（伪装 Facebook 的服务器）等。
34. D. E. Sanger, T. Shanker, "NSA Radio Pathway Into Computers", *The New York Times*, 14 janvier 2014.
35. "TAO, l'unité d'élite de la NSA qui pénètre dans tous les systèmes (MAJ)", www. 01net. com, 30 décembre 2013.
36. "La NSA a piraté le câble sous-marin géré par Orange", www. journaldugeek. com, 30 décembre 2013.
37. Jacob Appelbaum, "Shopping for Spy Gear. Catalog Advertises NSA Toolbox", *Spiegel Online Internationfal*, 29 décembre 2013.
38. J. Appelbaum, L. Poitras, Marcel Rosenbach, Christian Stöcker, Jörg Schindlerand, Holger Stark, "Inside TAO. Documents Reveal Top NSA Hacking Unit", *Spiegel Online International*, 29 décembre 2013.
39. "Follow the Money. NSA Spies on International Payments", *Spiegel Online International*, 15 septembre 2013.
40. J. Appelbaum, Aaron Gibson, Claudio Guarnieri, Andy Müller-Maguhn, L. Poitras, M. Rosenbach, Leif Ryge, Hilmar Schmundt, Michel Sontheimer, "The Digital Arms Race. NSA Preps America for Future Battle", Spiegel Online International, 17 janvier 2015.
41. S31177 部代号为"Transgression"（进犯）。
42. *Ibid.*
43. 部门代号 S321。

44. *Your data is our data, your equipement is our equipment.*
45. Unwitting Data Mules.
46. S. Ackerman, J. Ball, "Optic Nerve. Millions of Yahoo Webcam Images Intercepted by GCHQ", The Guardian, 28 février 2014.
47. L. Poitras, M. Rosenbach, H. Stark, "Royal Concierge. GCHQ Monitors Diplomats Hotel Bookings", Spiegel Online International, 17 novembre 2013.
48. G. Greenwald, "Hacking Online Polls and Other Ways British Spies Seek to Control the Internet", The Intercept, 14 juillet 2014.
49. "Snowden Docs Reveal British Spies Snooped on YouTube and Facebook", www. investigations. nbcnews. com, 27 janvier 2014.
50. G. Greenwald, E. MacAskill, "The "Cuban Twitter" Scam is a Drop in the Internet Propaganda Bucket", The Intercept, 5 avril 2014.
51. J. Ball, J. Borger, G. Greenwald, "Revealed. How US and UK Spy Agencies Defeat Internet Privacy and Security", art. cit.
52. "Le fonctionnement d'Hacienda, nouvel espion du Net", Le Monde, 26 août 2014; Julian Kirsch, Christian Grothoff, Monika Ermert, J. Appelbaum, L. Poitras, Henrik Moltke, "GCHQ/NSA: le programme Hacienda", www. heise. de, 15 août 2014.
53. Försvarets Radioanstalt (FRA).
54. Forsvarets Efterretningstjeneste (FET).
55. Comité permanent de contrôledes services de renseignement et de sécurité, Bruxelles, *Rapport d'activités-Activiteitenverlag*, *op. cit.*, p. 155; F. Leroy, Surveillance: le risque totalitaire, op. cit., p. 92-95.
56. J. Risen, L. Poitras, "NSA Collecting Millions of Faces from Web Images", The New York Times, 31 mai 2014
57. 秘密信号收集。
58. B. Gellman, G. Miller, "Black Budget Summary Details US Spy Network's Successes, Failures and Objectives", art. cit.
59. Comité permanent de contrôle des services de renseignement et de sécurité, Bruxelles, *Rapport d'activités-Activiteitenverlag*, *op. cit.*, p. 152.
60. JFCC-NW.
61. 特别隔离信息（Exceptionally Compartmented Information, ECI）。

62. P. Maass, L. Poitras, "Core Secrets. NSA Saboteurs in China and Germany", *The Intercept*, 11 octobre 2014.
63. "Presidential Policy Directive. Signals Intelligence Activities", PPD-28, The White House, 17 janvier 2014, www. whitehouse. gov.
64. 鹰哨（Sentry Hawk）负责计算机网络和间谍网络开发。猎鹰哨（Sentry Falcon）负责网络防御。鱼鹰哨（Sentry Osprey）属于国家安全局的人力情报项目，采取"定点袭击"（TAREX，Target Exploitation）的方式，合作伙伴包括中央情报局、联邦调查局和五角大楼。该项目多个小分队被优先派遣至夏威夷、得克萨斯州和佐治亚州的区域行动中心以及美国的某些大使馆。乌鸦哨（Sentry Raven）负责破解加密系统。秃鹫哨（Sentry Condor）负责设计和实施计算机网络袭击。猫头鹰哨（Sentry Owl）负责与私企的合作。
65. *Ibid.*
66. "鹰哨"项目（Sentry Hawk）。
67. Cross Key Score ou XKS。
68. SIGAD，即 Signals Intelligence Activity Designator，译名为信号情报活动代号，是一种字母数字代号，用于识别"五眼联盟"用于收集信号情报的设施或设备（如卫星、固定或移动监听站、间谍大楼、网络线缆受拦截的站点等）。
69. B. Gellman, Todd Lindeman, "Inners Working of a Top-Secret Spy Program", *The Washington Post*, 29 juin 2013; "Section 215 Bulk Telephone Records and the Mainway Database", www. electrospaces. net, 20 janvier 2016.
70. K. Zetter, "NSA Secret Database Ensnared President Clinton's Private E-mail", www. wired. com, 17 juin 2009.
71. J. Risen, L. Poitras, "NSA Collecting Millions of Faces from Web Images", art. cit.
72. *Ibid.*; Hannah Arendt, Le Système totalitaire: *les origines du totalitarisme*, Paris, Seuil, [1972] 2005; Jean-Paul Deléage, "Avec Snowden, l'homme sorti de l'ombre qui voulait éclairer le monde !", Écologie et Politique, n° 48, 2014, p. 5.
73. G. Greenwald, "Boundless Informant. The NSA's Secret Toll to Track Global Surveillance Data", The Guardian, 11 juin 2013.
74. G. Greenwald, *Nulle part où se cacher*, *op. cit.*, p. 142.
75. 30 多天内共收集了 5 亿份德国的数据（译者注：原文为五千亿份，查阅原著后有误），巴西 23 亿份，约旦 127 亿份，印度 63 亿份，埃及 76 亿份，巴基斯坦

135 亿份（译者注：原文国家可能有误，查阅原著应为印度 135 亿份，但原著未提及巴基斯坦），伊朗 140 亿份。另外一些文件夹还包含了与其他国家合作收集到的元数据，其中法国 7 000 万份、西班牙 6 000 万份、意大利 4 700 万份、荷兰 180 万份、挪威 3 300 万份、丹麦 2 300 万份。Glenn Grennwald，Nulle part où se cacher，op. cit. ，p. 134-136.

76. “Boundlessinformant Only Shows Metadata”，www. electrospaces. blogspot. fr，22 octobre 2013，mis à jour le 25 avril 2014.

77. Comité permanent de contrôle des services de renseignement et de sécurité，Bruxelles，Rapport d'activités-Activiteitenverlag，*op. cit.* ，p. 163.

78. “Moneyrocket“项目服务于在中东、欧洲其他地区和亚洲其他地区的反恐行动；“Shiftingshadow”项目服务于在阿富汗和巴基斯坦的行动；“Tachtshop”项目涉及全球互联网元数据。

研发部门的雄心

1. J. Bamford，“NSA Snooping Was Only the Beginning”，art. cit.

2. 根据《2005 财年情报授权法案》第 501 条，国家安全局咨询委员会不再受 1972 年《联邦咨询委员会法案》约束。

3. National Security Agency，“National Security Advisory Board (NSAAB) (NSA Emerging Technologies Panel)”，28 février 2012，www. nsa. gov.

4. B. Gellman，G. Miller，“Black Budget Summary Details US Spy Network's Successes，Failures and Objectives”，art. cit.

5. M. M. Aid，“Kaspersky Report Reveals the Sophistication of US Computer Espionage Tactics”，17 février 2015，www. matthewaid. com；Danny Yadron，“Report Bares US Computer-Espionage Tactic”，Wall Street Journal，17 février 2015.

6. J. Bamford，The Shadow Factory，op. cit. ，p. 342-345.

7. 计算机与信息科学研究，www. nsa. gov。

8. 计算机系统的硬件结构主要基于所用操作系统的类型。例如，一台 IBM 电脑与 DOS 操作系统就构成了一个计算机平台；一台 IBM 电脑与 UNIX 操作系统就构成了另外一个计算机平台。

9. 国家安全局的可信系统研究小组前身是国家信息安全研究实验室（National Infor-

mation Assurance Research Laboratory，NIARL）。

10. 例如，该团队开发了 Flask 体系结构，在 Linux 原型系统上进行了测试，然后再移植到其他系统，如 Solaris，FreeBsD、Darwin Kernel。

11. “NSA Creates Partnership with North Carolina State University Laboratory for Analytic Sciences. New Laboratory Focuses on Big Data Analysis”，communiqué de presseNSA，15 août 2013，www. nsa. gov.

第三部分

引 子

1. “*We don't hold data on US citizens.*”
2. “*What is going on is much larger and more systemic than anything anyone has ever suspected or imagined.*”
3. G. Greenwald，“Anger Swells after NSA Phone Records Court Order Revelations”，*The Guardian*，6 juin 2013.

全面反恐战争

1. Jeremy Scahill，DirtyWars，*le nouvel art de la guerre*，tr. fr. Geneviève Boulanger et Nicolas Calvé，Montréal，Lux Éditeur，2014，p. 17-49.
2. *Ibid.* ，p. 43-45.
3. *Ibid.* ；F. Leroy，Surveillance：le risque totalitaire，op. cit. ，p. 95.
4. OEF-A 行动。
5. Hillary R. Clinton，Le Temps des décisions（2008—2013），Paris，Fayard，2014，p. 175.
6. 北方联盟（Northern Alliance）：由非塔利班的“圣战”组织连同其他几个团体组成的联盟。2001 年，该联盟只控制了该国的北部地区。
7. M. M. Aid，*The Secret Sentry*，*op. cit.* ，p. 219-221.
8. *Ibid.*
9. 通过 1996 年发射的 Inmarsat-3 FI 对地静止卫星拦截中东和印度洋地区的信号。
10. J. Bamford，The Shadow Factory，op. cit. ，p. 124-134.
11. Ibid. ，p. 151-153.
12. 伊拉克伊斯兰军（逊尼派），纳克什班迪教团军（复兴党）和伊拉克基地组织（“圣战”组织）。参见 M. M. Aid，The Secret Sentry，op. cit. ，p. 264-285.

13. *11-Septembre*, *rapport de la commission d'enquête*, *op. cit.* ,p. 16 et 395.

当国家安全局可以更有作为时

1. “Le 11 septembre 2001 fut un “cadeau fait à la NSA”, dixit… le n° 3 de la NSA”, 1er juin 2014, http://bugbrother. blog. lemonde. fr/2014/06/01/la-nsa-aurait-pu-empecher-les-attentats-du-11-septembre-2001-deplorent-snowden-et-4-autres-lanceurs-dalerte/#more-6393.
2. J. Bamford, *The Shadow Factory*, *op. cit.* ,p. 108-111.
3. 詹姆斯·贝克，2002 年被任命为情报政策和检查办公室（Office of Intelligence Policy and Review）主管。该办公室隶属于国防部，负责根据《外国情报监控法案》的规定，管理监视活动的审批工作。2008 年，该办公室被同属于司法部的国家安全部门——情报办公室取代。
4. 该单位是由中央情报局领导的特种部队，但属于中央情报局和联邦调查局的共有单位，其任务是监视本·拉登的行动。(Jeff Stein, “FBI Agent. The CIA Could Have Stopped 9/11”, *Newsweek*, 19 juin 2015; “11-Septembre: “Cet événement n'était pas obligé de se produire””, *LeJDD*. fr, 3 septembre 2011）.
5. 海军准将波因德克斯特卷入伊朗门事件，因欺瞒国会，摧毁官方文件，阻碍国会调查而受到指控和判刑。但是他以一个技术点为突破口，在上诉中获胜，罪名最后得以撤销。
6. 该系统后来更名为恐怖主义信息感知系统（Terrorism Information Awareness)，是沙基于 1999 年在五角大楼的尖端实验室工作时开发的。
7. Defense Advanced Research Projects Agency.
8. *Ibid.* ,p. 99-104.
9. *Ibid.*
10. “细丝”项目的四位设计师：威廉·宾尼是全球地缘政治分析中心的干部，科克·韦伯是该中心的高级分析师，两人均是俄罗斯问题专家，与爱德华·卢米思共事，卢米思是研究办公室主任。托马斯·德雷克是前密码语言学家，民主德国问题专家。
11. J. Bamford, “Thinthread”, *The Shadow Factory*, *op. cit.* ,p. 44-47.
12. “Le 11 septembre 2001 fut un “cadeau fait à la NSA”, dixit… le n° 3 de la NSA”, art. cit.

13. "Tout savoir sur tous", un reportage aux États-Unis de Giv Anquetil et Daniel Mermet, 19 décembre 2013, http://la-bas.org.
14. *Ibid.*
15. 辩方抛出的论点是，德雷克被指控泄密的文件属于公有领域，而且被不受控制地存储在数据库中，这些文件不应该被视为涉密材料。这位杰出的密码分析师后来不得不在苹果商店谋生，他的故事被詹姆斯·斯皮欧尼（James Spione）拍成纪录片《沉默》(*Silenced*)。
16. J. Bamford, "The Silent War", Wired, vol. XXI, n° 7, juillet 2013, p. 90.
17. J. Scahill, DirtyWars, le nouvel art de la guerre, *op. cit.*, p. 100.
18. *Ibid.*, p. 99-103.
19. 高级语言研究中心靠近美国情报高级研究计划局（Intelligence Advanced Research-ProjectsActivity），是国防高级研究计划局的平行部门，侧重于情报需求。
20. J. Bamford, *The Shadow Factory*, *op. cit.*, p. 325-330.
21. 该公司与以色列议会和情报机关摩萨德之间存在间接联系。
22. J. Bamford, The Shadow Factory, op. cit., p. 322-323.
23. Novel Intelligence from Massive Data.
24. 其中性能最佳的工具与系统有：Agility, AMHS, Anchory, Arc View, Fastscope, Hightide, Hombase, Intelink, Octave, Document Management Center, Dishfire, Crest, Pinwale, Coastline, Snacks, Cadence, Gamut, Mainway, Marina, Puzzlecube, Surrey, Tunningfork, XKeyscore, Unified Tasing Tool.
25. *Ibid.*, p. 149.
26. M. M. Aid, The Secret Sentry, op. cit., p. 302.
27. 美国陆军情报与安全司令部（U. S. Army Intelligence and Security Command）。
28. G. Greenwald, Nulle part où se cacher, op. cit., p. 139; S. Harris, "The Cowboy of the NSA", art. cit.
29. 背负式通信系统。
30. Data mining.
31. 计算机系统的计算速度单位。
32. Institute for Advanced Architectures.
33. J. Bamford, *The Shadow Factory*, *op. cit.*, p. 339-340.
34. 17.59 petaflops.

35. 33. 86 petaflops.
36. F. Leroy, *Surveillance: le risque totalitaire*, *op. cit.*, p. 116.
37. Union internationale des télécommunications, Genève, *Mesurer la société de l'infomation 2014: rapport analytique*, www. itu. int.
38. Alain Dupas, " "Big Data", la grande révolution", *Valeurs actuelles*, 30 mai 2013.
39. 社交媒体情报（SOCMINT）实际上就是通过收集社交网络上的信息而获取的情报。
40. 如 TOR 网络。

工业合作伙伴

1. 国防部 2003 财年预算草案，2002 年 2 月，卷一，国防高级研究计划局，http://comptroller. defense. gov；国防部副部长办公室（审计长），国防部 2016 财年预算，2015 年 2 月。可对比 2016 年国防高级研究计划局的预算——15. 89 亿美元。
2. "Statement by Dr Tony Tether, Director Advanced Research Projects Agency, sub - mitted to the Subcommittee on Terrorism, Unconventional Threats and Capabilities", House of Representatives, 27 mars 2003; "Statement submitted to the Subcommittee on Technology, Information Policy, Intergovernmental Relations and the Census Committee on Government Reform", US House of Representatives, 6 mai 2003, www. darpa. mil.
3. 即 Homeland Security Advanced Research Projects Agency，该部门于 2002 年在《国土安全法》框架内创建。
4. Genevieve J. Knezo, "Homeland Security and Counterterrorism Research and Development: Funding, Organization, and Oversight", CRS Report for Congress, RS1270, 20 juin 2003, www. acs. org.
5. Jean-Michel Valantin, "Militarisation de l'espace et puissance américaine", Diplomatie, n° 1, janvier-février 2003, p. 50-52.
6. J. Bamford, *The Shadow Factory*, *op. cit.*, p. 203.
7. Chesapeake Innovation Center.
8. *Ibid.*, p. 199.
9. Tom Hamburger, Robert O'Harrow, "SnowdenCase not the First Embarrassment for Booz Allen or D. C. 's Burgeoning Contracting Industry", The Washington Post, 8 juillet 2013.
10. Special Source Operations.

11. G. Greenwald, *Nulle part où se cacher*, *op. cit.* ,p. 146.

12. Science Applications International Corporation.

13. J. Bamford, The Shadow Factory, op. cit. ,p. 311-313.

14. Lockheed Martin, SSL (SpaceSystems/Loral), TRW, Raytheon, Bendix.

15. 该项目由国家威胁作战中心与互联网服务提供商（AT&T、Verizon 和 CenturyLink）合作实施。

16. 美国主要防务公司包括：洛克希德·马丁公司（Lockheed Martin）、科学应用国际公司（SAIC）、计算机科学公司（CSC）、诺斯罗普·格鲁曼公司（Northrop Grumman）。

17. "La NSA", Intelligence Online, n° 644, 30 juin 2011.

18. "Trusted Foundry Program", www. dmea. osd. mil/trustedic. html et www. nsa. gov.

19. "可信准入计划办公室"（Trusted Access Program Office）创建于 2004 年，由国家安全局与国防部微电子工程实验室（Defense Microelectronics Activity）共同管理，任务是为国防部和情报系统提供经过认证的电子技术。据报道，2007 年 11 月至 2010 年 5 月，美国海关部门共没收 560 万张假冒电脑芯片，其中部分芯片属于军事用途。（"Les États-Unis adoptent des restrictions sur l'achat d'équipements IT chinois", ZDnet. fr, 28 mars 2013.）

20. 美国外国投资委员会（Committee on ForeignInvestment in the United States）就曾出手阻止澳大利亚 CheckPoint 软件科技有限公司的收购行为。该公司主营防火墙和安全软件，创始人吉尔·舍伍德（Gil Shwed）曾是 8200 部队（以色列情报部门）的成员，他计划收购为国家安全局和五角大楼提供入侵防御技术的 Sourcefire 公司。但可疑的是，他在以色列情报部门的岁月并没有出现在其官方传记中。（Ellen McCarthy, "Purchase by Israeli Firm Called Off", The Washington Post, 24 mars 2006.）

21. 其中最著名的如：AT&T、思科、电子数据系统公司、惠普、IBM、英特尔、微软、摩托罗拉、甲骨文公司、高通、奎斯特、威瑞森。

22. David Feugey, "Des sociétés privées collectent des données pour le compte de la NSA", Silicon. fr, 8 septembre 2014.

23. 以色列 8200 部队。

24. J. Bamford, The Shadow Factory, op. cit. ,p. 234-253.

25. Andy Greenberg, Ryan Mac, "How a "Deviant" Philosopher BuiltPalantir, a CIA-

Funded Data-MiningJuggernaut", Forbes, 14 août 2013.

26. 美国联邦贸易委员会（FTC）的调查。

27. 涉及 Acxiom、Corelogic、Datalogix、eBureau、ID Analytics、Intelius、PeekYou、Rapleaf 和 Recorded Future 等公司。美国联邦贸易委员会（FTC）的调查，数据经纪人（Data Brokers）。A Call for Transparency and Accountability, mai 2014. www. ftc. gov/system/files/documents /reports/data-brokers-call-transparency-accountability-report-federal-trade-commission-may-2014/140527databrokerreport. pdf; Camille Jourdan, "Certaines de vos données sont aspirées par milliards, et non, Google et Facebook n'y sont pour rien", Slate, 28 mai 2014.

28. 信号情报促进计划（SigInt Enabling Project）。

29. N. Perlroth, "NSA Able to Foil Basic Safeguards of Privacy on Web", The New York Times, 5 septembre 2013.

30. F. Leroy, *Surveillance: le risque totalitaire*, *op. cit.*, p. 97.

31. Florian Reynaud, "Les logiciels espions sont-ils des armes ?", www. lemonde. fr, 10 juillet 2015. Vupen 总裁乔基·贝克拉（Chaouki Bekrar）抨击行政机构臃肿无能，只会增加法律的不确定性。当时，控制军民两用货物与技术出口的 1996 年瓦瑟纳尔协议正变得越来越严苛。不具约束力的瓦瑟纳尔·协议敦促各签署国以本国立法的形式，控制武器的出口，后来开始考虑将范围扩展到电子攻击工具、网络工具和网络监控工具。同时，欧洲法律也发生了变化，欧盟委员会制定了一项规定，将入侵软件列入出口受限的商品清单中。最终，42 个国家草签了一个新版协议，将入侵软件和电信网络监测设备纳入管控范围。

32. Emmanuel Paquette, "Les mercenaires de la cyberguerre", www. lexpansion. lexpress. fr, 20 novembre 2014; "CompanyOverview of Vupen Security SA", www. bloomberg. com, consulté le 17 mars 2015.

33. J. Bamford, *The Shadow Factory*, *op. cit.*, p. 203-206.

34. 例如，1995 年，应用信号技术公司（AST）任命了国家安全局技术和系统部门前副主管约翰·迪瓦恩（John P. Devine）为董事会成员。汤普森－拉莫－伍尔德里奇公司（TRW）将国家安全局前局长威廉·斯蒂德曼聘为副总裁。从事密码学研究的信灵公司（Cylink）将迈克·麦康奈尔时期担任副局长的威廉·P. 克罗韦尔（William P. Crowell）任命为副总裁。博斯·艾伦·汉密尔顿公司于 1995 年至 1998 年由前国家情报总监詹姆斯·克拉珀执掌，该公司还以 200

万美元的年薪聘请国家安全局前局长迈克·麦康奈尔出任副总裁兼网络事务主管。

35. Intelligence and National Security Alliance, INSA.
36. 情报与国家安全联盟于1979年成立时被称为安全事务支援协会（Security Affairs Support Association），1999年至2002年期间由原国家安全局局长肯尼斯·米尼汉中将担任主席。其备受尊敬的副主席是原国家安全局行动主管约翰·E. 莫里森（John E. Morrison Jr）少将，该协会于2005年11月迁至巴尔斯顿（Ballston）并采用了新名称。
37. A. Lefébure, L'Affaire Snowden. *Comment les États-Unis espionnent le monde*, *op. cit.*, p. 155-157.
38. Dark Mail Alliance，黑暗邮件联盟。
39. 一种特殊的漏洞利用代码，其目标是程序发布者、设计者或安全研究人员尚未公开的漏洞。黑客利用“零日漏洞”，可以在软件公司尚未意识到漏洞并加以修补之前，实施攻击，这种攻击手段被称为“零日漏洞攻击”。
40. M. M. Aid, “DIRNSA Tries to Make Nice-Nice with Silicon Valley”, 4 novembre 2014, www. matthewaid. com

危险的调情

1. J. Bamford, *The Shadow Factory*, *op. cit.*, p. 162-163.
2. 根据1912年《无线电广播法案》，刑事制裁范围扩大到信息接收者。
3. 律师们担心，根据负责管理通信事务的联邦通信委员会（FCC）的规定，此类行动是非法的。
4. J. Bamford, *The Shadow Factory*, *op. cit.*, p. 165-166.
5. Communications Assistance for Law Enforcement Act.
6. “元数据”包括有关通信路径的信息：拨打者与接听者的电话号码等通话标识信息、国际移动用户识别码（IMSI）、国际移动电话设备识别码（IMEI）、本地前缀标识符、电话卡号码、通信的时间与时长。
7. G. Greenwald, *Nulle part où se cacher*, *op. cit.*, p. 135-136.
8. 微软、雅虎、谷歌、脸书、PalTalk、AOL、Skype、YouTube、苹果。
9. *Ibid.*, p. 160-162.

10. *Ibid.* ,p. 165-166.
11. Arthur de Villemandy, “Les câbles sous-marins, enjeu stratégique du big data”, www. atelier. net, 15 septembre 2014.
12. 美国外国投资委员会（CFIUS），成立于1975年，是一个跨部门委员会，负责分析外国投资以及外国公司收购美国公司对国家安全的影响。
13. 环球电信公司破产时避开了一家香港公司的收购，转由新科传媒（Singapore Technologies Telemedia）接手，但后者必须接受董事会一半以上成员由获得美国安全许可的美籍经理人出任。该公司于2011年末被科罗拉多州的Level 3通信公司（Level 3 Communications）收购。另外，美国国家电信安全审查小组（Team Telecom）不满中国华为公司建造跨大西洋海缆，最终该项目被迫终止。
14. K. Zetter, “NSA Whistleblower. Grill the CEOs on Illegal Spying”, art. cit.
15. Procès “Jewel v. NSA”.
16. Martin Untersinger, “Surveillance de la NSA: la justice américaine donne raison au gouvernement”, Le Monde, 11 février 2015; Craig Timberg et E. Nakashima, “Agree-mentswithPrivateCompaniesProtect US Access to Cables' Data for Surveillance”, *The Washington Post*, 6 juillet 2013.
17. Richard A. Clarke, Michael J. Morell, Geoffrey R. Stone, Cass R. Sunstein, Peter Swire, *Liberty and Security in a Changing World. Report and Recommendations of the President's Review Group on Intelligence and Communications Technologies*, www. white-house. gov, 12 décembre 2013. 该报告由5名成员撰写，他们获得总统授权，负责开展一项关于情报和通信技术的调查。
18. ArianeBeky, “L'espionnage de la NSA pourrait “casser Internet” selon les géants du Web”, Silicon. fr, 10 octobre 2014; Gilbert Kallenborn, “La NSA risque de “casser Inter-net”, alerte Eric Schmidt”, www. 01net. com, 9 octobre 2014. 本次辩论是由罗恩·怀登（Ron Wyden）组织的，他是财政委员会主席、参议院情报委员会成员、俄勒冈州民主党参议员。
19. James Staten, “The Cost of Prism Will Be Larger than ITIF Projects”, 14 août 2013, http: //blogs. forrester. com.
20. 例如，完全正向保密（Par exemple, le Perfect Forward Secrecy, PFS）。
21. Sam Jones, Murad Ahmed, “Tech Groups Aid Terror, Says UK Spy Chief”, Financial Times, 3 novembre 2014.

22. 推特、YouTube、JustPaste. it 或 Vkontakte（俄罗斯社交网络）。
23. 移动电话刺探小组（Mobile Handset Exploitation Team），成立于 2010 年，其的存在直到事件曝光才为外界所知。
24. Opération baptisée Dapino Gamma. Voir J. Scahill et Josh Begley, "The Great SIM Heist: How SpiesStole the Keys to the Encryption Castle", *The Intercept*, 19 février 2015; "Des clés de cryptage de cartes SIM massivement volées par la NSA et le GCHQ", Le Monde, 20 février 2015.
25. 高地舞行动（Highland Fling）。
26. The bottom line is that people around the world, regardless of their nationality, should know that the United States is not spying on ordinary people who don't threaten our national security and that we take privacy concerns into account in our policies and procedures.
27. The people were specifically hunted and targeted by intelligence agencies, not because they did anything wrong, but because they could be used as a means not an end.

监管、谎言与掩饰

1. Julie Tate, Carol D. Leonnig, "NSA Broke Privacy Rules Thousands of Times per Year, Audit Finds", The Washington Post, 15 août 2013.
2. G. Greenwald, *Nulle part où se cacher*, *op. cit.*, p. 184-188.
3. É. Denécé, "La dangereuse dérive de la "démocratie" américaine", 1er août 2013, www. cf2r. org.
4. "Le 11 septembre 2001 fut un "cadeau fait à la NSA", dixit… le n° 3 de la NSA", art. cit.
5. A. Lefébure, L'Affaire Snowden. Comment les États-Unis espionnent le monde, *op. cit.*, p. 232.
6. M. Untersinger, "Barack Obama édulcore le contrôe annoncé des programmes de surveillance", Le Monde, 13 août 2013; Timothy B. Lee, "The Man Who Misled Congress on Spying Will Pick Obama's Intelligence Review Panel", The Washington Post, 12 août 2013.
7. É. Denécé, "La dangereuse dérive de la "démocratie" américaine", art. cit.
8. 217 票对 105 票，该修正案得到 94 名共和党人和 111 名民主党人的支持。

9. “Les députés américains renoncent à limiter les capacités de surveillance de la NSA”，Le Monde，25 juillet 2013. 众议院情报委员会主席、共和党人迈克·罗杰斯以及最有影响力的成员之一、民主党人鲁珀斯伯格（Dutch Ruppersberger）强烈支持驳回该修正案。
10. Permanent Select Committee on Intelligence，“October 29，2013. Committee Open Hearing Potential FISA Changes HPSCI Chairman Mike Rogers Opening Remarks”，2013 Congressional Hearings，www. fas. org.
11. 俄罗斯联邦安全局，负责俄罗斯联邦国内的情报工作。
12. United States，Department of Justice，“Statement for the Record of James Clap – per，Director of National Intelligence，General Keith B. Alexander，Director，National Security Agency and Chief，Central Security Service，James M. Cole，Deputy Attorney General Department of Justice，before the House of Permanent Select Committee on Intelligence”，29 octobre 2013，www. fas. org.
13. IC on the Record.
14. 《美国自由法案》由共和党议员吉姆·赛斯布雷纳（Jim Sensenbrenner）和民主党议员帕特里克·莱希（Patrick Leahy）提交，后者是2001年《美国爱国者法案》的发起人之一。
15. M. Untersinger，“Le Sénat américain refuse une timide réforme de la NSA”，Le Monde，19 novembre 2014；G. Greenwald，Nulle part où se cacher，*op. cit.*，p. 186.
16. 《美国爱国者法案》关键条款第215条的期满之日。
17. 数字巨头包括商业软件联盟以及“改革政府监控”联盟，后者由美国在线、苹果、多宝箱、印象笔记（Evernote）、脸书、谷歌、领英、微软和包括BOX在内的云端服务巨头组成。
18. 恐惧、不确定和怀疑（FUD）是一种试图通过散布负面信息来影响他人的修辞技巧，这些信息往往含糊不清，引起恐惧情绪。
19. M. Untersinger，“Qu’est-ce que le USA Freedom Act ?”，Le Monde，1er juin 2015；Dan Froomkin，“USA Freedom Act：Small Step for Post – Snowden Reform，Giant Leap for Congress”，The Intercept，3 juin 2015.
20. Amaelle Guiton，“USA Freedom Act：pourquoi les opposants à la NSA ne désarment pas”，Libération，3 juin 2015.
21. Conor Friedersdorf，“New Surveillance Whistleblower：The NSA Violates the Constitu-

tion", The Atlantic, 21 juillet 2014.

22. 1975年，女权主义者、民主党人贝拉·S. 阿布朱格（Bella S. Abzug），绰号飓风贝拉（Bella the Hurricane）或叛逆者贝拉（Bella the Rebel），领导一个政府小组委员会，负责调查拦截出入美国电话通信的活动。国家安全局以保密义务和行为豁免权为由为自己辩护。刚正的阿布朱格传唤涉嫌参与监视行动的国际通信公司高管（美国无线电公司RCA、国际电话电报公司ITT、西部联合电报公司、AT&T），但他们在白宫的支持下拒绝出庭。国家安全局局长卢·艾伦亦是如此。贝拉·阿布朱格毫不动摇，传唤了曾参与"三叶草"项目、国家安全局行动部门雇员乔·托姆巴（Joe Tomba），行政豁免权的概念首次延伸到私营公司，托姆巴的不合作态度让法庭觉得愤慨。1977年秋天，委员会编写了一份对国家安全局大加谴责的报告，该报告不会公开。后来，洛克菲勒委员会的一个绝密工作组接管了此事。报告最终版由D·麦克米伦执笔，被定为涉密文件，仅保存了两份复印件。该报告还提到了卢·艾伦继任者博比·英曼（Bobby Inman）的虚假说辞，他竟敢声称所有美国公民，无论是否身在美国，都不会成为国家安全局的目标，而对于国家安全局能够按照宽松的外国情报标准拦截通信的事实却保持沉默。

23. Jenna McLaughlin, "Court. We Can't Rule on NSA Bulk Data Collection Because We Don't Know Whose Data Was Collected", *The Intercept*, 29 août 2015.

国家安全局与媒体的交锋

1. Alain Dewerpe, *Espion: une anthropologie historique du secret d'État contemporain*, Paris, Gallimard, 1994, p. 267.

2. G. Greenwald, *Nulle part où se cacher*, *op. cit.*, p. 328.

3. Thierry Gloris, Sergio Bleda, *La NSA: l'oracle*, Paris, Casterman, 2015.

4. 主要人物如：马修·艾德（Matthew M. Aid），情报历史学家、作家、博主（www.matthewaid.com）、金融时报/国家杂志/美联社/交流与商务新闻/全国公共广播电台等媒体专栏作家。他是《秘密哨兵》（发表于2009年）和《反恐情报战：与恐怖对抗的秘史》（发表于2012年）的作者。詹姆斯·班福德（James Bamford），美国记者和作家，调查国家安全局长达35年，承认国家安全局在合法范围内行动是具有某种积极意义的。他已经出版了3本书，且将继续撰写文章。虽然受到美国政府当局的监控，他甚至还为吹哨人托马斯·安德鲁斯·德雷克（Thomas Andrews Drake）的辩护提供建议。他在俄罗斯采访了爱德华·斯诺登，是后者接受采访时间最长的一次。2014 年 8 月，《连线》杂志以“世界头号通缉”为题报道了此次采访。参见：Stéphane Bussard，“James Bamford，pourfendeur des dérives de la NSA”，Le Temps，15 février 2015.

5. 《拦截者》是“初见传媒”（First Look Media）主办的一份刊物，“初见传媒”是 eBay 创始人皮埃尔·奥米迪亚（Pierre Omidyar）资助的。
6. 新闻自由基金会是为吹哨人布拉德利·曼宁（Bradley Manning）筹集资金的基金会。
7. G. Greenwald，*Nulle part où se cacher*，*op. cit.*，p. 295-345.
8. “Exposure”，in J. Bamford，*The Shadow Factory*，*op. cit.*，p. 287-292.
9. Michael Calderone，“James Risen Recalls “Game Of Chicken” With New York Times Editors to Reveal NSA Spying”，www. huffingtonpost. com，14 mai 2014.
10. J. Risen，Eric Lichtblau，“Bush Lets US Spy on Callers Without Courts”，The New York Times，16 décembre 2005.
11. J. Bamford，The Shadow Factory，op. cit.，p. 288-289；J. Risen，E. Lichtblau，“Eaves - dropping Effort Began Soon after Sept. 11 Attacks”，*The New York Times*，18 décembre 2005.
12. State of War：The Secret History of the CIA and the Bush Administration.
13. Aude Deraedt，“Le New York Times aurait pu dévoiler le scandale de la NSA dès 2004”，Slate，17 mai 2014；“United States of Secrets”，Frontline，18 et 20 mai 2014，www. pbs. org/ wgbh/pages/frontline/united-states-of-secrets；J. Risen，*État de guerre：histoire secrète de la CIA et de l'administration Bush*，*tr. fr. Laurent Bury*，Alain et Josiane Deschamps，Paris，Albin Michel，2006.
14. K. Zetter，“NSA Whistleblower. Wiretaps Were Combined with Credit Card Records of US Citizens”，Wired，23 janvier 2009.
15. “示范性销毁”（Demonstrabled Estruction）。
16. J. McLaughlin，“The Way GCHQ Obliterated the Guardian's Laptops May Have Revealed More Than It Intended”，*The Intercept*，26 août 2015.
17. 加布里埃尔·舍恩菲尔德是哈德逊研究所（Hudson Institute）成员，该研究所是华盛顿知名智库，致力于推动集体安全、自由与繁荣。

18. G. Greenwald, *Nulle part où se cacher*, *op. cit.*, p. 296; Noam Cohen, Leslie Kaufman, "Blogger, With Focus on Surveillance, is at Center of a Debate", The New York Times, 6 juin 2013.

19. G. Greenwald, *Nulle part où se cacher*, *op. cit.*, p. 327.

20. 秘密监狱事件涉及侵犯人权、实施酷刑、非法拘留，已是超出准军事范畴的滥权行为。

以反恐为名为监视行为辩护

1. Peter Berggen, David Sterman, Emily Schneider, Bailey Cahall (National Security Program), "Do NSA's Bulk Surveillance Programs Stop Terrorists?", New America Foundation, janvier 2014, www. newamerica. org.

2. Dan Roberts, S. Ackerman, "US Intelligence Outlines Checks It Says Validate Surveillance", www. theguardian. com, 16 juin 2013.

3. "Opening Statement of Gen. Keith B. Alexander, Director, NSA before the Senate Committee on the Judiciary", 2 octobre 2013, www. fas. org.

4. 情报和通信技术审查组的调查。参见：R. A. Clarke, M. J. Morell, G. R. Stone, C. R. Sunstein, P. Swire, *Liberty and Security in a Changing World*, *op. cit.*

5. 调研涉及了基地组织或受基地组织意识形态影响的类似团体招募的 225 名人员，他们负责实施"9 · 11"事件之后在美国境内的恐怖主义行动。参见：P. Berggen, D. Sterman, E. Schneider, B. Cahall (National Security Pro-gram), "Do NSA's Bulk Surveillance Programs Stop Terrorists?", art. cit.; E. Nakashima, "NSA Phone Record Collection Does Little to Prevent Terrorist Attacks, Group Says", The Washington Post, 12 janvier 2014.

6. É. Denécé, "Les perspectives de la lutte antiterroriste", *Guerre secrète contre Al-Qaeda*, Paris, Ellipses, 2002, p. 158-166.

7. Alain Rodier, "Qu'est-ce qu'un loup solitaire ?", www. cf2r. org, *Note d'actualité*, n° 378, 1er janvier 2015.

8. B. Gellman, G. Miller, "Black Budget Summary Details US Spy Network's Successes, Failures and Objectives", art. cit.

9. Yannick Bressan, "La force des psyops de Daesh. Leurs méthodes analysées à l'aune du

phénomène neuropsychologique “d’adhésion émergentiste”：quelles perspectives de lutte ?”，www. cf2r. org，Tribune libre，n° 54，13 mars 2015.

10. J. Risen，E. Lichtblau，“Bush Lets US Spy on Callers Without Courts”，art. cit.

11. 环球同业银行金融电信协会（Society for Worldwide Interbank Financial Telecommunication）是1973年依据比利时国内法成立的国际银行间合作组织，总部设于布鲁塞尔。如今，它向全球200多个国家和地区的10 000多家机构提供标准化的金融信息服务（www. swift. com）。

12. Follow the Money.

13. 参见第一部分第8章。

14. L. Poitras，M. Rosenbach，H. Stark，“‘Follow The Money’，NSA Monitor Financial World”，Spiegel Online International，16 septembre 2013.

15. B. Gellman，G. Miller，“Black Budget Summary Details US Spy Network’s Successes，Failures and Objectives”，art. cit.

16. Craig Whitlock，B. Gellman，“To Hunt Oussama bin Laden，Satellites Watched over Abbottabad，Pakistan，and Navy Seals”，*The Washington Post*，29 août 2013.

17. “NSA：notre lot hebdomadaire de révélations”，www. huyghe. fr，17 janvier 2014.

18. J. Bamford，*The Shadow Factory*，*op. cit.*，p. 106-107.

19. Philippe Couve，“États-Unis：des dizaines de millions d’Américains sous surveillance”，RFI，12 mai 2006，www. rfi. fr/actufr/articles/077/article_ 43664. asp.

面临威胁的隐私权

1. “Même sans réseaux sociaux，la NSA a violé les règles de protection de la vie privée”，*La Tribune*，12 septembre 2013.

2. Troisième niveau：three hops（trois sauts）.

3. A. Guiton，“Cryptographie et surveillance，les revers de la paranoïa”，http：//rue89. nouvelobs. com，4 janvier 2015. 威胁建模以高度概括的方式，通过风险分析实现：威胁的起源、弱点、和特征，风险的可能性与影响以及处理手段。

4. “*We kill people based on metadata.*”

5. The Johns Hopkins Foreign Affairs Symposium，“The Price of Privacy：Re – Evaluating the NSA”，1er avril 2014，www. youtube. com/watch? v = kV2HDM86XgI.

6. Freedom of Information Act (FOIA).
7. 民主党人比尔·克林顿在1995年进行了修改(《第12958号总统行政命令》)。后来,乔治·布什于2003年3月对其再次修改,颁布《第13292号总统行政命令》(后被《第13426号总统行政命令》取代)。
8. Executive Order 13526, www. archives. gov/federal-register/executive-orders/2009-obama. html #13526.
9. Classification Federal Register.
10. National Archives and Records Administration, Information Security Oversight Office, "32 CFR Parts 2001 and 2003, Classified National Security Information", *Federal Register*, vol. LXXV, n° 123, 28 juin 2010, www. archives. gov.
11. Kevin R. Kosar, "Classified Information Policy and Executive Order 13526", Congressional Research Service, 10 décembre 2010, www. crs. gov.
12. Interagency Security Classification Appeals Panel (ISCAP).
13. 美国非营利性协会,总部设在乔治·华盛顿大学。
14. Lauren Harper, "FRINFORMSUM 9/12/2013. NSA Misusing Phone Records, Allowed to "Search Deliberately for Americans' Communications" Anyway and More", http://nsarchive. wordpress. com, 12 septembre 2013.
15. "Statement for the Record of NSA Director LT Gen Michael V. Hayden, USAF", House Permanent Select Committee on Intelligence, 12 avril 2000, www. nsa. gov.
16. 众议院特设情报委员会和参议院特设情报委员会。
17. 众议员小鲍勃·巴尔(Bob Barr Jr)检察官促成了《2000财年情报授权法》第309条修正案。
18. National Security Letters.
19. 《财务隐私权法案》(Right to Financial Privacy Act)。
20. "为保护美国公民,进一步加强恐怖主义信息的共享"(Further Strengthening the Sharing of Terrorism Information to Protect Americans)。
21. 2004年1月,联邦调查局设立了调查数据库,使用与中央情报局相同的甲骨文操作系统。该数据库收录了由私人数据库提供商(如里德爱思唯尔集团旗下子公司LexisNexis和ChoicePoint)提供的个人信息。
22. B. Gellman, "The FBI's Secret Scrutiny-In Hunt for Terrorists, Bureau Examines Records of Ordinary Americans", *The Washington Post*, 6 novembre 2005. 美国公民自由

联盟（American Civil Liberties Union）根据《信息自由法案》提出了多次申诉，重点强调了“国家安全信函”的滥用情况。

23. 如管理着 Echelonwatch. org 网站的美国公民自由联盟（American Civil Liberties Union）、美国基地问责运动（Campaign for the Accountability of the American Bases）、电子前线基金会（Electronic Frontier Foundation）。

24. 电子隐私信息中心管理着一个公共信息网站（www. epic. org）。

25. B. Elkjaer, K. Seeberg, “We Knew What Greenpeace Intended to Do before They Even Realized It Themselves, Reveals Former Echelon Agent”, EkstraBladet, 23 mars 2000.

26. Amanda Terkel, “Edward Snowden is a Ron Paul Supporter”, *The Huffington Post*, 10 juin 2013.

27. Luc Vinogradoff, “Edward Snowden: “La NSA met le feu à Internet, vous êtes les pompiers qui peuvent le sauver””, Le Monde, 10 mars 2014

28. American Civil Liberties Union, ACLU.

29. E. Nakashima, “NSA Bills Set Up a Choice in Congress; End Bulk Collection of Phone Records or Endorse It”, *The Washington Post*, 28 octobre 2013.

30. John Mueller, Mark G. Stewart, “Secret without Reason and Costly without Accomplishment. Questioning the National Security Agency's Metadata Program”, I/S. *A Journal of Law and Policy for the Information Society*, vol. X, n° 2, 2014, p. 407-432.

31. 隐私和公民自由监督委员会（Privacy and Civil Liberties Oversight Board）属于独立的两党联合行政单位，负责确保国家采取反恐行动时不侵犯公民的自由和隐私。

32. E. Nakashima, “Independent Review Board Says NSA Phone Data Program is Illegal and Should End”, The Washington Post, 23 janvier2014; E. Nakashima, “Reforms won't Hamper NSA's Efforts, Official Says”, The Washington Post, 12 février 2014; Privacy and Civil Liberties Oversight Board (PCLOB), “Report on The Telephone Records Program Conducted Under Section 215 of the USA PATRIOT Act and on the Operations of the Foreign Intelligence Surveillance Court”, 23 janvier 2014.

33. 埃里克·施密特（Eric Schmidt），从 2001 年到 2011 年担任谷歌首席执行官，之后出任董事会执行主席。

34. D. Roberts, S. Ackerman, “US Intelligence Outlines Checks It Says Validate Surveillance”, art. cit. ; “Les données Google à l'abri “des regards indiscrets”, assure Eric

Schmidt", *ZDnet*. fr, 10 mars 2014.

35. Privacy Act, 1974.
36. A. Beky, "Google pour l'extension du PrivacyActaux Européens espionnés par la NSA", *Silicon*, 13 novembre 2014.
37. Comité permanent de contrôle des services de renseignement et de sécurité, Bruxelles, *Rapport d'activités-Activiteitenverlag*, *op. cit.* ,p. 149
38. Congressional Bills 113th Congress, "To Strengthen Privacy Protections, Accountability, and Oversight Related to Domestic Surveillance Conducted Pursuant to the USA PATRIOT Act and the Foreign Intelligence Surveillance Act of 1978", US Government Printing Office, 24 juin 2013, www. gpo. gov.
39. Director of Compliance.
40. Craig Mundie, "Privacy Pragmatism: Focus on Data Use, Not Data Collection", *Foreign Affairs*, vol. XCIII, n° 2, mars-avril 2014.
41. *Ibid.*
42. E. Nakashima, "Reforms won't Hamper NSA's Efforts, Official Says", art. cit.
43. E. Nakashima, "Independent Review Board Says NSA Phone Data Program is Illegal and Should End", The Washington Post, 23 janvier 2014; Privacy and Civil Liberties Oversight Board (PCLOB), "Report on The Telephone Records Program Conducted Under Section 215 of the USA PATRIOT Act and on the Operations of the Foreign Intelligence Surveillance Court", op. cit.
44. E. Nakashima et A. Soltani, "NSA Shouldn't Keep Phone Database, Review Board Recommends", The Washington Post, 18 décembre 2013; R. A. Clarke, M. J. Morell, G. R. Stone, C. R. Sunstein, P. Swire, *Liberty and Security in a Changing World*, *op. cit.*
45. S. Bussard, "James Bamford, pourfendeur des dérives de la NSA", art. cit.
46. 红客是黑客（具有危险性）的对手。
47. 该部的“全球电信开发”（Global Telecoms Exploitation）小组在互联网秘密监视行动（“颞颥”项目 Tempora）中非常活跃。
48. Opération Anticrisis Girl。
49. Thomas Gomart, "Aux démocraties de montrer l'exemple", *Le Monde*, 8 novembre 2013.
50. Jack Goldsmith, "We Need an Invasive NSA. There's no Better Way to Stave off the Coming Onslaught of Cyberattacks", *New Republic*, 10 octobre 2013. 杰克·戈德史密

斯（Jack Goldsmith）任教于哈佛大学法学院，是胡佛研究所国家安全和法律工作组的成员。

51. Glenn Korben，“Greenwald lors du 30xC3”，http：//korben. info，10 janvier 2014，retranscription du discours prononcé lors du 30^{e}CCC.

第四部分

对外合作

1. G. Greenwald，*Nulle partoù se cacher*，*op. cit.*，p. 169-179；“NSA's Foreign Partner－ships”，www. electrospaces. blogspot. fr，9 décembre 2014.
2. “五眼联盟”每年召开一次“信号情报发展大会”（SIG-DEV）。
3. “四眼联盟”或ACGU（澳大利亚、加拿大、英国、美国）和“三眼联盟”（美国、英国、澳大利亚）。
4. 英国特别联络官（SUKLO）、加拿大特别联络官（SCALO）、澳大利亚特别联络官（SAUSLO）、新西兰特别联络官（SNZLO）。
5. 谅解备忘录（Memorandums of Understanding）。
6. 计算机网络作战（CNO）包括德国、奥地利、比利时、韩国、丹麦、西班牙、希腊、匈牙利、冰岛、意大利、日本、卢森堡、荷兰、挪威、波兰、捷克、瑞典、瑞士、土耳其。
7. 第三层级国家或地区：除法国和以色列外，还有阿尔及利亚、沙特阿拉伯、克罗地亚、阿拉伯联合酋长国、埃塞俄比亚、芬兰、印度、约旦、马其顿、巴基斯坦、罗马尼亚、新加坡、中国台湾、泰国、突尼斯。
8. 国家事务主管干事（Country Desk Officer）。
9. “14-Eyes Are 3rd Party Partners Forming the SigInt Seniors Europe”，www. electropaces. blogspot. fr，16 avril 2014.
10. 欧洲高级信号情报反恐联盟（SigInt Seniors Europe Counter Terrorism Coalition）。
11. 阿富汗信号情报联盟（Afghanistan SigInt Coalition）：“十四眼联盟”成员通过数据中心共享信息（代号：Centre Ice）。该联盟的详细信息可参阅Marcel Rosen-bach、Holger Stark的著作Der NSA-Komplex. Edward Snowden und der Weg in die totaleÜberwachung，Deutsche Verlags-Antalt，2014.
12. 太平洋高级信号情报（SigInt Senior Pacific）联盟。

与以色列和法国的暧昧关系

1. G. Greenwald, Nulle part où se cacher, op. cit. , p. 173-179; G. Greenwald, "Cash, Weapons and Surveillance. The US is a Key Party to Every Israeli Attack", The Intercept, 4 août 2014.
2. Israeli SIGINT National Unit (ISNU).
3. *Yehida Shmoneh Matayim.*
4. "L'unité israélienne 8200 régulièrement alimentée par la NSA en données brutes", *Renseignor*, n° 789, 15 septembre 2013, citant Kol Israel, 12 septembre 2013, p. 4.
5. "Snowden dénonce la collaboration étendue de la NSA avec les services israéliens", *Le Monde. fr*, 17 septembre 2014.
6. "En Israël, vent de révolte au sein de l'unité 8200", Renseignor, n° 839, 14 septembre 2014, p. 5.
7. 例如,"昨夜"(Yesternight)项目是美国国家安全局、英国政府通信总部和"Ruffle"(ISNU 的英国代号)三方合作的超机密项目。该项目对三方访问彼此通信卫星做出了规定。参见 G. Greenwald, "Cash, Weapons and Surveillance. The US is a Key Party to Every Israeli Attack", art. cit.
8. Israeli Defense Intelligence's Special Operation Division.
9. Palestinian Authority Security Forces (PASF).
10. Jordanian Electronic Warfare Directorate.
11. "Israël aurait fourni aux États-Unis des renseignements confidentiels relatifs à l'État islamique", Renseignor, n° 839, 14 septembre 2013, citant Kol Israel, 9 septembre 2013.
12. 国家情报评估, National Intelligence Estimate。
13. 这些国家包括中国、俄罗斯、古巴、巴基斯坦、朝鲜、法国、委内瑞拉、韩国。
14. "L'écoute des communications de John Kerry aurait permis à Israël de mieux négocier l'accord de cessez-le-feu", Renseignor, n° 838, 7 septembre 2014.
15. "NSA: des révélations sur l'espionnage d'Israël relancent de vieilles rancœurs entre alliés", Lexpress. fr, 23 décembre 2013.
16. É. Denécé, David Elkaïm, *Les Services secrets israéliens*, Paris, Tallandier, 2014, p. 117.
17. "Le satellite espion OfekK-10 devrait améliorer la capacité de surveillance des services de renseignement israéliens", *Renseignor*, n° 826, 15 juin 2014, citant Kol Israel,

12 juin 2014.

18. Direction générale de la sécurité extérieure.

19. Pierre-Marie Giraud, "La DGSE intercepte aussi des communications à l'étranger, moins que la NSA", www. cf2r. org, 22 octobre 2013.

20. É. Denécé, Les services secrets français sont-ils nuls ?, Paris, Ellipses, 2012, p. 304.

21. A. Lefébure, L'Affaire Snowden. Comment les États-Unis espionnent le monde, op. cit., p. 175; Jacques Follorou, Franck Johannès, "Le Big Brother français vous surveille !", *Le Monde*, 5 juillet 2013.

22. *Défense et sécurité nationale*, *le Livre blanc*, Paris, La Documentation française, 2008; Jean-Marie Guehenno, *Livre blanc sur la défense et la sécurité nationale 2013*, Paris, La Documentation française, 2013.

23. "Loi n° 2013-1168 du 18 décembre 2013 relative à la programmation militaire pour les années 2014 à 2019 et portant diverses dispositions concernant la défense et la sécurité nationale", JORF, n° 0294, 19 décembre 2013, p. 20570, texte n° 1.

24. 阿兰·朱里耶（Alain Juillet）还曾是负责经济情报的高级官员。

25. 军事情报局（Direction du Renseignement militaire, DRM）、国防保卫安全局（Direction de la protection et de la sécurité de la Défense, DPSD）、对内安全总局（Direction générale de la sécurité intérieure, DGSI）、国家情报和海关调查局（Direction nationale du renseignement et des enquêtes douanières, DNRED）、打击非法资金流动情报处理及行动组（Traitement du renseignement et action contre les circuits finan-ciers clandestins, Tracfin）。

26. J. Follorou, F. Johannès, "Révélations sur le Big Brother français: comment la France intercepte les communications", Le Monde. fr, 4 juillet 2013.

27. "Géopolitique du renseignement militaire: Jean-François Fiorina s'entretient avec le général Hingray", Clés, comprendre les enjeux géopolitiques, hors-série n° 35, mai 2014.

28. Olivier Berger, "Vers plus de travail collaboratif du renseignement, mais "mutualiser n'est pas uniformiser"", La Voix du Nord. fr, 10 mars 2014, http://defense. blogs. lavoixdu-nord. fr/archive /2014/03/10/dpsd-contre-ingerence-militaire-12768. html.

29. Les station d'écoute de la DGSE sont situées à Alluets-le-Roi, Domme en Dordogne, Saint-Christol-d'Albion (ancienne base aérienne), Feucherolles et Saint-Laurent-de-la-

Salanque. Les stations radiogoniométriques（DGSE）setrouvent à Poucharramet，Ablis et Bonifacio en Corse（Jean – Marc Manach，《Comment on peut，en trois clics，découvrirla carte des stations d'écoue des espions de la DGSE》，Slate，7 mai 2014；《Quiz：rions un peu avec la DGSE》，Slate，17 janvier 2014）.

30. 高级通信分队分布于克雷伊（军事观察卫星中心）、日安半岛、吉布提、阿拉伯联合酋长国首都阿布扎比市以南的 AL Dhafra 空军基地、塞内加尔的达喀尔、利伯维尔（海军陆战队第六营内）、留尼汪、马约特岛（高级通信分队与德国联邦情报局共同管理）、新喀里多尼亚首府努美阿附近的 Tontouta 海空基地、法属波利尼西亚首府帕皮提的马希纳发射中心、安的列斯群岛马提尼克的法兰西堡、瓜德鲁普省的马奥湾市。此外，还有安置着法军监听部门的瓦莱利山堡和在科西嘉岛的萨里索伦札拉。

31. 部际监控小组（ICG）分布于多个城市（埃夫里、博比尼、波尔多、第戎、里尔、里昂、马赛、南希、尼斯、雷恩、鲁昂、图尔、凡尔赛），如巴黎荣军院的部际监控小组，该小组向总理负责，进行所谓的“行政”电话监听。

32. Ceres 是 Capacité de Renseignement électromagnétique Spatiale 的缩写，直译为：太空电磁情报搜集能力。

33. É. Denécé，*Les services secrets français sont-ils nuls ?*，*op. cit.*，p. 302.

34. 空军拥有两架改造的电子侦察机（Transall C160 Gabriel），机上搭载了通信拦截系统。此外还有搭载了“鹈鹕”系统的海军“大西洋 2 号”海上巡逻机（Atlantique 2）和搭载了战术情报分析仪（Astac）的空军幻影 FICR 型飞机。海上任务可由位于布雷斯特（Brest）的新式“迪皮伊·德·洛梅”号（Dupuy de Lome）侦察舰执行，此舰艇为海军电磁探测联合军事设施（MINREM），用于取代 2009 年解除武备系统的“布干维尔号”（Bougainville）。

35. 环球海底光缆大西洋 1 号（FA-1）连接法国和美国，经过普莱兰（Plérin），在 Eleusis 商业中心登录。亚欧 3 号国际海底光缆（SEA-ME-WE-3）连接法国和英国等数十个国家，从庞马尔克（Penmarc'h）延伸至法国橙子电信公司的海底光缆中心。亚欧 4 号国际海底光缆（SEA-ME-WE 4）经过法国马赛，连接了法国与中东和东南亚洲的几个国家。跨大西洋海底光缆 TAT-14 连接了法国与英国、荷兰、德国、丹麦和美国，途径圣瓦莱里（Saint-Valéry）。英法 3 号（UK-France 3）和尤利西斯（ULYSSES）光缆途径加莱（Calais）。

36. “Espionnage，comment Orange et les services secrets coopèrent”，Le Monde，20 mars

2014; J. -M. Manach, "DGSE/Orange: joue-la comme SuperDupont (#oupas)", http: // bugbrother. blog. lemonde. fr, 20 mai 2014.

37. *Ibid.*

38. J. Follorou, "Les services secrets britanniques ont accès aux données des clients français Orange", Le Monde. fr, 20 mars 2014.

39. 早在二战期间，PTT 服务商（报纸、电报和电话服务商）和无线电通信部队（GCR）之间已有违背伦理的合作关系。无线电通信部队由维希政府和对外安全总局技术部的前身于 1940 年创立的，无线电通信部队的官方使命是"为维希政府各部委监听国内外的军地无线电通信"，但该部队里还肩负着另一项秘密使命——"保存法国军队无线电窃听的潜力，做好奋起反抗侵略者的准备"。（R. Faligot, "France, SigInt and the Cold War", in M. M. Aid, Secrets of Signals Intelligence During the Cold War and Beyond, New York, Frank Cass Publishers, 2001, p. 177-208.）

40. Antoine Lefébure, L'Affaire Snowden. Comment les États-Unis espionnent le monde, op. cit. , p. 183-186; "Amesys réfugiée politique aux Émirats arabes unis", Reflets. info, 5 février 2013.

41. "Pourquoi la loi renseignement passe largement à côté de la diversité des menaces qui pèsent sur la France", Atlantico. fr, 13 avril 2015 (interview de Xavier Raufer et Éric Denécé).

盟 友

1. T. Gomart, "Aux démocraties de montrer l'exemple", art. cit.

2. A. Lefébure, *L'Affaire Snowden. Comment les États-Unis espionnent le monde*, *op. cit.*, p. 62-66.

3. "No-drama Obama"，该昵称是前空军总参谋长梅里尔·麦皮克（Merrill McPeak）提出的。

4. "Barack Obama, réélu président, reste une personnalité secrète", *Challenges*, 7 novembre 2012.

5. Michael Brenner, "NSA Does the Grand Tour", *Chroniques américaines*, 28 octobre 2013. Michael Brenner est chercheur senior à l'Energy Institute of the University of Texas

d'Austin et membre du Center for Transatlantic Relations SAIS-Johns Hopkins.

6. 迈克·罗杰斯（Mike Rogers），共和党人，美国众议院情报委员会主席；彼得·金（Peter King），共和党人，纽约州第2选举区选出的美国众议院议员。
7. Vincent Hermann, "PRISM: Snowden révèle que la NSA s'est introduite dans les routeurs chinois", *PC INpact*, 13 juin 2013.
8. Lana Lam, "NSA targeted China's Tsinghua University, widely regarded as the mainland's top education and the research institute, was the target of extensive hacking by US spies this year", *South China Morning Post*, 22 juin 2013.
9. E. MacAskill, J. Borger, "New NSA Leaks Show How US is Bugging its European Allies", *The Guardian*, 30 juin 2013.
10. M. Rosenbach, "Diplomats or Spookes, How US Diplomats Were Told to Spy on UN and Ban Ki-moon", *Spiegel Online International*, 29 novembre 2011.
11. L. Poitras, M. Rosenbach, Fidlius Schmidt, H. Stark, "Geheimdokumente: NSA horcht EU-Vertretungenmit Wanzenaus", *Spiegelonline netzwelt*, 29 juin 2013.
12. L. Poitras, M. Rosenbach, "Apalachee. How America Spies on Europe and the UN", *Spiegel Online International*, 26 août 2013.
13. L. Poitras, M. Rosenbach, F. Schmidt, H. Stark, Jonathan Stock, "How NSA Targets Germany and Europe", *Der Spiegel*, 1er juillet 2013; "La NSA a espionné les téléconférences chiffrées de l'ONU", *Le Monde informatique*, 28 août 2013.
14. E. MacAskill, J. Borger, "New NSA Leaks Show How US is Bugging its European Allies", art. cit.
15. L. Poitras, M. Rosenbach, F. Schmidt, H. Stark, J. Stock, "How NSA Targets Germany and Europe", art. cit.
16. 德国联邦情报局（Bundesnachrichtendienst, BND），位于慕尼黑的普拉赫（Pullach），负责对外战略情报工作。
17. "Codewort Eikonal-der Albtraum der Bundesregierung", *Süddeutsche Zeitung. de*, 4 octobre 2014; M. Untersinger, "Eikonal, l'accord secret qui a permis à la NSA d'espionner l'Allemagne", Le Monde, 6 octobre 2014.
18. Romain Milcareck, "Affaire Snowden: le renseignement allemand, victime consen-tante de la NSA", RFI, 7 juillet 2013; "New NSA Revelations: Inside Snowden's Germany File", *Spiegel Online International*, 18 juin 2014.

19. 该备忘录题为“客户能够帮助信号情报部获取目标的电话号码”（Customers Can Help SID ObtainTargetable Phone Numbers）。

20. Marc Pitzke，“US SpyingScandal. Allies Aren’t Always Friends”，*Spiegel Online International*，28 octobre 2013.

21. J. Ball，“NSA monitored calls of 35 world leaders after US official handed over contacts”，*The Guardian*，25 octobre 2013.

22. “Striking Back. Germany Considers Counterespionage Against US”，*Spiegel Online International*，19 février 2014.

23. 联邦宪法保卫局（Bundesamtfür Verfassungsschutz），总部位于科隆，主要负责国家安全、反情报和反颠覆工作。

24. 军事保安局（Amtfür den MilitärischenAbschirmdienst）。

25. “USA-Allemagne：espionnage entre amis”，*La voix de la Russie*，12 juillet 2014.

26. “Espionnage：Obama promet aux Européens de leur fournir “toutes les informations””，*Le Monde*，1er juillet 2013.

27. 跨大西洋贸易与投资伙伴协定（Transatlantic Trade and InvestmentPartnership，TTIP），又称为跨大西洋自由贸易条约（Trans-Atlantic Free Trade Agreement，TAFTA）

28. “La NSA espionnait l’Union européenne，Le Monde. fr，29 juin 2013；Ian Traynor，“NSA SpyingRow. Bugging Friends is Unacceptable，Warns Germans”，*The Guardian*，1er juillet 2013.

29. Frédéric Lemaître，“La NSA espionnait aussi l’Union européenne”，Le Monde，30 juin 2013.

30. A. Lefébure，*L’Affaire Snowden. Comment les États-Unis espionnent le monde*，op. cit. ,p. 58.

31. “John Kerry. NSA Spying Has “ReachedToo Far”，Was Happening “on Auto-pilot”，*Huffington Post*，1er novembre 2013；“Kerry exhorte les Européens à ne pas mélanger espionnage et commerce”，*Le Point*，5 novembre 2013.

32. “La présidente brésilienne DilmaRousseff annule une visite d’État à Washington”，*Le Monde*，18 septembre 2013.

33. “Brazilian President：US Surveillance a Breach of International Law”，*The Guardian*，24 septembre 2013.

34. "DilmaRousseff tacle les écoutes américaines", Libération, 24 septembre 2013.

35. Amanda Holpuch, "Brazil's Controversial Plan to Extricate the Internet from US Control", *The Guardian*, 20 septembre 2013.

36. L. Poitras, M. Rosenbach, " Apalachee. How America Spies on Europe and the UN", art. cit.

37. Maya Knadel, "Les États-Unis sous Obama: désengagement ou hégémonie masquée ?", www. diploweb. com, 17 décembre 2013.

38. 英国哲学家和改革家杰里米·边沁（Jeremy Bentham）发明了"全景式监视"。这种中央塔楼在设计上让犯人无法看到监视人员，因而不知道自己是否正受到监视。哲学家米歇尔·福柯（Michel Foucault）在其著作中将其视为360°无形监视的象征。权力不再外露，实现了自动化和去个体化。

经济间谍

1. C. Delesse, *Échelon et le renseignement électronique américain*, *op. cit.*

2. 美国1996年通过了保护商业机密的《经济间谍法案》（EconomicEspionageAct）。

3. James Woolsey, "WhyweSpyonour Allies", *Wall Street Journal*, 17 mars 2000.

4. Duncan Campbell, " STOA Report. Interception capabilities-2000 ", IPTV Ltd, Édimbourg, 1999, www. fas. org.

5. 北美自由贸易协定（NAFTA），于1994年1月生效。根据该协定，美国、加拿大和墨西哥三方成立了一个自由贸易区。

6. "L'espionnage de la NSA au Brésil serait lié à des intérêts économiques", www. lapresse. ca, 9 septembre 2013.

7. Jens Glüsing, L. Poitras, M. Rosenbach, H. Stark, "Fresh Leak on US Spying: NSA Accessed Mexican President's Email", *Spiegel Online International*, 20 octobre 2013.

8. "AFP, Snowden: les États-Unis ont intercepté les communications au Brésil", www. lapresse. ca, 7 juillet 2013.

9. 美国信号情报系统2007年1月战略任务清单（*United States SIGINT System January 2007 Strategic Mission List*），登录www. cryptome. org查阅。

10. 最新的文件似乎尚未在互联网上公开。

11. "Oil Espionage. How the NSA and GCHQ Spied on OPEC", *Spiegel Online International-*

al, 11 novembre 2013.

12. 在 2007 USSS 文件中，需要监控的国家包括俄罗斯、中国、印度、日本、德国、法国、韩国、以色列、新加坡和瑞典。

13. 激光、计算机和信息技术、能源武器、卫生和航天工业、电光学、纳米技术、高能材料等。

14. "La NSA espionne Alcatel et pousse le gouvernement français à réagir", *L'Humanité*, 21 octobre 2013.

15. "Cisco ne dit pas merci à la NSA", *Silicon.fr*, 14 novembre 2013.

16. Information Technology and Innovation Foundation.

17. A. Beky, "PRISM pourrait coûter 35 milliards de dollars au cloud américain", *Silicon.fr*, 12 août 2013.

18. "Exclusive. US Spies on Chinese Mobile Phone Companies, Steals SMS Data. Edward Snowden", *South China Morning Post*, 22 juin 2013.

19. "Huawei et ZTE contestent les conclusions du rapport américainantichinois", *Silicon.fr*, 10 octobre 2012; US House of Representatives, *Investigate Report on the US National Security Issues Posed by Chinese Telecommunications Companies Huawei and ZTE. A Report by Chairman Mike Rogers and Ranking Member C. A. Dutch Ruppersberger of the Permanent Select Committee on Intelligence*, 112th Congress, 8 octobre 2012.

20. "Shotgiant: le chinois Huawei espionné par la NSA ?", *ZDnet.fr*, 24 mars 2014.

21. "NSA Breached Chinese Servers Seen as Security Threat", *The New York Times*, 22 mars 2014; "Targeting Huawei. NSA Spied on Chinese Government and Networking Firm", *Spiegel Online International*, 22 mars 2014.

22. 阿富汗、古巴、伊朗、肯尼亚、巴基斯坦。

23. "La Chine condamne l'espionnage de Huawei par la NSA", *Le Monde*, 25 mars 2014.

24. Terme avancé dans l'ouvrage publié par le Spiegel et intitulé *The NSA Complex*, cf. D. E. Sanger et N. Perlroth, "NSA BreachedChineseServers Seen as Security Threat", *The New York Times*, 22 mars 2014.

25. *Ibid.*

26. 世界卫生组织、联合国儿童基金会、联合国开发计划署、联合国裁军研究所（UNIDIR）、欧盟竞争事务专员华金·阿尔穆尼亚（JoaquínAlmunia）、法国道达尔石油公司（Total）、法国泰雷兹集团（THALES）等。参见：J. Ball et Nick

Hopkins, "GCHQ and NSA Targeted Charities, Germans, Israeli PM and EU Chief", The Guardian, 20 décembre 2013.

互联网治理

1. 互联网名称与数字地址分配机构（Internet Corporation for Assigned Names and Numbers），是美国加利福尼亚的非营利社团，负责管理顶级域名（如".us"、".com"、".net"和".net"）的命名和寻址系统以及互联网IP地址：永久或临时分配给每台连接到计算机网络、使用互联网协议的设备的识别号码。互联网工程任务小组（Internet Engineering Task Force）和万维网联盟（World Wide Web Consortium）负责互联网标准的开发。互联网协会（Internet Society）（译者注：原文为information society，成立于1982年，但查无该组织），成立于1992年，负责推广和促进互联网的发展和应用，拥有".org"域名的特许权，并与负责".info"域名的域名注册运营商Afilias存在合作。
2. 该项目主要通过阻止IP地址的路由封锁内容，使系统受到DNS缓存冲击，并筛选URL和数据包。
3. R. Faligot, *Les Services secrets chinois: de Mao aux JO*, *op. cit.*, p. 522-525.
4. "Pékin menace les géants américains du Net", *Le Figaro*, 6 mars 2015.
5. International Telecommunications Union (ITU)。
6. 俄罗斯联邦安全局（Federal Security Bureau, FSB）。
7. 集体安全条约组织（Collective Security TreatyOrganization）由俄罗斯、白俄罗斯、亚美尼亚、哈萨克斯坦、吉尔吉斯斯坦、乌兹别克斯坦和塔吉克斯坦组成。
8. 白俄罗斯、乌克兰和吉尔吉斯斯坦采用了"行动-侦察活动系统"（System of Operative-Investigate Measures, SORM）。该系统是克格勃于20世纪80年代中期开发的，此后经过了大规模升级。SORM-1拦截固话和手机通信；SORM-2拦截互联网通信；SORM-3收集用户信息和数据。此外，乌克兰、白俄罗斯和哈萨克斯坦还安装俄罗斯的语义分析软件——"语义档案"（Semantic Archive）。
9. Amanda Holpuch, "Brazil's Controversial Plan to Extricate the Internet from US Control", The Guardian, 20 septembre 2013; "Espionnage. Le Brésil veut extraire Internet du contrôle de la NSA", *L'Humanité*, 31 octobre 2013.
10. 2013年10月的蒙得维的亚会议呼吁实现互联网根文件监察的全球化。2014年4

月23日至24日，“互联网治理的未来——全球多利益相关方会议”（NETmundial）在巴西圣保罗召开。180名与会者（政府代表、企业、协会）就互联网及其治理的基本原则进行了讨论。他们谴责网络监控，主张互联网的统一性和开放性，但并未明确国家以及ICANN在互联网世界所扮演的角色。（参见：“Brésil：au sommetNETmundial，la gouvernanced'Internet en débat”，RFI，23 avril 2014.）

11. A. Lefébure，L'Affaire Snowden. Comment les États-Unis espionnent le monde，op. cit.，p. 247.
12. Dan Schiller，“Les ramifications de l'affaire Snowden：géopolitique de l'espionnage”，Le Monde diplomatique，novembre 2014；article 158 de la déclaration de Santa Cruz：“Vers un nouvel ordre mondial pour bien vivre”，14-15 juin 2014，www. mouvementutopia. org；Digital Depression. Information Technology and Economic Crisis，University of Illinois Press，octobre 2014，www. press. uillinois. edu；“Gouvernance internationale d'Internet”，www. diplomatie. gouv. fr，novembre 2013；“Pierre Bonis，AFNIC：“Il ne faut pas une réforme en trompe-l'œil de l'ICANN””，Silicon，4 novembre 2014.
13. 2014年6月，77国集团峰会在玻利维亚圣克鲁斯召开。77国集团成立于1964年，是联合国内部77个发展中国家组建的政府间国际组织，旨在促进共同的经济和外交利益。目前，该组织共有133个成员。

网络情报

1. D. Ignatius，“James Clapper. We Underestimated the Islamic State's Will to Fight”，The Washington Post，18 septembre 2014；Director of National Intelligence，“The National Intelligence Strategy of the United States of America，2014”，www. dni. gov.
2. 参见第一部分第1章。战略情报是国家安全政策的支撑，为决策者提供深度信息，内容涉及影响因素、国家和非国家利益相关方及其意图。预判性情报通过分析趋势、事件和变化，能够识别潜在的或即将发生的突变、重大事件、时机或威胁。作战情报则是为军事、外交和国土安全行动提供支持。
3. 小布什的全面反恐战争耗尽金钱，且遭到美国舆论的反对。而奥巴马政府在常规战争和投入地面部队上，更倾向于采用依托机密部队的战略，如动用特种部队和大量使用无人机和网络战。
4. D. Ignatius，“James Clapper. We Underestimated the Islamic State's Will to Fight”，art. cit.

5. Morgan Marquis-Boire, C. Guarnieri, R. Gallagher, "Secret Malware in European Union Attack Linked To US and British Intelligence", The Intercept, 24 novembre 2014.
6. "雷金"(Regin)是北欧神话中一名腐败而贪婪的侏儒。
7. 社会主义者行动(Operation Socialist)。
8. "Regin. Top-Tier Espionage Tool Enables Stealthy Surveillance", *Symantec. com*, 23 novembre 2014.
9. "La NSA aurait piraté le réseau de Belgacom pour espionner le trafic voix et data", www. 01net. com, 16 septembre 2013.

主宰网络空间

1. Frank Daninos, "Guerre et dominance informationnelle: origines, histoire et significations stratégiques", Diplomatie, n° 2, mars-avril 2003, p. 9.
2. Bruno Tertrais, "Faut-il croire à la "révolution dans les affaires militaires"?", Politique étrangère, vol. LXIII, n° 3, 1998, p. 611-629.
3. 信息战:对敌方军用和民用的关键或基础信息技术设施实施电子攻击。
4. C3I 系统后来发展为 C4ISR 系统,即指挥(Command)、控制(Control)、通信(Communication)、计算机(Computer)、情报(Intelligence)、监视(Surveillance)、侦察(Reconnaissance)。
5. Edward Luttwak, "Toward Post-Heroic Warfare", *Foreign Affairs*, vol. LXXIV, n° 3, mai-juin 1995.
6. 1993 年,兰德公司(Rand Corporation)两位分析师约翰·阿奎拉(John Arquilla)和戴维·龙菲尔德(David Ronfeldt)发表了题为"网络战来了"(Cyberwar is Coming)的文章,文章中作者将网络战概念化,指出网络战是一种信息发挥核心作用的战争模式。
7. Martin C. Libicki, *What is Information Warfare*, Center for Advanced Concepts and Technology, National Defense University, 1995.
8. Martin C. Libicki, *Information Dominance*, Institute for National Strategic Studies and the National Defense University, rapport n° 132, novembre 1997, www. ndu. edu/inss/strforum/ SF132/forum132. html.
9. 《2020 年联合构想》提出了"全谱优势"(Full Spectrum Dominance)。这一观点在

于获取信息优势，其宗旨是依靠信息战（Information Warfare，IWns）和信息作战（Information Operations，IO）的概念，在无有效反抗的情况下开展行动。参见：Loup Francart，Infosphèreet intelligence stratégique，Paris，Economica，2002，p. 268.

10. 关于美国与国家安全局在制信息权领域的操作模式，更多细节可参见：C. Delesse，*Échelonet le renseignement électronique américain*，op. cit.

11. John Arquilla，David Ronfeldt，Networks and Netwars. The Future of Terror，Crime and Militancy，Rand Corporation，2003，www. rand. org.

12. 兰德公司还立足于“未来”（The Day after）提出了“战略信息战”（Strategic Information Warfare）的概念。这一概念以危机情景为基础，研究军事、行政和经济机构和系统对国家信息基础设施的依赖性。国家信息基础设施的可靠性因网络空间全球化而削弱，国家安全、电信和计算机领域的相关专家向总统建言献策。参见：Roger C. Molander，Andrew Riddile，Peter A. Wilson，*Strategic Information Warfare. A New Face of War*，Rand Corporation，1996.

13. “网络战联合功能构成司令部”（Joint Functional Component Command for Network Warfare，JFCC-NW），成立于 2005 年，隶属于美国战略司令部（United States Strategic Command，USSTRATCOM）。

14. “La NSA se verrait bien en supergardien du Net”，Levif. be，6 mai 2009.

15. “网络战联合功能构成司令部”后来被编入 2010 年成立的美国网络司令部（US Cyber Command，USCYBERCOM）。

16. John Lasker，“US Military's Elite Hacker Crew”，Wired，18 avril 2005.

17. 此为迈克尔·罗杰斯在 2014 年彭博政府网络安全峰会上的发言。参见：Navy-Adm. Michael S. Rogers，The“NSA'sNew LookatCybersecurity”，16 juin 2014（网址：http：//science. dodline. mil）.

战斗进行中

1. J. Bamford，“NSA Snooping Was Only the Beginning. Meet the Spy Chief Leading US into Cyberwar”，*Wired*，12 juin 2013.

2. 美国网络司令部由若干军事单位组成：陆军网络司令部（ArCyber，陆军第二集团军）；海军网络司令部（NavCyber，海军第十舰队）；空军网络司令部（AFCyber，空军第 24 航空队）；海军陆战队网络司令部（MarCyber）。该部成立后吸纳了全球网络作战联合特遣部队（Joint Task Force-Global Network Operations，JTF-GNO）和“网络战联合功能构成司令部”（Joint Functional Component Command Network Warfare，JFCC-NW）。成立初期约900~100人，至2016年，已发展到5 000~6 000名军人或文职人员。

3. William J. Lynn，“Defending a New Domain：The Pentagon's Cyberstrategy”，*Foreign Affairs*，septembre-octobre 2010.

4. 承担着全球军事防护和国内安全使命的网络司令部符合“全谱优势”的原则（参见第四部分第7章）。

5. 国防信息系统局（Defense Information Systems Agency）位于米德堡，局长为罗尼·霍金斯（Ronnie Hawkins）中将。该局是第一个军事网络防御组织。迈克尔·罗杰斯为了提高网络防务任务的灵活性和互操性，获取更好的网络态势感知，提议设立国防部信息网络联合部队总部（JFHQ-DODIN），以结合网络司令部和国防信息系统局两个机构的力量。（参见：“Upcoming Strategy to Boost DISA's Role as Network Defender”，*Inside the Pentagon*，vol. XXX，n° 3711，septembre 2014.）

6. J. Appelbaum，A. Gibson，C. Guarnieri，A. Müller-Maguhn，L. Poitras，M. Rosenbach，L. Ryge，H. Schmundt，M. Sontheimer，“The Digital Arms Race. NSA Preps America for Future Battle”，art. cit.

7. *Ibid.*

8. Supervisory Control and Data Acquisition.

9. D. E. Sanger，*Obama*，*guerres et secrets. Les coulisses de la Maison Blanche*，Paris，Belin，2012，p. 215-256.

10. G. Greenwald，“NSA Claims Iran Learned from Western Cyberattacks”，*The Intercept*，10 février 2015.

11. “NSA Chief Declines Comment on ISIL's Cyber Attack Habilities”，*IP Network Policy Report*，22 septembre 2014.

12. “Prying Eyes. Inside the NSA'sWar on Internet Security”，*Spiegel Online International*，28 décembre 2014.

13. “Detekt：EFF et Amnesty International livrent un outil pour traquer les spywares”，*Le Monde informatique*. fr，20 novembre 2014；C. Guarnieri，“Police Story. Hacking Team's Government Surveillance Malware”，24 juin 2014，www. citizenlab. org.

14. 不容忍的采集（Intolerant Collect）数据库：该数据库用于存储由黑客所窃取的电

子邮件数据。
15. 根据 Intolerant Collect 数据库进行的分类。
16. G. Greenwald, "Western Spy Agencies Secretly Rely on Hackers for Intel and Expertise", *The Intercept*, 4 février 2015.
17. Henry Farrell, "The Political Science of Cybersecurity IV: How Edward Snowden Helps US Deterrence", *The Washington Post*, 12 mars 2014; D. E. Sanger, *Obama, guerres et secrets*, *op. cit.*, p. 306.
18. 分布式拒绝服务（Distributed Denial of Service）。
19. 蜜罐技术（Honeypot Technology）。
20. The Art of Deception. Training for Online Covert Operations.
21. G. Greenwald, "How Covert Agents Infiltrate the Internet to Manipulate, Deceive, and Destroy Reputations", *The Intercept*, 24 février 2014.
22. Online Covert Action.
23. 4D 策略：Deny（否定）、Disrupt（干扰）、Degrade（贬低）、Deceive（欺骗）。
24. 技术干扰（Perturbations Techniques）。
25. "Panel. US Spy Agencies Hampered by Poor Collaboration, Inadequate Cyberdefense", *The Washington Post*, 6 novembre 2013.

旗鼓相当的对手

1. 对应 3 种类型的攻击。
2. "L'actuelle bataille des câbles préfigure-t-elle le cyberespace de 2030 ?", Sivispacem, 2 novembre 2014, http: //si-vis. blogspot. fr.
3. G. Greenwald, *Nulle part où se cacher*, *op. cit.*, p. 119.
4. T. Gomart, "Aux démocraties de montrer l'exemple", art. cit.
5. Center for Strategic and International Studies.
6. James Andrew Lewis, "The Key to Keeping Cyberspace Safe? An International Accord", *The Washington Post*, 7 octobre 2014.
7. "Cyberdéfense: les États-Unis signent un partenariat avec l'Estonie", http: //techno. lapresse. ca, 3 décembre 2013.
8. "Cadeau empoisonné: des clés USB suspectes offertes par Moscou au moment du G20",

http：//bigbrowser. blog. lemonde. fr，30 octobre 2013

9. É. Denécé，*Renseignement et contre-espionnage*，*op. cit.*，p. 211-224.

10. 俄罗斯联邦反情报局（FSK）成立于1993年，1995年改编为联邦安全局（FSB）。

11. 俄罗斯联邦国家通信与信息局（FAPSI）成立于1991年，由克格勃的第八局（负责通信与密码）与第十六局整编而成，它隶属于联邦安全局（FSB），后者于2003年成为克格勃的继承组织。

12. 格鲁乌于1918年在红军内部成立。

13. 具体而言是中国人民解放军总参三部。

14. Lionel Pelisson，"Une oreille bien placée pour la Russie"，*Courrier international*，17 juillet 2014.

15. Andrei Solvatov，Irina Borogan，"Russia's Surveillance State"，*World Policy Journal*，automne 2013，p. 23-30.

16. "James Clapper"，*Intelligence Online*，n° 705，5 février 2014.

17. "La Russie crée un holding des télécommunications militaires"，RIA Novosti/La voix de la Russie，29 avril 2014.

18. Olivier Kempf，*Introduction à la cyberstratégie*，Paris，Economica，2012，p. 147.

19. Christophe Auffray，"Espionnage：les éditeurs de sécurité font-ils de la politique ?"，ZDnet. fr，12 mars 2015.

20. 卡巴斯基在2013年的一份报告中揭露了一起全球性的间谍攻击行动——"红色十月"。这一行动应是由俄罗斯罪犯利用恶意软件"红色十月"（Red October，简称Rocra）实施的，该行动在长达5年的时间里，从政府、军事、外交、工业、能源等机构的设备机器上窃取数据。参见：Antoine Duvauchelle，"Malware Rocra：les chercheurs à la poursuite de Red October"，ZDnet. fr，6 janvier 2013.

21. 目标包括政府、外交机构、电信公司、加密系统开发商、运输公司、航空航天公司、核电站点、金融机构、大学、伊斯兰激进分子，甚至还有军队。

22. Dan Goodin，"How "Omnipotent" Hackers Tied to NSA Hid for 14 Years-and Were Found at Lasté"，http：//arstechnica. com，16 février 2015；L. Adam，" "Fanny"，disquesdursespions：Kaspersky déterre les vieuxjouets de la NSA…"，ZDnet. fr，17 février 2015.

23. 例如，"方程式"成功感染了十几个不同品牌的硬盘驱动固件，其开发的

Fanny 蠕虫病毒能够通过感染 USB 端口，攻击不与互联网相联的网络。例如，一位科研人员用户收到一张光盘，内容是他曾参加会议所涉及的幻灯片和概要。这张光盘在会议组织者不知情的情况下已被植入恶意程序，从而能够按照“方程式”一开始的设定，感染目标，为所有程序导入自销毁功能。

24. R. Faligot，Les Services secrets chinois：de Mao aux JO，op. cit. ,p. 363-365.
25. François-Yves Damon，“Les services de renseignement de la République populaire de Chine. Première partie，la Commission centrale de sécurité nationale (CCSN)”，Bulletin de documentation，n° 10，novembre 2014，www. cf2r. org.
26. François-Yves Damon，“Les services de renseignement de la République populaire de Chine. Deuxième partie，le ministère de la Sécurité d'État (GuojiaAnquanbu)”，Bulletinde documentation，n° 11，décembre 2014，www. cf2r. org.
27. Nicolas Arpagian，La Cybersécurité，Paris，PUF，coll. “Que sais-je ?”，2010. Voir également “Le Gonganbu”，Intelligence Online，26 juin 2013.
28. 尤其是不对称战争、人民战争。
29. 《三十六计》，法语版译者与评论者乐唯（Jean Lévi），由巴黎 Payot&Rivages 出版社于 2007 年出版。
30. Fabienne Clérot，Victoire Mayor，“Jeu de go dans le cyberespace”，Revue inter nationale et stratégique，n° 87，automne 2012，p. 111-118；QiaoLiang，Wang Xiangsui，La Guerre hors limites，tr. fr. Hervé Denès，Paris，Payot & Rivages，[1999] 2003.
31. D. Ventre，“La Chine et la guerre de l'information”，*La Guerre de l'information*，Paris，Lavoisier，2007，p. 73-118.
32. 乔良、王湘穗，《超限战》，op. cit. ,p. 242-243.
33. “Pékin menace les géants américains du Net”，*Le Figaro*，6 mars 2015.
34. “Beijing Scores Cyberdiplomacy Points”，*Intelligence Online*，n° 691，26 juin 2013.
35. “L'armée cybernétique iranienne contrôlerait au moins 16 000 ordinateurs situés en dehors de l'Iran”，*Renseignor*，*n°* 837，31 *août* 2014，*p.* 1，*d'après La Voix de la République islamique d'Iran*，30 août 2014.
36. “Cybersécurité：comment la Corée du Nord forme son armée de hackers”，*Hankook Ilbo*，22 décembre 2014，www. courrierinternational. com/article/2014/12/22/comment-la-coree-du-nord-forme-son-armee-de-hackers.

37. É. Denécé, D. Elkaïm, *Les Services secrets israéliens*, *op. cit.* ,p. 103-126.
38. 1978 年，法国通过了一项法律，内容涉及计算机文件的管理和“法国信息与自由委员会”的设立。
39. Pierre Alonso, “Les peurs des cyberdéfenseurs”, 30 octobre 2012, http://owni.fr/2012/10/29/ les-peurs-des-cyberdefenseurs.
40. Jean-Marie Bockel, “La cyberdéfense”, *Défense nationale*, n° 751, juin 2012, p.27-32.
41. O. Kempf, *Introduction à la cyberstratégie*, *op. cit.* ,p. 151.
42. S. Ackerman, “Michael Rogers Goes before Senate Committee to Outline Vision for NSA”, *The Guardian*, 11 mars 2014.

结束语

1. “*World War III is a guerilla information war with no division between military and civilian participation.*” 赫伯特·马歇尔·麦克卢汉（Herbert Marshall Mcluhan, 1911—1980 年），是加拿大英国文学教授，传播理论家，也是当代媒体研究的创始人之一。
2. 原句参见：Andrew Orlowski, “Facebook founder called trusting users dumb f* cks”, www.infowars.com.
3. 孔子，(公元前 551—前 479 年)，《论语》。
4. N. Hager, “Au cœur du renseignement américain. La NSA, de l'anticommunisme à l'antiterrorisme”, *Le Monde diplomatique*, novembre 2001, p. 13.
5. “Des écoutes de la NSA révéleraient la présence de plusieurs centaines de mercenaires américains en Ukraine, http://ecouteetrenseignement.blogspot.fr, 12 mai 2014; “Has Blackwater Been Deployed to Ukraine”, *Mailonline*, 8 mars 2014, www.dailymail.co.uk; “400 US Mercenaries “Deployed on Ground” in Ukraine Military Op”, www.rt.com, 11 mai 2014.
6. E. Nakashima, “Cyber Chief. Efforts to Deter Attacks against the US Are Not Working”, *The Washington Post*, 19 mars 2015.
7. J. Follorou et M. Untersinger, “Révélations sur les écoutes sous-marines de la NSA”, *Le Monde*, 8 mai 2014.
8. “$52, 6 Billion: The Black Budget”, *The Washington Post* , 29 août 2013.

9. J. Follorou et M. Untersinger, “Révélations sur les écoutes sous-marines de la NSA”, art. cit.
10. *Ibid.*
11. 国际理论物理中心（ICTP）于 1964 年由巴基斯坦科学家阿卜杜勒·萨拉姆（Abdus Salam，1979 年诺贝尔物理学奖获得者）创建，80% 的经费由意大利政府资助。它在国际原子能机构（IAEA）的支持下运作，保护核知识和培训发展中国家的年轻研究人员。
12. G. Greenwald, *Nulle part où se cacher*, *op. cit.*, p. 234.
13. E. Billaudaz, “Les acteurs de l'IT mobilisés contre la surveillance massive de la NSA”, Silicon, 26 mars 2015.
14. Vincent Jaubert, “NSA: les confidences d'un ancien de la Maison Blanche”, *Le Nouvel Observateur*, 1er juillet 2013, http://url.ca/g6vpo.
15. 美国国家安全局十分关注利比亚电信子公司——利比亚国际电信公司。该公司在 2013 年 11 月签订了一份协议，计划将利比亚宽带网络与意大利合作伙伴连接起来。利比亚在海底光缆上也有很大的投入。沙特阿拉伯电信公司也是目标之一。该公司是互联网服务提供商和电话运营商，其业务覆盖了沙特阿拉伯、土耳其、科威特、黎巴嫩、约旦和巴林。参见：J. Follorou, M. Untersinger, “Révélationssur les écoutessous-marines de la NSA”, art. cit.
16. 技术奇点（technological singularity），是由美国知识分子在 20 世纪 80 年代后期提出的概念，指技术将会在很短的时间内发生极大的接近于无限的进步，使得人工智能超越人类智能，社会随之改变，不再由人类而是由机器领导。
17. Christophe Lagane, “Pour le cofondateur d'Apple Steve Wozniak, le futur de l'IT est effrayant”, *Silicon*, 24 mars 2015; Aurélien Bellanger, *La Théorie de l'information*, Paris, Gallimard, 2012, p. 394.
18. “Full Text of Obama's Speech on NSA Surveillance”, NationalJournal.com, 17 janvier 2014.
19. “Presidential Policy Directive-Signals Intelligence Activities/PPD-28”, 17 janvier 2014, www.whitehouse.gov.
20. T. Gomart, “Aux démocraties de montrer l'exemple”, art. cit.
21. Joël de Rosnay, *La Révolte du pronetariat: des mass média aux média des masses*, Paris, Fayard, 2006.
22. A. Beky, “Google, champion du lobbying auprès de la Maison Blanche”, *Silicon*, 25

mars 2015.

23. Lee Fang, "Lobbyists for Spies Appointed to Oversee Spying", *The Intercept*, 9 avril 2015.

24. 有 30 余个国家已经形成了不容忽视的网络空间能力。

25. Directorate of Digital Innovation.